MARKETING DIGITAL

MOBILE MARKETING, SEO Y ANALÍTICA WEB

Edición 2020

SOCIAL BUSINESS

MARKETING DIGITAL

MOBILE MARKETING, SEO Y ANALÍTICA WEB

Edición 2020

M.ª ÁNGELES HERNÁNDEZ DAUDER
JOSÉ MARÍA ESTRADE NIETO
DAVID JORDÁN SORO

SOCIAL BUSINESS

Responsable editorial:
Víctor Manuel Ruiz Calderón

Composición de cubierta:
Celia Antón Santos

Ilustración de cubierta y portadillas:
© 2019 iStockphoto LP

Primera edición, marzo 2020
Segunda edición, mayo 2021

Juan Ignacio Luca de Tena, 15. 28027 Madrid
Depósito legal: M. 36.066-2019
ISBN: 978-84-415-4229-7
Impreso en España

A mi familia, lo más importante en mi vida.
En especial, a mis hijos Rocío y Pablo, a mi marido Pedro Pablo
y a mis padres Pepe y M.ª Ángeles.

M.ª Ángeles

A mi mujer y mi hija.

A mi hija Vera, el proyecto más importante de nuestra vida.

A mi mujer Victoria por su tesón, coraje y corazón, te quiero.

A mi madre, hermana y padre, ejemplos a seguir llenos de buenos
valores de los que podría escribir un gran número
de libros de buenas palabras.

Josema

A mi padre Agustín. Siempre fuiste y serás un ejemplo.
No puedo dejar de llevarte conmigo, papá.

David

Agradecimientos

M.ª Ángeles

En primer lugar, me gustaría dar las gracias de manera especial a Víctor, por seguir confiando en este proyecto y compartir nuestro entusiasmo.

Por supuesto, a mis compañeros de aventura, Josema y David. De entre todos los proyectos que hemos compartido, creo que coincidirán conmigo en que este sigue siendo el más especial.

También quiero dar las gracias a Carlos Ballesteros, Carmelina Vela y Olga Bocigas del Departamento de Marketing de la Universidad Pontificia de Comillas, por contagiar una inquietud permanente por la investigación y el aprendizaje. A Enric Quintero, Maribel Morales, Gustavo Rojas, Felipe Maggi y Fernando Gavarrón, por la generosidad con la que ofrecen sus conocimientos y experiencia, así como por el gran trabajo que están haciendo, impulsando la analítica web y formando a profesionales del sector.

Y, por supuesto, el agradecimiento más profundo es para mi familia, por su apoyo, por animarme siempre a seguir adelante y por su paciencia. A ellos se lo dedico especialmente y con todo mi cariño.

Josema

A Luis Nieto, por las innumerables horas y quebraderos de cabeza. Gracias por toda la ayuda que me has dado siempre.

Nuevamente a mis compañeros de aventura en este libro, gracias María Ángeles y David, ¡ya con este van tres!

A los "chochis" y nuestras perfectas aventuras que ayudan a olvidar el estrés de la ciudad.

Cómo no, a Víctor Ruiz, un apoyo seguro y que nuevamente nos ofrece la oportunidad de embarcarnos de nuevo con Anaya, gracias.

David

Cada libro cuenta la historia de un viaje. Este no es la excepción. En mi caso, este viaje ha pasado por momentos inesperados y felices. Pero también por otros terriblemente desdichados.

Es siempre muy grato volver a encontrarse y colaborar con mis compañeros José María y María Ángeles. No puedo estar más orgulloso de habernos embarcado en esta aventura.

Victor, nuestro editor, sigue confiando en nosotros, tiene una paciencia infinita y no deja de aportarnos consejos acertados. ¡Gracias, caballero!

Gracias también a Antonio Parra y Patricia Galán por ser buenos compañeros, profesionales de los que se puede aprender cada día y por prestarse a protagonizar uno de los capítulos. Quedaos con sus nombres, estos chicos prometen.

Estoy muy agradecido a mi familia por ser un apoyo constante, por hacerme tan fácil quererles. Mi madre, Eugenia, es el mejor ejemplo de que todo esfuerzo tiene recompensa (solo hay que saber mirar) y que en todo momento hay que mantener la cabeza alta. Gracias por enseñarme tanto, mamá. Mi hermana Raquel es la mejor persona que conozco y nunca se cansa de repartir amor. Gracias, Raquel, por estar ahí siempre que te necesito. Leo es mi sobrino, pero también mi hermano pequeño y mi amigo. Tienes tanto arte dentro de ti que estoy deseando ver qué te depara el futuro. Sara me sorprende cada día con su inteligencia y capacidad para la observación. ¿Quién no querría tener una sobrina como ella? Me considero muy afortunado.

Mi historia es la de un soñador que soñó con escribir libros y hacer del mundo un sitio mejor. Dos personas han sido fundamentales para que esto se hiciera realidad. Mi abuela Pascuala me enseñó que se puede demostrar de muchas maneras distintas cuánto quieres a una persona sin necesidad de palabras. Mi padre Agustín siempre ha sido el mejor ejemplo de ética personal y profesional, un espejo donde verse, y me enseñó que el sacrificio solo trasciende cuando lo haces por aquellos a los que quieres. No sería la persona que soy sin vosotros. Os echo tanto de menos.

Te dejé para el final, Laura, aunque podrías haber sido la primera a quien agradecer este libro. Has estado apoyándome durante todo el proceso, has soportado mis encierros, mis bloqueos e inseguridades. Siempre con un cariño interminable y haciéndome sonreír. Te quiero.

Como veis, el viaje ha sido largo. Pero no he estado solo. ¡Gracias!

Sobre los autores

M.ª Ángeles Hernández Dauder es licenciada en Derecho y en Ciencias Económicas y Empresariales por la Universidad Pontificia de Comillas. Máster en e-Business por la ICADE Business School y Postgrado en Analítica Web por la EAE y la OBS. Desde el año 1998 se dedica al mundo digital, ha sido emprendedora y responsable del área de Internet y Desarrollo de la Organización de Consumidores y Usuarios (OCU). En la actualidad, es responsable de las áreas de privacidad y seguridad de la información en el Grupo Euroconsumers, trabajando para Altroconsumo en Italia, Deco Proteste en Portugal, OCU en España, Proteste en Brasil y Test-Achats en Bélgica. Ha impartido la asignatura de Gestión de proyectos *online* en varios másteres, así como diversas formaciones sobre temas digitales. Puedes seguirla en `@MAHdezDauder`.

José María Estrade nació en Madrid en 1976 y, desde muy joven, el mundo digital ha sido su pasión. Finalizó sus estudios de Ingeniería Técnica en Informática de Gestión en la Universidad Pontificia de Comillas y cuenta con más de 20 años de experiencia en el mundo de la tecnología. Actualmente, trabaja como responsable de innovación y gestiona un departamento de desarrollo en la Organización de Consumidores y Usuarios, coordinando proyectos nacionales e internacionales. Ha trabajado en proyectos donde juega un papel importante de enlace entre departamentos de negocio digital y tecnológicos. Administra el canal de formación Josematube en `https://www.youtube.com/user/josematube`, donde dispone de tutoriales sobre Excel, SEO y tecnología en general. Puedes seguirle en Twitter como `@josemalive` o contactar con él en `https://www.linkedin.com/in/josemariaestrade/`.

David Jordán Soro ha trabajado durante años como desarrollador, formador y responsable de producto. Durante este tiempo ha disfrutado ayudando a empresas como OCU, ONCE, Packlink, el grupo Solera o Telefónica a crear productos y servicios digitales, desde tiendas electrónicas a web de reservas. Entusiasta de las metodologías ágiles y conocedor del valor que aportan a todos los niveles, ha contribuido a su implementación en múltiples proyectos. Fruto de sus años de experiencia y conocimiento acumulado publicó *Creando productos de éxito en 2017*, una guía práctica para entender mejor cómo hacer llegar los productos y servicios que creamos a los usuarios que lo necesitan en un mercado tan competitivo como el actual. Le gusta definirse como ingeniero informático de formación, analista de profesión y diseñador de experiencias de usuario de vocación. Su página es es `http://davidjordan.es`.

Índice de contenidos

Introducción

Este no es un libro típico.

Nuestro objetivo no es explicar las técnicas más avanzadas sobre posicionamiento en buscadores (SEO), analítica web o marketing móvil. Entonces, ¿qué es lo que pretendemos?, ¿Cuál es la razón de integrar en un solo libro estos tres elementos del marketing digital? En realidad, esta "propuesta" nace de nuestra experiencia profesional y del firme convencimiento de que, a pesar de cada nueva revolución digital, una estrategia en Internet debe ser, ante todo, una estrategia integral.

Hoy en día, no tiene sentido lanzar una campaña de marketing móvil sin analizar, mediante las métricas adecuadas, el impacto de dicha campaña. Del mismo modo, no tener en cuenta aquellos aspectos en los que podemos apoyarnos para lograr una posición más alta en los resultados de una búsqueda sería también un error. Métricas, marketing móvil y SEO pueden verse como los tres lados de un triángulo equilátero, sin que podamos descuidar ninguno de ellos.

¿Qué sucede en la vida real? En ocasiones, saltan las alarmas cuando alguien en una empresa advierte que, al realizar una búsqueda de una palabra determinada en un buscador, aparece peor posicionada que la competencia. Inmediatamente, se contrata a una empresa externa que realiza un estudio para mejorar el posicionamiento de la empresa en los buscadores y que pide la realización de una serie de cambios en ciertas páginas del sitio web a un departamento técnico.

Pasan los meses y existen aspectos que no se han tenido en cuenta y que son importantes para que una estrategia de posicionamiento en buscadores tenga éxito. ¿Alguien está teniendo en cuenta el posicionamiento en buscadores móviles? ¿Se están analizando métricas que realmente nos indiquen si estamos alcanzando nuestros objetivos? Estas preguntas, y otras parecidas, ponen de manifiesto que el SEO, como estrategia global, no es suficiente.

Por otro lado, en este mundo tan competitivo, es muy probable que nuestra competencia haya planificado una estrategia que, como mínimo, tenga en cuenta dos de los tres lados del triángulo.

Si nuestra competencia lo hace, ¿no deberíamos hacerlo nosotros también? Y, si todos "jugamos con las mismas reglas", es muy probable que parte del éxito se base en el ingenio o la habilidad que tengamos para integrar las diferentes piezas del puzle. A día de hoy, plantear una estrategia para cada uno de los tres aspectos de los que hablamos en este libro de forma independiente puede llevarnos a hacer de cada uno "la guerra por nuestra cuenta".

¿Qué tienen en común entonces el SEO, el marketing móvil y la analítica web? Para identificar los puntos en común, convendría explicar brevemente en qué consiste cada uno de ellos.

El marketing móvil hace referencia a todas las acciones comerciales que se pueden realizar a través de dispositivos móviles. La amplia difusión que tienen los *smartphones* y las tabletas (con el iPhone y el iPad al frente) está obligando a adaptar y a crear nuevas estrategias para este tipo de dispositivos. ¿Es nuestra presencia en redes sociales móviles relevante? ¿Ofrece nuestra web una suscripción semanal a una *newsletter* donde se indica a los clientes cómo registrarse o comprar aprovechando una oferta ventajosa? ¿Cómo se ve esa *newsletter* en un móvil? ¿Y en una tableta? Quizá haya llegado el momento de plantearse una estrategia de marketing móvil...

El SEO, u optimización en páginas de resultados de búsqueda, es un conjunto de técnicas orientadas a mejorar el posicionamiento de un sitio web en los resultados de los motores de búsqueda más importantes, tales como Google, Yahoo o Bing, dado un término o términos clave. A diferencia del posicionamiento patrocinado o SEM (anuncios de pago que aparecen en los resultados de una búsqueda), no se paga a los buscadores por mejorar la posición de una página en sus resultados, sino que esta mejora se consigue usando técnicas de posicionamiento orgánico, así como incrementando la notoriedad, relevancia y credibilidad de nuestro sitio web.

Allá donde hay un buscador que ofrezca contenido creado por cualquier compañía o particular, hay SEO que hacer. Durante los últimos años, el vídeo es el futuro del marketing de contenidos. Varios estudios demuestran que cada vez más las empresas y creadores independientes están haciendo uso de este medio para todo tipo de acciones relacionadas con el marketing digital. En cuanto a alcance potencial, el éxito de este formato no se puede comparar a cualquier otro tipo de contenido actual. YouTube recibe más de 2 billones de usuarios activos cada mes y se ha convertido por méritos propios en el segundo motor de búsqueda más usado de la red. Por estas y muchas más razones que descubriremos, hemos decidido dedicarle un merecido capítulo al videomarketing usando YouTube como plataforma.

Por último, la analítica web trata de obtener, según el "rastro" que ha dejado el usuario navegando por la web, una serie de datos que nos ayuden a evaluar de forma objetiva el éxito o el fracaso de nuestra web o de nuestra campaña más ambiciosa. ¿Por qué, a pesar de tener una web con muchas visitas, los usuarios no compran nuestros productos? Para responder a esta pregunta, es necesario identificar e interpretar correctamente las métricas y los indicadores más adecuados para saber si estamos alcanzando los objetivos de nuestras campañas y, según dicha información, hacer ajustes que nos permitan optimizar nuestras acciones de marketing *online*.

Si bien las estrategias de posicionamiento en buscadores y marketing móvil sirven para mejorar la comunicación de la empresa, facilitando el proceso mediante el cual los clientes llegan hasta nosotros, las métricas web nos ayudan a identificar el impacto real que están teniendo estas estrategias. Y es ahí donde está el punto de unión. De nada vale crear una campaña y olvidarse de ella. Tampoco resulta útil analizar el impacto de dicha campaña si ese análisis no nos lleva a la "acción", es decir, a realizar mejoras en nuestra estrategia.

A lo largo del libro, exponemos lo que a nuestro entender son todos aquellos aspectos a tener en cuenta para establecer una estrategia integral con resultados medibles. Una estrategia que se puede modificar y adaptar a medida que se va implementando y midiendo sus resultados y se van conociendo las necesidades de los usuarios y los cambios que se producen en la competencia.

Esperamos haberlo conseguido, proporcionando una serie de recursos que puedan servir de orientación en el marco del nuevo mundo digital que se está creando.

Gracias por leernos.

Notas a la tercera edición

El mundo cambia cada vez más deprisa. Lo hacen las personas, así como la forma en la que nos comunicamos. El marketing digital ha evolucionado para poder adaptarse a nuevos escenarios.

Desde que lanzamos la edición de 2017 de este libro, han surgido muchas tendencias de marketing. Algunas han sobrevivido, otras han desaparecido o perdido relevancia como flor de un día.

El videomarketing no ha dejado de aumentar y muestra una tendencia aún creciente, planteando una firme candidatura a formato de contenido preferido en los próximos años. Ya no es algo únicamente relacionado con las nuevas generaciones, aunque aparezcan nuevos medios como las transmisiones en vivo (*livestreams*), cuyo potencial está por explotar. El vídeo llegó para quedarse.

Los *influencers* son las nuevas *celebrities*. Siguen siendo relevantes en acciones de promoción de productos y servicios. Mientras antes hablábamos de actores, ahora hablamos de *youtubers*.

Otras tendencias han tenido una suerte dispar.

Los *chatbots* no han sustituido a los equipos de atención al cliente como preconizaban los expertos en 2017. Su uso como canal de comunicación con el cliente puede aumentar, pero no han supuesto la revolución prometida.

La realidad aumentada, esa tecnología futurista que nos haría dar un salto evolutivo cuántico, aún ha de evolucionar y mostrar cuándo puede ser útil para ser tenida en cuenta seriamente. A pesar de esto, *Pokémon Go* sigue siendo un fenómeno global que genera millones de dólares en ingresos cada año.

Hay temas de los que seguimos hablando y trabajando como en 2017, buscando nuevas soluciones a problemas viejos. La personalización sigue siendo tan vigente como siempre. En un contexto cada vez más competitivo, comunicarte de forma personal con el usuario y ser relevante para él es la única forma en la que deberíamos enfocar nuestros mensajes. Las estrategias multicanal han sido importantes en los primeros años del marketing digital y siguen siéndolo. Cada día aparecen nuevos formatos (como las *Stories* de Instagram o las *Instant Experiences* de Facebook) que hacen más fácil esta multicanalidad.

El posicionamiento en buscadores está más vigente que nunca, con Google entendiendo mejor las intenciones y necesidades de los usuarios y obligando en el camino a los profesionales de marketing a adaptar una estrategia, aunque esta siempre debería estar centrada en los usuarios, ¿verdad?

Es por todo esto que hemos adaptado esta nueva edición a las necesidades del mundo actual con un ojo puesto en los años que nos depara el futuro incierto. ¿Cómo lo hemos hecho?

- Realizando una actualización completa de todos los capítulos de la edición anterior.
- Añadiendo capítulos nuevos que amplíen las herramientas que ofrecemos. Tratamos en esos capítulos de temas tan diversos como el videomarketing (o cómo diseñar una estrategia de YouTube efectiva), el ciclo de vida de un cliente (o cómo conociendo mejor a los usuarios y sus expectativas nos ayudará a optimizar nuestras acciones), *storytelling* y marketing digital (o cómo utilizar técnicas narrativas para comunicar mensajes de marketing) o las tendencias que definirán el futuro que nos espera.

Te agradecemos que hayas llegado hasta aquí. Lo que viene no puede ser más emocionante. ¿Empezamos?

Parte I

Conceptos básicos de marketing digital

Julia (no es su nombre real) descansa ahora en su casa con los ojos cerrados, intentando asimilar toda la información que ha recibido hace unas pocas horas. Acaba de dejar su trabajo como especialista en *email marketing* en una importante empresa para empezar a trabajar en una prometedora *start-up*: un magacín de contenidos *online* y *offline*. Sus nuevos jefes han confiado en ella para que dirija la estrategia de marketing digital. Los últimos meses de la revista no están pasando por su mejor momento digital. Sin embargo, las ventas físicas muestran el interés de los lectores.

Las preguntas se agolpan en la cabeza de Julia: "¿Cómo puedo hacer que la gente lea más nuestros contenidos *online*? ¿Qué puedo hacer con la aplicación móvil? ¿Qué debo hacer para que esté alineada con el resto de la estrategia de marketing? ¿Y cómo sabré que mis iniciativas son las adecuadas?".

Vamos a ayudar a Julia a responder todas estas preguntas y que tenga una visión global del marketing digital. Empecemos con los principios básicos del posicionamiento en los buscadores, el marketing móvil y las métricas que le van a ayudar a tomar decisiones.

1

¿Qué es el SEO?

SEO es el acrónimo de la abreviatura inglesa *Search Engine Optimization*, optimización en motores de búsqueda en español. Esta actividad define una serie de estrategias cuyo objetivo consiste principalmente en obtener relevancia y volumen de tráfico para nuestra web, blog, canal de YouTube, etc.

Allá donde haya un motor de búsqueda que ordene resultados de terceros, hay SEO.

El SEO ha evolucionado mucho estos últimos años y se ha sofisticado enormemente. Recuerdo lo sencillo que resultaba, allá por el año 2003, posicionar una página específica de un blog en lo alto del *ranking,* para una búsqueda de palabras clave determinada.

La democratización del contenido en Internet llegó rápidamente permitiendo a cualquier persona, no necesariamente técnica, administrar un sitio web o blog fácilmente, lo que produjo un aumento exponencial en la generación de contenido en Internet.

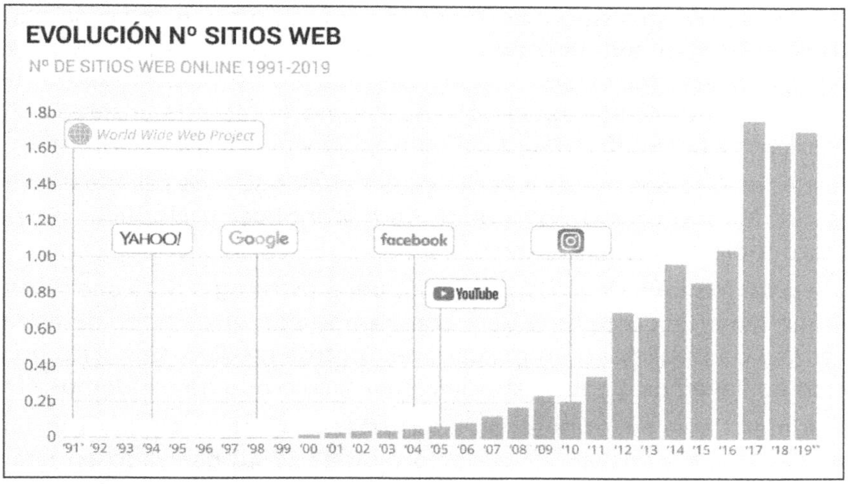

Figura 1.1. El gráfico muestra la evolución del número de sitios web desde 1991 hasta 2019.

También creció la competitividad por una palabra o palabras clave determinadas; la relativa facilidad de monetizar sitios web contribuyó a este crecimiento de contenido, todo el mundo quería tener su propio blog, dejar su huella digital y obtener unos ingresos extra.

Todo esto trajo como consecuencia una evolución temprana y progresiva de los algoritmos de motores de búsqueda. Era necesario garantizar la calidad de los resultados a través de un proceso de ordenación y asignación de autoridad, ya que cada vez era mayor el contenido.

El objetivo principal de cualquier motor de búsqueda es la de servir al usuario resultados, lo más ajustados posible para una determinada consulta, filtrando aquellos sitios web cuyos objetivos estaban más centrados en obtener tráfico a cualquier precio, sin importar la calidad del contenido que ofrecían.

Si los motores de búsqueda mantienen registros de millones de páginas, ¿cómo hacer para que una de nuestras páginas sea elegida para un término o conjunto de palabras clave? No es una tarea sencilla; de hecho, solo los administradores de los motores de búsqueda conocen estas respuestas.

A lo largo de este y próximos capítulos, trataré de plasmar mi experiencia y tratar de aclarar cuáles son los aspectos que, a mi entender, ejercen una mayor influencia en la mejora del posicionamiento de nuestro sitio web o blog. Afinaremos nuestra estrategia para aprovechar oportunidades de competir por un grupo de palabras clave en las páginas de resultados de búsqueda y "mantenernos en la lucha".

Actualmente, para competir, tenemos que entender que el centro de nuestra actividad no es nuestro sitio web/blog, una cuenta de Twitter o una página en Facebook, sino que cada uno de estos sitios web son un canal que nos sirve para reforzar y aportar valor a nuestro producto o servicio digital, con lo que nos ayudaremos de todos aquellos canales para obtener la ansiada autoridad que realmente es el Santo Grial de la relevancia y autoridad en Internet.

El arte del SEO nos ayuda a comprender cuáles son los principales factores usados por los motores de búsqueda para identificar y clasificar las páginas según su importancia y relevancia.

En la gran mayoría de los casos, una buena estrategia SEO suele ser rentable, ya que tiene un coste muy bajo comparado con otros tipos de estrategias como el uso de publicidad en buscadores u otros medios. Con esto no quiero decir que no llevemos a cabo estas iniciativas, solo que no olvidemos el SEO.

Lo primero que necesitaremos será tener muy claro cuáles son nuestros objetivos. ¿En qué consiste mi negocio digital? ¿Está centrado en una orientación geográfica concreta? ¿Buscamos atraer el máximo volumen de visitas sin importar otro aspecto, queremos centrarnos en un público determinado? ¿Queremos aumentar el ratio de conversiones o ventas? ¿Nos centramos en la fidelización de clientes actuales o en obtener nuevos clientes?

Cuantas más preguntas se nos ocurran, más clara será la definición de nuestro producto o servicio digital; y, cuanto más conozcamos este, más fácil nos resultará elaborar una estrategia de posicionamiento efectiva y competitiva, hoy en día tan necesaria para destacar entre toda la maraña de blogs, vídeos, etc., que conviven en lo que conocemos como Internet.

> **Nota:** Teniendo en cuenta que los motores de búsqueda tienen actualmente indexadas, almacenadas y clasificadas, multitud de páginas con las que competiremos directamente, resulta vital tener una idea lo más clara posible sobre cómo querríamos aprovechar la dimensión digital de nuestro negocio.

Los primeros motores de búsqueda

Primeros intentos organizando información

Han pasado años desde los inicios de la red de redes, donde la escasez de servicios y la falta de información hacían de Internet una red inmadura y con todo un mundo de posibilidades por delante. En aquella época, conceptos como posicionamiento, marketing *online* y autoridad en Internet no existían. La publicación de contenidos en Internet era solo privilegio de unos pocos, generalmente personas con un perfil técnico alto, y el servicio que hoy conocemos como *World Wide Web* (servicio que permite visualizar sitios web tal y como los conocemos hoy en día) estaba todavía en gestación.

En aquellos momentos, toda la información estaba almacenada en archivos y distribuida de un modo excesivamente descentralizado en servidores totalmente aislados. El proceso de búsqueda de información precisaba de una ardua tarea por parte del usuario y, en multitud de ocasiones, lo único que obtenía era frustración en lo referente a su necesidad de información. Como complejidad añadida, era necesario un sólido conocimiento técnico para acceder a dichos servidores, lo que hacía el proceso de búsqueda todavía más inaccesible para un usuario común. Eran pocos los que se animaban a iniciar una búsqueda de información en la red; solo a medida que el tiempo fue pasando, se comenzó a crear un índice de referencia con una lista de todos los servidores donde encontrar información.

Posteriormente, para tratar de eliminar esta descentralización, comenzaron a aparecer servidores anónimos (grandes repositorios con multitud de archivos en lugar de múltiples servidores con pocos archivos) que agrupaban un número de ficheros mucho mayor, permitiendo a los usuarios añadir y descargar nueva información y centrarse en menos fuentes de información.

Todo esto no fue suficiente para mejorar la experiencia de búsqueda y, aunque el número de servidores anónimos aumentó, todavía existían múltiples archivos distribuidos en pequeños servidores. Por otro lado, cada vez que un usuario añadía un nuevo archivo nadie recibía ningún tipo de notificación que indicase que existía nueva información disponible. Para hacer la búsqueda más accesible al usuario y que este requiriese un menor esfuerzo, en los años 80 entró en escena Archie, considerado el primer motor de búsqueda. Este comenzó a indexar información (almacenando contenido de distintos archivos y creando una serie de índices para facilitar la búsqueda) de estos servidores anónimos y mejorando notablemente el proceso de búsqueda de información. Este proceso de indexación de información rastreaba coincidencias entre las palabras buscadas por los usuarios y los nombres de ficheros en estos servidores.

En 1991 apareció Gopher, un protocolo de comunicación cuyo objetivo estaba destinado al intercambio de información permitiendo el acceso a los usuarios a un entramado de archivos de texto y carpetas a través de una organización en árbol. Estos usuarios navegaban a través de las carpetas donde se listaban diferentes documentos hasta que encontraban la información que buscaban (era un sistema bastante enmarañado donde encontrar la deseada información requería de mucho tiempo). Esta ardua labor de búsqueda, por parte del usuario, se transformó con la llegada de Verónica, un motor de búsqueda desarrollado por la Universidad de Nevada que indexaba contenido recorriendo documentos y carpetas de multitud de servidores Gopher.

> **Nota:** El contenido en Internet estaba muy descentralizado, no existían recursos que permitieran enlazar documentos relacionados entre sí. Gracias a este hecho, podemos decir que existen hoy en día motores de búsqueda como Google, Bing o Yahoo, que han facilitado enormemente nuestra vida, incluso diría que en algunas ocasiones demasiado. Usando toda la experiencia de búsqueda pasada han conseguido mejorar, aunque siguen inmersos en un proceso de mejora continua.

Figura 1.2. Internet ofrece un gran compendio de servicios.

Una revolución necesaria, nuevos servicios y el primer navegador

En 1991, el servicio *World Wide Web* (WWW) se convirtió en el candidato ideal para dejar a un lado definitivamente esta estructura de servidores anteriormente nombrada, aunque el primer objetivo de este protocolo fue servir como herramienta de intercambio de información entre científicos. Basado en una tecnología llamada "hipertexto", permitía de un modo sencillo compartir y consumir información en Internet, dejando establecer enlaces entre diferentes documentos directamente en el contenido de estos, todo uniendo dos conceptos: HTTP (*hyper text transfer protocol*) como protocolo de comunicación y HTML (*hyper text markup language*) como lenguaje para el intercambio de información.

Cuando en 1993 nació el primer navegador conocido como Mosaic, este nuevo modo de interactuar con la información, basado en la interacción del usuario, tomó una gran fuerza debido a su sencilla interfaz y su sistema de instalación que abría una puerta al público general con unos mínimos conocimientos en tecnología. Poco a poco, usuarios no tan expertos comenzaron a usar este nuevo navegador y surgieron multitud de estos en el mercado.

Todos estos aspectos impulsaron cambios en lo referente a lo que es Internet hoy en día a nivel conceptual. Cambios que van desde la evolución de la interfaz gráfica hasta el desarrollo de nuevos servicios (correo electrónico, www, voz IP, etc.). Ya no se trataba solo de leer la información como anteriormente se había hecho, sino de interactuar y navegar a través de esta. Lo que nadie podría haber vaticinado fue cómo Internet se convirtió en un aspecto disruptivo a todos los niveles, transformando así nuestro modo de ver el mundo, de consumir información y permitiendo una distribución de esta a una velocidad jamás imaginada.

> **Nota:** Por todas estas razones, podríamos considerar Internet como un conjunto de servicios de proporciones épicas abierto las 24 horas del día, donde cualquier usuario puede realizar actividades cuyo límite solo corresponde a la imaginación. Desde publicar contenido a realizar llamadas, buscar documentos, reservar un vuelo o relacionarse con otros son solo breves ejemplos de lo que esta gigantesca red permite. Solo conociendo lo que la red puede ofrecernos estaremos en mejores condiciones para conocer qué podemos aportar en Internet.

La democratización de contenidos en Internet

Pienso que son actualmente dos las razones principales por las que los motores de búsqueda han mejorado a lo largo de los años, invirtiendo en un proceso de mejora continua y depuración de resultados de búsqueda. La primera está basada en el concepto de la democratización de contenidos que expuse anteriormente. Este rápido proceso ha derivado poco a poco en un exceso de contenidos que, paralelamente, ha ido obligando a los motores de búsqueda a adaptarse a los tiempos, mejorando sus servicios y facilitando así al usuario la búsqueda de información, tratando de filtrar el *spam* o el ruido de sus resultados de búsqueda. Ruido que todavía a día de hoy sigue presente y que incluso se ha potenciado con la llegada de las redes sociales.

La segunda razón se basa en el modo en el que los motores de búsqueda obtienen su principal fuente de beneficios. El modelo económico se basa en lo que se conoce como publicidad de pago por clic (también conocido como CPC, coste por clic), donde cualquier anunciante tiene la posibilidad, mediante un sistema de pujas y de creación de anuncios de calidad, de invertir en publicidad tanto en los resultados de un motor de búsqueda como en multitud de sitios web afiliados a estos programas de pago por clic del buscador (véase la figura 1.3).

Partes principales de un motor de búsqueda

Los motores de búsqueda constan de 4 partes principales:

1. Un *spider* o *crawler* es una aplicación de software dedicada a rastrear cambios en Internet. Como bien sabemos, el único modo de recorrer la web es a través de los enlaces que existen entre distintas páginas. Precisamente este tipo de aplicaciones dedica su labor a visitar todos y cada uno de los enlaces que va encontrando, recorriendo una página tras otra, extrayendo el contenido de estas y omitiendo el HTML subyacente. Posteriormente, este contenido es almacenado para ser procesado posteriormente.
2. Un índice es un mecanismo usado para almacenar el contenido y clasificarlo para ser servido con mayor rapidez. Este contenido lo va encontrando el *spider* a través de los distintos sitios web. Los motores de búsqueda tratan de mantener su índice lo más actualizado posible, mejorando sus procesos de indexación y *spiders*, para tratar de mantener una imagen lo más "en tiempo real" de la web. Aunque, en el momento que estamos realizando una búsqueda y obtenemos los resultados, estos ya están algo desfasados en el tiempo (aunque sea un desfase mínimo).

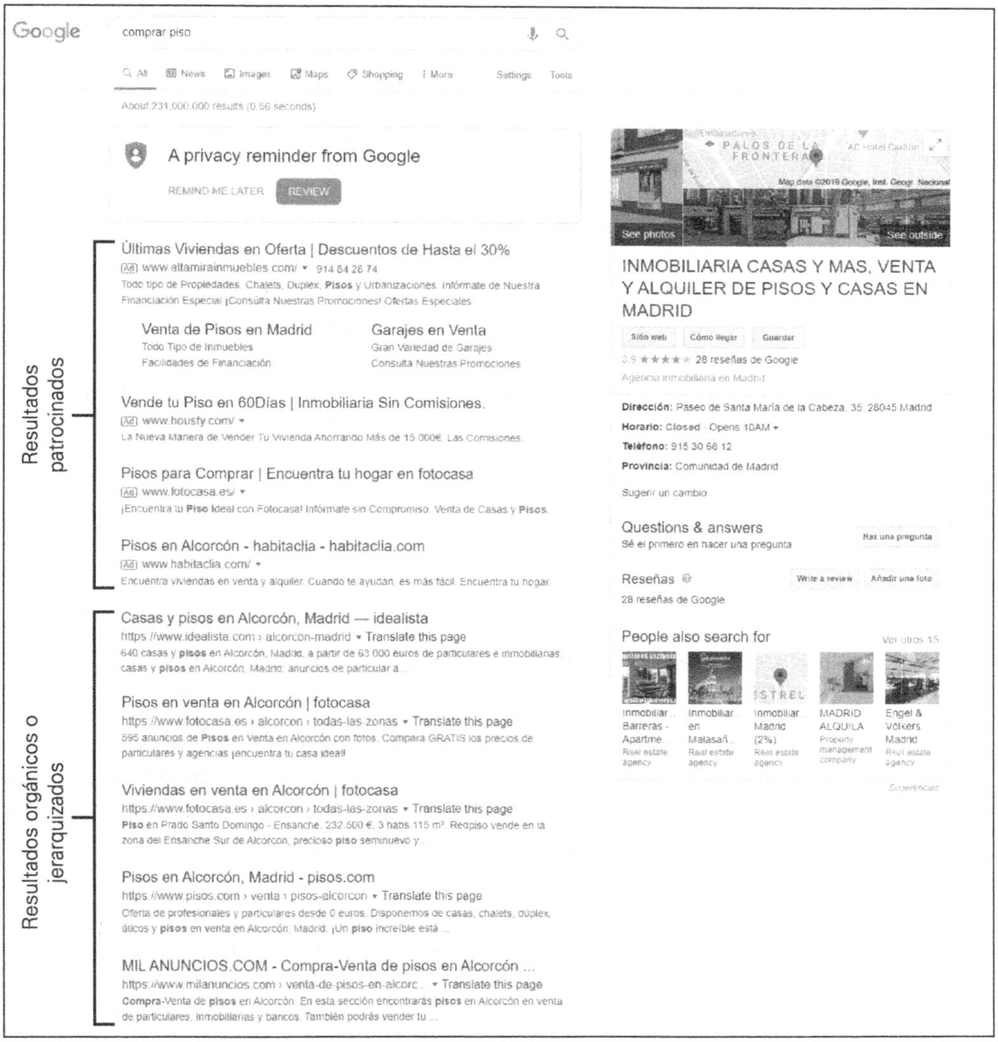

Figura 1.3. En la imagen se pueden distinguir las áreas donde Google muestra anuncios configurados por los anunciantes en Google AdWords. Estos anuncios se distinguen por la etiqueta **Ad** bajo cada uno de los resultados patrocinados. El resto se conoce como resultados orgánicos o jerarquizados por el motor de búsqueda que no son de pago.

3. Algoritmos de filtrado y ordenación: Cuando un usuario realiza una búsqueda, el motor presenta un grupo de resultados ordenados por lo que el motor de búsqueda considera relevancia. Esta se calcula usando una serie de algoritmos complejos con un gran número de variables o

factores (hablaremos más adelante con más detalle) y que varían dependiendo del motor de búsqueda seleccionado. Cada motor de búsqueda tiene su propio "medidor de relevancia".

4. Una interfaz de usuario donde podemos realizar búsquedas y recibir los resultados correspondientes, así como filtrar estos usando diferentes criterios. Cuando un usuario realiza una búsqueda, el motor recopilará una lista de páginas candidatas para ese término o términos usando un primer filtro de relevancia, para posteriormente realizar una ordenación definitiva usando un segundo filtro, cuya complejidad es mucho mayor y que define qué posición exacta se le otorga a cada uno de los resultados. Ya veremos, en posteriores capítulos, cuáles son aquellos aspectos que hay que cuidar para favorecer que una página de nuestro sitio web aparezca por encima de otra en los resultados de cualquier buscador.

Comprender la organización de los resultados de búsqueda

Dentro de las páginas de resultados de búsqueda (también conocidas como SERP, *search engine result pages*), podemos encontrar distintas zonas, cada una de ellas destinada a una función concreta. Las principales son las siguientes:

1. **Zona de introducción de palabras de búsqueda:** Los motores de búsqueda muestran siempre este campo en las páginas de resultados de búsqueda, permitiendo al usuario volver a buscar cualquier otro término. Este campo suele estar en la parte superior izquierda de todas las páginas de resultados.
2. **Zona de presentación de resultados:** Esta área en la página presenta los resultados de búsqueda obtenidos por un usuario donde se presenta, por lo general, un título, una descripción e información extra dependiendo de la naturaleza de la información mostrada (página web, vídeo, imagen, etc.).
3. **Zona de CPC:** Es la usada por los motores de búsqueda para obtener ingresos, también conocida como zona de enlaces patrocinados.
4. **Zona de filtrado:** Contiene diferentes herramientas donde cualquier usuario puede depurar los resultados que ha obtenido añadiendo condiciones de filtrado.
5. **Zona de búsqueda vertical:** Permite filtrar la búsqueda por tipo de contenido (vídeos, imágenes, mapas, etc.).

El SEO no tiene como objetivo mejorar la posición de una página determinada en esta zona de anuncios, ya que de eso se encargan normalmente personas dedicadas a la creación de anuncios de calidad. En negro aparece la zona de resultados orgánicos o naturales, donde la labor de un buen SEO adquiere toda su dimensión y donde nuestro objetivo será tratar de posicionar las distintas páginas de un sitio web lo más alto posible para un término o conjunto de estos determinados.

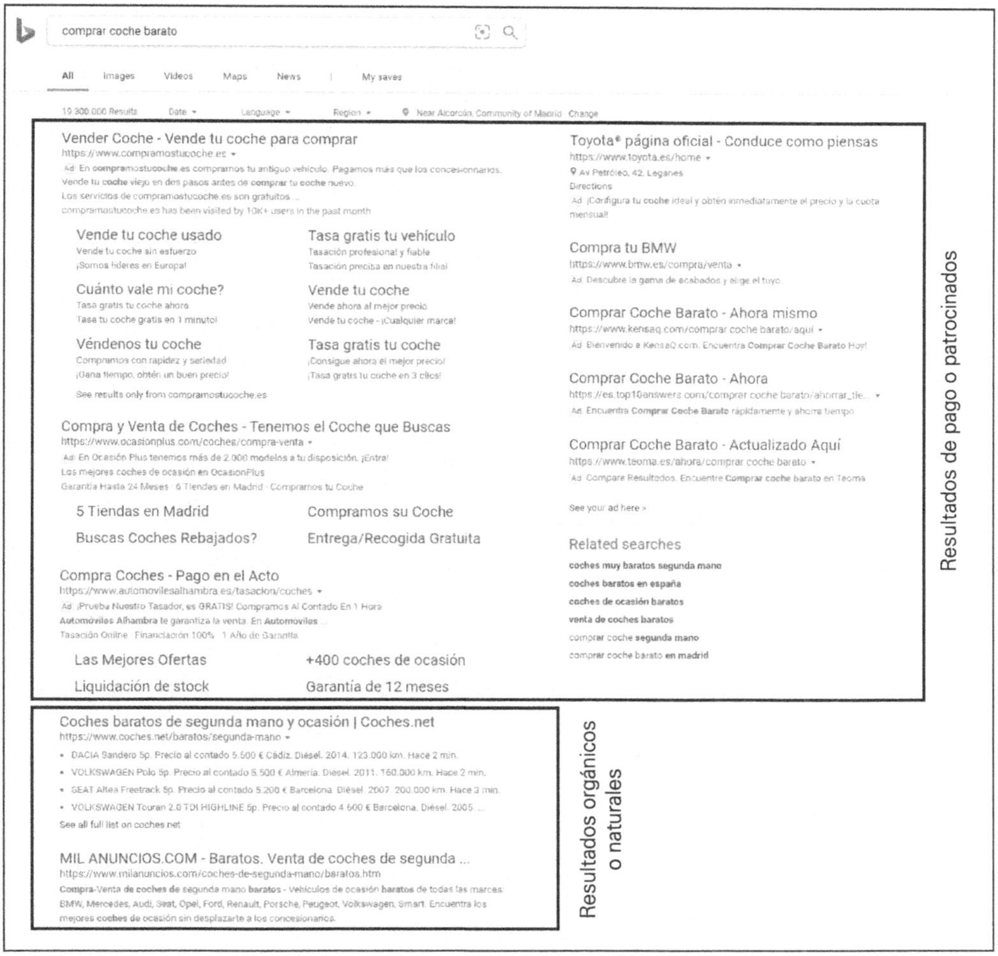

Figura 1.4. Estructura de la página de resultados de búsqueda de Bing, donde se puede observar la gran similitud con respecto a la antigua estrategia que usaba Google antaño con 2 columnas.

Nota: Parece claro que tanto Bing y Yahoo decidieron seguir a Google en lo referente a la colocación de los anuncios patrocinados y orgánicos. Esta colocación no es casual, responde al resultado de múltiples estudios sobre usabilidad y *tracking* en sus páginas.

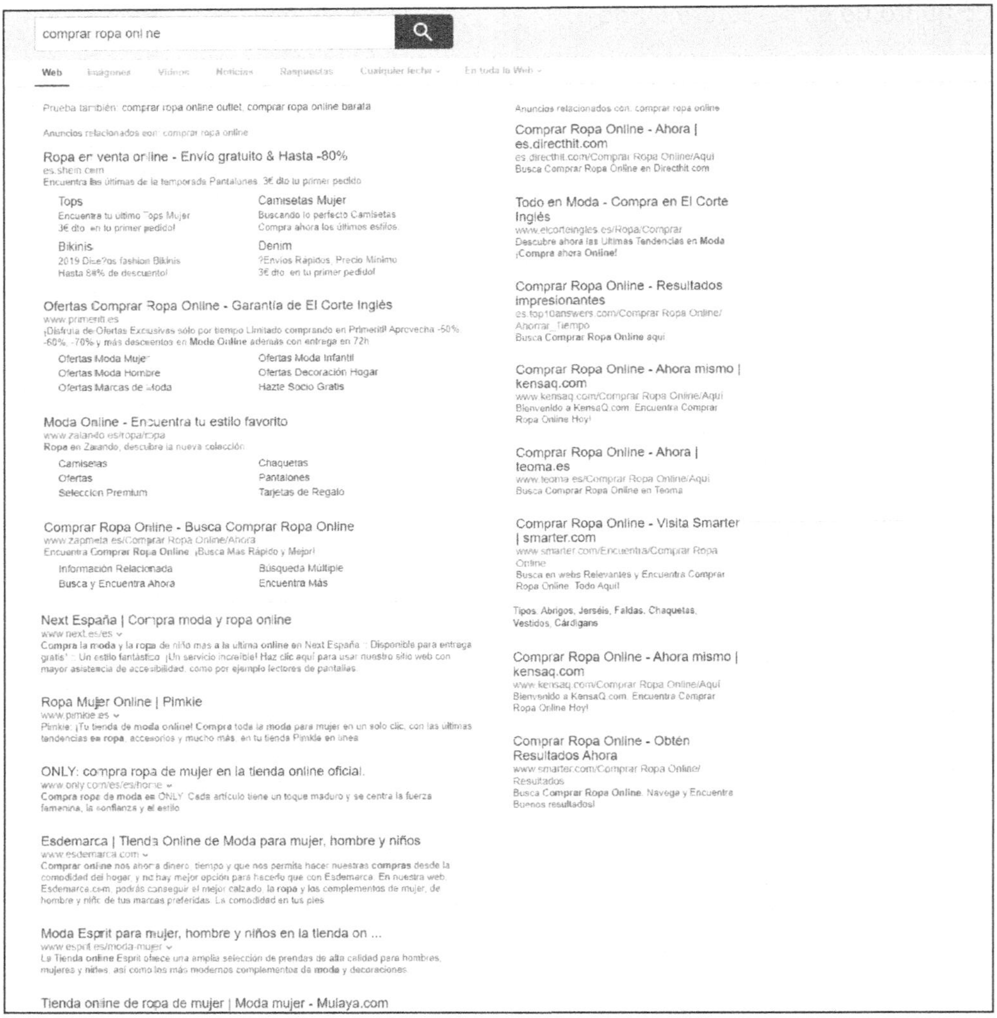

Figura 1.5. Estructura de la página de resultados de búsqueda de Yahoo. Podemos observar que, en vez de aparecer la etiqueta **Ad**, aparece directamente la palabra Anuncios.

El concepto de autoridad en Internet

De los múltiples aspectos en los que un motor se basa para ordenar sus resultados, destaca el de la autoridad en Internet, aunque este está compuesto a su vez de otros. Algunos de los aspectos que contribuyen a una mejora de la autoridad son: número de enlaces entrantes hacia una página de un sitio web determinada, autoridad de los enlaces entrantes, velocidad de carga del sitio web, etc. Veremos más detalladamente estos aspectos en capítulos posteriores.

Para explicar el concepto de autoridad del modo más claro posible, pongámonos por un momento en la piel de un científico no conocido, que no ha publicado ningún estudio en ninguna revista. Imaginemos que no ha sido nombrado por ningún otro compañero de profesión en ningún estudio, que no ha asistido a ninguna convención científica y que no ha recibido ningún premio. Podríamos decir que nuestro científico tiene una autoridad nula, no representa ser una gran autoridad en materia científica, ya que carece de referencias, casos de éxito, artículos en revistas, etc.

Ahora imaginemos que nuestro querido científico se anima a publicar un artículo en una revista del sector y comienza generando cierto interés dentro del gremio. Posteriormente, acaba siendo nombrado por varios científicos en sendos artículos. Yo considero estas referencias entre colegas del mismo sector como un aspecto que mejora la autoridad en la materia que trata nuestro científico; si estas referencias fuesen de otros colegas muy prestigiosos, la "autoridad transferida" a través de estas referencias sería mucho mayor. Este ejemplo describe de un modo metafórico lo que ocurre con la autoridad en Internet. En el ejemplo metafórico, podríamos definir la autoridad como algo compuesto de otros aspectos, como el número de colegas que han leído su artículo, premios recibidos a lo largo de su carrera, menciones recibidas desde otros artículos, etc.

Volviendo al SEO real en Internet, podemos distinguir dos tipos de autoridad:

1. **De página:** Aquella que posee una página individual de un dominio. A mayor autoridad, mayor potencial tendrá la página para alcanzar *rankings* más altos para una determinada palabra o palabras clave.
2. **De dominio:** Es la que posee nuestro sitio web al completo. Un único valor que tendrá cierta influencia en la autoridad que recibirán las páginas individuales de un dominio.

> **Nota:** Cada motor de búsqueda mide su autoridad de un modo distinto y teniendo en cuenta aspectos diferentes. Lo que para un buscador es más relevante no tiene por qué coincidir con otros motores de búsqueda.

Como hemos visto anteriormente, la autoridad en Internet de un sitio web determinado es un compendio de innumerables aspectos. Los enlaces entrantes desde otros sitios web, adaptabilidad de nuestro sitio web a otros dispositivos, frecuencia de actualización del contenido, viralidad de un contenido en redes sociales, tiempo de respuesta de una página o el modo en el que el contenido está redactado son solo algunos ejemplos a tener en cuenta.

Los motores de búsqueda valoran la creación de nuevos contenidos, aunque no solo es un tema de cantidad, sino también de calidad. Es importante que estos contenidos estén redactados usando ciertos "trucos semánticos", que veremos en breve. Imaginemos que buscamos posicionarnos lo más alto posible para "venta de coches", no tiene ningún sentido crear un contenido que repita una y otra vez "venta de coches". Actualmente, los motores de búsqueda filtran este tipo de *spam* o ruido penalizando a aquellos sitios web que realizan este tipo de prácticas, es más, se considera una técnica *black hat SEO* (denominación para prácticas poco éticas a nivel SEO). Debemos recordar escribir el contenido usando el lenguaje más natural posible, no escribir para tratar de alterar el sistema y buscar sus fallas. Ya veremos más adelante que existen técnicas para crear contenidos optimizados para lograr una mayor posición. Por otro lado, cuanto mayor sea el ritmo de creación de contenidos en nuestro sitio web, mayores serán las posibilidades de generar tráfico desde los buscadores hacia dicho sitio web para un grupo de términos clave.

Por otro lado, podemos apostar por invertir en crear contenido con mayor "degradación en el tiempo", contenidos como noticias que tienen posibilidad de adquirir volumen y relevancia muy rápido, pero que enseguida empiezan a devaluarse debido a que el interés decrece muy rápidamente.

Otra opción consiste en apostar por un contenido más estable y con un volumen de búsquedas estable a lo largo del tiempo; eso sí, siempre centrándonos en el contenido de calidad y que nos diferencie.

Lo que creo que cabe destacar es que un sitio web que no presenta nuevos contenidos de modo habitual será menos visitado por los motores de búsqueda debido a este hecho. Merece la pena ser constantes en la periodicidad de creación de contenido para así conseguir una ratio de indexación mayor. Es importante hacer notar a los motores de búsqueda que nuestro sitio web está vivo, que se añaden nuevos contenidos de modo habitual y que los existentes se actualizan de vez en cuando.

Hoy en día, es posible que un nuevo sitio web o blog, en un intervalo de tiempo relativamente corto, aparezca en las páginas de resultados de búsqueda para un número moderado de términos. Por supuesto, esto depende de la temática de nuestro sitio web, de lo fuerte que sea la competencia a nivel de autoridad y de una buena estrategia a nivel SEO. Pretender aparecer entre las tres primeras posiciones de los resultados de una búsqueda para términos muy populares y cuya competencia es atroz será una labor mucho más compleja y generalmente resulta complicado encontrar fallas en la estrategia SEO en este tipo de competidores que nos permitan conseguir un *ranking* superior.

La importancia del contenido

Planificar una buena estrategia SEO y estar preparados para competir por los primeros puestos en las páginas de resultados de búsqueda para una palabra o palabras clave determinadas es vital si queremos tener éxito.

Indexación semántica latente

Antes, hemos comentado que es posible ayudar al posicionamiento de una página web, para una serie de términos concretos, usando otros que otorgan un valor extra semántico y de posicionamiento. Para explicar cómo esto es posible, hablaremos a continuación sobre un proceso llamado "indexación semántica latente". Este término corresponde a un proceso específico en el que los motores de búsqueda tratan de encontrar similitudes y compatibilidades semánticas entre las distintas palabras usadas a lo largo de los contenidos de los sitios web que componen Internet.

Simplificando mucho este concepto, imaginemos dos términos distintos como "rinoceronte" y "cebra". Ambos son animales, pero el rinoceronte no tiene rayas. Para un motor de búsqueda, identificar una relación entre cebra y rayas es complejo. Los motores de búsqueda acaban por averiguar que la concordancia semántica entre las palabras "rinoceronte" y "rayas" no es muy alta realizando labores de análisis en sus índices, comprobando que los términos "rinoceronte" y "rayas" no suelen coincidir en el mismo contenido de la misma página habitualmente. Sin embargo, en el caso de "cebra" y "rayas" existen múltiples coincidencias en un gran número de páginas; es, en este caso, donde podemos afirmar que existe concordancia semántica entre estas dos palabras. De esta forma, un motor de búsqueda acaba "entendiendo el contenido", creando así sus propios mapas semánticos y asignando un coeficiente de concordancia para grupos de palabras determinadas que oscila entre 0 (ninguna concordancia) y 1.

> **Nota:** El uso de términos con los que queremos lograr una buena posición sumado al uso de otros con fuerte concordancia semántica ayudan al posicionamiento de los primeros.
>
> Aquí es donde la lógica difusa (*fuzzy logic*) entra en juego y ayuda a comprender cómo los términos se relacionan, simplemente midiendo la frecuencia y el contexto semántico en que se utilizan dichos términos.

Escribamos para los humanos y no para las máquinas

A la hora de crear nuestros contenidos, tengamos muy claro que son personas las que leerán nuestros contenidos, no máquinas. Siguiendo este concepto, no escribamos pensando que es una máquina la que va a indexar y clasificar nuestro contenido, sino que van a ser seres humanos los que van a leernos. El objetivo es conseguir páginas en los primeros resultados de búsqueda para un término o términos determinados, debemos apostar por crear contenido relacionado con aquello que nos gustaría que buscase un usuario común para llegar a nuestro sitio web. Si usamos palabras entendibles para todos los públicos, tendremos una parte muy importante del SEO del sitio web totalmente cubierta.

> **Nota:** El éxito del proceso de mejora continua en los buscadores depende en gran parte de la calidad de los resultados de búsqueda. Por esta razón, la mayoría de motores de búsqueda penalizan técnicas como el *spam* (técnica que consiste en poblar un contenido con un exceso de palabras claves para conseguir que este sea relevante).

Escoger cuidadosamente las palabras clave

Tan importante como saber escribir el contenido de una página web es saber escoger las palabras clave con las que queremos posicionar un contenido. Esta actividad es conocida como *keyword research* o descubrimiento de palabras clave. La búsqueda de nuevas palabras clave es una labor que nunca debemos abandonar, ya que ayuda en gran medida al aumento del tráfico hacia nuestro sitio web. Como ejemplo, si este pertenece al sector de viajes, ¿no sería interesante conocer cuáles son los destinos en los que los usuarios están más interesados? ¿Cuáles son las inquietudes que suelen tener los turistas? ¿Cuáles son aquellos servicios más buscados por los viajeros? Si conocemos todas las inquietudes de potenciales clientes, tendremos muchas más opciones de atraer tráfico a nuestro sitio web especializado, aumentando las posibilidades de convertir un potencial cliente en un cliente real. Además, esta información nos podría dar nuevas ideas, permitiéndonos crear páginas de contenido adicionales en nuestro sitio web o blog para así posicionar estas lo más alto posible para determinadas palabras clave.

Actualmente, existen multitud de herramientas en Internet que nos facilitan esta labor, con las que podemos averiguar volúmenes aproximados sobre el número de búsquedas mensuales que tiene una palabra o un grupo de estas, otras proporcionan información sobre la evolución del volumen de búsquedas para un término o términos determinados a lo largo del tiempo, etc. Existen términos con patrones de búsqueda que se repiten en el tiempo (San Valentín, Halloween, etc.), otros que generan un gran volumen de búsqueda, pero pasan de moda rápidamente, otros son casi perpetuos y el volumen de búsqueda no varía demasiado a lo largo del tiempo. En próximos capítulos, analizaremos qué herramientas existen para facilitarnos la labor de búsqueda de tendencias y volúmenes en palabras clave.

2

¿Qué es el marketing móvil?

Una nueva forma de entender el marketing

Don entra en la sala y señala un nuevo concepto de diseño de la chocolatina Hersey's ante una audiencia expectante. En su mayoría son directivos de la compañía de chocolates. Con ritmo pausado y seguro les cuenta la historia de cómo su padre recompensaba su esfuerzo cortando el césped de casa con una Hershey's mientras le revolvía el pelo. "Hershey's es la demostración del afecto. Es el símbolo del amor". La audiencia asiente extasiada. Es la idea que hasta ahora no sabían que necesitaban.

Es una escena de la serie *Mad Men*, en la que Don Draper lidera a una serie de publicistas durante los años 50 y 60 en Norteamérica.

En cierto modo, queremos creer que el marketing es eso: descubrir las palabras mágicas que atraigan a miles y miles de clientes a consumir nuestros productos. Nada más lejos de la realidad. Supone un duro trabajo comunicar tu mensaje a clientes y potenciales clientes. Supone un trabajo aún mayor conocer a las personas para las que tu producto puede ser importante. Pero todo ese trabajo tiene recompensa.

Durante demasiado tiempo los profesionales de la comunicación han considerado el marketing móvil como la panacea, el *speech* de Don Draper que convierte en clientes a toda una audiencia global (pero desconocida) poblada de jóvenes de los que no comprendemos sus hábitos de consumo. No lo es.

La buena noticia es que el marketing móvil es mucho más. El marketing móvil consiste en todos los medios y técnicas de comunicación que te permitirán llegar a otras personas a través de algo que ya se ha convertido en parte indivisible de nosotros: nuestros dispositivos móviles. Ahora los clientes pueden interactuar con tu marca a través de *chat bots* sin necesidad de que intervenga nadie de tu equipo o pasarse horas en su red social favorita viendo vídeos que creaste para ayudarles con una tarea (relacionada con tu negocio) o simplemente para entretenerles, o comprando tu servicio desde Instagram. Las posibilidades son infinitas.

El marketing móvil, pese a tratarse de una disciplina joven, se diferencia del marketing tradicional en disponer de una mayor variedad de medios para llegar a los usuarios:

- **Aplicaciones:** Las aplicaciones móviles nos permiten mostrar nuestro catálogo de productos o servicios, mejorar el reconocimiento de marca o crear nuevas vías de ingresos mediante micropagos. La competitividad actual en el mercado de las aplicaciones móviles es demasiado importante como para no ser tenida en cuenta. Pero que tu aplicación sea relevante para un grupo de personas es el camino más seguro para sortear a dicha competencia y hacer tu negocio sostenible.

- **Proximidad:** Gracias a tecnologías como GPS o el acceso a las redes de datos, presentes en los dispositivos móviles, podemos conocer la situación geográfica de nuestros usuarios. Esto puede ser aprovechado para mostrar anuncios móviles según esa localización o mostrar otro tipo de contenidos relevantes como ofertas o cupones. La cadena de supermercados norteamericana Whole Foods detecta a los usuarios de su aplicación próximos a alguna de sus tiendas físicas para lanzarles promociones en base a su historial de consumo.
- **Anuncios para móvil:** Los *banners* tradicionales, el primer recurso del que hacen uso algunos profesionales de marketing, han sufrido una transformación en las plataformas móviles, evolucionando hacia unos mensajes más efectivos y con una mayor presencia de vídeo. Esta adaptación viene dictada por las necesidades de unos usuarios que disfrutan de una mejor experiencia en sus móviles, por lo que cualquier intromisión a la hora de consumir contenidos va a ser percibida como una molestia. AdWords, la famosa plataforma de anuncios de Google, tiene una sección dedicada exclusivamente a anuncios móviles (`http://www.google.es/ads/mobile/`). Entre las diferentes opciones que ofrecen, los anuncios *click-to-call* (clic para llamar) son realmente efectivos para apoyar campañas en las que el objetivo sea promocionar el contacto directo con nuestra empresa.
- **SMS:** Las promociones mediante mensajes de texto fueron las pioneras dentro del ámbito del marketing móvil. A pesar de haber sido superadas por otro tipo de prácticas menos intrusivas, pueden ser un buen complemento para campañas multicanal o para recuperar a usuarios de nuestra aplicación que dejaron de ser activos.
- **Nuevos canales:** Como las notificaciones *push* o los mensajes *in-app*. Los primeros son los mensajes que recibimos en el centro de notificaciones de nuestro teléfono, los segundos son los que recibimos mientras tenemos una aplicación abierta. El éxito de este tipo de comunicaciones, como veremos más adelante, depende de que el usuario las consuma cuando lo espera o necesita y que contengan la información adecuada. Los mensajes *in-app* suponen un canal adecuado para ayudar al usuario en los primeros pasos con nuestra aplicación o para descubrirles nuevas funciones todavía no exploradas. Mediante notificaciones *push* podemos informar a nuestro usuario del lanzamiento de una nueva temporada de su serie favorita o que tenga en cuenta antes de salir de casa que va a llover.

- **Búsquedas móviles:** Los buscadores en los navegadores móviles ofrecen unos resultados diferentes, adaptados a la experiencia de uso móvil. Por tanto, si queremos promocionar nuestros contenidos para usuarios móviles es necesario que establezcamos una estrategia de SEO móvil. Es importante recordar que estas búsquedas también incluyen información de servicios relacionados como Google Maps o Google My Business (`https://www.google.es/business/`), proporcionando información relevante sobre nuestras tiendas físicas.

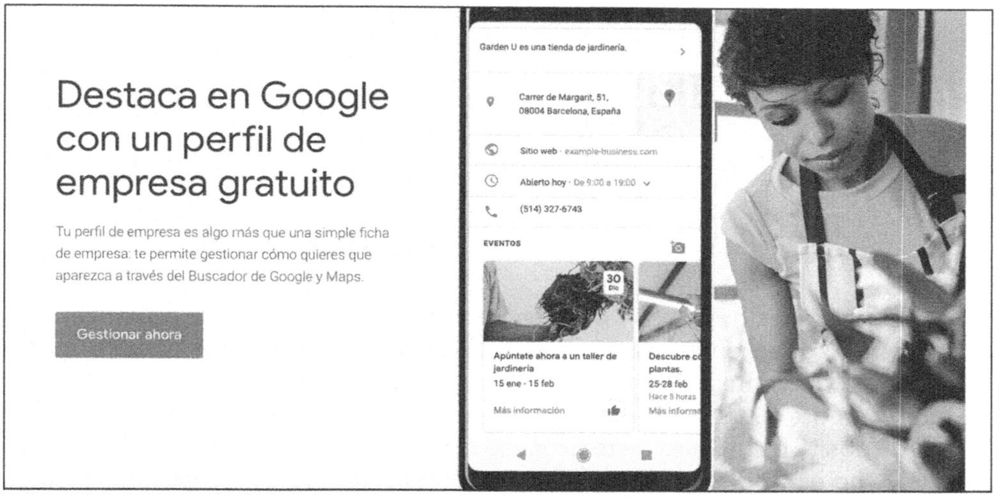

Figura 2.1. El perfil de nuestro negocio en Google My Business estará disponible en los resultados del buscador y además nuestros clientes podrán valorar la experiencia.

El marketing móvil supone un nuevo paradigma. La necesidad de comunicarnos con nuestros usuarios en tiempo real, a través de mensajes en formatos diversos (notificaciones, mensajes de voz,...) y conociendo de antemano sus comportamientos, problemas y preferencias, hacen de esta disciplina tan compleja como apasionante y efectiva.

Bienvenido al futuro.

El *purchase funnel* en marketing móvil

Durante mucho tiempo, los profesionales de marketing han confiado en el *purchase funnel* (embudo de conversión) clásico, como vemos en la figura 2.2, para explicar y analizar el proceso de compra de nuestros clientes. Estos suelen ser los pasos: primero, los usuarios nos conocían; después, despertábamos su interés al interactuar con nuestra marca; al conocer nuestro catálogo de productos se establecía el deseo de comprar uno (o varios de ellos) y, finalmente, se realizaba la compra.

Figura 2.2. Embudo de conversión clásico.

Los principales objetivos de los esfuerzos de marketing para optimizar este proceso consistían en atraer a más usuarios que reconocieran nuestra marca y, mediante diferentes técnicas, reducir el número de potenciales clientes que inevitablemente se van perdiendo a través del camino. Pero, con la introducción de los dispositivos móviles, este proceso debe ser revisado porque, hasta cierto punto, ya no es válido.

Para empezar, la fase de reconocimiento es mucho más intensa y forma parte de los hábitos de consumo de contenido de nuestros usuarios. Las vías por las que nuestros potenciales clientes pueden llegar a conocernos pueden ser muchas y muy distintas, desde la información de nuestra tienda en una búsqueda móvil a una aplicación gratuita que complemente el descubrimiento de nuestro producto. Y las diferencias no acaban aquí. Hay tres nuevos pasos tras la compra a tener en cuenta en el proceso:

- **Adopción:** La primera experiencia del usuario tras la transacción es fundamental, pues puede conllevar sucesivas compras.
- **Fidelización:** Nuestro cliente sigue comprando nuestro producto (o servicio) porque la experiencia ofrecida es suficiente para satisfacer sus necesidades. Es menos probable que este tipo de usuarios nos abandonen por un competidor.
- **Recomendación:** El usuario transmite su satisfacción con nuestro producto compartiendo su experiencia con otros.

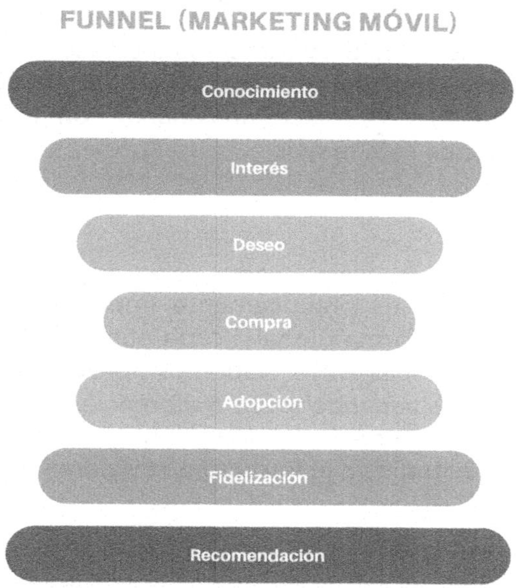

Figura 2.3. Embudo de conversión móvil.

Proporcionar una buena experiencia a nuestros usuarios es fundamental, con un seguimiento continuo de sus interacciones y satisfaciendo sus necesidades. Es el usuario quien ahora tiene el poder para influir en sus amigos, familia, seguidores, etc. Y no queremos que esos mismos canales en los que tanto esfuerzo invertimos, móvil y redes sociales, sean utilizados para que nuestra marca sea reconocida negativamente.

Principios del marketing móvil

Si bien es cierto que uno de los mantras de la creatividad nos propone saltarnos las reglas, para poder hacerlo debemos antes conocer esas mismas reglas. Llegados a este punto, nos conviene recordar algunos de los principios básicos a tener en cuenta cuando trabajemos nuestra estrategia de marketing móvil.

Pide permiso

El usuario móvil tiene una menor tolerancia a recibir contenido que no desea y no queremos que eso se vuelva en nuestra contra. Por lo que, sea para mostrar notificaciones en nuestra aplicación o para enviar SMS con cupones de descuento, debemos asegurarnos de que nuestro usuario ha aceptado explícitamente esta comunicación. Si le sumamos a ese consentimiento explícito el envío de mensajes contextuales, relevantes en ese momento, el usuario confiará en nosotros y será más fácil establecer un canal de comunicación, pues la implicación con nuestra marca será mayor.

Personaliza

En el mercado móvil, es prácticamente imposible encontrar soluciones que sirvan para llegar de forma global a toda nuestra audiencia de una forma óptima. La personalización es clave. Debemos aprovechar toda la información que tenemos de nuestros usuarios sobre preferencias, comportamiento, intereses, filias y fobias. Y, acorde con esa valiosa información, mostrarle contenidos cuando quieran o necesiten, con el formato que quieran y con la frecuencia que prefieran.

Automatiza

La automatización no deja de consistir en una serie de procesos ejecutados según unas reglas para proveer a nuestros usuarios del mensaje exacto en el momento adecuado. Su objetivo es crear mejores campañas y ahorrar el tiempo de ejecución de estas para alcanzar el ansiado *time to market*. Tradicionalmente, las reglas de automatización se han utilizado en campañas de *email marketing*. Pero, como hemos visto, los canales de marketing móvil presentan unas características diferentes.

Una vez configuradas las reglas de automatización, podemos enviar nuestro mensaje a través de:

- Notificaciones *push*.
- Mensajes *in-app*.
- SMS o MMS.
- Correo electrónico.
- Redes sociales móviles.

Una de las claves del éxito de nuestra campaña automatizada se encontrará, como mencionamos anteriormente, en el grado de personalización de nuestro mensaje. En gran parte de los casos, la comunicación se produce en tiempo real, de modo que, cuanto más personalizada y cercana a las necesidades del usuario, más efectiva será.

Segmenta

Tenemos mucha información sobre nuestros usuarios. Segmentar, agrupar a tus necesarios en base a sus necesidades, características e intereses facilitará que el mensaje sea relevante para ellos. Además, nos permite hacer ajustes en ciertos segmentos en los que no estamos teniendo el impacto deseado, sin alterar la estrategia de una campaña.

Tus mensajes van a ser muy diferentes cuando, por ejemplo, están dirigidos a particulares o empresas. El tono, contenido del mensaje y *timing* (cuándo enviar el mensaje) deben adaptarse al tipo de usuario objetivo.

Optimiza tus contenidos

¿Qué sentido tiene crear una campaña para dirigir a los usuarios a nuestra web (o una sección de nuestra web con contenido promocional) si el contenido es ilegible o la página tiene componentes que no pueden ser visualizados correctamente en móvil? El fracaso está casi asegurado. Pero puede ser peor todavía si el elemento principal de la campaña es un correo electrónico que no está optimizado para los clientes de correo móvil.

Actualmente, existen técnicas de desarrollo web, como *Responsive web design*, que permiten mostrar a distintos tipos de usuario (desde un navegador móvil, de escritorio, televisión...) un mismo contenido adaptado a su dispositivo. No hay excusa para ofrecer una buena experiencia a nuestros usuarios, independientemente de dónde vengan.

Mobile first

¿Quiere esto decir que debemos abandonar nuestras campañas actuales para invertir en una aplicación móvil y en cómo monetizarla? ¿O en adaptar inmediatamente nuestra web a móvil? No. Pero debemos entender las necesidades actuales de nuestros usuarios. Probablemente ellos contactarán por primera vez con nuestra marca a través de su móvil o en algún momento del proceso de compra lo utilizarán (si no en todo el proceso).

Esto es más importante si cabe con los segmentos más jóvenes de nuestra audiencia. Las estadísticas son reveladoras: no se separan de su móvil y lo comprueban a cada momento (un 65 por 100 de jóvenes solo desconecta una hora al día, según The Cocktail Analysis).

Este tipo de usuarios esperan web optimizadas que carguen rápido y un tono más informal en los mensajes. Así que sé conciso y no desafíes la reducida capacidad de atención que tenemos.

Seguir todas estas reglas no sirve de nada si no medimos e iteramos. **Medir** adecuadamente es fundamental para saber qué es importante para nuestros usuarios y qué no. **Iterar** es imprescindible para encontrar la mejor manera de comunicar nuestros mensajes para cada uno de los canales que vamos a emplear.

El verdadero objetivo del marketing móvil

¿Quién no desearía ser Don Draper? Todos querríamos salir victoriosos de una sala de reuniones tras proponer una idea revolucionaria que impacte en nuestro negocio como ninguna antes. Antes, debemos tener en cuenta este pequeño pero importante detalle: esto no va sobre nosotros, va sobre nuestros usuarios.

Si nuestros esfuerzos no van encaminados a contar a las personas cómo nuestro producto les hace la vida mejor, serán energía y recursos desperdiciados. Y, en el entorno hipercompetitivo de hoy en día, nuestro negocio no se lo puede permitir.

"Probablemente la mejor cerveza del mundo", clamaba un anuncio. No habla del consumidor, habla de la marca. Por tanto, no es relevante. Si no eres relevante para quien puedes ser especial, no lo eres para nadie.

Don Draper, si bien es un personaje de ficción, comprendió la importancia del mensaje, de contar una historia que resuene en las personas a las que llega.

El marketing móvil nos ayudará a contar esa historia a las personas adecuadas, en el momento adecuado y en el contexto adecuado. En el viaje que nos propone *Marketing digital*, contaremos cómo. ¿Te apuntas?

Antes de irte, recuerda

- El marketing móvil sigue siendo (buen) marketing: Contar la historia de éxito de tus usuarios.
- Aprovecha sus características diferenciadoras para comunicar mensajes relevantes: Marketing de proximidad, canales móviles, aplicaciones, anuncios y búsquedas móviles.
- Define el *purchase funnel* de tus productos.
- Conoce las reglas antes si quieres saltártelas: Pide permiso, personaliza, automatiza, segmenta, optimiza los contenidos y planifica *mobile first*.
- Identifica los canales móviles apropiados para llegar a tus usuarios.

3

Métricas y análisis básicos

Cuando nos enfrentamos por primera vez con la analítica web, es lógico hacerse esta pregunta: "¿Por dónde empezamos?". Un buen punto de partida puede ser comenzar por el análisis del contenido de nuestro sitio web. Este tipo de análisis hace referencia al comportamiento de las páginas de un sitio web y nos va a permitir saber qué páginas visitan los usuarios o cuánto tiempo permanecen en las mismas, en él se incluye también el análisis de las páginas de entrada y de las páginas de salida.

Páginas (Pages)

Por lo general, todas las herramientas de análisis proporcionan listados de todas las páginas del sitio ordenadas de forma descendente según el número de páginas vistas o de visitas. Este informe recibe diferentes nombres en función de la herramienta: Pages, Top Content, Most Requested Pages...

En Google Analytics, este informe se puede encontrar en **Comportamiento/Contenido del sitio/Todas las páginas**. Hay que tener en cuenta que cada página del sitio web se identifica por su URI de solicitud, es decir, la parte de la URL que aparece después del nombre de dominio. Por ejemplo, para `http://www.misitioweb.com/categoria/micontenido.html`, el URI de solicitud es `/categoria/micontenido.html`. Por lo tanto, en los informes de Google Analytics, el símbolo / es el URI de solicitud que identifica a la página principal (*home*) de un sitio web.

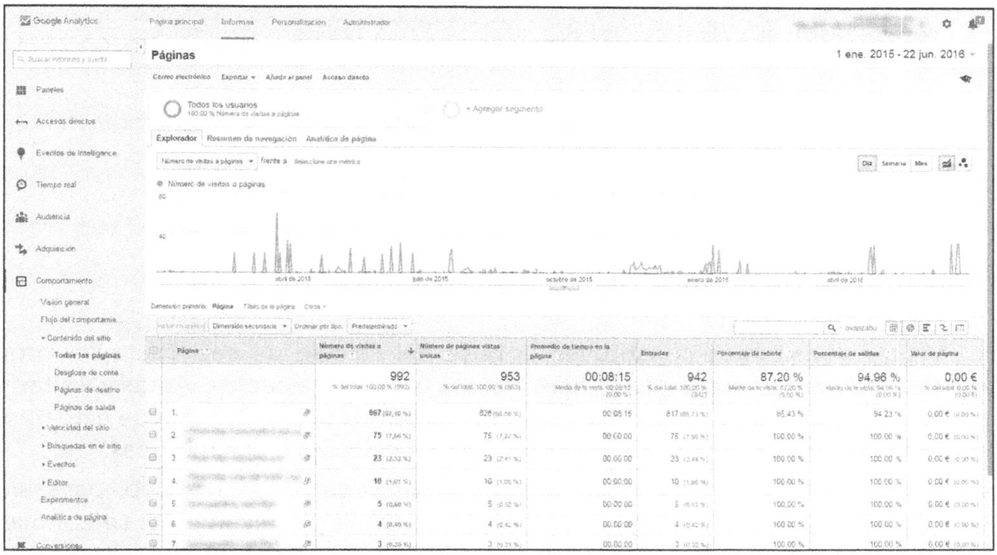

Figura 3.1. Informe de páginas en Google Analytics.

En estos informes, y en general siempre que hablemos de analítica web, resulta imprescindible interpretar correctamente los datos que estamos obteniendo. Así pues, veamos las métricas a nivel de página que aparecen habitualmente en este tipo de informes, cuál es su significado y cómo deben interpretarse.

Páginas vistas o visitas a páginas (Pageviews)

Es el número total de veces que se ha visto una página determinada. Las vistas repetidas de una misma página, aunque sean durante la misma sesión (o visita), también se contabilizan. Por ejemplo, si un usuario navega por un sitio web y pasa dos veces por la página principal (*home*), el número de páginas vistas correspondiente a la *home* será igual a dos.

Páginas vistas únicas (Unique Pageviews)

Se trata de una métrica incluida en Google Analytics y que hace referencia al número de visitas (o sesiones) en las que se ha visto una determinada página al menos una vez. En el ejemplo anterior, si el usuario pasa dos veces por la *home* durante la misma visita (en la misma sesión), solo se contará una página vista única. Vemos un ejemplo en la figura 3.2:

Un único visitante realiza una visita a la web y pasa dos veces por la home

	Páginas vistas	Páginas vistas únicas
Home	2	1

Ese único visitante realiza otra visita a la web y ve la home tres veces

	Páginas vistas	Páginas vistas únicas
Home	5	2

Figura 3.2. Datos de páginas vistas y páginas vistas únicas.

Visitas (Visits) y visitantes (Visitors)

Visitas y visitantes constituyen la base del cálculo de casi cualquier otra métrica web. Sin embargo, cada herramienta estadística cuenta visitas y visitantes de forma diferente, por lo que cuando utilicemos una aplicación de este tipo debemos preocuparnos por entender cómo se calculan estas métricas.

Las visitas hacen referencia a alguien que llega a nuestra web, pasa un tiempo navegando por ella y, finalmente, se marcha. Técnicamente, se conoce como sesión (la mayoría de las veces, el término sesión hace referencia a visita). Es decir, las visitas totales son la suma de todas las sesiones durante un periodo de tiempo determinado. Hay que tener en cuenta que, si un usuario deja un navegador abierto y se marcha, la sesión se dará por terminada después de 30 minutos de inactividad.

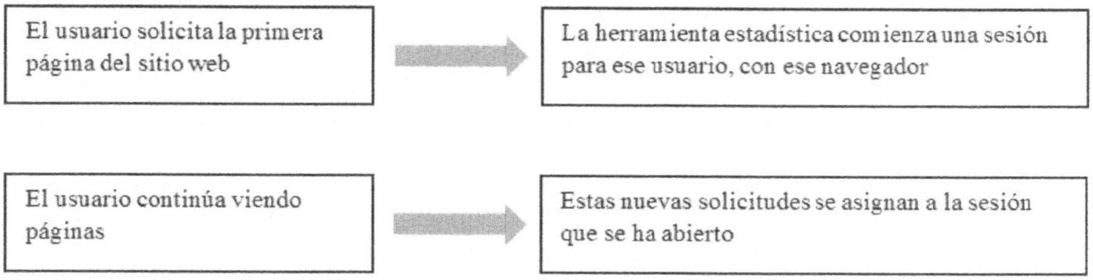

Figura 3.3. Registro de las visitas por la herramienta estadística.

Los visitantes únicos hacen referencia al número de usuarios que han accedido a un sitio web al menos una vez en un periodo determinado. A cada usuario se le identifica mediante una *cookie*, que la herramienta de analítica web crea la primera vez que este accede al sitio web y que permanece hasta que expire (por ejemplo, la *cookie* de Google Analytics dura dos años) o se elimine. La *cookie* hace que las diferentes visitas (sesiones) del mismo usuario, durante el periodo de análisis, no se cuenten como visitantes únicos diferentes, sino únicamente como distintas sesiones.

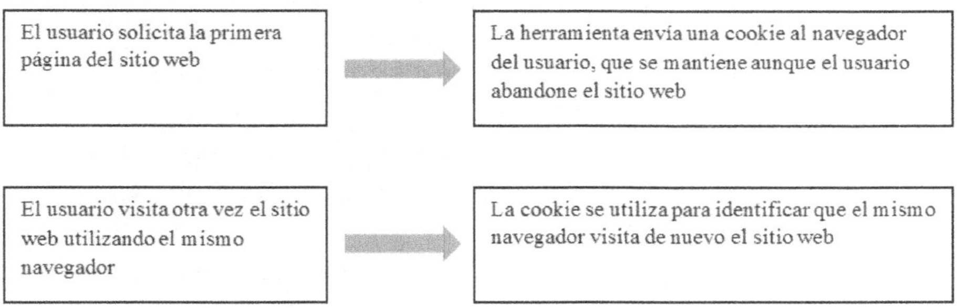

Figura 3.4. Registro de los visitantes por la herramienta estadística.

No obstante, hay que tener en cuenta que esta métrica constituye una aproximación, ya que, al estar basada en una *cookie*, no siempre un visitante único es una única persona, por ejemplo en los siguientes casos:

- Si una misma persona accede a un mismo sitio a través de dos navegadores diferentes (en el mismo ordenador o en distintos ordenadores), será considerado como dos visitantes únicos diferentes.

- Si una misma persona accede a un mismo sitio desde diferentes dispositivos (ordenador, móvil, *tablet*, consola...), será considerado como un visitante único diferente por cada dispositivo. Sin embargo, si el sitio web exige estar registrado para acceder a él (por ejemplo, con nombre de usuario y contraseña), la herramienta de analítica web será capaz de reconocer al usuario y lo identificará como el mismo visitante único con independencia de su dispositivo de acceso (`http://www.yosoydigital.es/analitica-web/usuarios-sesiones-paginas-vistas-en-google-analytics`).
- Si un usuario configura su navegador para que no acepte *cookies* o borra las *cookies* entre visitas, no podrá ser identificado como el mismo visitante único en sus visitas sucesivas al sitio web.

En Google Analytics, la métrica visitas y todas sus métricas derivadas han sido reemplazadas por sesiones. Algo similar ha ocurrido con la métrica visitantes únicos y su equivalente en aplicaciones móviles, usuarios activos, que han sido reemplazadas y unificadas por usuarios. Según explica Google, estos cambios tienen como finalidad unificar las analíticas de sitios web y aplicaciones móviles. Para ello, se han fijado nombres únicos y más consistentes para las métricas.

Siguiendo a Lucía Marín (`http://www.experimentando.es/usuario-de-google-analytics-usuarios-unicos-y-usuarios-activos`), en Google Analytics se distinguen diferentes tipos de usuarios o visitantes:

- En función de si nos conocen o nos han visitado alguna vez, los usuarios pueden ser nuevos o recurrentes. Los usuarios totales de un periodo determinado incluyen tanto los nuevos como los recurrentes.
    - Los usuarios nuevos son los que no están identificados, es decir, no tienen la *cookie* en su navegador, por no habernos visitado previamente, por no haber accedido en un periodo de dos años o por haberla borrado.
    - Los usuarios recurrentes son los que sí tienen la *cookie* almacenada porque han visitado el sitio web previamente.
- En función de su *engagement*/compromiso con la web, los usuarios pueden ser usuarios con una sesión o con más de una sesión.
    - Los usuarios con una sesión son aquellos que durante el periodo analizado solo han abierto una sesión (da igual que sean nuevos o recurrentes, es decir, que tengan la *cookie* porque nos hayan visitado previamente o no).
    - Los usuarios con más de una sesión son aquellos que durante el periodo analizado han abierto más de una sesión.

No se deben confundir usuarios recurrentes (los que tienen la *cookie*) con usuarios fieles (los que abren varias sesiones en un mismo periodo), aunque suene parecido. Es posible que un usuario recurrente solo haya abierto una sesión en el periodo analizado, pero se le considere recurrente porque tenga la *cookie* al habernos visitado en un periodo anterior.

Un usuario recurrente lo es porque tiene la *cookie* en su navegador. Si su primera sesión ha sido en el mismo periodo de análisis, en esa primera sesión ha sido contado como "nuevo" y se ha quedado con la *cookie*, y a partir de la segunda sesión ha pasado a ser contado como un usuario "recurrente".

En algunas herramientas estadísticas nos encontramos con conceptos como visitantes únicos diarios, visitantes únicos semanales, visitantes únicos mensuales o visitantes únicos absolutos. Vamos a analizar qué significa cada una de estas métricas, cómo se calculan y cuál es su utilidad reproduciendo un ejemplo incluido por Avinash Kaushik en su libro *Web Analytics 2.0*.

			El sitio ha sido visitado por...	Visitantes Únicos Diarios	Visitantes Únicos Semanales	Visitantes Únicos Mensuales	Visitantes Únicos Absolutos
Mes 1	Semana 1	Día 1	A B C	3	3	3	3
			Total	**3**	**3**	**3**	**3**

Figura 3.5. Datos de visitantes únicos.

Calculemos ahora los valores de las métricas que estamos analizando al final del primer día.

			El sitio ha sido visitado por...		
Mes 1	Semana 1	Día 1	A	B	C
Mes 1	Semana 1	Día 2	B	C	B
Mes 1	Semana 2	Día 1	B	D	
Mes 1	Semana 2	Día 2	D	E	
Mes 1	Semana 3	Día 1	A	E	F
Mes 2	Semana 1	Día 1	A	E	F
Mes 2	Semana 1	Día 2	G	H	I

Figura 3.6. Visitas a la web durante un día.

Estos valores parecen tener sentido. Sin embargo, hagamos el mismo cálculo para dos días consecutivos.

<table>
<tr><td colspan="3"></td><td>El sitio ha sido visitado por...</td><td>Visitantes Únicos Diarios</td><td>Visitantes Únicos Semanales</td><td>Visitantes Únicos Mensuales</td><td>Visitantes Únicos Absolutos</td></tr>
<tr><td>Mes 1</td><td>Semana 1</td><td>Día 1</td><td>A B C</td><td>3</td><td rowspan="2">3</td><td rowspan="2">3</td><td rowspan="2">3</td></tr>
<tr><td>Mes 1</td><td>Semana 1</td><td>Día 2</td><td>B C B</td><td>2</td></tr>
<tr><td colspan="4">Total</td><td>5</td><td>3</td><td>3</td><td>3</td></tr>
</table>

Figura 3.7. Visitas a la web durante dos días consecutivos.

Los visitantes únicos diarios se cuentan cada día. Por lo tanto, aunque B y C visitan el sitio el segundo día y son los mismos visitantes que lo hicieron el primer día, se cuentan dos veces. La conclusión principal que podemos extraer es que el análisis de los visitantes únicos diarios carece de utilidad para periodos de tiempo superiores a un día.

Ampliemos ahora el análisis a un periodo de tiempo de dos semanas.

			El sitio ha sido visitado por…	Visitantes Únicos Diarios	Visitantes Únicos Semanales	Visitantes Únicos Mensuales	Visitantes Únicos Absolutos
Mes 1	Semana 1	Día 1	A B C	3	3	5	5
Mes 1	Semana 1	Día 2	B C B	2			
Mes 1	Semana 2	Día 1	B D	2	3		
Mes 1	Semana 2	Día 2	D E	2			
			Total	9	6	5	5

Figura 3.8. Visitas a la web durante dos semanas.

De forma análoga a lo que ocurre con los visitantes únicos diarios, los visitantes únicos semanales se cuentan cada semana. Por lo tanto, B se cuenta dos veces porque ha visitado el sitio en dos semanas diferentes. Otra conclusión importante que podemos sacar es que el análisis de los visitantes únicos semanales carece de utilidad para periodos de tiempo superiores a una semana.

Avancemos un poco más y calculemos los valores de estas métricas al final del primer mes.

			El sitio ha sido visitado por…	Visitantes Únicos Diarios	Visitantes Únicos Semanales	Visitantes Únicos Mensuales	Visitantes Únicos Absolutos
Mes 1	Semana 1	Día 1	A B C	3	3	6	6
Mes 1	Semana 1	Día 2	B C B	2			
Mes 1	Semana 2	Día 1	B D	2	3		
Mes 1	Semana 2	Día 2	D E	2			
Mes 1	Semana 3	Día 1	A E F	3	3		
			Total	12	9	6	6

Figura 3.9. Visitas a la web durante un mes.

Las cifras sustentan las conclusiones que hemos mencionado anteriormente: el análisis de los visitantes únicos diarios y de los visitantes únicos semanales carece de sentido cuando hacemos referencia a un periodo de tiempo mensual.

Si finalizamos el cálculo para los datos completos de visitantes únicos que hemos incluido en nuestro ejemplo, obtenemos los valores mostrados en la figura 3.10.

Por lo tanto, el número de visitantes únicos solo se calcula correctamente a través de los visitantes únicos absolutos, ya que elimina todos los visitantes repetidos durante el periodo de tiempo analizado. Herramientas como Google Analytics, XiTi o Digital Analytix proporcionan esta métrica.

			El sitio ha sido visitado por…	Visitantes Únicos Diarios	Visitantes Únicos Semanales	Visitantes Únicos Mensuales	Visitantes Únicos Absolutos
Mes 1	Semana 1	Día 1	A B C	3	3	6	9
Mes 1	Semana 1	Día 2	B C B	2			
Mes 1	Semana 2	Día 1	B D	2	3		
Mes 1	Semana 2	Día 2	D E	2			
Mes 1	Semana 3	Día 1	A E F	3	3		
Mes 2	Semana 1	Día 1	A E F	3	6	6	
Mes 2	Semana 1	Día 2	G H I	3			
			Total	18	15	12	9

Figura 3.10. Visitas a la web durante todo el periodo analizado.

Tal y como indica Gemma Muñoz en el libro *El arte de medir*, "combinando estas métricas se pueden sacar ratios interesantes, como la media de visitas por visitante, el número medio de páginas vistas por visita, cuántas páginas ha visto de media cada visitante único, el porcentaje de visitantes que vuelven...".

Tiempo de estancia en una página (Time on Page) y tiempo de estancia en el sitio (Time on Site)

En ambos casos, se trata de métricas esenciales. La primera de ellas mide el tiempo que los visitantes están en una página, mientras que la segunda mide el tiempo de estancia en el sitio durante una visita. Veamos cómo se calculan ambas métricas a través de un ejemplo concreto. Imaginemos que un usuario navega por un sitio web y visita tres páginas antes de decidir abandonarlo.

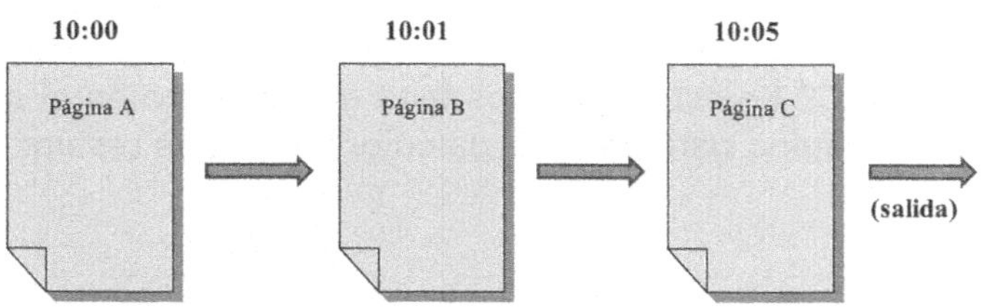

Figura 3.11. Tiempo de estancia en una página y en el sitio.

La herramienta estadística que estemos utilizando registra que ha habido una visita a la página A a las 10:00. Más adelante, dicha herramienta registra que el mismo usuario ha visitado la página B a las 10:01. En ese momento, es posible calcular el tiempo de estancia en la página A, ya que la única manera de calcular el tiempo de permanencia en una página es comparando el momento en el que el usuario llega a una página con el momento en el que solicita una nueva página.

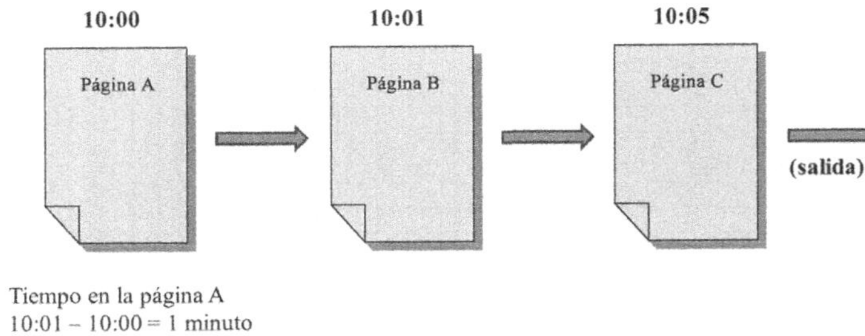

Figura 3.12. Cálculo del tiempo en la página A.

Así pues, cuando el usuario visita la página C, se puede calcular el tiempo de estancia en la página B.

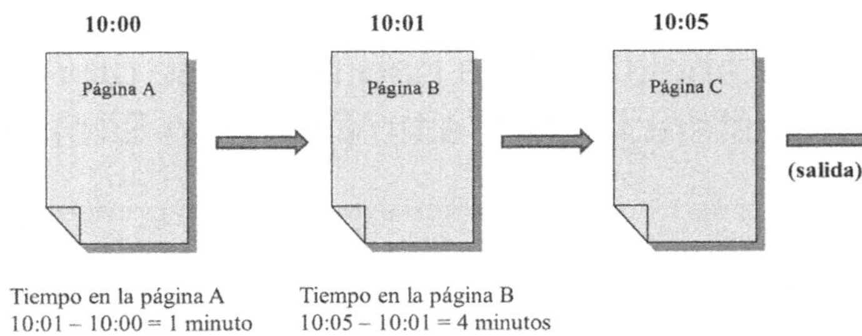

Figura 3.13. Cálculo del tiempo en la página B.

Sin embargo, ¿qué ocurre cuando el usuario abandona el sitio web después de visitar la página C? En este caso, nos falta el momento en el que el usuario solicita una nueva página para hacer el cálculo, por lo que resulta lo siguiente:

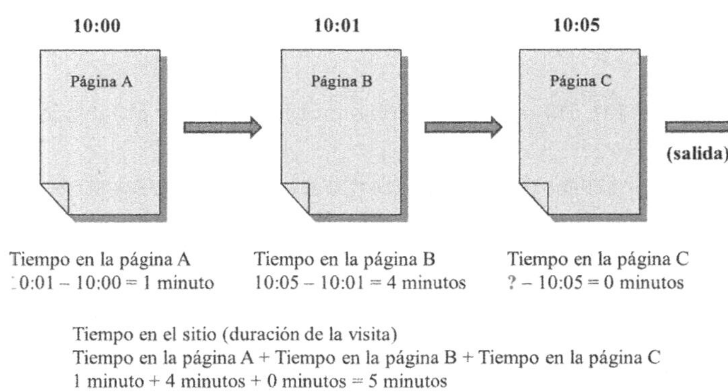

Figura 3.14. Cálculo del tiempo en cada página y del tiempo en el sitio.

¿Qué ocurre, entonces, con las visitas en las que solo se ve una página? En este caso, la herramienta solo registra el momento en el que el usuario llega a una página, pero falta el momento en el que se solicita una nueva página. Así pues, tanto el tiempo de estancia en la página como el tiempo de permanencia en el sitio serán iguales a cero.

Lo mismo ocurrirá si el usuario, después de visitar una primera página, tiene un periodo de inactividad superior a 30 minutos y después continúa navegando, ya que se considerarán dos visitas (sesiones) diferentes con una duración de cero minutos para la primera.

Otra situación especial tiene lugar en las visitas en las que alguno de los enlaces del sitio web se abre en otra pestaña. Analicemos el siguiente ejemplo propuesto por Avinash Kaushik.

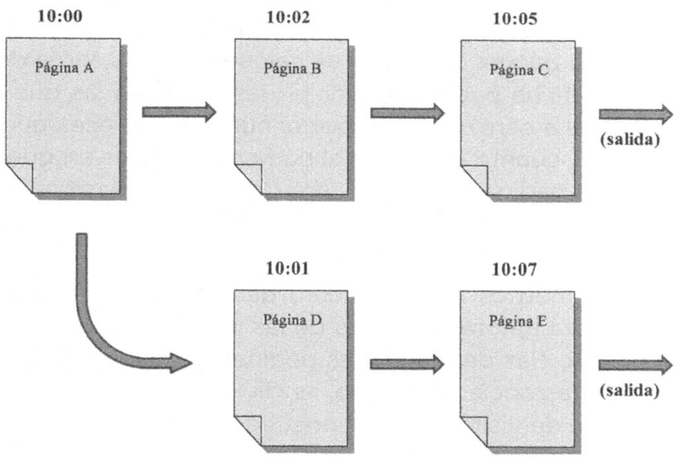

Figura 3.15. Visita con navegación en varias pestañas.

En este caso, un usuario llega a la página A. Entonces, abre un primer enlace en una nueva pestaña y vuelve a la página inicial. Desde allí va a la página B, después a la página C y, finalmente, cierra esa pestaña. En ese momento, vuelve a la pestaña en la que abrió la página D y va a la página E antes de abandonar el sitio web. En estos casos, hay dos posibilidades para calcular el tiempo de estancia en el sitio:

- Aunque no es lo habitual, algunas herramientas crean dos sesiones y calculan el tiempo para cada una de ellas conforme a lo que acabamos de exponer.
- La mayoría de las herramientas estadísticas normalizan la navegación, para facilitar el cálculo del tiempo, de la siguiente manera.

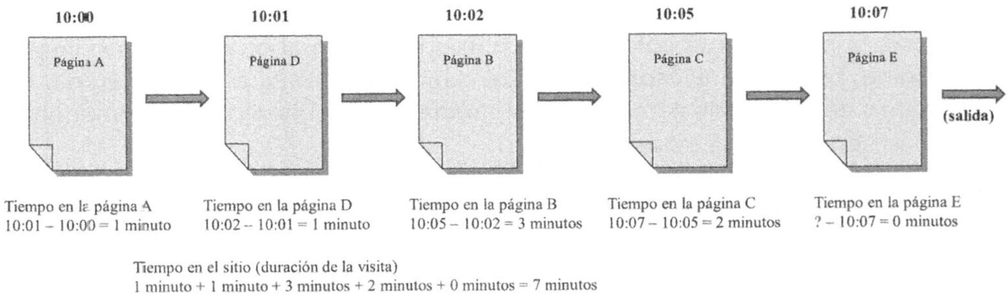

Figura 3.16. Cálculo del tiempo en una visita con navegación en varias pestañas.

Finalmente, conviene tener en cuenta cómo calcula Google Analytics los valores medios de estas métricas. En el caso del tiempo medio de estancia en la página, se trata del tiempo medio que pasan las visitas viendo una página antes de pasar a otra página del sitio y se calcula como la suma de los tiempos de permanencia en dicha página (sin incluir las veces en las que el tiempo de permanencia es igual a cero) dividida por el número de veces que la página se ha visto. Por lo tanto, cuanto menor es el número de veces en que el tiempo de permanencia en una página es igual a cero (lo cual se relaciona con la tasa de salida que veremos más adelante), más cercano a la realidad es el cálculo del tiempo medio de estancia en dicha página.

Sin embargo, la métrica tiempo medio de estancia en el sitio no tiene la misma capacidad para ignorar el efecto de las páginas cuyo tiempo de permanencia es igual a cero (las denominadas páginas de salida). Cuando se calcula el tiempo medio de estancia en el sitio, se divide el tiempo total de todas las visitas por el número de visitas (incluyendo, en este caso, visitas de una página con tiempos de estancia en el sitio iguales a cero). Por lo tanto, en los sitios web con un porcentaje elevado de visitas en las que solo se ha visto una página (la denominada tasa de rebote que veremos a continuación), el tiempo medio de estancia en el sitio sufrirá una disminución significativa.

La interpretación del tiempo medio de estancia en la página dependerá del tipo de web de que se trate. Según Felipe Maggi, si se trata de una web de contenidos, el tiempo medio de estancia en la página nos indica si los usuarios están leyendo o no un contenido en concreto. Si se trata de un sitio de comercio electrónico y estamos analizando las páginas del proceso de compra, hay que tener en cuenta que, cuanto más tiempo necesiten los usuarios, menos conversiones se suelen obtener. Aunque un tiempo medio muy bajo, en el que normalmente es imposible acabar de interactuar con la página, tampoco es bueno. Algo parecido sucede con los formularios. Mucho tiempo puede significar que el formulario es demasiado complejo, pero poco tiempo puede ser un indicio de que los usuarios no lo completan y lo abandonan.

Tasa de rebote (Bounce Rate)

Se define como el porcentaje de visitas en las que solo se ha visto una página del sitio antes de abandonarlo, es decir, visitas en las que el usuario ha abandonado el sitio web inmediatamente después de visitar la página de entrada. Por ejemplo, si una página tiene una tasa de rebote del 80 por 100, eso significa que de cada 100 usuarios que llegan a ella, solo 20 se quedan en la web y continúan navegando por otras páginas. Si alguien visita una página y después se marcha sin visitar ninguna página más (ya sea dando al botón de retroceder del navegador, cerrando el explorador o introduciendo un nuevo dominio en la barra de dirección), entonces esa visita ha rebotado.

Como analiza Bruno Rodríguez Armesto en `https://www.40defiebre.com/tasa-de-rebote-y-tiempo-de-permanencia-en-google-analytics/`, hay casos en que un rebote no debería ser considerado como un verdadero rebote. Si observamos la figura 3.17, comprobamos que, por definición, ambos visitantes A y B han rebotado, pero, si tenemos en cuenta el tiempo de permanencia en la página de cada uno de ellos, vemos que mientras que el usuario A posiblemente no haya encontrado nada útil, el usuario B sí que lo ha hecho (al fin y al cabo se ha pasado cinco minutos viendo la página).

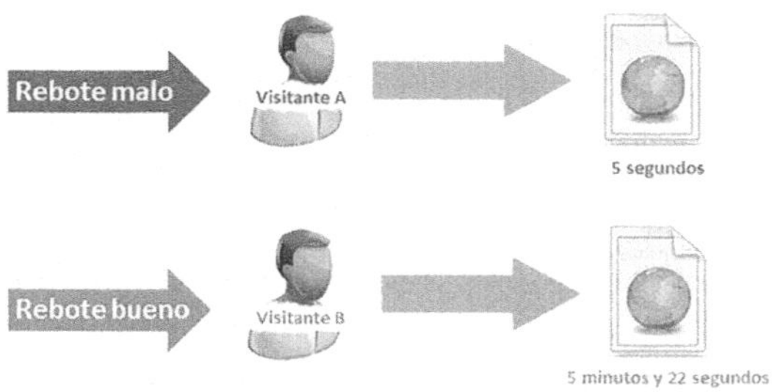

Figura 3.17. Tasa de rebote y tiempo de permanencia en la página.
(Fuente: adaptado de `http://www.immpact.com/google-analytics-bounce-rates/`).

Es decir, si se usara conjuntamente la tasa de rebote con el tiempo de estancia en la página, se obtendría un indicador más fiable. Sin embargo, como acabamos de ver, cuando el usuario entra en una página, se graba un tiempo. Cuando el usuario pasa a otra página del sitio web, se graba otro tiempo. La diferencia entre ambos es el tiempo que el usuario ha pasado en la primera página.

Pero, si un usuario llega a una página, lee su contenido y no pasa a otra página del sitio web, esta visita será contabilizada como rebotada y su duración será cero segundos, ya que no hay forma de calcular el tiempo que ha permanecido en ella porque no se ha visitado ninguna otra página después.

La navegación más habitual de las visitas que llegan a un blog para leer un *post* es precisamente leer dicho contenido y luego marcharse. En estos casos, la tasa de rebote suele ser muy elevada (y ello no debería ser considerado problemático) y el tiempo que el usuario pasa en esta primera y única página no es un dato que pueda ser calculado por defecto.

En estos casos, una métrica adecuada para analizar si el tráfico que estamos recibiendo es de calidad podría ser el tiempo medio de estancia en la página. También podría utilizarse una tasa de rebote calculada en función de la duración de la visita, como el porcentaje de visitas con una duración inferior a X segundos (una cantidad suficiente de tiempo puede ser 30 segundos). De esta manera, podemos obtener una tasa de rebote que solo contabilizará el porcentaje de usuarios que abandonan el blog sin permanecer al menos 30 segundos y sin visitar ninguna otra página.

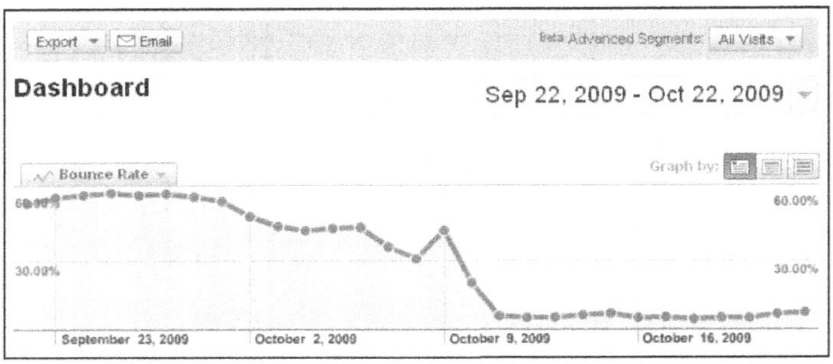

Figura 3.18. Evolución de la tasa de rebote cuando pasa a calcularse en función de la duración de la visita.
(Fuente: `http://www.padicode.com/blog/analytics/the-real-bounce-rate/`).

La tasa de rebote es, quizá, una de las métricas más útiles, pudiéndose aplicar en numerosas ocasiones. Así, además del porcentaje de rebote global del sitio, se puede utilizar en los siguientes casos:

- Medir la tasa de rebote de la *home*, ya que, si es alta, sería necesario tratar de identificar posibles causas, por ejemplo, la página principal no comunica al usuario el objetivo del sitio web y no es capaz de convencerle para que vea otras páginas, o no está posicionada en los buscadores por las palabras clave adecuadas y no está atrayendo tráfico de calidad, o presenta problemas técnicos como lentitud de carga o dificultades para verse correctamente en los principales navegadores y/o dispositivos (por ejemplo, no está adaptada a los dispositivos móviles).

- Medir la tasa de rebote de las páginas más populares (aquellas que tienen mayor número de páginas vistas y de páginas vistas únicas), ya que, si las páginas más populares tienen una tasa de rebote elevada, su optimización nos va a permitir reducir el porcentaje de rebote general del sitio web.
- Medir la tasa de rebote de las páginas de entrada más populares, ya que nos puede ayudar a identificar aquellas páginas que no consiguen convencer a los usuarios para que permanezcan en la web.
- Medir la tasa de rebote de los principales sitios web que nos traen tráfico al nuestro (*referrers*), ya que nos permite identificar aquellos sitios web que no nos están enviando tráfico de calidad.
- Medir la tasa de rebote de las palabras clave que tenemos posicionadas en los buscadores (incluyendo posicionamiento orgánico y posicionamiento de pago), ya que nos puede ayudar a detectar si estamos posicionando palabras clave no adecuadas o si estamos redireccionando a páginas de entrada que no están optimizadas.

Como indica Gemma Muñoz, lo normal es una tasa de rebote cercana al 30 por 100. Porcentajes de rebote superiores al 40 por 100 empiezan a ser preocupantes y, si superan el 50 por 100, requieren una acción inmediata.

Tasa de salida (Exit Rate)

Esta métrica mide cuántos usuarios han abandonado el sitio web desde una página determinada o, dicho de otra manera, el porcentaje de veces en las que una página en concreto ha sido la última que se ha visto antes de abandonar el sitio. Sin embargo, hay que tener en cuenta que cualquier usuario que navega por una web tiene que abandonarla por alguna página, por lo que esta métrica debe ponerse en relación con otras para proporcionar información realmente útil. Por ejemplo, para diferenciar las salidas "normales" de las que pueden ser "problemáticas" se puede combinar con la tasa de rebote, ya que la tasa de salida nos va a mostrar el porcentaje de usuarios que, cualquiera que sea la página por la que han entrado y el número de páginas que han visitado, han abandonado el sitio por una página concreta, mientras que la tasa de rebote nos va a indicar el porcentaje de usuarios que han abandonado el sitio por dicha página siendo esta la única página que han visto de nuestra web.

También se pueden considerar salidas "problemáticas" aquellas que afectan a páginas que constituyen etapas intermedias de un proceso, por ejemplo, el proceso de compra, con la excepción, claro está, de la página final del proceso.

Como resume Felipe Maggi, en general, cualquier página que tenga llamadas a la acción cuyo fin sea continuar con la navegación debería tener un porcentaje bajo de salidas. Sin embargo, las páginas que representan el final de un proceso o cuya visualización suponga la consecución de un objetivo pueden tener porcentajes de salida altos, sin que esto suponga, en principio, un problema.

Tasa de conversión (Conversion Rate)

Junto a las métricas que acabamos de exponer, Avinash Kaushik incluye la tasa de conversión entre las métricas web claves.

Para Google Analytics, la tasa de conversión se calcula dividiendo el número de visitas en las que se cumple el objetivo (ya sea una o más veces) entre el número de visitas totales.

Por su parte, Avinash Kaushik lo calcula dividiendo el número total de objetivos cumplidos (se puede entender como el número total de pedidos enviados o el número total de registros obtenidos o el número total de suscripciones a una *newsletter*) entre el número total de visitantes únicos.

Avinash sustituye visitas (en la definición de Google Analytics) por visitantes únicos, porque considera que cada visita no supone una oportunidad de conversión, sino que, frecuentemente, son necesarias varias visitas para obtener una conversión y la métrica visitantes únicos se ajusta mejor a la realidad.

Por su parte, Eric T. Peterson (*The Big Book of Key Performance Indicators*) diferencia entre la tasa de conversión relativa a pedidos (*Order Conversion Rate*) y la tasa de conversión relativa a compradores (*Buyer Conversion Rate*). *Order Conversion Rate* hace referencia al comportamiento de las visitas y a la probabilidad de que en una visita se haga un pedido. Se calcula dividiendo el número total de pedidos entre el número total de visitas. *Buyer Conversion Rate* hace referencia al comportamiento de los visitantes y a la probabilidad de que un usuario se convierta en cliente. Se calcula dividiendo el número total de visitantes que han hecho una compra entre el número total de visitantes.

Para calcular el número total de visitantes que han hecho una compra, habría que segmentar todas las visitas en las que se ha hecho una compra y, luego, ver el número de visitantes de ese segmento.

En cuanto a las variaciones, siguiendo también a Peterson, el *Order Conversion Rate* puede fluctuar estacionalmente, pero no debería apartarse de estas fluctuaciones estacionales a menos que algo cambie en las características de los usuarios o en la presentación de la web. Si este indicador cambia de forma inesperada habría que analizar los motivos. Entre las posibles causas, se pueden citar las siguientes:

- El número de visitas se incrementa, pero se trata de un tráfico poco cualificado que no tiene intención de comprar.
- El número de visitas se incrementa, pero los usuarios no pueden encontrar lo que están buscando.
- Se produce un incremento o una disminución real del número de pedidos respecto al número de visitas.

Si comparamos ambos indicadores (*Order Conversion Rate* y *Buyer Conversion Rate*), podemos identificar el comportamiento de nuestros usuarios:

- Si la mayoría de los visitantes compran en la primera visita, el valor de ambos indicadores será semejante.
- Si la mayoría de los visitantes necesitan varias visitas para realizar una compra, el valor del *Buyer Conversion Rate* será mayor que el del *Order Conversion Rate*.

Si el *Buyer Conversion Rate* disminuye, probablemente estamos fallando al convertir a los usuarios en clientes. Si hay diferencia entre ambos indicadores y ambos disminuyen, es probable que estemos atrayendo a más visitantes, pero, al mismo tiempo, se esté alargando el proceso de decisión.

Páginas de entrada (Landing Pages)

Las páginas de entrada son aquellas a través de las cuales los usuarios acceden a la web. El informe sobre páginas de entrada suele ser similar al de páginas del sitio (véase la figura 3.19).

Algunas métricas interesantes en relación con las páginas de entrada son las siguientes:

- Número de entradas (*Entrances*).
- Número total de visitas, nos permite ordenar las páginas de entrada en función del nivel de tráfico que reciben y así identificar las que son más populares.
- Porcentaje de visitantes que entran por la página sobre el total de visitantes del sitio web.
- Número total de páginas vistas por visita (profundidad de la visita) y por visitante, así como tiempo medio de estancia en la página: son indicadores de si a los usuarios les gusta el contenido de la página.

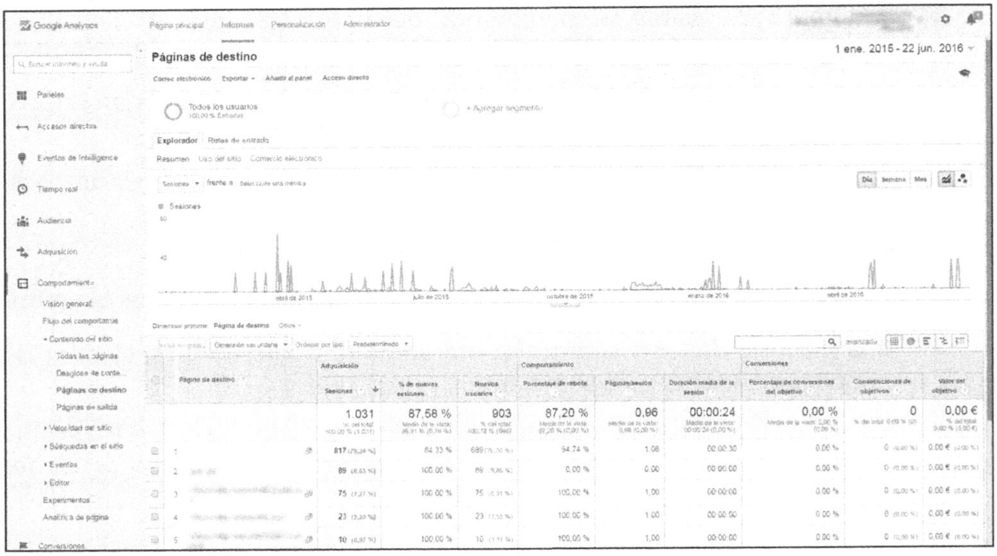

Figura 3.19. Informe de páginas de entrada (páginas de destino) en Google Analytics.

- Tasa de rebote, nos permite averiguar si estamos mostrando lo que el usuario quiere o espera ver. También resulta aconsejable comparar la tasa de rebote con la tasa de conversión, ya que es posible encontrar páginas de entrada que tienen altas tasas de rebote, pero también de conversión, generando ingresos importantes.

Según Gemma Muñoz, para medir el rendimiento de las páginas de entrada se deberían tener en cuenta tres grupos de usuarios:

- Los usuarios que ven la página de entrada y se van, ya que de poco sirve atraer mucho tráfico al sitio web, si luego este no les resulta interesante. Para realizar un análisis de este grupo, la métrica fundamental es la tasa de rebote.
- Los usuarios que ven la página de entrada y siguen navegando por la web, en cuyo caso, si las páginas de entrada consiguen interesar a los usuarios y nos están trayendo tráfico de calidad, las métricas más útiles pasan a ser el número total de páginas vistas por visita y por visitante, así como el tiempo medio de estancia en la página y en el sitio.
- Los usuarios que ven la página de entrada, siguen navegando por la web y llegan a convertir, en cuyo caso resulta necesario relacionar la tasa de rebote con la tasa de conversión, ya que nos podemos encontrar con diversas situaciones:

- Páginas de entrada con una tasa de rebote muy alta y una tasa de conversión muy baja (cercana a cero), las cuales deberían ser eliminadas.
- Páginas de entrada con una tasa de rebote muy baja y una tasa de conversión también muy baja, en cuyo caso debería investigarse qué es lo que está pasando, ya que es posible que exista algún problema en el proceso de conversión.
- Páginas de entrada con una tasa de rebote muy alta, pero una tasa de conversión también muy alta, las cuales deberían ser optimizadas de forma inmediata.

También se puede hacer un análisis interesante de las páginas de entrada si, para cada una de ellas, segmentamos según el origen del tráfico y comparamos las métricas que acabamos de mencionar.

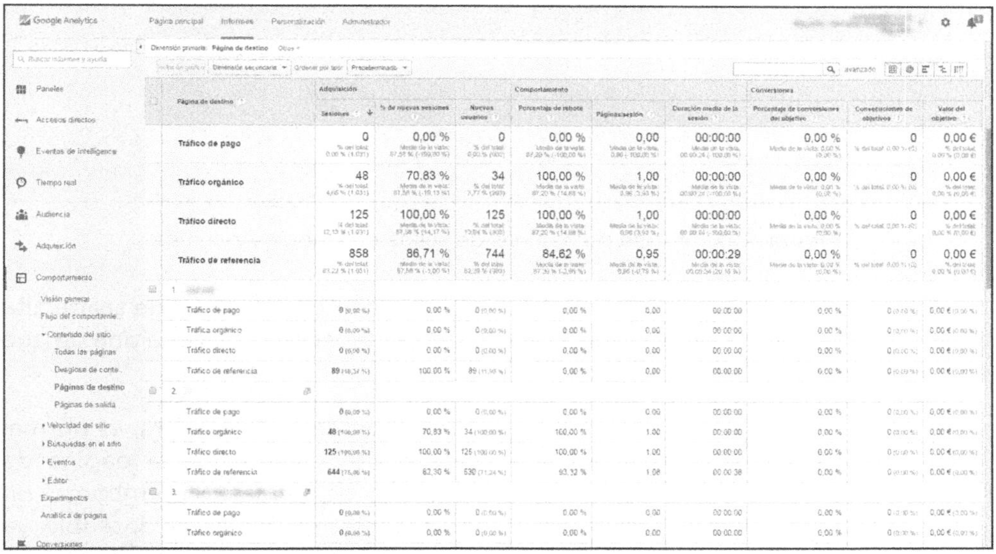

Figura 3.20. Informe de páginas de entrada segmentadas según el origen del tráfico en Google Analytics.

Páginas de salida (Exit Pages)

Las páginas de salida son aquellas desde las cuales se ha abandonado la web. En este tipo de informes, la información relevante es el número de salidas que se han efectuado desde una página en concreto (Salidas o *Exits*), la cantidad de veces que se ha visto esa página en el periodo, el número de visitantes que han visto esa página y el porcentaje de veces en las que esa página ha sido la última que se ha visto antes de abandonar el sitio, es decir, la tasa de salida.

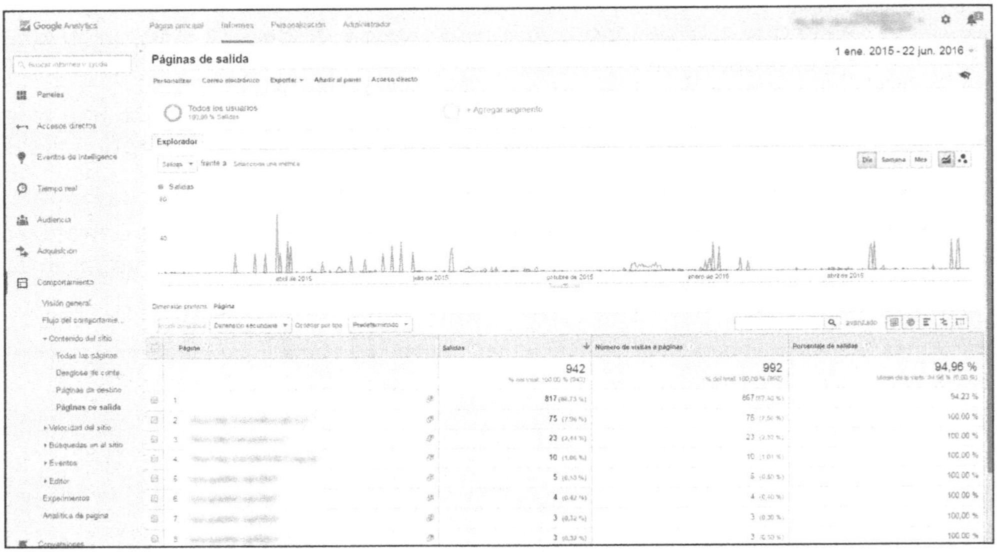

Figura 3.21. Informe de páginas de salida en Google Analytics.

Tal y como se ha indicado anteriormente, no siempre una tasa de salida alta debe considerarse como algo negativo, sino que dependerá de la página de que se trate. Pongamos dos ejemplos:

- Si estamos analizando las páginas de un proceso de compra, es normal que la última página de dicho proceso (normalmente, la página de agradecimiento) tenga un porcentaje alto de salidas. Sin embargo, un porcentaje alto en alguna de las páginas intermedias no es deseable, ya que constituye un indicio de que existe algún problema en el embudo de compra.
- Si estamos analizando la *home*, es posible que tenga un porcentaje alto de salidas. En este caso, si el porcentaje de rebote es bajo, ello nos indica que el flujo de navegación de los usuarios va de la página principal a las páginas interiores y, de estas, nuevamente a la página principal, lo cual es aceptable. Sin embargo, si se combina con un porcentaje alto de rebote, indica que puede haber problemas en la página principal.

A modo de conclusión, se podría decir que los informes de contenido nos permiten analizar el comportamiento de las páginas que son más relevantes dentro de un sitio web, bien porque reciben un volumen de tráfico elevado, bien porque forman parte de un proceso clave. En base a la información que proporcionan estos informes, las páginas que presentan problemas deben ser analizadas para tratar de identificar las causas de dichos problemas y así poderlas optimizar, ya sea disminuyendo el porcentaje de rebote de las páginas de entrada, el porcentaje de salida de las páginas internas o el tiempo medio de permanencia en cada una de las etapas de una venta, ya sea incrementando el tiempo medio de permanencia en páginas de contenido.

Parte II

Optimización

Una vez establecidas las bases, llega el momento de dar nuestros primeros pasos hacia una optimización de nuestra presencia digital. Para ello, vamos a ver qué factores influyen en el posicionamiento de los motores de búsqueda. ¿Por qué nuestros contenidos no están bien posicionados? ¿Qué hace la competencia para estar en los primeros puestos de búsqueda para ciertos términos? También veremos las diferencias entre una web optimizada para dispositivos móviles y las aplicaciones nativas, con sus correspondientes ventajas (e inconvenientes). Por último, veremos cómo nos puede ayudar la analítica web a detectar problemas de usabilidad y navegación y a identificar las propuestas de cambio más efectivas para optimizar una página web.

Interesante, ¿verdad? Empecemos.

4

Aspectos que influyen en el posicionamiento

Hablemos de posicionamiento orgánico, también conocido como posicionamiento natural (que no de pago) en las páginas de resultados de búsqueda para un término o términos concretos. Conseguir hoy en día un posicionamiento orgánico alto en los distintos motores de búsqueda constituye una de las grandes metas que cualquier empresa querría lograr. Ser líder en Google para términos habitualmente muy buscados por usuarios garantiza un gran volumen de tráfico hacia un sitio web y, si se sabe orientar correctamente, a nivel de negocio puede ofrecer una rentabilidad muy superior a pagar por anunciarse en los resultados patrocinados de la página de resultados de búsqueda.

Actualmente, existen multitud de aspectos que influyen en el posicionamiento en las páginas de resultados de búsqueda, algunos de estos de modo positivo y otros no tanto. La influencia que todos aquellos tienen está sujeta a una serie de cambios dictados por los continuos ajustes que se producen en los algoritmos que se encargan de asignar posiciones a los distintos fragmentos de búsqueda (también llamados *result snippets*), incluidos en las páginas de resultados, tras la búsqueda de un conjunto de términos. En la parte final de este capítulo, nombraré alguno de los cambios más importantes en estos algoritmos a lo largo de la historia del motor de búsqueda Google. Este capítulo tiene como objetivo mostrar todos aquellos aspectos de influencia que hoy en día hay que cuidar para conseguir optimizar nuestra web en el complejo *ranking* que establecen los motores de búsqueda.

Quiero dejar claro que la disciplina del SEO requiere paciencia. No son pocas las personas que pretenden observar mejoras de un modo casi inmediato, tras hacer pequeños cambios en sus páginas. No es esa la perspectiva con la que se debe trabajar en SEO, no debemos esperar realizar tareas de optimización y ver los cambios inmediatamente, ya que lleva tiempo, sobre todo dependiendo de la profundidad de los cambios que realicemos en nuestro sitio web. No es lo mismo cambiar el texto de un contenido que hacer una migración cambiando todas las URL de un sitio web. Ver cambios en los resultados de búsqueda de nuestras páginas requiere desde varios días a algún que otro mes, por lo general.

Tampoco se trata de realizar una optimización exagerada orientada en mejorar posiciones, sino de facilitar a los motores de búsqueda, del modo más "natural" posible, información sobre cómo está compuesto nuestro sitio web, cuál es la temática de cada una de las páginas que alberga este, cuál es su estructura o taxonomía, etc.

Recordemos que los motores de búsqueda navegan por nuestro sitio web como si realmente fuesen usuarios de este, realizando auditorías constantes con las que posteriormente ordenan los resultados.

Existen dos modos de tratar de mejorar la posición de nuestras páginas en los resultados de búsqueda, desde una perspectiva ética. El *white hat* SEO es aquel en el que se siguen una serie de técnicas consideradas éticas, siempre orientadas ofrecer contenido de calidad, único, enlazar páginas de un modo natural, etc. Por el contrario, el *black hat* SEO tiene como filosofía el uso de trucos o deficiencias en los buscadores y sus algoritmos para así conseguir posiciones más altas para palabras determinadas. Siempre aconsejo usar técnicas éticas. Este tipo de técnicas nos garantizarán mejoras de posicionamiento en buscadores mucho más estables a largo plazo. Evitemos las malas prácticas o trucos para tratar de mejorar el posicionamiento y estar tan expuestos a posibles penalizaciones debidas a actualizaciones en los algoritmos que los motores de búsqueda van introduciendo con el paso del tiempo. Malas prácticas que administradores web y creadores de contenido siguen usando, aunque cada vez menos efectivas y cuyo riesgo de uso es alto.

En las siguientes líneas, entraremos más detalladamente en cada uno de los aspectos que hay que cuidar para conseguir competir en Internet por un conjunto de términos.

Cómo el usuario visualiza las páginas de resultados de búsqueda

En las páginas de resultados de búsqueda, también conocidas como SERP (*search engine result pages*), el usuario centra su atención mayoritariamente en la zona superior izquierda siguiendo un patrón en lo referente al movimiento de los ojos en forma de F (véase la figura 4.1). Los 3 primeros resultados son los más importantes, ya que captan la atención de nuestros ojos y, por lo general, tienen ratio de clics (también conocido como CTR, de *click through rate*) muy superior al resto de resultados. Existe una gran diferencia entre aparecer entre los 3 primeros resultados de búsqueda para una palabra/s clave/s determinada/s y ocupar posiciones más lejanas.

Otro de los datos reveladores fue que el 45 por 100 de todos los clics de usuario ocurrían en una región ligeramente más grande que el cuadrante izquierdo superior de la página visible, unos 500 × 400 píxeles.

El patrón en forma de F cambia en el momento en el que los resultados no son los típicos 10 enlaces de color azul, convirtiéndose en un patrón fracturado y donde los elementos multimedia que aparecen en los resultados de búsqueda cobran un mayor protagonismo (imágenes o vídeos). Los usuarios centran mayormente la atención en imágenes para desviarla posteriormente hacia el texto descriptivo, situado a la derecha de estas (véase la figura 4.2).

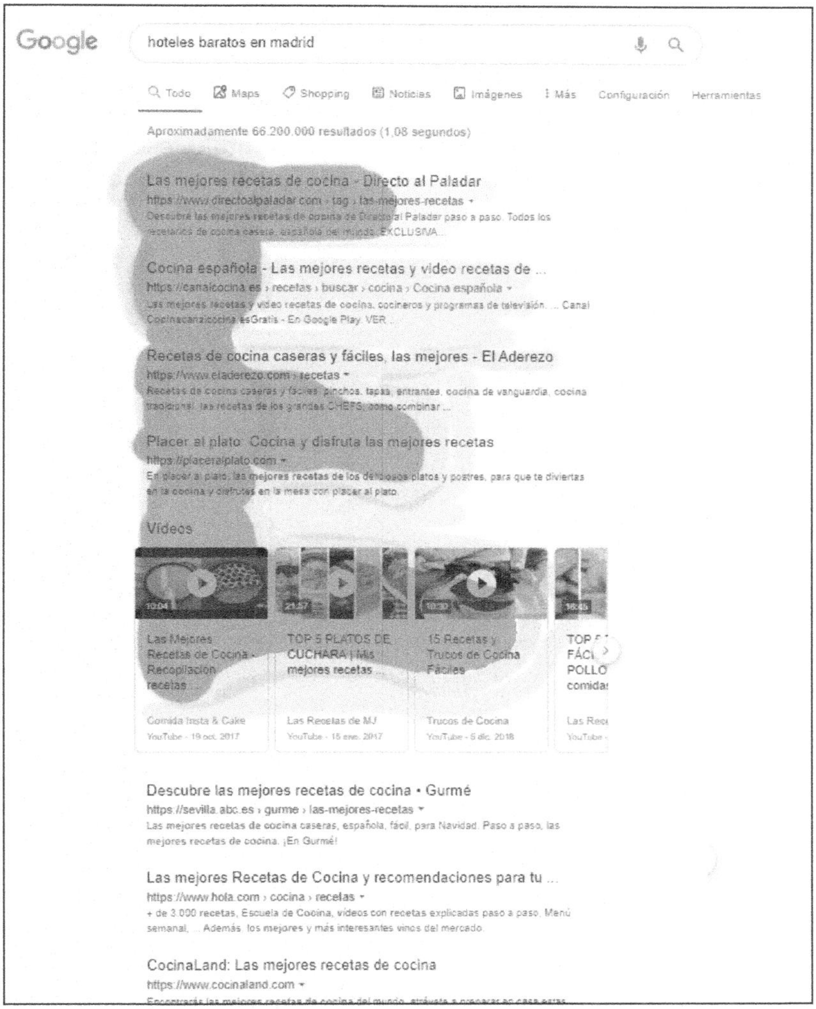

Figura 4.1. En la imagen, el movimiento que realizan nuestros ojos al realizar una búsqueda y en color más intenso las zonas donde se centra de un modo mayor la atención.

Por otro lado también existen otros aspectos relacionados con este mismo concepto basado en los estudios sobre cómo los usuarios visualizan tanto las páginas de búsqueda como nuestros sitios web:

1. Los usuarios se centran en un grupo pequeño de palabras en los títulos de cada fragmento en las SERP, comenzando por la izquierda. Esta razón hace que sea importante componer títulos precisos y con un tamaño

adecuado. Títulos donde las palabras más significativas, aquellas en las que nos queremos posicionar lo más alto posible en buscadores, tendrán que colocarse (por lo general, ya que hay excepciones a esta técnica, como veremos más adelante) lo más cerca del inicio del título. Un usuario comenzará visualizando nuestro título, escaneando este de izquierda a derecha y, si no reconoce de inmediato lo que está buscando en dicho escaneo, no hará clic en nuestro resultado.

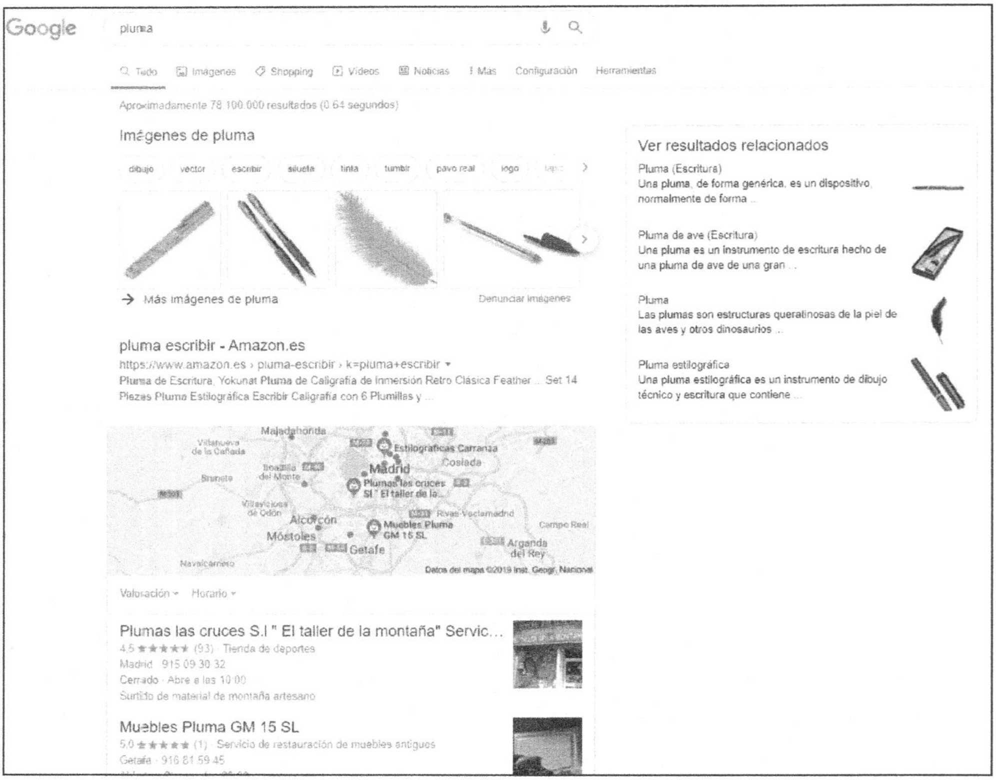

Figura 4.2. La mayoría de motores de búsqueda muestran diversos tipos de resultados cuando el usuario realiza una búsqueda por un término polisémico. Como ejemplo, si nuestro término de búsqueda es "pluma", el motor de búsqueda mostrará distintos resultados a nivel semántico, al no saber exactamente si nuestra búsqueda está relacionada con pluma de ave, pluma estilográfica, etc.

2. El título ha de atraer la atención del usuario en menos de un segundo, ya que son rápidos a la hora de identificar si es interesante para él o no.

3. El tamaño de fuente importa. A menor tamaño de fuente, mayor concentración es la necesaria para realizar una actividad de lectura. Tamaños de fuente más grandes requieren del usuario una labor mayor de escaneo más que de lectura; por tanto, usemos tamaños de fuentes razonables en nuestros sitios web.
4. Si, por lo general, los usuarios centran su atención en la parte superior izquierda, este puede ser un buen lugar para situar un menú de navegación para así guiarle en su viaje por nuestro sitio web.
5. Pequeños párrafos animan a la lectura. Cuando un usuario se enfrenta a párrafos muy densos, estos tienden a abandonar la página rápidamente, lo que aumenta el *bounce rate* o tasa de rebote (hablaremos más delante de la importancia de este aspecto en el posicionamiento orgánico).

> **Nota:** Construir párrafos bien estructurados y con un tamaño adecuado, fuentes de letra legible y un buen título son un buen comienzo para retener usuarios en una página de contenido determinada.

Aspectos de influencia en el posicionamiento orgánico

Aspectos *on-page*

El SEO *on-page* consiste en la utilización de técnicas de optimización de páginas de un sitio web, para tratar de conseguir un mejor *ranking* para un término/s determinado.

Por lo general, el término *on-page* se refiere a la optimización del HTML de cada una de las páginas, así como del contenido de cada una de ellas, aunque, en mi opinión, creo que se puede aplicar a todos aquellos aspectos que son controlables por nosotros como administradores y creadores de contenido.

Por el contrario, el término SEO *off-page* se corresponde con elementos que influyen en nuestro SEO. pero que no podemos controlar de un modo directo. Como breve ejemplo, los enlaces entrantes desde sitios externos a nuestro sitio web influyen en nuestro posicionamiento, pero no tenemos el control de estos.

Título de la página

Uno de los aspectos de mayor influencia en el posicionamiento de una página web para uno o más términos buscados en las SERP es el buen uso de un elemento o elemento HTML *title*. Los motores de búsqueda establecen una relación directa entre las palabras que aparecen en el texto del elemento *title* y la URL (dirección de la página) de destino cuyo HTML contiene este elemento; además, debe resumir la descripción exacta y concisa del contenido de la página. Este elemento es fundamental tanto a nivel de experiencia de usuario como de posicionamiento, ya que crea valor a nivel de relevancia, navegación y en las páginas de resultados de búsqueda.

De esta forma, para conseguir que nuestra página web aparezca entre los resultados de una búsqueda, es vital que nuestro elemento contenga aquellos términos con los que queremos lograr una posición alta. Cuanto más cerca del comienzo del elemento estén dichos términos, mucho mejor.

Podríamos pensar entonces que quizás, si quiero lograr un buen posicionamiento para los términos "venta de coches", podríamos crear un elemento *title* con el siguiente contenido: "venta de coches, venta de coches, venta de coches".

Este sería un ejemplo sencillo de *title spam* o *title keyword stuffing* (sobrecarga de palabras clave en nuestro elemento *title*), técnica *black hat* nada recomendable y sujeta a penalizaciones por *spam*. Actualmente, los motores de búsqueda usan una serie de filtros que evitan estas sobrecargas de términos, penalizando aquellos sitios web que usan este tipo de técnicas.

Por otro lado, es importante no solo pensar en el motor de búsqueda que visita nuestras páginas, sino en el usuario. No parece muy elegante a ojos de cualquier usuario un título como el anteriormente nombrado en los resultados de una búsqueda. A nivel de accesibilidad, no es una buena práctica tampoco. Si una persona con problemas de visión navega por nuestra web usando un software de lectura como JAWS, este leerá el título de la página con las palabras repetidas no aportando ningún valor añadido y dificultando la accesibilidad a dicha persona. En mi opinión, tenemos la oportunidad de hacer de Internet un lugar mucho más accesible que el mundo real, con lo que usemos el sentido común y pensemos en toda la comunidad.

Ya veremos más adelante que el usuario tiene mucho que decir en cuanto al orden de resultados, conseguir clics de estos es realmente importante para un mejor posicionamiento. Si el título está muy cuidado, es legible, está escrito de forma natural y con calidad puede resultar una buena arma para competir.

Crear títulos adecuados generará confianza en los usuarios, que realizarán un mayor número de clics sobre nuestro fragmento de búsqueda y, por tanto, obtendremos un ratio de clics mayor. Ya veremos, algo más adelante, cómo este factor es realmente importante hoy en día en lo referente al posicionamiento.

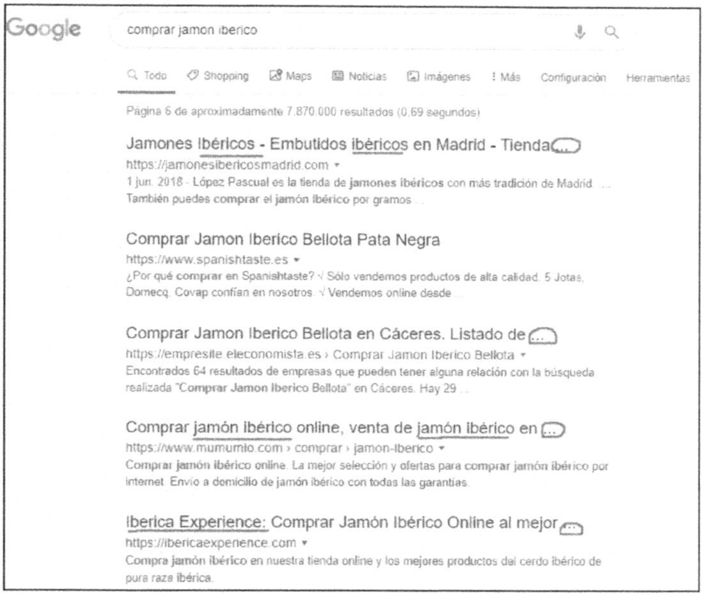

Figura 4.3. En la imagen se observa en la página de resultados de búsqueda de Google varios títulos con distintos errores comunes tales como frases compuestas de un modo erróneo, *spam* debido a las repeticiones de palabras clave en el título, etc.

Alguno de los errores más comunes en lo referente al uso de este elemento:

1. **No asignar un título a nuestras páginas:** Existen todavía multitud de sitios web donde el elemento *title* brilla por su ausencia o el texto que tendría que describir el contenido de la página no es el adecuado. Este elemento otorga a la página un contexto semántico, ofreciendo información muy valiosa a los motores de búsqueda sobre cuál es la temática de la página a indexar.

   También es importante tener en mente que, cuantos más términos incluyamos en nuestro título, menor es la fuerza que ejerce cada término en nuestro posicionamiento, con lo que títulos demasiado largos tendrán como consecuencia una menor fuerza de posicionamiento para los términos en los que queramos lograr una posición más alta en buscadores.

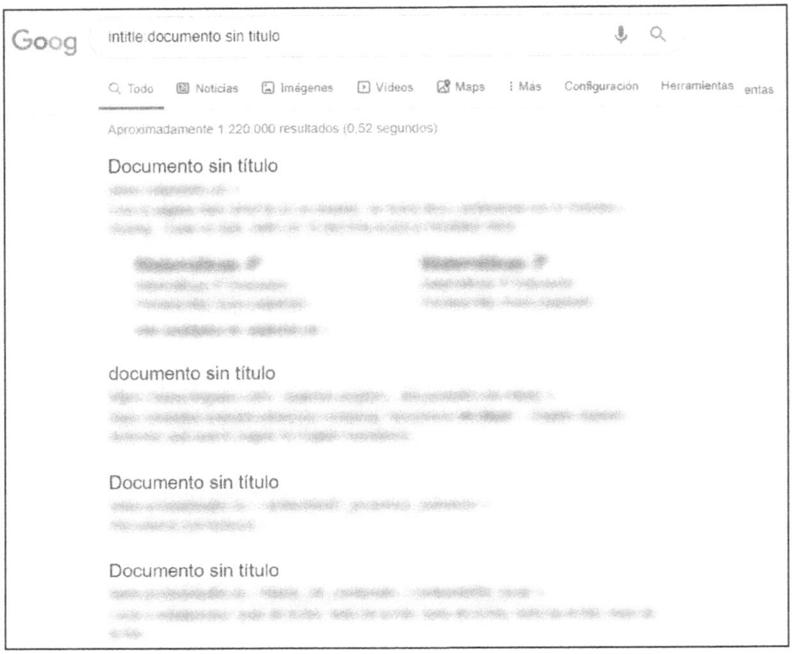

Figura 4.4. En la imagen se muestran resultados de búsqueda de páginas con un título muy descuidado, como consecuencia pierden opciones de posicionamiento.

2. **Títulos de página demasiado cortos o demasiado largos:** Por lo general, los motores de búsqueda pueden mostrar títulos completos de hasta 70 caracteres, por lo que no es aconsejable sobrepasar esta cifra a la hora de crear los nuestros (véase la figura 4.5). Está demostrado que títulos muy largos o demasiado cortos tienen un menor CTR. Usemos títulos que contengan lenguaje natural, sean directos y vayan "al grano".
3. **Palabras clave colocadas en posiciones inadecuadas:** Si nuestro objetivo es posicionarnos para "venta de coches en Madrid" y queremos añadir en el título el nombre de nuestra empresa, puede ser aconsejable el siguiente título: "{Nombre de empresa} - Venta de coches en Madrid", siempre y cuando la marca esté muy bien posicionada a nivel de imagen y reputación en el mercado. Si no fuese así, mi consejo es colocar aquellos términos en los que queremos posicionarnos al comienzo de este elemento de la siguiente forma: "Venta de coches en Madrid - {Nombre de Empresa}". Esta correcta colocación de términos no solo ayuda a los motores de búsqueda a conocer el contexto de nuestra página, sino que resulta más cómodo de leer por parte de un usuario, permitiéndole leer lo que le interesa más rápido.

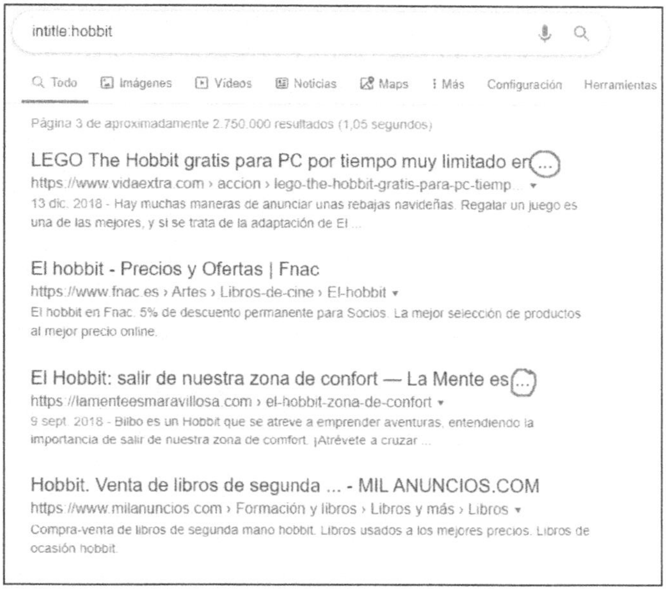

Figura 4.5. En la imagen, se observa en la página de resultados de búsqueda de Google un título demasiado largo, lo que, por lo general, diluye las posibilidades de posicionarnos más alto para un grupo de palabras clave incluidas en este.

Nuestro objetivo es conseguir que aquel reconozca de inmediato si nuestra página puede resultarle útil y así conseguir el mayor número de clics posible, evitando el esfuerzo extra interpretando un título de página más complejo, con lo que mantengamos nuestros títulos claros e informativos.

Como se puede observar, no existe la receta mágica, realmente se trata de hacer un primer análisis sobre qué sería lo adecuado y, posteriormente, hacer pequeñas pruebas analizando el CTR tras realizar pequeños cambios en el título (véase la figura 4.6).

4. **Sobrecarga de términos:** Como hemos comentado al principio del capítulo, saturar el título con multitud de términos o palabras clave ya no funciona. Desgraciadamente, todavía hoy en día esta técnica se utiliza por sitios web de dudosa reputación y sin mucho que perder. Esta sobrecarga no es nada aconsejable, ya que el riesgo de ser penalizado es mayor que hace unos años. No solo corremos el riesgo de afectar el *ranking* de una página para un término de búsqueda concreto, sino que podemos ver nuestro sitio web completo fuera de los resultados de búsqueda. Recordemos que, en la actualidad, los motores de búsqueda

disponen de algoritmos de filtrado capaces de identificar, cada vez con mayor facilidad, este tipo de técnicas no éticas y en muchos casos penalizan gravemente aquellas páginas o sitios web que las usen (véase la figura 4.7).

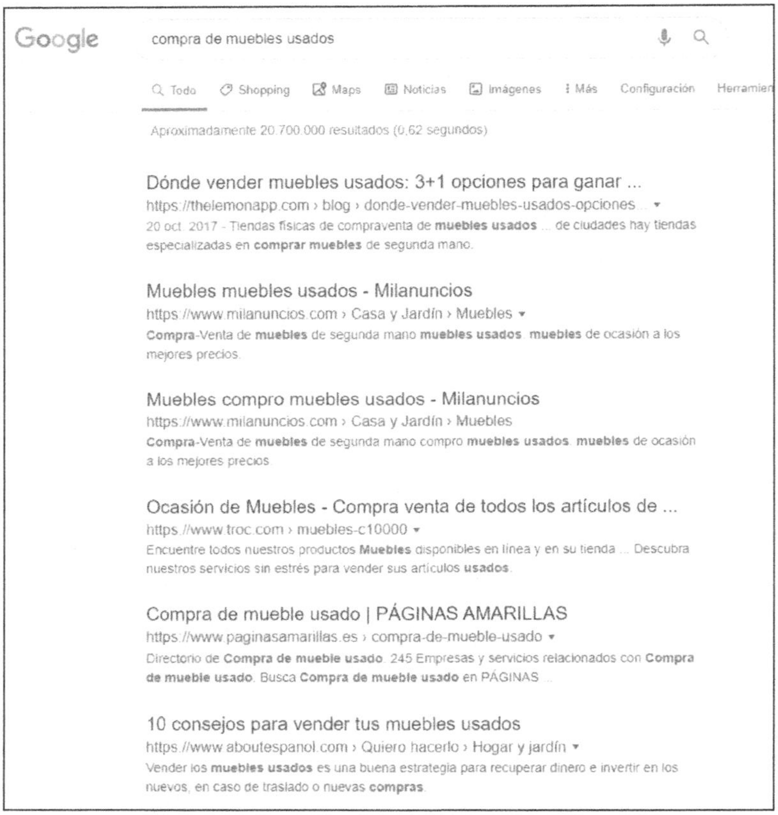

Figura 4.6. En la imagen, se ven los distintos modos en los que competidores en un mismo sector colocan sus palabras claves y marcas de distintas formas. El primer resultado pertenece a una marca muy potente en el mercado de los anuncios, lo que, muy probablemente, ayudó a tomar la decisión de colocar la marca antes de las palabras clave. En estos casos, podemos obtener un CTR mayor como comentamos si la marca es muy conocida; en otros casos, la marca aparece tras las palabras clave principales "venta de coches en Madrid".

5. **Duplicación de títulos:** Los títulos de cada una de las páginas de nuestro sitio web deben ser únicos, del mismo modo que el contenido de nuestras páginas debe serlo también. Si dentro de nuestro sitio web tenemos

multitud de títulos similares, estaremos haciendo que nuestras páginas compitan entre sí, haciendo difícil determinar a un motor de búsqueda qué página es la que debería ser mostrada en sus resultados.

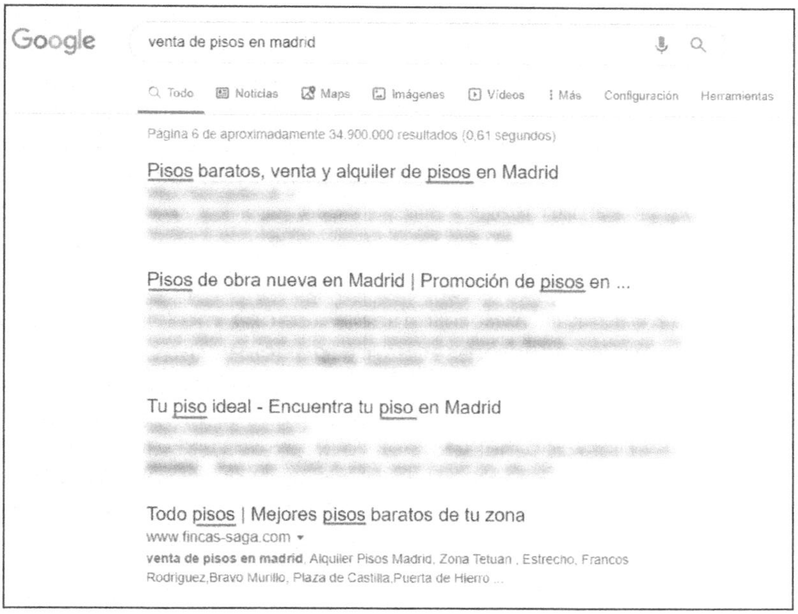

Figura 4.7. Todavía existen multitud de sitios web que tratan de posicionar páginas sobrecargando sus títulos.

A medida que hacemos crecer un sitio web añadiendo nuevo contenido y creando nuevas páginas, es relativamente sencillo cometer este error, no recordando si anteriormente hemos añadido alguna página de contenido o con un elemento *title* similar. Si el sistema de gestión de contenido o CMS (*content management system*) que usamos para nutrir nuestro sitio web no nos alerta de este hecho, existen técnicas para averiguar si ya hemos añadido anteriormente a nuestro sitio web una página con un título similar. Para ello, podemos usar la siguiente búsqueda en Google: "*site*:{ dominio de nuestro sitio web} *intitle*:{términos a verificar no haberlos usado anteriormente}". Si, tras realizar esta búsqueda, aparece algún resultado, observemos a qué páginas de nuestro sitio web hacen referencia y qué palabras clave son las principales de dichas páginas. A partir de esta información, tendremos que valorar si merece la pena crear una nueva página o actualizar alguna existente.

Por lo general, si el contenido que pretendemos añadir tiene como objetivo posicionarse en buscadores para las mismas palabras clave que páginas de nuestro sitio web ya indexadas, mi consejo es actualizar dicha página añadiendo nuevo contenido. Si nos decidimos por crear un nuevo contenido (una nueva página con una URL distinta), debemos asegurarnos de que semánticamente no sea exacto, escojamos palabras clave distintas a las de contenidos existentes indexados y, solo si existe cierta relación semántica entre un contenido indexado y el nuevo a añadir, debemos crear enlaces entre ambos para indicar a los motores de búsqueda que dichos contenidos hablan de un tema similar o que tiene relación semántica.

6. **Uso de potenciadores en nuestro título:** Puede ser interesante el uso de "potenciadores" (términos o palabras que pueden empujar al usuario a realizar una determinada acción) mezclados con términos en los que estamos interesados en posicionarnos. De un modo subconsciente, podemos "persuadir" al usuario para que acceda a nuestra página desde los resultados de una búsqueda, reforzando nuestros títulos con estos potenciadores. Podríamos usar un título como este: "Venta de coches en Madrid al mejor precio", donde "al mejor precio" como potenciador podría conseguir que nuestro resultado tenga un mayor número de clics.

Descripción de la página

La descripción de nuestro sitio web se corresponde al pequeño sumario o resumen que podemos añadir a cada una de las páginas de nuestro sitio. Ese "resumen" es procesado posteriormente por los motores de búsqueda y, más tarde, se usará al mostrar nuestros *snippets* de resultados tras una búsqueda, justo bajo el título. Aunque actualmente está demostrado que esta descripción no influye de una manera directa en el posicionamiento, sí lo hace de un modo indirecto. Esta descripción la leerán los usuarios y, si está escrita de un modo adecuado, se logrará un número mayor de clics, lo que influirá positivamente aumentando el ratio de clics (CTR) para dicho resultado y la posibilidad de mejora en el *ranking* de búsqueda para una palabra o palabras determinadas. Teniendo en cuenta que dicha descripción es algo que podemos modificar a nuestro antojo, he decidido incluirla dentro de esta sección SEO *on-page*.

Incluir una descripción en nuestras páginas es tan sencillo como usar el elemento `<meta>` de la siguiente forma:

```
<meta name="description" content="Venta de coches en Madrid descripción " />
```

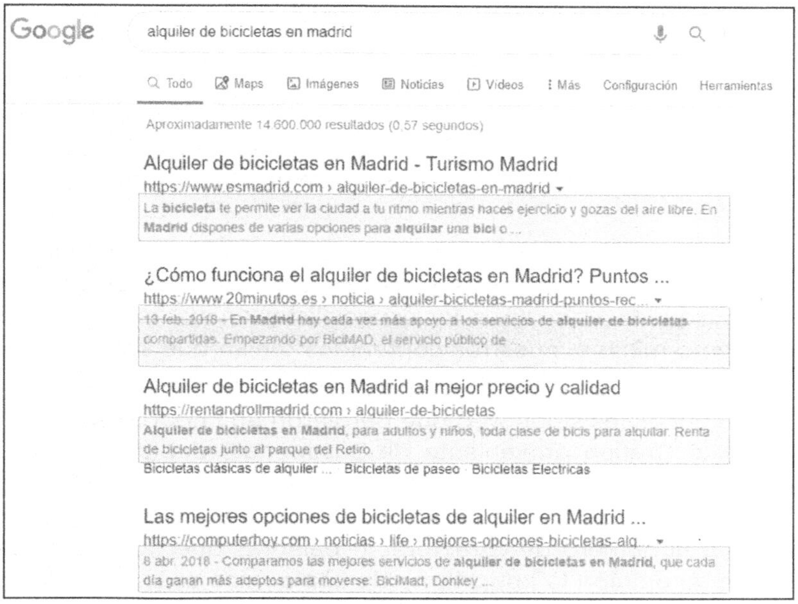

Figura 4.8. Se muestra el lugar que ocupa la descripción de nuestra página en las páginas de resultados de búsqueda.

Uso correcto de elementos de cabecera

Los elementos de cabecera H1, H2, etc., entran dentro del grupo de elementos semánticos (los elementos HTML aportan valor estructural y semántico a las páginas) y son importantes en lo referente al posicionamiento. Existen 6 tipos de elementos de cabecera, desde H1 hasta H6, donde el primero tiene una importancia semántica mayor que el último, así como un título aporta mayor valor semántico al contexto o tema del que se está hablando.

Como ya comentamos, el uso del elemento H1 no es tan importante como el título de una página, pero no debemos descuidarlo. Debemos usar de nuevo el sentido común y, al igual que para el título de la página, en los elementos de cabecera usaremos un texto similar al del título, escrito de un modo natural, no escribamos para robots, nos leen personas, incluyendo palabras clave o términos con los que buscamos lograr un buen posicionamiento en las páginas de resultados de búsqueda.

Debemos evitar el uso excesivo de palabras clave en este elemento y tratar de limitar el uso de un elemento H1 por página. En cuanto al resto de elementos de cabecera (H2, H3, etc.), suele ser habitual incluir varios de estos por página, aunque debemos eludir en ellos términos no relevantes o que no tengan relación con el contexto semántico de aquella.

El contenido es clave en el posicionamiento

El contenido de cada una de las páginas que pueblan nuestro sitio web es un factor crítico, de tal forma que, si el contexto de una página no tiene ninguna relación con los términos con los que queremos lograr una buena posición en las SERP, este no aparecerá en los resultados de una búsqueda para las palabras clave objetivo.

Por otro lado, seamos generosos al crear contenido en longitud, si nuestro contenido es corto, nuestras páginas no clasificarán demasiado bien en los motores de búsqueda. Hace años, los especialistas en marketing *online* comentaban que, como mínimo, nuestros contenidos tenían que ser de 250 palabras por página; más tarde, la tendencia fue aumentar esa cifra a 500.

No fueron pocos los sitios web que perdieron un importante porcentaje de tráfico orgánico (tráfico proveniente de búsquedas) debido a que tenían un gran número de páginas indexadas con apenas contenido en cada una de ellas. Hoy en día, no me centraría tanto en establecer un límite inferior o superior en lo referente al número de caracteres o palabras que debemos usar en un contenido, en mi opinión lo importante de una página es que el contenido sea de calidad, que el tema en el que se centra esté bien desarrollado y que, en la medida de lo posible, enriquezcamos este usando contenido embebido como vídeos, *podcast* o infografías. Podemos ver un ejemplo de lo que comento en el siguiente enlace: `https://wistia.com/blog/your-new-video-seo-strategy`, donde encontramos una buena orientación sobre cómo hacer VSEO, o SEO para vídeo, aquí veremos un ejemplo de un contenido con texto, vídeo e imágenes.

Al igual que con el elemento *title*, no tiene ningún sentido realizar *spam* en el contenido repitiendo una y otra vez nuestras palabras clave o términos objetivos.

También podemos crear un grupo de páginas con contenidos relacionados con el tema sobre el que queremos lograr buenas posiciones. Se pueden crear enlaces entre aquellos, que podrían estar colocados en lugares estratégicos dentro del propio texto que compone cada contenido y así mejorar el posicionamiento de cada una de las páginas.

En el primer capítulo, hablamos de la conectividad semántica y de cómo cada vez más los motores de búsqueda "entienden el contenido de nuestras páginas". Apliquemos este principio siempre que compongamos un contenido y conseguiremos mejores posiciones en las SERP.

Mantengamos una densidad de palabras clave natural, ya no tiene demasiado sentido hablar de tantos por ciento y apoyémonos de la conectividad semántica para lograr otorgar más peso a nuestras *keywords* o palabras clave objetivo.

También cabe recordar que centrarnos en posicionarnos para demasiadas palabras clave diluirá nuestras oportunidades de posicionarnos lo más alto posible para cada una de ellas (ya lo dice el refrán, quien mucho abarca poco aprieta).

Por otro lado, existen dudas sobre si los elementos de tipo *strong* aplicados a palabras clave refuerzan el posicionamiento de nuestros contenidos de un modo mayor que usando elementos de tipo *b* (*bold*). Aconsejo siempre el uso de elementos de tipo *strong*, ya que este tipo de elemento aporta valor semántico y denota énfasis sobre una palabra o conjunto de estas, mientras que un elemento *b* se concibió para aplicar cambios estéticos.

Encontrar nichos de términos o palabras clave por los que queremos lograr una buena posición en las SERP es una de las tareas más importantes de cualquier SEO. Existen múltiples herramientas que veremos en capítulos posteriores y que ayudan mucho en la búsqueda de nuevas palabras clave, favoreciendo así la creación de contenidos y el aumento del tráfico hacia nuestro sitio web.

No olvidemos actualizar el contenido de nuestras páginas de vez en cuando. Es el único modo de indicar a los motores de búsqueda que nuestro contenido está "vivo" y que se mantiene actualizado con el tiempo. Cada vez que un *crawler o spider* de un motor de búsqueda visita un sitio web utiliza un *crawl budget* (presupuesto de rastreo), que representa el número de páginas que se van a rastrear hasta la próxima visita. Actualizar frecuentemente nuestros contenidos tendrá como consecuencia un aumento del *crawl budget* para nuestro sitio web, lo cual es beneficioso para conseguir una indexación mayor y así optimizar el tiempo entre esta y la aparición en los resultados de búsqueda.

Evitemos el uso de *frames* (secciones de una página que no se encuentran directamente en esta, sino que hacen referencia a otro archivo o incluso a páginas localizadas en otro dominio). Los motores de búsqueda indexan el contenido de los *frames*, pero no los asocian a la página donde se encuentran insertados. Por otro lado, constituyen un problema de seguridad y ya muchos navegadores empiezan a no mostrar *frames* bajo determinadas circunstancias, especialmente cuando los sitios web usan protocolos seguros como HTTPS y apuntan a URL que usan HTTP.

Los motores de búsqueda son capaces de localizar coincidencias entre contenidos de distintos dominios usando segmentos cortos de pocas palabras. Cuando el número de coincidencias de estos segmentos es elevado, podrían interpretar estas coincidencias como "contenido duplicado" y, por ello, aplicar una penalización. Estas penalizaciones pueden consistir desde la eliminación de la web completa de las SERP a eliminación parcial o bajada de posiciones para ciertos términos o palabras clave de una página interna determinada, la página que contiene el contenido duplicado.

Actualmente, los buscadores están muy avanzados en la detección de este tipo de plagios. El contenido duplicado es aún hoy una realidad en Internet y multitud de páginas web usan técnicas para hacerse con contenido no original y nutrir sus sitios web (que quede claro que no recomiendo para nada este tipo de prácticas *black hat* SEO). Desde hace años, *spammers* han luchado por obtener contenido de calidad sin recurrir al esfuerzo, aprovechándose de otras fuentes y realizando técnicas no legítimas para evitar la detección del contenido duplicado por parte de los motores de búsqueda (técnicas como cambio de palabras por sinónimos, reubicación de párrafos, mezcla de contenido de diversas fuentes, etc.).

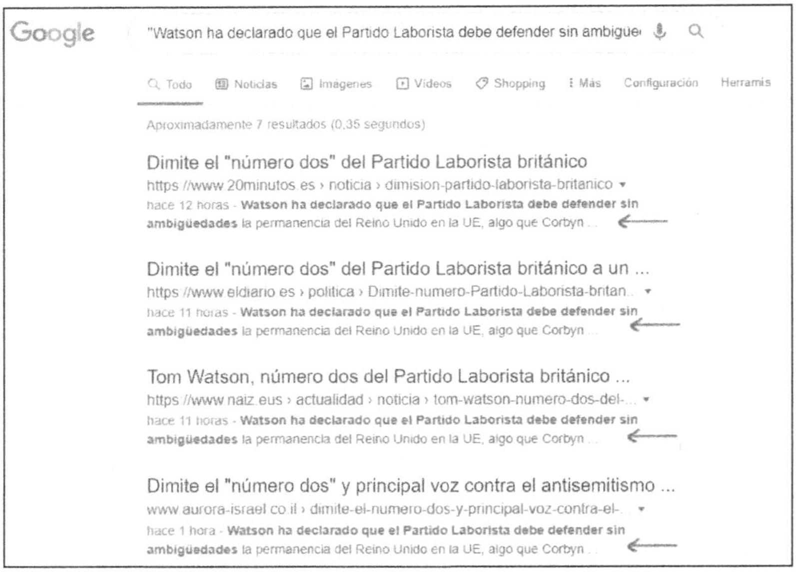

Figura 4.9. Se muestran varias páginas con exactamente el mismo contenido. Por desgracia, todavía existe un gran número de blogs y sitios web que realizan este tipo de prácticas para tratar de beneficiarse del contenido creado por otros.

Como he comentado anteriormente, el *"crawl budget"* es mayor cuanto mayor sea la frecuencia de actualización de los contenidos de nuestro sitio web. ¿Por qué hablar ahora del *crawl budget*? Si nuestra web tiene páginas con contenido duplicado, desperdiciaremos este, permitiendo que dicho robot visite páginas con contenido duplicado, en vez de aprovechar la oportunidad de indexar aquellas que contienen contenido nuevo.

¿Cuál es el porcentaje de contenido duplicado permitido por los buscadores? La verdad es que no hay respuesta para esta pregunta, ya que solo los grandes buscadores lo saben, a partir de aquí todo es especular.

¿Los motores de búsqueda solo tienen en cuenta el contenido duplicado entre distintos dominios? No, enlaces internos a páginas con el mismo contenido hacen que dichas páginas compitan entre sí.

Existen múltiples métodos para indicar a los motores de búsqueda cómo tratar con nuestro contenido duplicado (si tenemos distintas URL del mismo dominio con el mismo contenido). Imaginemos dos páginas A y B con el mismo contenido dentro de un mismo dominio. Existen diversas técnicas que podemos aplicar para solucionar este problema:

- **Usar un elemento canonical:** Este es el modo correcto de solucionar el problema. Podemos insertar el siguiente elemento HTML en la página B para indicar a los motores de búsqueda que no identifique el contenido de esta página como otro distinto al de la página A: `<link rel="canonical" href="/contenido/A" />`. Esta solución trasladaría la relevancia actual de la página B a la A y sería similar a una respuesta HTTP 301 *"Moved permanently"*, pero sin redirección real.
- **Evitar la indexación del contenido de la página B:** El siguiente meta elemento en nuestra página B `<meta name="robots" content="noindex">` indicaría a los robots de búsqueda que su contenido no debe ser indexado. Cuidado con esta solución; si existe relevancia previa para esta página se perdería por completo, ya que dejaría de existir en los índices de los buscadores.
- **Usar archivo `robots.txt`:** Este fichero es leído por los robots de búsqueda y se usa para establecer restricciones para no permitir a los *crawlers* de los buscadores el acceso a ciertas áreas de nuestro sitio web. Podemos usarlo para indicar qué páginas con contenido duplicado deben ser ignoradas por los motores de búsqueda, aunque no aconsejo para nada esta técnica.
- **Usar una respuesta HTTP 301 *"Moved permanently"*:** Los robots de búsqueda se comunican con los sitios web usando peticiones HTTP de un modo similar al de un navegador. Podríamos responder a una petición HTTP con un código de estado 301, lo que le redireccionaría hacia la página A si el robot intenta acceder a la B.

  Existen respuestas HTTP que los motores de búsqueda saben interpretar. La respuesta 301 es recogida interpretando que el recurso solicitado, es decir, una página, ha sido movido a otra ubicación. Como consecuencia, la autoridad previa que tuviese la página origen se transfiere a la página de destino. Este suele ser el tipo de técnica usada cuando queremos realizar cambios estructurales y de URL en nuestro sitio web; de esta forma, mantendríamos la relevancia de las URL antiguas.

Web adaptadas a múltiples dispositivos

Cada vez un mayor número de usuarios accede a nuestras páginas usando distintos tipos de dispositivos. El desarrollo de los teléfonos móviles inteligentes (*smartphones*) inició un cambio en el modo en el que los usuarios consumían recursos en Internet y el uso de aquellos se ha extendido exponencialmente. Los motores de búsqueda conocen este hecho y, actualmente, recomiendan adaptar los recursos disponibles en Internet a dichos dispositivos. De lo que se trata es de ofrecer una experiencia de búsqueda de calidad al usuario sin importar desde qué dispositivo se conecta. Parece lógico que, si cada vez se realizan más búsquedas desde dispositivos móviles, habrá que adaptar los resultados teniendo en cuenta estos dispositivos.

El *responsive web design* ha sido un tema del que se ha hablado mucho en los últimos tiempos, tanto que finalmente se ha convertido en un requisito imprescindible para cualquier nuevo proyecto en Internet. Si queremos aprovechar al máximo nuestra estrategia SEO, es vital adaptar nuestros sitios web y así optimizar el tráfico orgánico móvil desde las SERP.

Para que una web cumpla con los estándares que define el *responsive web design*, debe servir el mismo código HTML que compone una página web sin importar desde qué dispositivo (móvil, tableta, PC, etc.) accedamos a dicha web.

Una de las técnicas que todavía algunos sitios web usan es la de usar el subdominio `www`, donde el servidor devuelve código HTML optimizado solo cuando el usuario accede desde un PC al sitio web (también conocido como versión *desktop*) y otro subdominio, para servir un HTML distinto, más reducido por lo general. Este tipo de técnicas, bajo mi punto de vista, no son nada recomendables, ya que también multiplicamos el trabajo de rastreo e indexación que los motores de búsqueda tienen que realizar para poder servir resultados de nuestro sitio web en las SERP, ya que, al existir 2 subdominios, aquellos tienen que realizar doble trabajo: indexar la web *desktop* y la web móvil.

Páginas 404 "amigables"

Puede darse el caso en el que un recurso de nuestro sitio web no se encuentre disponible, el servidor en los casos en los que ocurre esto, y, tras la petición previa de un navegador, devuelve una respuesta *HTTP 404 not found* (recurso no encontrado). Es posible configurar una página 404 amigable modificando la configuración del sitio web o algunos aspectos del servidor, ofreciendo así al usuario la posibilidad de seguir navegando.

Figura 4.10. Un ejemplo de página 404 amigable donde se muestran una serie de enlaces que pueden guiar al usuario hacia dónde ir.

La importancia de una buena estructura de enlaces internos

Un *link* o enlace interno es aquel que permite la navegación entre una página con otra perteneciente al mismo sitio web. Los enlaces internos son el modo más práctico para dar a conocer a los motores de búsqueda la estructura de un sitio web, así como para que se distribuya lo que se conoce como *link juice* (zumo de enlace) entre todas las páginas internas. Este *link juice* representa la calidad o el peso, a nivel de autoridad, que un sitio web puede transmitir a otros sitios a través de sus enlaces (un enlace entre dos páginas distintas representa un voto de confianza, relevancia y autoridad en un contexto concreto).

Por otro lado, parece lógico pensar que, si para acceder a una página específica de contenido, desde la página principal de un sitio web, es necesario seguir cuatro enlaces entre varias páginas, aquella no debe ser tan importante.

Los motores de búsqueda usan la estructura de navegación creada por los administradores de sitios web para "conocer" la estructura de estos. Todo aquello que queramos destacar debería estar muy accesible y a pocos enlaces de la página principal, facilitando la entrada a nuestro contenido más importante a los rastreadores o *crawlers*, así como a los usuarios.

Un aspecto importante de los enlaces internos es lo que denominamos *anchor text* o texto del enlace. Este texto se usa para ofrecer a los motores de búsqueda mayor información sobre el destino al que apunta un enlace. Hace tiempo este aspecto ayudaba a mejorar el posicionamiento orgánico en las SERP de la web de destino, aunque, actualmente, debido a que se ha sobreoptimizado este elemento, parece no tener tanta influencia en el posicionamiento como hace unos años.

La propiedad *title* de un enlace juega también un pequeño papel a nivel SEO: ofrece información semántica adicional sobre la página de destino del enlace. Podemos usar una frase similar al de la etiqueta *title* de la página de destino.

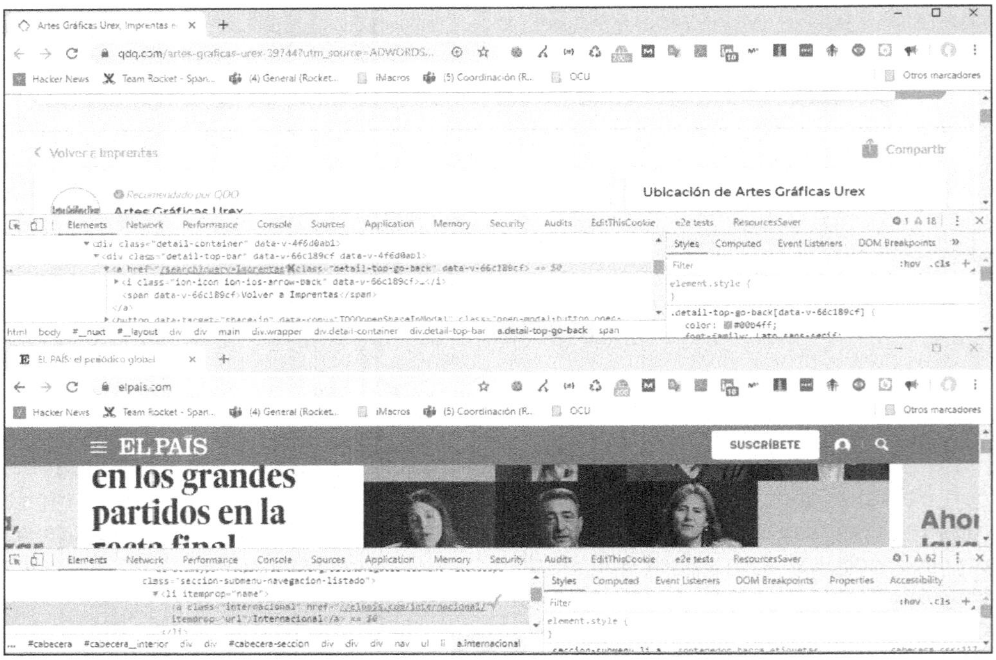

Figura 4.11. Modo optimizado y no optimizado de generar un enlace hacia una página interna.

Los motores de búsqueda necesitan tener acceso a una estructura de enlaces rastreable, un gran número de sitios web cometen, sin intención, el error de ocultar u ofuscar páginas de contenido debido a una mala gestión en la navegación, en el CMS o simplemente en la configuración del servidor, de manera que los buscadores no pueden acceder a estas páginas. En estos casos, los sitios web no sacan todo el jugo al contenido que alojan, afectando su capacidad para aparecer en los resultados de búsqueda para un término determinado.

A cada una de las páginas de un sitio web indexado, tras muchos procesos que tienen lugar en centros de datos pertenecientes a las compañías de búsqueda (Google, Bing, etc.), se les acaba asignando un valor de autoridad o relevancia. Toda esta relevancia individual de cada una de las páginas de un sitio web será usada por los motores de búsqueda para componer finalmente lo que se conoce como autoridad de sitio web (*site authority* o *domain authority*).

Información semántica en nuestro sitio web

Una de las técnicas usadas en los últimos años en SEO, relativa a realizar una mayor aportación de valor semántico en nuestros contenidos, es el uso de *schema markup* (datos estructurados), que proporciona información a los motores de búsqueda sobre el significado del contenido. Básicamente, son etiquetas que podemos colocar en nuestro HTML y que proporcionan información que es procesada por aquellos para así añadir un valor semántico a nuestro contenido.

El análisis semántico es una de las tareas clave para cualquier compañía dedicada a servir resultados de búsqueda, pero realmente no tienen un modo sencillo de analizar semánticamente la información a indexar. Si bien es cierto que el HTML5 posee algunos elementos que añaden un valor semántico al texto del elemento (véanse algunos como `<h1>`, `<strong>`, `<em>`, etc.), este valor es muy escaso.

Para cubrir esta falla, existen proyectos como `https://schema.org/`, en el que contribuyen grandes firmas como Google, Bing o Yahoo, donde se establecen unas bases universales sobre cómo cubrir esa falta de valor semántico que actualmente existe en la web.

El uso de datos estructurados permite mostrar fragmentos enriquecidos en las SERP, también conocidos como *rich snippets,* aportando información semántica extra a un resultado de búsqueda específico.

Existen varios modos sobre cómo conseguir que un motor de búsqueda muestre fragmentos enriquecidos de resultados de nuestras páginas a través de *rich snippets*:

- Microdatos.
- Microformatos.
- RDFa.

Actualmente, la recomendación de los motores de búsqueda es usar los esquemas pertenecientes a Schema.org, es decir, usando microdatos.

Por defecto, los motores de búsqueda muestran fragmentos de información compuestos de título, URL, fecha y descripción. Si agregamos a nuestro contenido información semántica adicional usando microdatos, podremos conseguir que nuestro fragmento, en los resultados de búsqueda, se visualice de un modo distinto al de nuestros competidores. Recordad que, si nuestra página aparece en el resultado de una búsqueda para una serie de términos, es importante lograr que nuestro fragmento de contenido se distinga del resto de resultados de búsqueda (nuestros competidores). De esta forma, ofreceremos una información muy útil para un primer vistazo, aumentando la calidad en la visualización de nuestro fragmento (véase la figura 4.12).

Figura 4.12. Ejemplo de cómo los microdatos ayudan a los buscadores a mejorar experiencia de usuario en una búsqueda concreta.

Por lo general, un buen uso de *rich snippets* aumenta el ratio de clics de un *snippet* en los resultados de búsqueda; por tanto, optimizaremos aún más el posicionamiento para dichos términos.

Los motores de búsqueda son capaces de extraer, además del contenido de una página, este marcado específico para finalmente componer esos fragmentos enriquecidos en las páginas de resultados.

Los microdatos nos permiten añadir información sobre:

- **Productos:** Nombre, imágenes, descripción, marca, categoría, información sobre análisis de productos, valoraciones, ofertas, etc.
- **Datos personales:** Apodos, cargos, roles, relaciones sociales, direcciones, teléfonos, etc.
- **Empresas y organizaciones:** Nombres, sitios web de empresa, teléfonos, datos de ubicación (geolocalización).
- **Eventos:** Descripción, dirección web del evento, ubicación, fecha de inicio, de finalización, categoría del evento, fotografías, etc.
- **Opiniones:** Valoraciones, descripciones, fecha de la revisión.
- **Recetas:** Tipos de plato, fotos, fecha de publicación, opiniones sobre el plato, tiempo de cocción, etc.

Velocidad de carga de un sitio web

Todo sitio web está compuesto de recursos. Cada vez que desde un navegador, sea móvil o *desktop*, pedimos una página concreta, se realizan múltiples peticiones paralelas extra para obtener imágenes, CSS (hojas de estilo), JavaScript y otros recursos que contiene dicha página. Optimizar dichos recursos para que la carga de la página sea lo más rápida posible es un aspecto importante para el usuario y, por tanto, para los motores de búsqueda.

Como en el trabajo que realizan los ingenieros de fórmula 1 donde tratan de recortar hasta el último milisegundo en una vuelta, los profesionales del SEO tratamos de minimizar el peso en kilobytes de imágenes, CSS, JavaScript y HTML. Por otro lado, usamos técnicas como usar la caché del navegador del usuario para almacenar estos recursos e impedir que se descarguen en sucesivas peticiones. De esta forma, ahorramos tiempo al usuario y los motores de búsqueda se percatan de este aspecto.

Los motores de búsqueda conciben la web como algo que debería ser accesible y usable. Desde luego, un sitio lento y pesado no lo es; por esta razón, los buscadores se cuidan de servir resultados de sitios con un rendimiento muy pobre. Si de lo que se trata es de ofrecer al usuario la mejor experiencia de búsqueda posible, esta incluye que el sitio web sea rápido. Un sitio web que carga en menos de 2 segundos se considera rápido, entre 2 y 4 se considera normal, y más de 5 segundos lento.

Algunas de las técnicas que podemos usar para incrementar la velocidad de nuestro sitio web son las siguientes:

- **Uso de caché de datos:** Si un sitio web usa una base de datos para mostrar contenido, es aconsejable el uso de caché de datos para evitar hacer consultas continuas cada vez que recibimos una petición a una página o *request*. De esta forma, se puede agilizar mucho el trabajo de servidor.
- **Compresión GZIP:** Cada vez que un usuario realiza una petición de una página al servidor, este la procesa y devuelve al navegador el recurso solicitado (HTML, JavaScript, Imágenes, CSS, etc.). Estas respuestas pueden también ir comprimidas en GZIP u otros métodos de compresión para minimizar el número de kilobytes devueltos. Los navegadores y los motores de búsqueda actuales soportan desde hace ya tiempo este tipo de compresión.
- **Distribuir los recursos entre varios subdominios:** Existen límites en cuanto al número de conexiones simultáneas que permite un navegador. Si una web está compuesta de múltiples hojas de estilos, JavaScript e imágenes, el navegador comenzaría descargándose los 3 primeros recursos de modo simultáneo, pero el resto tendrían que esperar en cola a que se descarguen los primeros y así sucesivamente. Estas esperas aumentan el tiempo de carga de una web y, para evitarla, es muy aconsejable alojar ciertos recursos en subdominios (técnica también conocida como *domain sharding*).
- **Combinar todas las imágenes relacionadas con el diseño de un sitio web:** Para reducir el número de peticiones al servidor de cada una de las imágenes tales como botones, barras de navegación, imágenes de fondo, etc., en solo una, es extremadamente recomendable. Esta técnica consiste en cargar una sola imagen en nuestro HTML, con todas las imágenes en ella, y posicionarla a través de las distintas propiedades de las hojas de estilo o CSS, especificando qué parte de la imagen queremos mostrar. Si combinamos 20 imágenes en una sola, significará que habremos reducido la carga de 20 a 1 y nuestro servidor solo tendrá que trabajar una vez, en lugar de veinte.
- **Uso de jQuery minimizado:** Actualmente el uso de JavaScript está más que extendido y ha facilitado la vida de muchos desarrolladores *front-end*. Simplemente debemos recordar que, si nuestras páginas incluyen JavaScript, es recomendable usar la versión minimizada para que el número de kilobytes devuelto por el servidor sea todavía menor.
- **Minimizar HTML y hojas de estilo:** Debemos tratar de maquetar nuestras páginas con el menor HTML y CSS posible, de esta forma reduciremos el número de kilobytes devueltos ante una petición (sea de navegador o del *spider* de un motor de búsqueda).

Retener al usuario

Cuando el usuario hace clic en un resultado, no se le dirige directamente a la página de destino, sino que pasa por los servidores de Google, Bing, etc., dependiendo del buscador que esté usando. Este tiene como objetivo analizar si un usuario quedó satisfecho tras una búsqueda y no solo valora el CTR, sino el tiempo que pudimos retener al usuario en nuestra página, ya que, si el usuario tras hacer clic en un resultado vuelve a realizar la misma consulta, puede ser un indicador de que el resultado anteriormente elegido no fue lo suficientemente informativo. Motores de búsqueda como Google realizan esta labor usando *cookies*, donde almacenan información de búsqueda (que usa para ajustar los anuncios a lo que un usuario ha podido buscar previamente), preferencias, seguridad, etc.

Por ejemplo, Google expone información sobre el uso de las *cookies* en el siguiente enlace: `https://www.google.com/policies/technologies/types/`, donde podemos encontrar el siguiente texto: "Google utiliza *cookies*, como NID y SID, para personalizar los anuncios que se muestran en sus propiedades (por ejemplo, en el buscador de Google). Por ejemplo, utilizamos estas *cookies* para recordar tus búsquedas más recientes, tus interacciones anteriores con los resultados de búsqueda o con la publicidad de un anunciante y tus visitas al sitio web de un anunciante. De ese modo, podemos mostrarte anuncios personalizados en Google".

Por esta razón, es importante tratar de retener al usuario el mayor tiempo posible en una página de nuestro sitio web haciendo el contenido más atractivo y variado.

Factores *off-page*

Los motores de búsqueda han estado tratando de encontrar durante décadas el orden perfecto en los resultados de búsqueda para un término determinado. Los factores *on-page* SEO, aun tomados en cuenta para realizar esta tarea, no son suficientes, ya que reflejan una realidad subjetiva (la realidad que el propietario del sitio web quiere mostrar). Para completar la otra parte de la realidad, toman en cuenta otros factores de calidad externos a nuestro sitio web y aquí es donde el contexto *off-page* SEO entra en escena.

El *off-page* SEO es la otra cara de la moneda; si con el *on-page* SEO ofrecemos información subjetiva sobre nuestro sitio web a los motores de búsqueda, el *off-page* SEO otorga grandes pistas sobre cómo el mundo exterior percibe nuestra web (otros blogs, sitios web, *social media*, etc.). Un sitio web útil para la comunidad de Internet es mucho más probable que tenga referencias (enlaces, *social media*, etc.) y sea mucho más compartido entre las comunidades de usuarios afines que otro sitio que no aporte demasiado.

Los motores de búsqueda los consideran importantes debido a que los factores *on-page* no serían suficientes para averiguar si un resultado de búsqueda es más relevante que otro para un grupo de palabras determinadas.

Enlaces externos: una fuente de autoridad

La cantidad y calidad de enlaces que recibe un sitio web desde otros sitios es un factor más que influye, y mucho, en el posicionamiento en buscadores. Normalmente, si un sitio es considerado de gran autoridad, el flujo de popularidad o *link juice* que sus enlaces otorgan será mucho mayor, con lo que si tenemos enlaces desde sitios web de autoridad mucho mejor.

Este concepto se basó, en el caso de Google, en las menciones que se hacían los científicos en algunas revistas científicas americanas. Imaginemos que un científico A es realmente una eminencia en un tema concreto. Si este hace una mención positiva sobre un científico B en uno de sus artículos, el prestigio de este científico B para esa temática será mayor. Siguiendo este razonamiento, Google planteó, en sus comienzos, un sistema de relevancia basado en enlaces. En definitiva, un enlace es igual a un voto, si el que me vota es muy relevante, su voto tendrá más peso que otro que es desconocido.

Si tuviese que hacer una clasificación sobre los tipos de enlaces teniendo en cuenta el posicionamiento que otorgan, podríamos enumerar los siguientes:

- **Enlaces de autoridad (*authority links*):** Este tipo de enlaces provienen (como su nombre indica) de dominios que son una "autoridad general". A este tipo de dominios pertenecen solo los elegidos (aunque actualmente son bastantes), como Google, Yahoo, CNN, Youtube, etc.
- **Enlaces de directorio (*directory links*):** Actualmente, existen muchos directorios que no son más que un compendio, más o menos organizado, de enlaces generalmente clasificados por categorías, palabras clave, etc. Es una buena práctica, tras lanzar un sitio web, dar de alta a este en múltiples directorios, más concretamente en categorías que encajen con la temática de la página.
- **Enlaces recíprocos (*reciprocal links*):** Un enlace recíproco es aquel que se realiza desde el sitio A hacia un sitio B y viceversa. Generalmente, este tipo de enlaces otorgan un peso inferior a uno unidireccional.
- **Enlaces *nofollow*:** Este tipo de enlaces indican a algunos motores de búsqueda que no es un enlace relevante. Esto hace que dicha página de destino obtenga un "voto" o flujo de autoridad muy leve desde la página origen.

Ya hemos visto lo importante que son los enlaces internos, cómo debemos crearlos, cómo nos ayudan a la hora de distribuir ese *link juice* entre todas las páginas de nuestro sitio web. ¿Qué ocurre si no quiero que todas las páginas reciban *link juice*? Evitar que una página reciba ese flujo de autoridad puede ser interesante, ya que normalmente existen páginas en un sitio web que puede no interesar posicionar. ¿Por qué debería desperdiciar flujo de popularidad hacia una página que muestra la política de privacidad del sitio web y que no es importante para mi estrategia de posicionamiento en buscadores?

Para evitar ese traspaso de *link juice* o flujo de autoridad, hemos de usar la propiedad `rel` de un elemento enlace de la siguiente forma:

Figura 4.13. Ejemplo de un enlace con propiedad `rel="nofollow"` para evitar el traspaso de *link juice*.

Usando esta propiedad, evitamos que la página que contiene el enlace otorgue apenas relevancia a la página de destino; de esta forma, optimizamos el flujo de popularidad y será distribuido entre el resto de páginas que consideremos interesante posicionar.

El CTR, un ratio poderoso

Hace bastantes años los motores de búsqueda basaban sus páginas de resultados en algoritmos ajenos a la acción del usuario. Desde hace varios años, esto ha cambiado y los ingenieros de búsqueda de las distintas compañías Google, Yahoo y Bing se han dado cuenta de que la acción del usuario es realmente importante y, ¿por qué no?, incluir estas acciones en el sistema de valoración y ordenación de los resultados.

Pongámonos así en la piel de un buscador, por ejemplo, Google (¡cómo no!), ¿cómo valoraríamos si uno de los fragmentos que mostramos merece la pena ocupar cierta posición? La respuesta podría ser esta: si dicho fragmento lo he mostrado en 500 ocasiones y solo un pequeño porcentaje de usuarios ha hecho clic (menos del esperado para la posición que ocupa el fragmento), ¿será debido a que dicho *snippet* no tiene la calidad suficiente? Por el contrario, si un fragmento de búsqueda tiene un ratio de clics muy alto (mayor al esperado para dicha posición), ¿será que aporta valor añadido frente a otros *snippets*?

Es así cómo, valiéndose de esta útil información proporcionada por el usuario, el CTR ha ido adquiriendo cada vez más peso como factor, en detrimento de otros.

Tiempo del sitio web indexado

Si un sitio web lleva *online* mucho tiempo será por alguna razón. Toda web requiere un mantenimiento y, por tanto, los motores de búsqueda también tienen en cuenta este aspecto, aunque actualmente el peso que tiene a nivel de posicionamiento es bajo. Por otro lado, parece lógico pensar que, si después de tanto tiempo dicho sitio está *online,* algún bien estará haciendo a los ojos de la comunidad.

Por lo general, los sitios que se crean para realizar *spam* surgen y mueren rápidamente usándose para obtener relevancia rápidamente y traspasar dicha relevancia a otro sitio web.

Algoritmos de motores de búsqueda

Como ya hemos comentado anteriormente, Google y cualquier motor de búsqueda que se precie hoy en día necesita algoritmos para mejorar la experiencia de los usuarios que acuden a buscar información.

La llegada de la "web 2.0", que trajo consigo una gran democratización que permitía a cualquiera añadir contenido a la red de redes, generó un aumento masivo y exponencial del número de sitios web en Internet.

Son tantos los sitios web que existen en Internet que requieren algoritmos para realizar todas las tareas de análisis de relevancia, que sería inviable contratar a un número de editores que clasificara los resultados de búsqueda para cada palabra o conjunto de estas. Para ayudar en estas tareas existen los algoritmos que permiten ahorrar tiempo y automatizar todo el proceso de análisis de autoridad de una página con el fin de establecer el *ranking* de resultados de búsqueda para una palabra o palabras determinadas.

Pero ¿qué es un algoritmo? Básicamente, es un conjunto de reglas establecidas para solucionar un problema, un conjunto de pasos y evaluaciones en base a esas reglas. En el campo de la informática, además, este conjunto de pasos se realiza de modo automático. ¿Imagina que toda la clasificación de las páginas para una palabra determinada tuviese que hacerse de modo manual?

Estos algoritmos sufren actualizaciones, ya que necesitan continuos ajustes para mejorar y hacer frente a las trampas que realizan personas que trabajan en aspectos relacionados con el marketing para beneficiarse de fallos y así mejorar las posiciones de sus contenidos en las páginas de resultados de búsqueda.

¿Google y sus algoritmos?

Los algoritmos de búsqueda de Google siguen los principios básicos, las reglas y el proceso automático que brevemente he descrito anteriormente. Pensemos en la última vez que realizamos una búsqueda en Internet, imaginemos la búsqueda siguiente: "las mejores recetas rápidas". ¿Cómo decide Google de qué modo ordenar la inmensa cantidad de resultados que encajan con dicha búsqueda? ¿Y cómo sabe Google qué páginas están relacionadas con la búsqueda anteriormente mencionada? La respuesta: algoritmos.

Para conocer la respuesta a todas estas preguntas, dichos algoritmos tienen que analizar cada una de las páginas, dónde se encuentra el contenido dentro de esta, título de la página, número de veces que las palabras clave aparecen en dicha página, enlaces a otras páginas internas o externas, el rendimiento de estas páginas en dispositivos móviles o tabletas, etc.

Por otro lado, Google también aprende sobre la intención de búsqueda del usuario y usa esta información para adaptar y mejorar sus algoritmos a través de la información de uso de su buscador por parte de los usuarios.

¿Adaptación a los cambios?

Google es capaz de leer páginas e analizar semánticamente el contenido de estas y estos análisis otorgan a cada página un valor estándar de autoridad frente a otras de la misma temática o cuyo contenido semántico sea similar.

Además, todo este análisis algorítmico Google lo realiza con bastante rapidez, de tal modo que, cuando desarrolladores web cambian aspectos estructurales de una página web o *copywriters* (personas que se dedican la creación y edición de contenido en un sitio web) o cambian contenido de una página, puede observarse cómo en no muchos días existe una fluctuación en las estadísticas debido a estos cambios.

Por otro lado, Google solo publica aquellos cambios importantes en sus algoritmos, aunque la cantidad de cambios que realizan de modo habitual parece ser bastante importante.

Recomiendo la página `https://moz.com/google-algorithm-change`, que recoge desde multitud de pequeños cambios hasta los aquellos más significativos, que Google realiza en sus algoritmos.

Cambios a lo largo de la historia

Este libro no pretende recoger todos los cambios que Google ha realizado en su algoritmo a lo largo de su ya extensa historia, pero creo que merece la pena señalar al menos los más significativos. Si tuviese que elegir los momentos en el tiempo que considero más importantes y que afectaron al tráfico orgánico de multitud de sitios web, me quedaría con los siguientes:

- **Panda:** Así fue como se conoció a este algoritmo que causó un gran revuelo allá por febrero del 2011 y que redujo o dejó prácticamente sin tráfico a un gran número de sitios web que disfrutaban de grandes números en visitas e ingresos.

  Panda asignaba una puntuación de calidad relacionado con el contenido de una página específica y castigaba duramente la aplicación de técnicas *black hat* SEO como la duplicación de contenido, robo de contenido o la repetición de palabras clave, también conocido como *keyword stuffing*, en un contenido para así buscar el beneficio en el *ranking* de páginas de resultados de búsqueda.

  Muchas páginas fueron penalizadas duramente perdiendo hasta un 95 % del tráfico debido al uso de estas técnicas (véase la figura 4.14).

- **Penguin:** Al contrario que Panda, el objetivo de estos cambios estaba más centrado en acabar con una parte importante en el tráfico de enlaces o *links* entre páginas. Como hemos comentado en otros capítulos de este libro, una gran parte del mérito de estar entre los primeros resultados de búsqueda se basa en los "votos" o enlaces que nos otorgan otras páginas, sobre todo si estos enlaces son de autoridad alta.

  Penguin castigaba páginas con un número de enlaces desmesurado o irrelevante, así como enlaces cuyo texto estaba sobreoptimizado precisamente para buscar "trampear" a Google (véase la figura 4.15). Desde 2016 aproximadamente, es parte del algoritmo de Google, aunque la fecha en la que empezó a analizar páginas a este nivel data de abril de 2012.

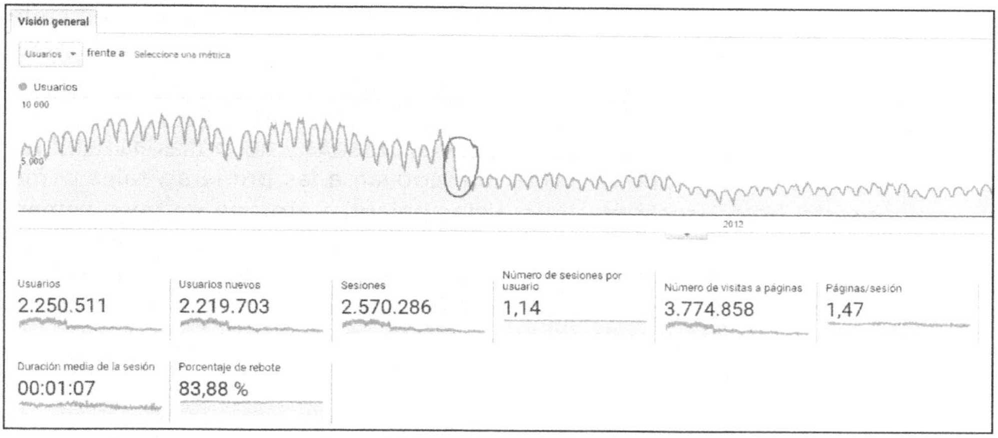

Figura 4.14. En la imagen, se puede ver cómo afectó Panda al tráfico de la web de un sitio web que usaba técnicas *black hat* para generar contenido automático, perdió el 80 % del tráfico.

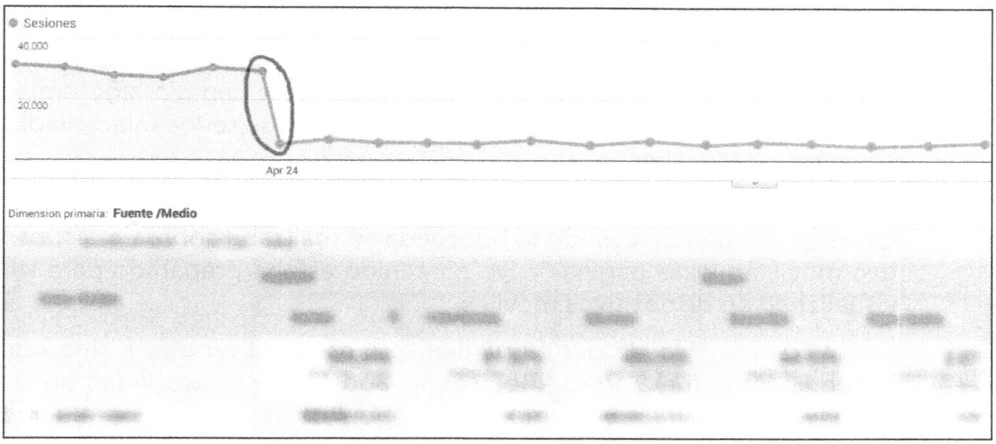

Figura 4.15. En la imagen, se puede ver cómo afectó Penguin al tráfico de un sitio web que abusaba de enlaces fraudulentos hacia su sitio web y que usaba técnicas *black hat* de intercambio de enlaces masivo.

- **HummingBird:** Es el tercero de los grandes cambios a partir de agosto del 2013. Su misión: reforzar a Panda, pero desde un punto de vista de penalizar páginas con contenido de muy baja calidad.

  Además, este algoritmo trataba de ayudar a Google a interpretar de un modo más preciso cuál era el propósito de la búsqueda de un usuario. Para esto usaban técnicas de indexación semántica latente, basadas en analizar distintas palabras que, aunque no tuviesen el mismo significado, sí tenían una relación semántica importante. Como ejemplo imaginemos que tenemos una página sobre viajes baratos que queremos posicionar. La práctica nos enseña que debemos tratar no solo de usar palabras como viajes baratos, sino palabras relacionadas y encontradas habitualmente en contenidos similares que apoyan a las primeras, tales como: pensión, hotel, transporte, etc. Estas palabras otorgan un peso semántico extra a la página y ayudan a mejorar la posición en el *ranking* de búsqueda. Como consejo, podemos expandir la palabra en la que que queremos lograr una mayor posición, realizar búsquedas relacionadas para obtener otras palabras clave y así incluirlas en nuestro contenido, usar sinónimos, etc.

- **Pigeon:** Hablamos del 2014, pero estos cambios no se produjeron de manera simultánea en todo el mundo. El objetivo de este cambio fue principalmente mejorar todas aquellas búsquedas con la intención de localizar un negocio o empresa y donde la ubicación tanto de la persona que realiza la búsqueda como del negocio que pretende aparecer en los resultados juega un papel muy importante.

  A la disciplina de mejorar la posición orgánica de un negocio para una palabra clave la conocemos como SEO local. Este cambio algorítmico fue implementado para mejorar las páginas de resultados relacionadas con negocios locales.

- **Mobilegeddon:** Sobre el 2015, Google comenzó a promover en los resultados de búsqueda, cuando la búsqueda se realizaba sobre un dispositivo móvil, aquellas páginas cuyo contenido estaba preparado para ser visualizado en dispositivos móviles.

  No se trataba solo de que la página se viese bien en móvil, sino que su rendimiento fuera adecuado. Google apostó por la usabilidad de los sitios web desde hace ya tiempo, esta mejora no es más que un refuerzo de esto. Usabilidad es también velocidad de carga, legibilidad, adaptación del contenido a la pantalla donde se visualiza, etc.

- **RankBrain:** En 2015, Google comienza su apuesta por la inteligencia artificial para mejorar HumingBird y ser capaz de adaptarse mejor a la intención de búsqueda del usuario, siendo capaz de "entender" lo que el usuario está buscando.

  Básicamente es capaz de relacionar grupos de palabras, en lo que se conoce como vectores de palabras, con una similitud lingüística determinada entre estos grupos. De esta forma, si Google no conoce la consulta de un usuario es capaz de responder a esta a través de esta similitud buscando un grupo de palabras con mayor relación al primero. Es muy probable que RankBrain sea una de las señales más importantes (por detrás de los enlaces) para determinar el *ranking* en la búsqueda de Google, aunque evidentemente Google no se ha pronunciado al respecto.

- **Possum:** Fue lanzado en septiembre del 2016 con el fin de darle una vuelta al SEO local. Bajo mi punto de vista, es la mayor actualización a este nivel. Viene a mejorar también el problema que existía con el SEO local cuando, por ejemplo, un negocio se encontraba fuera del límite de una ciudad en un pequeño pueblo, etc. Tras esta actualización, múltiples negocios cuyo SEO local estaba optimizado adecuadamente vieron cómo las visitas a sus sitios web aumentaron de manera considerable. Por otro lado, la localización de la persona que realiza la búsqueda es más importante que nunca.
- **Fred:** En marzo de 2017, Gary Illyes, un analista dedicado a mejorar la experiencia de búsqueda en Google, dio nombre a supuestas actualizaciones un tanto misteriosas. Sobre esa fecha empezaron a darse cambios en los resultados de búsqueda de todo el mundo para palabras claves variadas, cuyo propósito nunca estuvo del todo claro, ya que parece que no era solo una actualización, sino un grupo de estas en distintos momentos en el tiempo.

  Sí se observó que parece penalizar páginas que usan nuevas técnicas *black hat* vinculadas a la monetización de páginas web ficticias, cuyo único objetivo era la generación de ingresos sin preocuparse de ofrecer contenido de calidad al usuario final.

5

¿Web móvil o aplicación móvil?

Os presento a Daniel. Después de trabajar en una empresa durante más de 15 años, Daniel lo ha dejado todo para crear su propio negocio, una web de anuncios clasificados para profesionales donde el pago consiste en prestar un servicio equivalente. Tú como diseñador profesional me ayudas a diseñar mi página web; yo, a cambio, como profesor te doy unas clases de inglés. El equipo de Daniel es reducido, consta de solo 5 personas, pero ha sabido ocupar un hueco que no existía en el mercado español. Animado por el éxito, Daniel cree que ha llegado el momento de que su empresa tenga presencia en el mercado móvil, de modo que llama a Natalia, una vieja amiga de los años universitarios que trabaja en una consultora de desarrollos tecnológicos. Tras explicarle la situación, Natalia le pregunta: "Bien, entonces, ¿qué tenías pensado? ¿Una aplicación nativa o adaptar tu web a móvil?". Daniel le mira sorprendido. Él solo quiere que su servicio pueda ser utilizado en otros móviles como su flamante iPhone de última generación.

Vamos a ayudar a Daniel a ver algo de luz en el apasionante mundo del desarrollo móvil.

Diferencias entre una web móvil y una aplicación nativa

Las web móviles son aquellas aplicaciones a las que se accede desde un navegador móvil (como Safari, Chrome, Opera o Firefox), mientras que las aplicaciones nativas deben ser descargadas desde una tienda de aplicaciones (App Store para dispositivos Apple o Google Play para Android).

Aplicaciones nativas

Las aplicaciones nativas suponen el 85-90 por 100 del tiempo que pasamos utilizando nuestro móvil (`Moz.com`), 2 horas y 43 minutos diarios frente a los veintisiete minutos que pasamos en web móviles (`MDG advertising`). Se descargan de las tiendas de aplicaciones móviles, gratuitamente o tras pagar una cantidad que suele ser inferior a diez euros.

Estos mercados de aplicaciones ofrecen múltiples posibilidades en cuanto a modelos de negocio, permitiéndonos adoptar el más adecuado para los objetivos de nuestro producto. Algunos de los modelos más comunes son:

- **Aplicaciones de pago:** Para poder descargar e instalar estas aplicaciones, hay que pagar antes una cantidad. Cuánto cobrar por una aplicación es difícil de determinar incluso para los mejores especialistas en marketing móvil, pero, por lo general, dicha cantidad suele surgir de la relación entre el coste de desarrollo de nuestra aplicación y el precio de otras aplicaciones que pueden suponer competencia directa. Una estrategia de éxito probado consiste en reducir el precio de nuestra aplicación (incluso ofrecerla gratis) por un corto período de tiempo, consiguiendo así aumentar el número de usuarios que la descargan.

- **Aplicación gratuita:** Aunque los usuarios se descarguen libremente nuestra aplicación, esto no quiere decir que no vayamos a obtener algo a cambio. Podemos, por ejemplo, crear una aplicación cuyo objetivo sea que los usuarios entren en contacto directo con nuestra marca a través de anuncios perfectamente segmentados (*in-app advertising*).
- **Aplicación gratuita con anuncios vs. aplicación de pago libre de anuncios:** Consiste en ofrecer la misma aplicación en ambos casos, pero mostrando al usuario anuncios si se la descargó gratuitamente. Hay plataformas, como Ads de Google (`https://ads.google.com`), para gestionar la estrategia de anuncios en nuestra aplicación.
- **Aplicación gratuita más pago por contenidos adicionales:** Este modelo, que empezó en la industria de los videojuegos, está siendo cada vez más adoptado por el resto de mercados. La aplicación Paper permite utilizar tu iPad como un lienzo donde dibujar, pero viene con un solo tipo de trazo (pluma); si quieres utilizar otros (para pintar al carboncillo, con rotulador, etc.), tienes que pagar por ellos (véase la figura 5.1).
- **Modelo de suscripción:** El usuario accede a parte (o todos) los servicios y funcionalidades de la aplicación tras pagar una cuota periódica. Esta estrategia se está expandiendo rápidamente entre empresas digitales al reforzar la escalabilidad de su negocio. Conocer, con un gran grado de certeza, los ingresos futuros permite planificar estrategias de expansión e iterar el modelo de precios. Compañías creadoras de contenidos audiovisuales, como Netflix, HBO o el mismo Youtube, encuentran aquí una estrategia alineada con su modelo de negocio.

Hay algo que diferencia a los mercados de aplicaciones con los tradicionales: nuestra aplicación requiere de actualizaciones frecuentes para no perder presencia en ellos, más si cabe teniendo en cuenta que el usuario móvil suele descargar gran número de aplicaciones (se calcula que se descargan en España 16 aplicaciones por segundo), pero que, al poco, la aplicación se abandona o se desinstala si no ha conseguido crear una necesidad de uso. En otras palabras, tu aplicación debe satisfacer una necesidad del usuario.

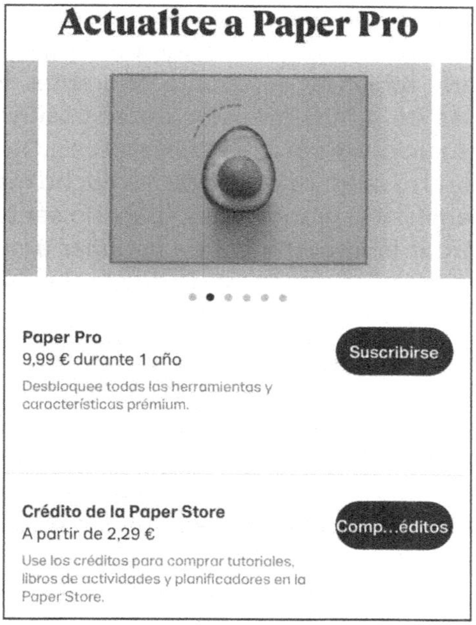

Figura 5.1. Paper combina el modelo por suscripción y el de pago por contenido en su aplicación.

Gran parte del éxito de las aplicaciones nativas se debe a que ofrecen una experiencia inmersiva al hacer uso de características del dispositivo como la cámara, el GPS, los datos biométricos (huella dactilar, reconocimiento facial) o la brújula, creando una mayor interacción entre el usuario y el dispositivo. Cómo hacen uso las personas del diseño de nuestra aplicación es crítico, ya que el usuario de *smartphones* tiene ciertas expectativas: controles simples e intuitivos, contenido breve pero conciso, elegir entre un número reducido de opciones pero que estas sean realmente útiles para ellos, y que el contenido que necesitan esté disponible de inmediato. No importa que el sistema sea complejo o sencillo, siempre van a esperar todo esto de nuestra aplicación.

Aunque desarrollar una aplicación nativa ofrece múltiples e interesantes oportunidades de negocio, algunos obstáculos se interponen en el camino: el coste de desarrollo, la fragmentación y la competitividad. Cada día aparecen nuevas empresas de desarrollo móvil, la oferta formativa en programación para estos dispositivos es más amplia y asequible o surgen servicios que automatizan el desarrollo como por arte de magia. Pero, aun así, la inversión económica necesaria es elevada, más si cabe ante el problema de fragmentación que presentan las diferentes plataformas.

En los dispositivos Android es más evidente: si nos planteamos crear una aplicación para este sistema, nos podemos llegar a encontrar con tener que desarrollarla teniendo en cuenta diferentes versiones del sistema operativo y más de 4.000 modelos de dispositivo diferentes (con sus respectivas resoluciones, características, etc.). ¿Quiere decir esto que no deberíamos desarrollar para Android? Ni mucho menos. Android supone un mercado demasiado grande como para no ser tenido en cuenta. Pero debemos recordar la importancia de estudiar a nuestra audiencia y no intentar acometer la titánica tarea de desarrollar para todos los usuarios de cada uno de los distintos modelos.

La competencia, además, es feroz. El top 25 o 50 de las tiendas de aplicaciones móviles acaparan entre el 80-90 por 100 del uso de aplicaciones. Esto quiere decir que, si nuestra aplicación no es de las mejores en su categoría (por su diseño y utilidad para el usuario, gracias a su campaña de promoción o a su posicionamiento en la tienda), probablemente quedará fuera de las 24 aplicaciones que, de media, utilizamos por mes en nuestros móviles.

La web móvil

Las web móviles se encargan de presentar contenidos adaptados a las peculiaridades de los navegadores móviles. Suelen hacer uso de tecnologías como HTML 5 y CSS 3, otorgándoles una apariencia y funcionalidad similar a las aplicaciones nativas.

La aplicación web para móviles de Twitter, por ejemplo, permite utilizar todas las funciones de la famosa red social, ofreciendo una experiencia equivalente a la aplicación nativa (véase la figura 5.2).

Es probable que en nuestro equipo contemos con diseñadores y desarrolladores con experiencia o conocimientos en tecnologías web. El coste de aprendizaje para que den el salto a las tecnologías web móviles va a ser considerablemente menor que el de aprender cualquiera de los lenguajes de programación necesarios para desarrollar aplicaciones nativas, además de suponer un estimulante reto para unos profesionales acostumbrados a adaptarse cíclicamente a nuevos paradigmas tecnológicos.

Si en algo destacan estas web optimizadas es que son compatibles con casi todas las plataformas y navegadores, solucionando así el temido problema de la fragmentación. Esto quiere decir que un único diseño como punto de partida nos resultaría suficiente para que fuera visualizada correctamente en todos los navegadores móviles. Como hemos visto anteriormente, los usuarios de las distintas plataformas tienen diferentes experiencias de usuario, por lo que, en ocasiones, puede ser conveniente partir de un mismo diseño, pero ofrecer las variaciones necesarias. Por ejemplo, la variedad de nuestra audiencia puede requerir que construyamos varias versiones de nuestra aplicación web según las resoluciones de pantalla de los dispositivos de nuestros usuarios.

Figura 5.2. Twitter procura proporcionar experiencias similares en *app* y web.

Si nuestros clientes acceden a través de dispositivos móviles a nuestra web, deberíamos de optimizar los contenidos adecuadamente, teniendo en cuenta que gran parte de las visitas móviles se producen a través de búsquedas móviles y a través de redes sociales. No se prevé que estas dos fuentes de tráfico vayan a disminuir en los próximos años.

Sin embargo, uno de los problemas de las web móviles es que el tráfico está muy distribuido. Los usuarios pasan gran parte de su tiempo en servicios como YouTube y Facebook. El resto de web móviles visitadas se cuentan desde los pocos cientos a los pocos miles... por mes. Esto nos lleva de nuevo al tema de la relevancia. Solo ofreciendo a los usuarios los contenidos que necesitan vamos a ser importantes para ellos y no una más de esas web visitadas.

La tercera vía: *Progressive Web Apps*

Las *Progressive Web Apps* (PWA) son aplicaciones web que pueden ser instaladas como si fueran aplicaciones nativas (sin pasar por la tienda de aplicaciones) y que poseen algunas de las características de estas como la posibilidad de recibir notificaciones *push* o de funcionar sin conexión a Internet.

Compañías como Google (con Gmail) o Twitter (con un cliente en este formato) están apostando por un tipo de aplicaciones que supone un menor coste de desarrollo y una adaptabilidad más rápida a la aparición de nuevos dispositivos.

Sin embargo, no están preparadas para todos los sistemas operativos móviles. En los dispositivos Apple no es posible la sincronización de información en segundo plano o el envío de notificaciones *push* para este tipo de aplicaciones.

Viabilidad de cada una de las alternativas

Cada uno de los tres tipos de aplicaciones mencionados no son mejor ni peor *per se* que el resto y dependerá del producto y del modelo de negocio que persigamos que uno u otro sea el más adecuado. A través de las siguientes preguntas podremos entender mejor qué necesitamos:

- **¿Es necesario que nuestra aplicación haga uso de las características del dispositivo como cámara, GPS, biometría, etc.?:** Las aplicaciones nativas y las *Progressive Web Apps* (al menos en parte) tienen acceso a las funciones del dispositivo, mientras que las web móviles solo parcialmente. De modo que, por ejemplo, si es crítico para nuestra aplicación que se haga uso de la cámara del dispositivo, el GPS o las notificaciones *push*, entonces deberemos desarrollar una aplicación nativa o una PWA.
- **¿Es importante la velocidad?:** En un mundo en el que los dispositivos mejoran su rendimiento cada pocos meses, es fundamental que nuestra aplicación reaccione rápidamente a las interacciones de los usuarios. Una aplicación lenta es una aplicación que tiene todas las papeletas para ser desinstalada.
- **¿Puedo permitirme el coste de desarrollo?:** Como veíamos anteriormente, el coste de desarrollar una aplicación nativa siempre va a ser mucho mayor que el de desarrollar una PWA o una web móvil, más aún si se pretende abarcar varias plataformas. Por el contrario, desarrollar aplicaciones web para móviles y PWA tiene un coste relativamente asumible en un equipo con experiencia en tecnologías web.

- **¿Se puede descargar de un mercado de aplicaciones?:** Las aplicaciones nativas, al estar disponibles en estos mercados, brindan una buena oportunidad para definir un modelo de ROI (retorno de la inversión) adecuado para nuestra empresa.
- **¿Es importante que nuestra aplicación funcione sin conexión a Internet?:** Esta es una de las mayores ventajas de las aplicaciones nativas sobre el resto. Ofrecer la posibilidad de acceso a nuestros contenidos, aunque no estemos conectados a Internet, puede ser crítico. La aplicación Pocket para dispositivos Apple almacena artículos o entradas de blogs que consideremos interesantes para poder ser leídos cómodamente cuando tengamos tiempo para ello. Su estrategia: cuando el usuario está conectado a Internet, la aplicación se descarga todos los artículos que dicho usuario indicó (de forma transparente para él), de modo que, aunque posteriormente este no disponga de conexión, pueda leerlos completamente.
- **¿Es necesario llegar a un top para alcanzar el éxito con mi aplicación?:** Teniendo en cuenta la dificultad e inversión necesaria para llegar a estos niveles de éxito, si es suficiente con llegar a solo unos cientos de tus clientes (porque, por ejemplo, la aplicación sea parte de una campaña de reconocimiento de marca promocionada desde otros canales), una web móvil o una PWA es la solución ideal para interactuar con tus clientes.

¡Captúralos a todos! El fenómeno *Pokémon Go*

Pokémon Go es un juego para iOS (dispositivos Apple) y Android que hace uso de la realidad aumentada para llevar al mundo real la experiencia de los juegos de la saga. La repercusión de este juego para dispositivos móviles de Nintendo, aunque no se pueda decir que inesperada, está fuera de toda previsión. En septiembre del año 2018 se alcanzó el billón de descargas. Las previsiones de beneficios se estiman en doscientos mil dólares al día. También es reseñable que en septiembre del año 2018 se superaron los dos billones de dólares a través de micropagos. Todo esto gracias a más de ciento cuarenta y siete millones de usuarios activos al mes.

¿Cómo se puede explicar este tremendo éxito? Veamos algunas claves que nos pueden ayudar a entenderlo.

Por una parte, la aplicación ofrece una experiencia en primera persona a un jugador que muy probablemente ha vivido las aventuras de Pokémon en otras plataformas con un menor grado de interacción. Los jugadores están siendo protagonistas de su propia historia dentro del universo Pokémon. La web móvil oficial cumple dos objetivos de forma sencilla, directa y efectiva: ofrece los enlaces de descarga a las tiendas de aplicaciones y también recuerda los eventos sociales en los que pueden participar sus jugadores.

Nintendo complementa esta estrategia con un soporte a sus usuarios en redes sociales para mantenerlos permanentemente informados de cualquier actualización y recoger sus comentarios y sugerencias. Colaboran con empresas (como Starbucks o 7-Eleven) para rentabilizar el paso de los jugadores por sus tiendas con un modelo de ubicaciones patrocinadas.

Pero la compañía nipona no creó este juego desde cero. Niantic es la compañía detrás de su desarrollo. Una compañía respaldada por Google que había creado en 2012 un juego de ciencia ficción para móviles en el que la realidad aumentada sumergía al jugador en una experiencia similar a la de *Pokémon Go*. El juego no tuvo la repercusión esperada. Pero, a la vista de este fenómeno mundial, cuando la tecnología se pone en las manos de las necesidades de los usuarios, el éxito está asegurado.

Figura 5.3. La web móvil de *Pokémon Go* está diseñada para promover la descarga del juego desde las tiendas de aplicaciones móviles.

Ahorro en costes de desarrollo, estrategia multicanal (aplicación nativa y web móvil), pagos por contenido, *partnerships*... Nintendo ha sabido implementar una óptima estrategia móvil. El resultado: un éxito global.

Un último apunte

¿Os acordáis de Daniel? Finalmente, tras dejarse aconsejar por nosotros, ha decidido que él y su equipo (al que piensa formar previamente) van a desarrollar una aplicación nativa para Android. El momento crítico de la aplicación de Daniel reside en que el usuario que recibe una solicitud de servicio sea notificado por la aplicación en el mismo momento en que la petición fue realizada, de ahí que se decidiera por una aplicación nativa (y así poder utilizar el sistema de notificaciones *push* de Android).

La elección de la plataforma de Google también está basada en el análisis de las estadísticas de su portal web, que reflejan una mayoría de usuarios desde este sistema operativo. Su aplicación podrá ser descargada gratuitamente, pero, para poder ver una valoración de los usuarios que ofrecen servicios, habrá que desbloquear el módulo previo pago, en un funcionamiento equivalente al de su web.

Daniel está totalmente convencido de su decisión y ahora está entusiasmado, contando a todo el que esté dispuesto a escucharle qué diferencias hay entre las aplicaciones nativas y las web móviles.

Antes de irte, recuerda

- Las aplicaciones nativas generan un mayor grado de interacción y permiten explorar nuevos modelos de negocio, pero suponen un coste mayor en desarrollo y mantenimiento.
- Implementar una web optimizada para dispositivos móviles conlleva un menor coste para llegar a una gran variedad de dispositivos, pero el tráfico móvil está muy distribuido.
- Las *Progressive Web Apps* pueden ser una opción a tener en cuenta por ser un híbrido, pero tienen limitadas algunas funciones nativas y su penetración es baja.
- Qué modelo (o modelos) es más adecuado a tu producto depende de tus objetivos de negocio.

6

Optimización de sitios web

¿Cómo nos puede ayudar la analítica web a detectar problemas de usabilidad y navegación?

Entre la analítica web y la usabilidad existe una relación muy estrecha. Las páginas de un sitio web deben estar optimizadas para que la experiencia de navegación de los usuarios sea satisfactoria. El primer paso hacia esa optimización consiste en identificar los problemas de usabilidad y navegación que pueden existir en un sitio web. Con independencia de otras herramientas, como los análisis heurísticos o los test de usuarios, la analítica web, a través de diferentes tipos de análisis, nos proporciona información muy útil a la hora de identificar dichos problemas.

Análisis de formularios

Como bien dice Ricardo Tayar (`http://www.ricardotayar.com/2012/02/14/optimizar-formularios-web/`), los formularios son elementos esenciales de cualquier sitio web, ya que son el instrumento a través del cual los usuarios completan el proceso de compra o solicitan información. Por ello, es necesario obtener datos relevantes que nos permitan analizar el rendimiento de los formularios y optimizarlos, por ejemplo, cuáles son los campos que más rechazo generan entre los usuarios, cuáles son los que se completan más fácilmente, cuáles son los que plantean más dificultades y deben rellenarse varias veces, etc.

Siguiendo a Ricardo Tayar, hay una serie de aspectos críticos de los formularios que deben analizarse para poder optimizarlos adecuadamente.

- En primer lugar, el embudo de conversión del formulario. Dicho embudo estaría formado por los siguientes pasos:
    - Usuarios que han accedido al formulario, pero han abandonado sin interactuar con él.
    - Usuarios que han interactuado con el formulario, pero no lo han enviado.
    - Usuarios que han intentado enviar el formulario.
    - Usuarios que han conseguido enviar el formulario con éxito.

Se trata de una información muy útil que nos permite saber qué ocurre desde que los usuarios acceden al formulario y hasta que logran enviarlo, pudiéndose identificar los pasos en los que se han quedado, por ejemplo, cuántos usuarios han abandonado sin llegar a interactuar con el formulario.

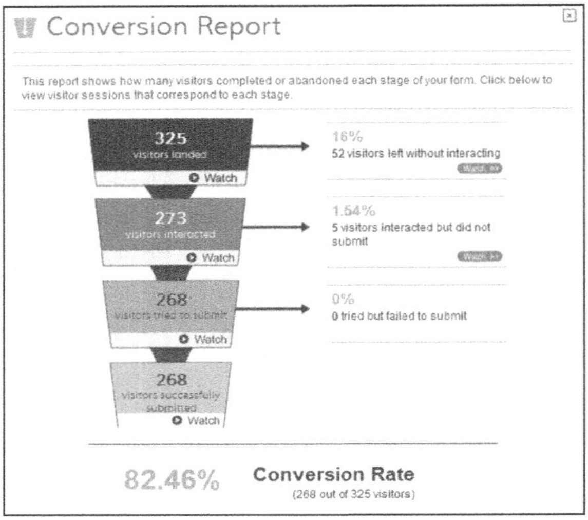

Figura 6.1. Embudo de conversión de un formulario web en ClickTale.

- En segundo lugar, el porcentaje de usuarios que han empezado a rellenar el formulario, pero lo han abandonado sin completarlo, así como el porcentaje de abandonos en cada uno de los campos (véase la figura 6.2).
- En tercer lugar, el tiempo que los usuarios han necesitado para completar el formulario, así como el tiempo que han dedicado a completar cada uno de los campos (véase la figura 6.3).

  Tanto la información relativa al tiempo, como la referente al porcentaje de abandonos, nos permiten identificar aquellos campos que les resultan más difíciles de rellenar a los usuarios. Puede ocurrir que no se haya explicado correctamente la información que se está solicitando o que no tenga sentido para el usuario proporcionarla.
- En cuarto lugar, los campos que más veces se dejan en blanco a la hora de enviar un formulario, bien porque se haya "olvidado", bien porque el usuario considera que no es relevante para completar el formulario (véase la figura 6.4).

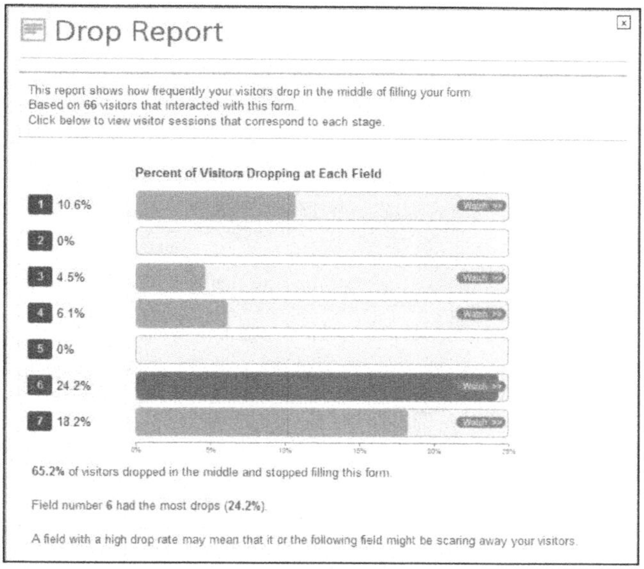

Figura 6.2. Porcentaje de abandono de un formulario web en ClickTale.

Figura 6.3. Tiempo que se tarda en completar cada campo de un formulario web en ClickTale.

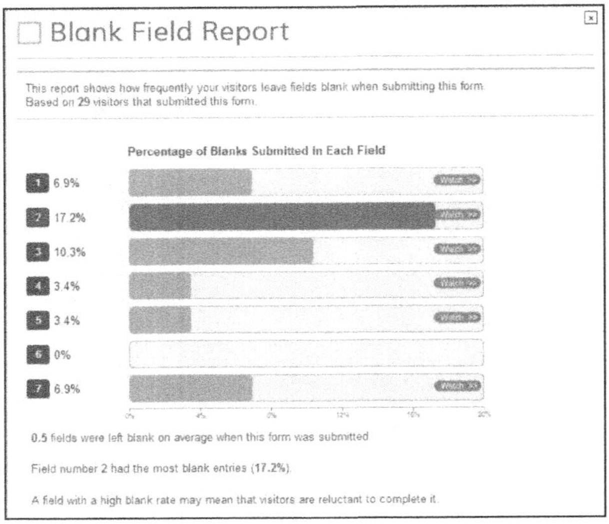

Figura 6.4. Análisis de los campos de un formulario que no son rellenados en ClickTale.

- Finalmente, los campos que deben rellenarse varias veces por los usuarios, bien porque son difíciles de entender y generan confusión, bien porque producen rechazo.

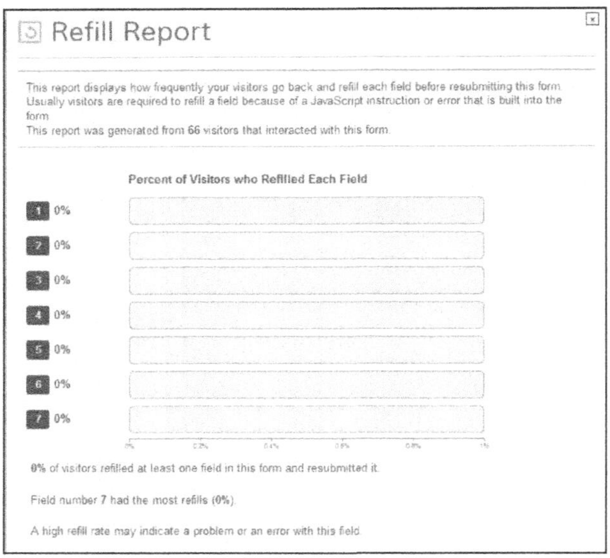

Figura 6.5. Análisis de los campos de un formulario que más veces deben volverse a rellenar en ClickTale.

Una vez que hemos analizado toda esta información y hemos identificado aquellos campos que son de más difícil comprensión o que presentan una mayor resistencia, habría que plantearse si la forma de solicitar la información es correcta y queda suficientemente clara para el usuario, así como si todos los datos que pedimos son realmente necesarios. Las respuestas a estas preguntas nos pueden dar la clave para hacer pequeñas mejoras en los formularios, por ejemplo, la supresión de un campo que genera mucho rechazo en los usuarios puede suponer una mejora notable en las tasas de conversión.

Análisis de rutas de navegación

Consiste en analizar la navegación que realizan los usuarios cuando llegan al sitio web, lo cual nos proporciona información útil acerca de una serie de aspectos relevantes.

- **Páginas de entrada:** Como hemos indicado en el capítulo 3, es importante medir la tasa de rebote de estas páginas para identificar aquellas que no consiguen convencer a los usuarios para que permanezcan en la web, ya que no basta con atraer mucho tráfico al sitio, si dicho sitio web no resulta interesante para los visitantes.

  Según Fernando Gavarrón, algunos de los problemas típicos de las páginas de entrada son los siguientes:

  - Dado que las páginas de entrada se utilizan frecuentemente como destino de las acciones de marketing, un problema habitual es que lo prometido en el anuncio no se encuentra reflejado en la página de entrada.
  - Otro de los problemas habituales de las páginas de entrada es la ausencia de una llamada a la acción clara, de manera que el usuario al llegar no sabe qué hacer para continuar.
  - También podemos citar el caso de aquellas páginas de entrada que tienen un exceso de información, pero carecen de una propuesta de valor clara para el usuario, de modo que este se "cansa" de leer información y abandona.

  Si detectamos problemas en las páginas de entrada, resulta útil relacionar la tasa de rebote con el número de visitas. Un número de visitas alto con una tasa de rebote alta puede ser un indicador de que la página de entrada está bien posicionada, pero no ofrece información relacionada con lo que el usuario está buscando. Un número de visitas bajo con una tasa de rebote baja nos puede ayudar a identificar páginas de entrada que, si bien pueden estar ofreciendo información relevante a los usuarios, están mal posicionadas y no nos traen una cantidad suficiente de tráfico.

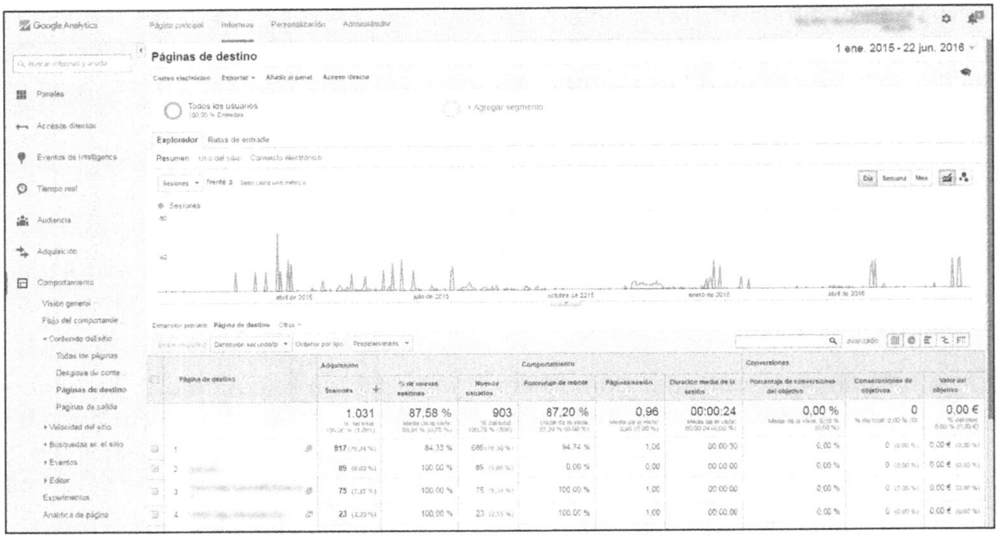

Figura 6.6. Informe de páginas de entrada (páginas de destino) con número de visitas (sesiones) y porcentaje de rebote en Google Analytics.

La tasa de rebote debería analizarse también en relación con la tasa de conversión para identificar aquellas páginas de entrada con una tasa de rebote muy alta y una tasa de conversión también muy alta, las cuales deberían ser optimizadas de forma inmediata.

- **Páginas de salida:** El objetivo en este caso, como también se ha mencionado en el capítulo 3, es identificar las salidas "problemáticas", ya que está claro que cualquier usuario que navega por una web tiene que abandonarla por alguna página. Dentro de estas salidas "problemáticas", podemos incluir aquellas que afectan a páginas que constituyen etapas intermedias de un proceso (por ejemplo, el proceso de compra) y, en general, a cualquier página que contenga una llamada a la acción, cuyo fin sea continuar con la navegación.
- **Rutas de navegación más usuales:** Este análisis nos puede ayudar a identificar rutas de navegación que son muy habituales, pero que carecen de acceso directo desde los menús principales del sitio web, lo cual nos puede ayudar a optimizar dichos menús, incluyendo accesos directos a las rutas identificadas.

Una herramienta útil para analizar las rutas de navegación es el informe de Flujo de comportamiento de Google Analytics. Este informe muestra las rutas de navegación principales que siguen los usuarios dentro del sitio web.

Figura 6.7. Ejemplo de Flujo de comportamiento en Google Analytics. (Fuente: `http://amodo.biz/10-claves-usabilidad-disenar-una-web-exito/`).

En el gráfico, se puede ver cómo los visitantes entran en la web, realizan acciones y abandonan. También se pueden utilizar estos informes para encontrar el lugar en el que los visitantes abandonan de repente el sitio o vuelven al contenido anterior y resolver así posibles problemas.

Análisis de embudos de conversión en procesos de compra o registro

Ricardo Tayar (`http://www.ricardotayar.com/2011/06/20/definicion-embudo-conversión/`) define el embudo de conversión como "la sucesión de pasos que un usuario debe ejecutar en un sitio web para realizar el objetivo principal que persigue el inicio del proceso (...) y nos permite ver el número o porcentaje de usuarios que pasan de un paso a otro del proceso". El ejemplo más habitual es el de los procesos de compra, aunque hay otros procesos en los que también se puede construir un embudo de conversión, por ejemplo, procesos de registro, solicitudes de información/presupuesto, envío de formularios de contacto, etc.

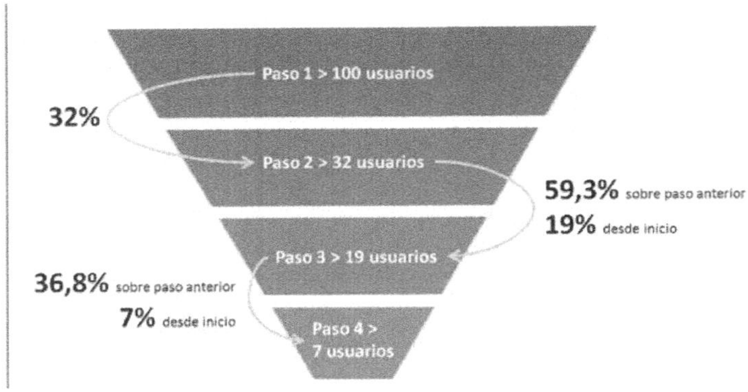

Figura 6.8. Ejemplo de embudo de conversión. (Fuente: Ricardo Tayar, http://www.ricardotayar.com/2011/06/20/definicion-embudo-conversión/).

Sobre la base de una imagen creada originalmente por Jim Sterne y Matt Gutler, Gemma Muñoz (http://www.territoriocreativo.es/etc/2009/03/usando-el-embudo-de-conversion-para-mejorar-procesos.html) explica con gran claridad los distintos tipos de embudos de conversión que podemos encontrar.

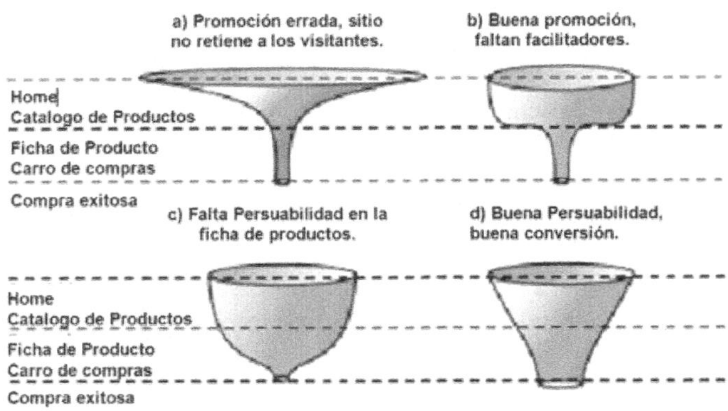

Figura 6.9. Tipos de embudo de conversión. (Fuente: https://www.cecarm.com/emprendedor/estrategia/paco-viudes-las-claves-para-crear-un-plan-de-marketing-digital-35345).

- La figura A representa un embudo que al principio atrae a muchos usuarios, pero con unos porcentajes de conversión muy bajos. Puede tratarse de sitios web que están muy bien posicionados en los buscadores, pero que utilizan palabras clave no adecuadas o que redirigen a páginas de entrada que no están optimizadas. También puede tratarse de campañas muy atractivas, pero que prometen algo que no se corresponde con la oferta real.

- La figura B representa un embudo que atrae a un número razonable de usuarios, consigue que estos lleguen hasta los pasos iniciales del proceso, pero que, finalmente, tampoco logra la conversión. En este caso, parece que las expectativas de los usuarios sí se corresponden con la oferta real, pero existe algún problema en alguno de los pasos intermedios, por lo que habría que identificar la página o páginas "problemáticas" y tratar de optimizarlas para ver si mejora la tasa de conversión.
- El embudo correspondiente a la figura C representa un caso parecido al anterior, si bien aquí los problemas se encuentran en los pasos finales del proceso, por lo que resulta imprescindible tratar de identificar las causas del abandono de los usuarios y optimizar dichas páginas.
- La figura D representa la situación ideal: se atrae a un número razonable de usuarios y tanto las tasas de pérdida inevitables en cada paso del proceso, como la tasa de conversión final, entran dentro de la normalidad.

El análisis del embudo de conversión nos permite identificar los puntos del recorrido en los que puede haber problemas de modo que, optimizando esas páginas intermedias, se incremente la tasa de conversión del proceso en cuestión.

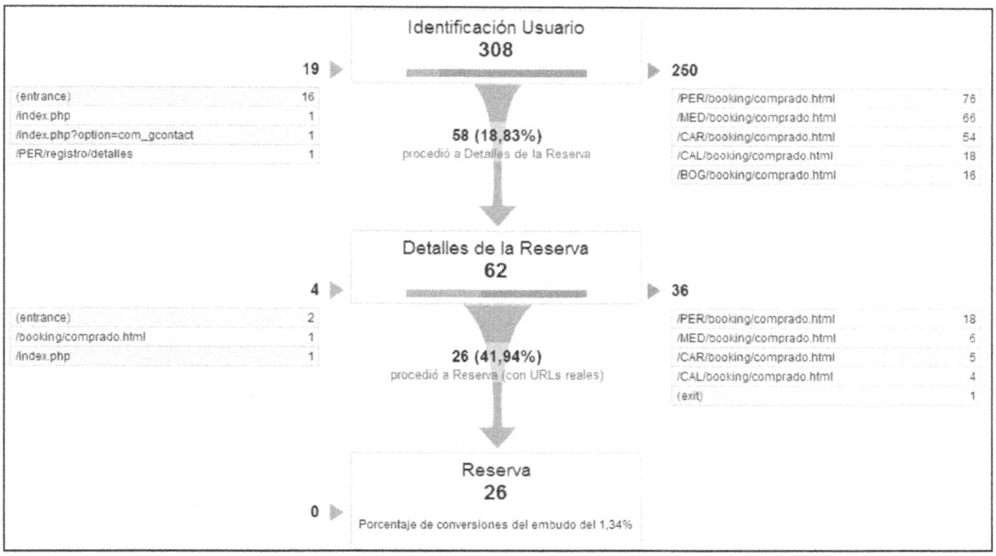

Figura 6.10. Ejemplo de embudo de conversión en Google Analytics. (Fuente: `http://www.blog.ikhuerta.com/analisis-avanzado-de-embudos-de-conversion`).

En general, cuanto más corto es un embudo, más gente llega al final. Además, cuanto menos tiempo se tarde en completar cada paso, menos abandonos se producen. Es decir, lo más recomendable es que un embudo tenga el menor número de pasos posible y que se necesite poco tiempo para completar cada fase, por ejemplo, evitando los formularios excesivamente largos.

Además de estas reglas generales, cuando se identifican pasos en un proceso con porcentajes de abandono excesivamente altos, hay que tratar de analizar las posibles causas de dichos abandonos.

- Por una parte, analizando las páginas a las que van los usuarios después de abandonar, lo que nos puede ayudar a identificar los contenidos que se echan en falta a la hora de completar el proceso.
- Por otra parte, viendo si los usuarios, tras abandonar el proceso, abandonan también el sitio, en cuyo caso es posible que se esté solicitando demasiada información o que exista algún problema técnico.

En Google Analytics, la información proporcionada por los embudos de conversión puede completarse con el informe de Flujo de objetivos. Este informe muestra las rutas de navegación principales que siguen los usuarios dentro de un determinado proceso.

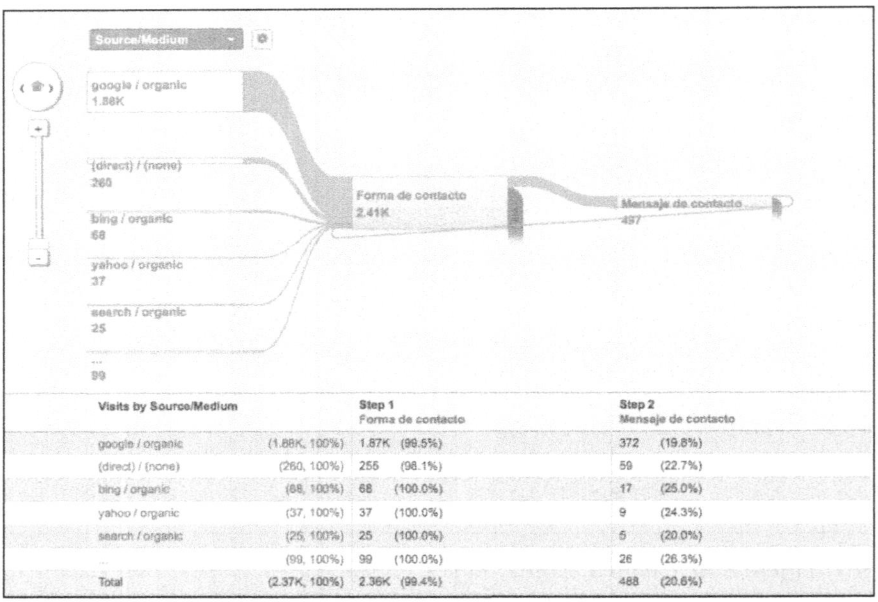

Figura 6.11. Ejemplo de Flujo de objetivos en Google Analytics. (Fuente: `https://www.tiendanube.com/blog/como-configurar-objetivos-y-embudos-en-google-analytics/`).

Si bien este informe puede ayudarnos también a detectar los pasos en los que puede haber problemas, como en el caso del embudo de conversión, su objetivo principal es identificar algún paso que habitualmente se omita o en el que los usuarios decidan volver hacia atrás.

Mapas de calor

Consisten en ver el número de clics que se han hecho en cada enlace de una página y el porcentaje que representa respecto al total de dicha página. Algunas herramientas completan esta información con otras métricas, como el número de entradas, de salidas o el tiempo medio de estancia en la página. En general, proporcionan información relevante relativa a los siguientes aspectos:

- Puntos de salida en las páginas intermedias de un embudo de conversión.
- Productos o servicios que interesan a los usuarios que están viendo una determinada página y que pueden ser objeto de una venta cruzada.
- Comportamiento de los diferentes segmentos de usuarios (los que son clientes frente a los que no lo son, los que proceden de buscadores frente a los que proceden de campañas de AdWords o de tráfico directo, etc.).
- Elementos de una página que llaman la atención de los usuarios, elementos que no despiertan su interés y elementos que, sin serlo, se consideran enlaces.

Una vez que la analítica web, a través de los informes y métricas que acabamos de mencionar, nos ha ayudado a identificar aquellas páginas que presentan problemas de usabilidad y navegación, se puede afirmar que las mejores candidatas a ser optimizadas son aquellas páginas que reciben una cantidad elevada de tráfico y presentan numerosos problemas. El siguiente gráfico, traducido por Fernando Gavarrón del libro *Always be testing*, de Brian Eisenberg, John Quarto-vonTivadar y Lisa T. Davis, ilustra con bastante claridad lo que acabamos de señalar (véase la figura 6.12).

Así pues, las páginas ideales para optimizar son las que se sitúan en el cuadrante superior derecho, ya que se trata de páginas que tienen un tráfico elevado y muchos problemas (porcentaje de salida elevado, tasa de rebote alta, etc.). En concreto, se suelen incluir en este grupo:

- Páginas de entrada.
- Páginas iniciales en procesos de compra o registro.
- La página principal del sitio web (*home*). Respecto a la *home*, Fernando Gavarrón recomienda no optimizarla de entrada, a no ser que se quieran incluir mejoras en una parte muy concreta de la misma.

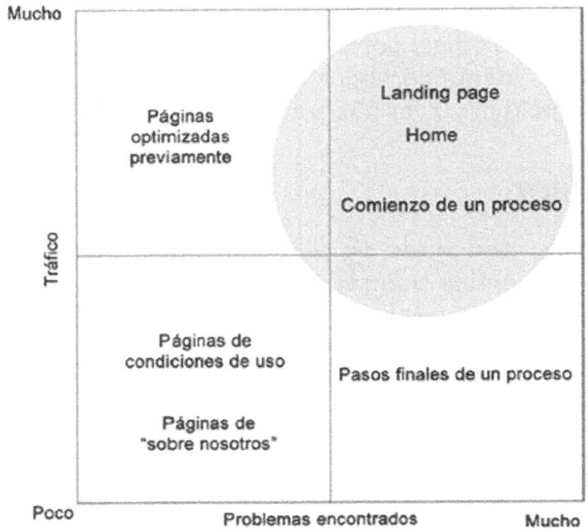

Figura 6.12. Matriz para seleccionar las mejores páginas para optimizar. (Fuente: Fernando Gavarrón, adaptado de Brian Eisenberg, John Quarto-vonTivadar y Lisa T. Davis).

¿Qué ocurre si, tras el análisis de las métricas web, encontramos varias páginas con problemas que podrían ser optimizadas? ¿Por cuál de ellas empezamos? Siguiendo una vez más a Fernando Gavarrón, se debería comenzar optimizando la página más cercana al objetivo que deseamos conseguir, por ejemplo, si nuestro objetivo es incrementar la tasa de conversión del proceso de compra y, tras el estudio de las métricas, observamos que existen problemas en la página de producto y en el primer paso del proceso de compra, se debería comenzar por optimizar esta última, ya que es la página más cercana al objetivo final y la que tiene más impacto en la tasa de conversión. En otro caso, se estaría mejorando una página que va a enviar más tráfico a páginas interiores que, sin embargo, continúan teniendo problemas, por lo que la repercusión de dicha mejora en la tasa de conversión será pequeña.

¿Qué ocurre si las páginas a optimizar no reciben un volumen suficiente de tráfico? En este caso, tendríamos dos opciones:

- Intentar incrementar el volumen de tráfico mejorando el posicionamiento orgánico en buscadores, invirtiendo en posicionamiento de pago o realizando campañas de marketing.
- Intentar optimizar otra página que lleve tráfico hacia la página que realmente queremos optimizar.

Otra circunstancia a tener en cuenta en relación con el tráfico es la relativa a la estacionalidad de este, es decir, durante la realización de un proyecto de optimización web, el volumen de tráfico debe mantenerse más o menos constante a lo largo del tiempo, evitándose las siguientes situaciones:

- La realización de campañas o promociones.
- Las épocas de ventas estacionales como, por ejemplo, Navidad o San Valentín.

¿Qué cambios se pueden proponer para optimizar una página web?

Una vez que hemos identificado la página que queremos optimizar, es necesario proponer una serie de cambios que nos permitan alcanzar nuestros objetivos. Para ello, la página seleccionada debe examinarse en detalle con el fin de identificar los posibles problemas que pueda presentar.

A continuación, se van a mencionar los problemas más comunes que se pueden encontrar en los sitios web, siguiendo para ello la clasificación de Fernando Gavarrón, que diferencia entre problemas funcionales, de accesibilidad y de usabilidad.

Problemas funcionales

Se trata de problemas que impiden a los usuarios acceder a los contenidos. Dentro de este grupo, se pueden incluir los siguientes problemas:

- **Página no encontrada (error 404):** Este tipo de error no solo impide el acceso al contenido, sino que influye negativamente en la imagen de la web, especialmente si afecta a pasos intermedios en procesos de compra o registro.
- **Servicio no disponible:** Se diferencia del error anterior en que, si bien la página existe, el servicio que ofrece dicha página no funciona correctamente. No obstante, las consecuencias son las mismas que en el caso anterior.
- **Partes del contenido no están presentes:** Un caso común es el que tiene lugar cuando las imágenes no se muestran correctamente.

- **Tiempos de carga de página excesivamente largos:** Conviene tener en cuenta que controlar el rendimiento o velocidad de carga de un sitio web es importante, ya que una web lenta supone costes en visitas, en ingresos y en posicionamiento: Google incluyó la velocidad de carga como variable para su algoritmo en 2010, por lo que, cuanto más rápida sea la navegación, más arriba coloca a una página en el *ranking* (http://www.ticbeat.com/tecnologias/costes-web-lenta-visitas-ingresos-seo/).

Ya en 1968, Robert Miller presentó un estudio cuyas conclusiones, según Jakob Nielsen, siguen siendo válidas: una décima de segundo es el límite para que el usuario sienta que el sistema reacciona instantáneamente, mientras que un segundo es el límite para que el usuario sienta que no hay interrupción, aunque note el retardo.

Un estudio realizado por Forrester en 2009 (http://www.slideshare.net/mbharath/consumer-reaction-to-a-poor-online-shopping-portal) concluye que los consumidores se impacientan cuando las páginas web tardan más de 2 segundos en cargar. Según este estudio, el 47 por 100 de los consumidores espera que una página web cargue en 2 segundos o menos, lo cual representa un cambio en las expectativas de los consumidores respecto al estudio realizado en 2006, en el que las expectativas de la mayoría de los consumidores estaban alrededor de los 4 segundos o menos. De hecho, Forrester señala que el 40 por 100 de los consumidores no espera más de 3 segundos a que se cargue una página web antes de abandonar el sitio.

Por lo general, un sitio web que cargue en menos de dos segundos se considera rápido; si carga entre dos y cuatro segundos, se considera normal; y lento, si tarda más de cinco segundos (http://www.alfredohernandezdiaz.com/2015/09/29/como-medir-optimizar-velocidad-pagina-web/). Y en http://www.ticbeat.com/tecnologias/costes-web-lenta-visitas-ingresos-seo/ se afirma que:

- Para Google, pasar de los 0,4 a los 0,9 segundos implica que los beneficios de la publicidad se reducen un 20 por 100, mientras que para Bing un retraso de 0,5 segundos provoca una caída del 4,3 por 100 en los ingresos.
- Según Firefox, un incremento del tiempo de carga en 1 segundo disminuye las conversiones en un 2,7 por 100.

Según Fernando Gavarrón, estos errores "deben ser los primeros problemas que resolvamos antes de comenzar siquiera a realizar cualquier propuesta de mejora, ya que es bastante evidente que no tiene sentido proponer mejoras si el usuario no es capaz de ver la página que queremos mejorar".

Problemas de accesibilidad

Se trata de problemas que impiden a los usuarios ver correctamente la página. Dentro de este grupo, se pueden incluir los siguientes problemas:

- El tamaño del texto es demasiado pequeño, lo que dificulta su lectura. Hay que procurar, además, el suficiente contraste entre el texto y el fondo, siendo recomendable usar fuentes sin serifa (por ejemplo, Arial o Verdana), ya que son más fáciles de leer en pantalla. Se debe evitar la cursiva en fuentes pequeñas, así como frases largas en mayúsculas, ya que, en ambos casos, se leen con dificultad.
- El contenido del sitio no se ve correctamente en todos los navegadores. La gravedad de este problema dependerá de cuáles sean estos navegadores y si son utilizados por la mayoría de nuestros usuarios, lo cual se puede comprobar a través del informe que nos indica los navegadores utilizados por nuestra audiencia y que está disponible en la mayoría de las herramientas de analítica web.

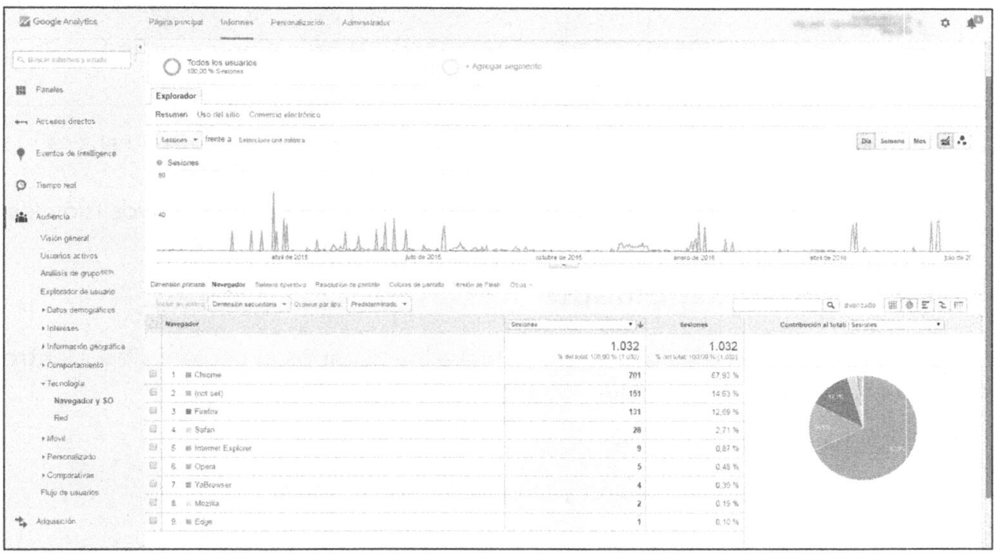

Figura 6.13. Ejemplo del informe de navegadores en Google Analytics.

- Partes importantes del contenido, como las llamadas a la acción, no se ven en resoluciones de pantalla pequeñas. Al igual que en el caso anterior, la gravedad de este problema dependerá de cuáles sean estas resoluciones de pantalla y si son utilizadas por la mayoría de nuestros usuarios, lo cual se puede comprobar a través del informe que nos indica las resoluciones de pantalla utilizadas por nuestra audiencia y que también está disponible en la mayoría de las herramientas de analítica web.

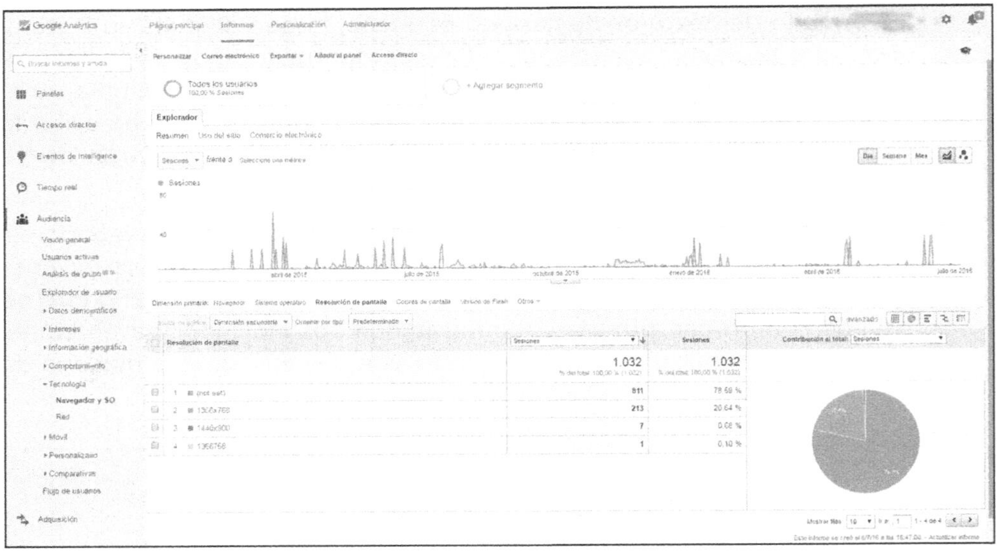

Figura 6.14. Ejemplo del informe de resoluciones de pantalla en Google Analytics.

- El contenido del sitio no se ve correctamente en los dispositivos móviles.

Problemas de usabilidad

Se trata de problemas que hacen difícil a los usuarios el uso del sitio. Dentro de este grupo, se pueden incluir los siguientes problemas:

- El objetivo del sitio web no se indica con claridad.
- El sistema de navegación y los menús son confusos.
- El buscador está poco visible y/o accesible.
- Solicitud de datos al comienzo de un proceso. Un ejemplo muy común es la obligación de registrarse previamente cuando se va a realizar una compra. Una alternativa más recomendable es pedirle al usuario los datos necesarios para enviarle el pedido y, en ese momento, preguntarle si desea registrarse para no tener que volver a introducir la misma información en la siguiente compra.

- Falta de estructura en el texto, es decir, no se cuida la jerarquía visual entre los distintos elementos del texto, haciendo casi imposible guiar la vista del usuario hacia las partes clave del contenido. En relación con este problema, conviene recordar la necesidad de respetar las distancias y dejar espacios en blanco.
- Las llamadas a la acción están poco visibles o se encuentran "por debajo del *scroll*" para algunas resoluciones de pantalla utilizadas por nuestros usuarios.
- Falta información relevante en algunos pasos del proceso. Se pueden citar los siguientes ejemplos:
  - La información sobre lo que se está comprando no está visible durante el proceso de compra.
  - El precio o las posibles ofertas no están suficientemente destacados en la ficha de producto.
- Formularios demasiado largos y complejos. Además, los errores en los formularios deben advertirse de forma clara, proporcionando información para salir de ellos.
- Existen elementos visuales que pueden distraer al usuario de la acción principal:
  - Puede ocurrir que existan demasiadas llamadas a la acción en una misma página. No hay que olvidar que, cuando se intentan destacar todos los elementos de una página por igual, al final, nada destaca, se puede llegar a aturdir al usuario y puede ocurrir que la llamada a la acción principal, lo que realmente nos interesa que haga, pase desapercibida.
  - En otras ocasiones lo que sucede es que en las páginas intermedias de un proceso se siguen manteniendo elementos de navegación que facilitan que el usuario pueda abandonar dicho proceso sin llegar a la conversión.
- Falta de consistencia en la manera de navegar o realizar acciones en el sitio web. Se pueden citar los siguientes ejemplos:
  - Existencia de varios menús de navegación que se muestran y/o funcionan de manera diferente, es decir, la navegación no es consistente ni en diseño (por ejemplo, en los colores) ni en comportamiento. Conviene recordar que la navegación debería ser breve, siendo aconsejable que no pase de dos niveles y que siempre se indique de alguna manera el lugar donde se encuentra el usuario.

- Falta de consistencia visual y utilización de diseños diferentes para mostrar elementos tales como botones (llamadas a la acción), contenedores, enlaces, títulos, texto general, leyendas, etc.

Las posibles soluciones a los problemas que pueden afectar a la página que queremos optimizar nos proporcionan un punto de partida adecuado para proponer alternativas que puedan ser testadas. Vamos a ver a continuación cómo diseñar y ejecutar un test.

¿Qué técnicas podemos utilizar para identificar la propuesta de cambio más efectiva?

Existen dos tipos de test: el test A/B y el test multivariante. Según Maribel Morales, el test A/B consiste en crear varias versiones para una misma página y registrar el comportamiento de los usuarios ante cada una de ellas para comprobar cuál es la versión que funciona mejor. El test multivariante consiste en realizar variaciones sobre diferentes elementos de una misma página, con el fin de analizar qué combinación es la más efectiva. En ambos casos, los pasos necesarios para realizar un test de forma efectiva se pueden esquematizar, tal y como se muestra en el siguiente gráfico.

Figura 6.15. Esquema de los pasos necesarios para realizar un test.

Definir el objetivo del test

Es importante que este objetivo sea medible y esté definido en términos cuantitativos, así como que se establezca el periodo de tiempo que se fija para alcanzarlo, por ejemplo, si hacemos un test sobre una página de entrada (*landing page*) que tiene una tasa de rebote del 35 por 100, el objetivo puede ser reducir dicha tasa de rebote un 10 por 100, pasando del 35 por 100 inicial a un 31,5 por 100 durante los próximos seis meses.

Definir los indicadores (KPI)

Estos indicadores se van a utilizar para medir el éxito del test y dependerán del objetivo que se haya fijado. En el ejemplo anterior, el indicador clave será la tasa de rebote.

Definir las hipótesis

Se trata de especificar las hipótesis sobre las que se van a basar los cambios que se van a proponer, ya que, en realidad, lo que se hace con el test es comprobar si las hipótesis que se han formulado son ciertas o no. Una hipótesis formulada correctamente debería incluir tanto el cambio que se propone como el resultado que se espera obtener, por ejemplo:

- Destacar gráficamente el botón de la llamada a la acción y situarlo en la parte superior incrementará el número de usuarios que hacen clic en él, disminuyendo el porcentaje de los que abandonan el sitio después de ver esta página.
- Eliminar la información no relevante y dar al contenido una estructura clara y legible disminuirá el porcentaje de usuarios que abandonan el sitio después de ver esta página.
- Acompañar el contenido con una imagen atractiva captará la atención de los usuarios, disminuyendo el porcentaje de los que abandonan el sitio después de ver esta página.

Diseñar las alternativas

Se trata de diseñar las diferentes alternativas con los cambios que se quieren probar. Estos cambios deben basarse en las hipótesis que se han formulado. Algunos de los elementos de las páginas sobre los que se pueden aplicar cambios son los títulos, los textos, las imágenes, las llamadas a la acción o los formularios. En caso de que sea necesario, los cambios propuestos deberán plasmarse en una maqueta (*wireframe*) que facilite el trabajo posterior del diseñador y del programador.

Elegir el tipo de test a realizar

Como se ha indicado anteriormente, existen dos tipos de test: el test A/B y el test multivariante. Vamos a ver más en detalle cada uno de ellos.

Test A/B

En el test A/B enfrentamos la página original con una o varias alternativas diferentes para ver cuál es la que funciona mejor.

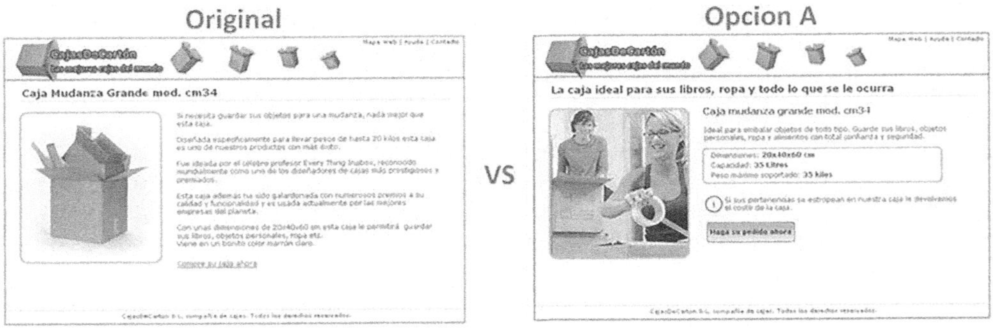

Figura 6.16. Ejemplo de test A/B. (Fuente: Enric Quintero: `http://www.doctormetrics.com/2008/12/01/test-ab-o-multivariante-que-son-y-cual-aplicar/`).

En este ejemplo, se está probando la página original frente a una versión alternativa en la que se ha cambiado el título, la imagen, el texto descriptivo y la llamada a la acción. La aplicación que estemos usando para hacer el test dividirá el tráfico entre las diferentes alternativas que hayamos planteado y nos indicará cuál de ellas obtiene un número mayor de conversiones, tal y como se muestra en el siguiente gráfico de Yam Designs.

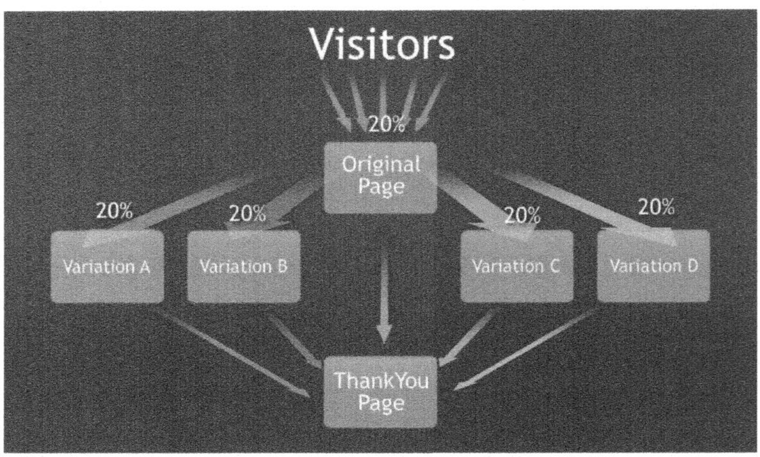

Figura 6.17. Funcionamiento de un test A/B. (Fuente: Yam Designs, `https://www.flickr.com/photos/danielwaisberg/3967883551/in/photostream/`).

Se entiende que se produce una conversión cuando un visitante realiza la acción que deseamos que haga, por ejemplo, realizar una compra, suscribirse a una *newsletter*, registrarse, pasar a la siguiente página dentro de un determinado proceso, etc. Por lo tanto, la tasa de conversión se calcula como el porcentaje de visitantes que realizan la acción deseada sobre el número total de visitantes.

Hay que tener en cuenta que en cualquier test habrá dos tipos de páginas: por un lado, la página de test, que es la página que se está probando (con todas sus alternativas) y, por otro lado, la página objetivo, que es la página a la que debe llegar el usuario para que se considere que se ha producido una conversión.

Según Enric Quintero, un test A/B se debería aplicar en las siguientes circunstancias:

- Cuando se trata de páginas con poco tráfico.
- Cuando se quiere modificar completamente la distribución de los contenidos en una página.
- Cuando se quiere modificar el diseño o el mensaje de una página.
- Cuando la página que queremos probar requiere muchos cambios.

Sin embargo, este tipo de test presenta los siguientes inconvenientes:

- Cuando se introducen varios cambios en alguna de las versiones alternativas, no podemos saber cuál es el elemento que ha originado que la conversión haya mejorado o empeorado.
- Puede ocurrir que un elemento mejore la conversión y otro, por el contrario, la empeore, siendo el resultado final que no se produce ningún cambio respecto a la página original.

Test multivariante

En el test multivariante no es necesario crear diferentes páginas alternativas, ya que consiste en probar diferentes variaciones de uno o varios elementos (denominados variables) dentro de una misma página para ver cuál es la combinación que funciona mejor. A diferencia de lo que ocurre con el test A/B, en el multivariante sí podemos identificar el elemento concreto que ha originado que la conversión haya mejorado, es decir, el elemento que ha tenido mayor influencia a la hora de incrementar el número de conversiones.

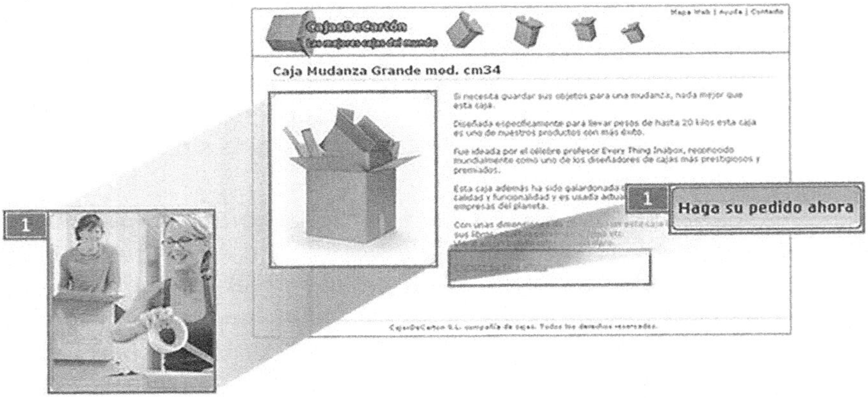

Figura 6.18. Ejemplo de test multivariante.
(Fuente: Enric Quintero, `http://www.doctormetrics.com/2008/12/01/test-ab-o-multivariante-que-son-y-cual-aplicar/`).

En este ejemplo, se han seleccionado dos variables para hacer el test: la imagen del producto y la llamada a la acción. Para cada una de estas variables se van a proponer dos variaciones: por una parte, la versión original y, por otra parte, una versión alternativa.

Variable	Original	Variación 1
Imagen de producto		
Llamada a la acción	Compre su caja ahora	Haga su pedido ahora

Figura 6.19. Ejemplo de variaciones que se van a probar en el test multivariante.
(Fuente: Enric Quintero, `http://www.doctormetrics.com/2008/12/01/test-ab-o-multivariante-que-son-y-cual-aplicar/`).

En la figura 6.20 se puede ver un resumen de las diferentes variantes que se van a probar. Dado que se han seleccionado dos variables con dos variaciones cada una, tendremos un total de cuatro posibles combinaciones a probar.

Al igual que en el caso del test A/B, la aplicación que estemos usando dividirá el tráfico entre las diferentes alternativas que estemos probando y nos indicará cuál de ellas consigue una tasa de conversión más alta que el de la página original.

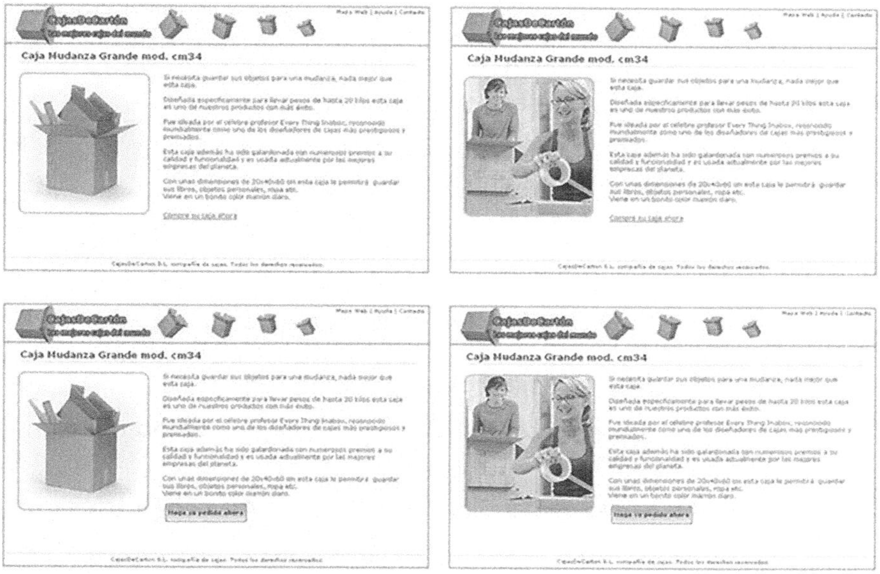

Figura 6.20. Ejemplo de versiones de la página que se van a probar.
(Fuente: adaptado de Enric Quintero, `http://www.doctormetrics.com/2008/12/01/test-ab-o-multivariante-que-son-y-cual-aplicar/`).

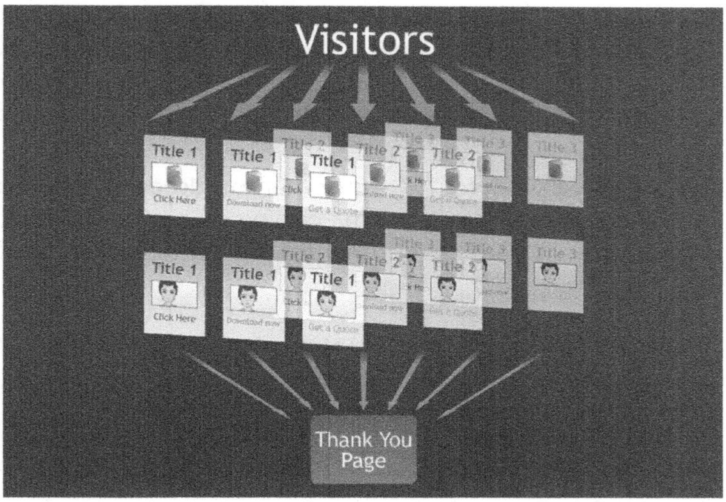

Figura 6.21. Funcionamiento de un test multivariante.
(Fuente: Yam Designs, `https://www.flickr.com/photos/danielwaisberg/3979873841/in/photostream/`).

Como señala Enric Quintero, un test multivariante se debería aplicar en los siguientes casos:

- Cuando se trata de páginas con mucho tráfico.
- Cuando los cambios que se quieren hacer no suponen modificar la estructura básica de la página.
- Cuando se quieren hacer cambios sobre elementos concretos de una página.

Sin embargo, también el test multivariante tiene inconvenientes:

- Se necesita más tiempo para obtener resultados.
- Se necesita un volumen de tráfico elevado dependiendo del número de combinaciones a probar.
- Los códigos necesarios para lanzar el test son más complejos que en el caso de un test A/B.

Preparar y lanzar el test

Para ello, podemos utilizar cualquiera de las herramientas para hacer test existente en el mercado. Aunque estas herramientas se verán con más detalle en el capítulo 18, se puede mencionar la herramienta de *testing* integrada en Google Analytics. Dicha herramienta, denominada Experimentos, se encuentra en la sección Comportamiento y sustituye a Google Website Optimizer (véase la figura 6.22).

Tal y como explica Google, los experimentos de contenido consisten en probar hasta diez versiones de una misma página. Aunque no permiten programar test multivariantes, con los experimentos de contenido se puede hacer lo siguiente:

- Comparar cómo funcionan diferentes páginas web con una muestra de usuarios aleatoria.
- Definir qué porcentaje de usuarios se incluye en el experimento.
- Obtener actualizaciones sobre el estado del experimento a través del correo electrónico.

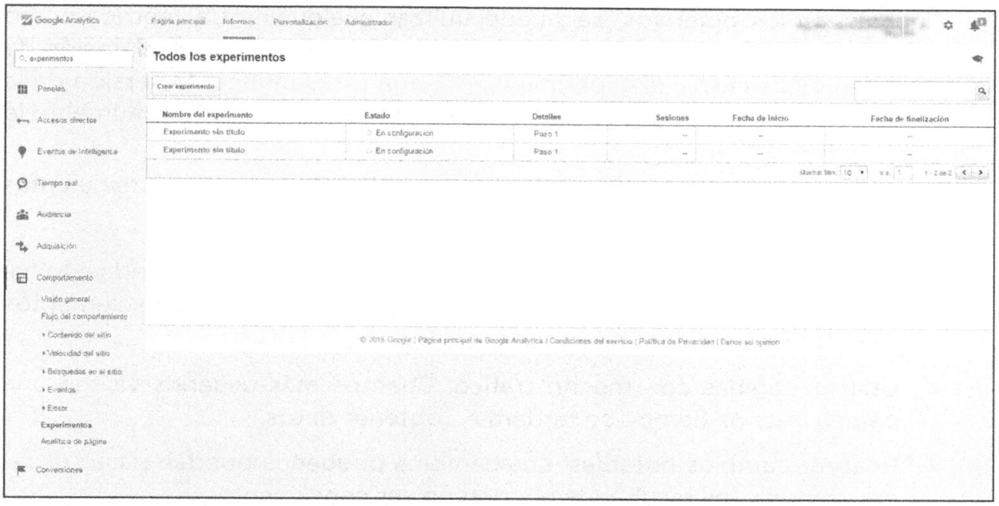

Figura 6.22. Nueva herramienta Experimentos en Google Analytics.

Los experimentos permiten elegir los objetivos que se quieren probar. Dichos objetivos han de estar previamente configurados en Google Analytics. Google Analytics permite configurar cuatro tipos de objetivos:

- **Objetivos de URL de destino:** Un experimento que utiliza un objetivo de este tipo se centra en conseguir que los usuarios vean una página web específica. Por ejemplo, este tipo de objetivo se utilizaría para saber si las páginas que se están probando dirigen correctamente a los usuarios hasta una página de producto.
- **Objetivos de evento:** Un experimento que utiliza un objetivo de este tipo se centra en conseguir que los usuarios realicen una acción específica en una página. Por ejemplo, este tipo de objetivo se utilizaría para saber si las páginas que se están probando consiguen que los usuarios se suscriban a un boletín informativo o vean un vídeo.
- **Objetivos de duración de la sesión:** Un experimento que utiliza un objetivo de este tipo se centra en conseguir que los usuarios permanezcan en el sitio web un periodo mínimo de tiempo. Por ejemplo, este tipo de objetivo se utilizaría en un sitio de noticias para saber si los usuarios pasan tiempo suficiente para leer las páginas de artículos que se están probando.
- **Objetivos de páginas por sesión:** Un experimento que utiliza un objetivo de este tipo se centra en conseguir que los usuarios permanezcan en el sitio web visitando un número mínimo de páginas.

Además de los objetivos, se puede utilizar cualquier otra métrica como objeto del experimento, por ejemplo, el porcentaje de rebote o la duración de la sesión (en estos casos, el experimento trataría de identificar la versión de la página web que más reduzca el porcentaje de rebote o la que más aumente la duración de la sesión).

Para obtener resultados más rápidos y fiables, Google da las siguientes recomendaciones:

- Probar pocos elementos: Si se cambian varios elementos en cada página, puede ser difícil identificar a qué elemento o combinación de elementos se deben los mejores resultados.
- Utilizar páginas con mucho tráfico: Cuantos más usuarios visiten una página, menos tiempo se tardará en obtener datos.
- Realizar cambios notables: Los cambios pequeños pueden pasar desapercibidos y los resultados pueden no ser concluyentes.
- Realizar pruebas continuamente.

A modo de conclusión, como señala Fernando Gavarrón, optimizar nuestra web es una necesidad "en un entorno como el actual, donde nuestros competidores nunca descansan a la hora de mejorar y añadir nuevas funcionalidades a sus sitios, y nuestros clientes lo tienen más fácil que nunca para abandonarnos e irse a otras web de la competencia".

Parte III

Estrategia

Definir una estrategia, esa palabra tan frecuentemente tomada a la ligera, es crucial, pues supone confirmar que las iniciativas de marketing digital que tomemos siguen una visión. Esta debe estar alineada con los objetivos de nuestro negocio para que tengan posibilidad de éxito. Pero hay muchas variables que pueden afectar a estos objetivos. Desde agentes externos, como la competencia o nuestros propios usuarios, hasta agentes internos, como nuestro equipo y otros compañeros de trabajo.

Vamos a ver cómo establecer esa estrategia de la forma más simple y efectiva.

¿Preparados?

7

La palabra prohibida: estrategia

Verano de 2010. El joven Pierre-Olivier Latour viaja a lo largo de todo el sudeste asiático aprovechando que la empresa para la que trabaja ahora acaba de abrir una sede en Japón y se acaba de trasladar. Toma cientos de fotos. Pronto se siente frustrado por lo difícil que es organizar todo ese archivo fotográfico. Sería maravilloso si existiera un servicio que permitiera fácilmente subir a la nube y organizar... "¡Un momento! ¿Por qué no existe nada así?", se pregunta. Inmediatamente llama a un excompañero de trabajo en Apple para discutir soluciones a ese problema que ha encontrado. En muy poco tiempo, las ideas que valoran se convierten en un prototipo, el prototipo en un proyecto que participa en el concurso de Product Hunt Disrupt y, finalmente, el proyecto, tras recaudar 1,8 millones de dólares, se materializa en una nueva *start-up*: Everpix.

Deciden optar por un modelo *freemium* (un plan gratuito que incluye servicios básicos y planes por suscripción para disponer de funciones avanzadas) que atrae a más de 55.000 usuarios. Suficientes para mantener por el momento al equipo de 7 personas y los gastos de infraestructura para almacenar todos los datos de esos clientes. Este pequeño equipo trabaja duro cada día para mejorar la experiencia de uso. Cada poco aparecen artículos en la red sobre la "mejor *start-up* de fotos" y la valoración en las tiendas de aplicaciones es notable. Pero llega marzo de 2013. Para entonces, solo consiguen registrar 19.000 usuarios nuevos, insuficientes para hacer sostenible el negocio.

Tras pedir asesoramiento, sus fundadores contratan a una especialista de marketing. Las primeras acciones (como un nuevo lema *"Solving the photo mess"*) llegan **un año y medio** después de que nazca el producto.

Latour y sus compañeros intentan desesperadamente conseguir una nueva ronda de financiación. Los inversores desconfían. ¿Cómo pensáis crecer? ¿Orgánicamente? Las puertas de sus despachos se cierran.

No les queda más remedio que cerrar el servicio en septiembre de 2013. "No nos posicionamos contra alternativas potentes y gratuitas como Apple o Google. Empezamos con las acciones de marketing muy tarde". Se puede tener el mejor servicio de fotos del mundo, pero, si nadie lo conoce, su vida será muy corta.

Aprendamos la valiosa lección de Everpix y definamos la estrategia de marketing para nuestro producto. Cuanto antes, mejor.

¿Por qué tener una estrategia de marketing móvil?

La estrategia en marketing define un plan de comunicación para llegar a nuestros clientes y potenciales clientes que apoya los objetivos de negocio. ¿Cómo podemos tener una conversación con los usuarios que podrían necesitar nuestro servicio? ¿Cómo comunicamos las ventajas que tiene nuestro producto? ¿Cómo sabrán qué les aporta respecto a la competencia o por qué les hace la vida mejor? Son preguntas que debería responder una buena estrategia de marketing.

"Una estrategia apropiada hace cualquier decisión táctica mucho mejor", decía Seth Godin. Y no se equivocaba.

Pero ¿por qué una estrategia móvil? Los dispositivos móviles forman parte de nuestro día a día. Las estadísticas de uso son mareantes. Desbloqueamos nuestro dispositivo unas 80 veces al día (Apple) y lo utilizamos para consumir contenidos o entretenernos una media de 4 horas (Facebook).

La irrupción de nuevas redes sociales móviles, los *wearables* y las tendencias de uso móvil todavía crecientes presentan una estupenda oportunidad para los profesionales de marketing para estar donde están sus usuarios. Parece claro entonces que la estrategia de marketing móvil debería de formar parte del plan de marketing de cualquier empresa. De pequeños competidores a grandes empresas (como Starbucks o Westwing) ya lo están haciendo (el 68 por 100 de las empresas del mercado digital, según un estudio de Comscore).

Pero, para que nuestros esfuerzos tengan más probabilidades de ser efectivos, lo primero que debemos hacer es definir dicha estrategia. Y debemos hacer lo que sea necesario para esto: dibujarla en una servilleta, crear rápidamente una presentación en Powerpoint, escribir los puntos más importantes en una aplicación de nuestro móvil o convocar una reunión.

No por último es menos importante comunicarla. Todas las personas que forman parte de nuestra empresa deberían de conocer la estrategia y estar alineados con ella.

En un mundo cada vez más competitivo, juntos se puede llegar más lejos.

¿Cómo puedo convencer a mi jefe?

Si los innumerables casos de *start-up* que fracasan por no diseñar una estrategia de marketing (Everpix) o las estadísticas que muestran la permanente presencia de estos dispositivos en nuestro día a día no son suficientes para convencernos o para convencer al directivo reticente del potencial del marketing móvil es simplemente por desconocimiento. Basta analizar cómo usamos estos dispositivos para saber de qué manera podemos aprovechar esa interacción para comunicarnos con nuestros clientes potenciales:

- Los usuarios móviles comprueban su dispositivo muy a menudo. Esto supone que las probabilidades de que nuestros mensajes lleguen a ellos es mucho mayor que en otras plataformas como la televisión o las web estáticas.

- La comunicación a través de mensajería es mucho más fluida tras el salto cualitativo desde los SMS a los mensajes mediante aplicaciones como WhatsApp o Slack. Ahora nos podemos comunicar con quien queramos (Vero es una red social para círculos privados), como queramos (con TikTok se pueden compartir vídeos cortos) y con la cadencia que queramos (Telegram permite que los mensajes caduquen y se eliminen automáticamente cuando lo decidamos). Esa facilidad en la comunicación nos ofrece incontables oportunidades para fidelizar a nuestros clientes. Nike, por ejemplo, amplía su atención al cliente a través de una cuenta de Twitter dedicada, `@TeamNike`.
- Llevamos nuestro dispositivo con nosotros a todas horas. Cualquier mensaje recibido lo leemos casi inmediatamente. Conectar con nuestros usuarios en el momento adecuado es más fácil que nunca. Llegar a ellos justo en el momento que lo necesitan puede establecer la diferencia entre una campaña exitosa y un fracaso.
- Toda la información que los dispositivos móviles nos pueden aportar sobre los usuarios, sobre su comportamiento y su contexto, sobre su localización y sus preferencias, podemos aprovecharla para segmentar nuestras campañas de forma óptima. ¿Por qué promocionar un concurso en el que los ganadores obtienen un iPhone de última generación a usuarios que ya tienen ese móvil?

1	Comunicación	100,0%	100,0%
2	Compras / Subastas / Alquiler	100,0%	100,0%
3	Video Online	100%	100%
4	On-Site Search	99,8%	99,9%
5	Productividad	99,6%	99,9%
6	Noticias / Información	99,5%	99,8%
7	Redes sociales	99,4%	99,8%
8	Descargas	99,2%	99,7%
9	Utilidades	99,2%	99,6%
10	Búsqueda Web	98,9%	99,3%
11	Gaming	97,7%	99,0%
12	Administración del dinero	94,3%	95,0%
13	Personalización	85,7%	86,3%
14	Comparador de precio / producto	83,6%	85,0%
15	Gambling	17,9%	19,0%
16	Otra actividad	99,4%	99,7%

Figura 7.1. Tareas como comunicarse con otros usuarios a través de redes sociales, consumir contenidos de vídeo o comprar son tareas que prácticamente todos los usuarios móviles han realizado, según el estudio de 2019 de IABSpain.

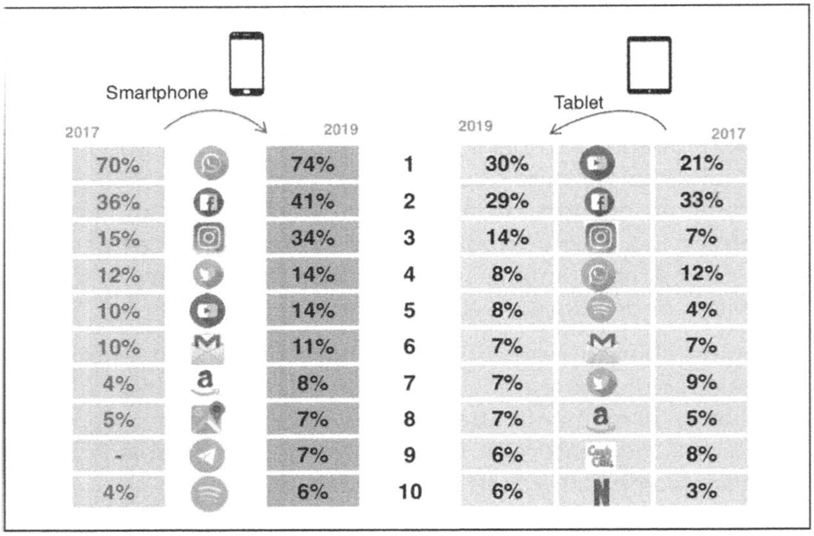

Figura 7.2. El uso de las redes sociales más populares sigue creciendo en España (IABSpain, 2019).

Por si esto fuera poco, las campañas móviles son más efectivas que otros tipos de campañas (hasta 5 veces más que las campañas a través de *newsletters*, según Simplilearn), por lo que el retorno de la inversión es mayor. ¿Y acaso no es ese un objetivo crucial para cualquier negocio?

Definir una estrategia

Las campañas de marketing móvil son muy distintas a las campañas de marketing *online*, pues persiguen una mayor interacción con el usuario, son más directas y mejor enfocadas. Los usuarios móviles tienen (tenemos) menos paciencia.

Pero ambos tipos de campañas tienen algo en común: una buena planificación asienta los cimientos del éxito. Repasemos los pasos a seguir para diseñar una completa estrategia de marketing móvil.

Conocer a nuestros usuarios

El primer paso es conocer a nuestra audiencia, quiénes son nuestros usuarios, cómo son y a qué segmentos o tipos pretendemos llegar.

Para llegar a ser efectivo en nuestra estrategia, antes debemos saber qué hace nuestro producto para solucionar los problemas de las personas, cómo hacemos sus vidas más fáciles. En definitiva, cómo les aportamos valor.

Podemos averiguar esta información mediante diversos métodos. Debemos aplicar los que mejor se adapten a nuestro contexto:

- **Entrevistas:** Pueden ser realmente útiles si las realizamos en el entorno de trabajo del usuario mientras utiliza nuestro producto. Debemos observar cómo afecta a su flujo de trabajo el uso de nuestro producto, cómo le ayudamos a ser un mejor profesional u ofrecer un mejor servicio. Además, todo ese *feedback* lo podremos utilizar como testimonio, para obtener ideas para nuevas campañas o para mejorar nuestro producto.
- **Encuestas:** Las encuestas nos pueden aportar información sobre segmentos existentes o mercados nuevos.
- ***Customer Persona* (perfiles de cliente):** Estos perfiles nos ayudarán a conocerles mejor, entender su comportamiento, necesidades y contexto social. Podemos apoyarnos en las entrevistas o en datos recogidos por nuestro servicio de atención al cliente para completarlos. No serán necesarios más de 4 o 5 perfiles que engloben los segmentos más importantes a los que queremos dirigir nuestra campaña. HubSpot ofrece una completa guía con recursos para crear estos perfiles (`http://bit.ly/cpersona`).
- ***Customer journey* (mapa de experiencia del cliente):** Recrea el viaje de nuestros usuarios a través de toda la experiencia con nuestro servicio para conocer los puntos de contacto y fricción con ellos. ¿En qué momento del viaje intervienen los mensajes de nuestra campaña? ¿Cómo puede ser influenciado el usuario? ¿Cómo podemos tener un mayor impacto en la comunicación? ¿Qué espera el usuario tras ese contacto? Todas estas preguntas nos ayudarán a establecer una comunicación adecuada con ellos. Service Design Tools es una fuente de múltiples recursos sobre los mapas de experiencia (`http://bit.ly/mapaexpe`).
- **Análisis de la competencia:** ¿Cómo utilizan los usuarios de la competencia su canal móvil? ¿Es efectivo? ¿Qué hacen mejor que nosotros, qué hacen igual y qué hacen peor? Esto nos dará una visión global de la posición en la que nos encontramos.

Definir nuestros objetivos

Es en este momento cuando vamos a tener que sacar a relucir nuestro espíritu más crítico, ya que para definir los objetivos antes debemos ser conscientes de nuestra situación actual. ¿Cuál es el estado de nuestro canal móvil? ¿Está nuestra web optimizada para navegadores móviles? ¿Compran los usuarios nuestros productos a través de estos dispositivos? ¿Tenemos aplicación móvil? ¿Nos ayuda a cumplir objetivos de negocios?

Podemos utilizar Google Analytics (u otro programa de analítica web) para responder a estas preguntas y saber dónde nos encontramos. Solo entonces podremos evaluar y considerar los objetivos de negocios que queremos alcanzar. Este es uno de los momentos más importantes, pues, si somos capaces de definir unos objetivos claros, alcanzables, medibles y, sobre todo, alineados con los objetivos de nuestra empresa, estos nos llevarán a una buena definición estratégica. Los objetivos mencionados pueden ser tan dispares como:

- Aumentar el reconocimiento de marca.
- Que las plataformas móviles sean un nuevo canal de adquisición.
- Nuevo canal de comunicación (mediante anuncios, por ejemplo).
- Nuevo canal de conversión.
- Incrementar la retención de usuarios.
- Establecer una relación con nuestros potenciales clientes a través de contenido relevante (*lead nurturing*).

Definir los indicadores de rendimiento (KPI)

Una vez definidos los objetivos, es hora de establecer unos indicadores que nos ayuden a establecer si nuestra estrategia está siendo exitosa.

Estos son algunos de los que podemos definir para campañas móviles:

- **¿Qué nivel de interacción (*engagement*) con el usuario estamos consiguiendo?:** Variables como el número de descargas de nuestra aplicación, la frecuencia de uso y actividad, el tiempo de uso o la participación en programas de fidelización nos pueden indicar lo involucrados que están nuestros usuarios.
- **¿Cuántos usuarios estamos adquiriendo?:** El número de visitas a nuestra web (o aplicación) desde dispositivos móviles, el número de usuarios potenciales adquiridos, la tasa de conversión o las compras *in-app* son indicadores valiosos para conocer el incremento de nuestra audiencia.
- **¿Cómo es la experiencia de nuestro producto?:** Esto lo podremos saber gracias al número de contactos con nuestro servicio de atención al cliente, la tasa de abandono de nuestros usuarios o la calidad de nuestro servicio (valorada por ellos mediante una encuesta de calidad, por ejemplo).

Calendario editorial

Si parte de tu modelo de negocio o estrategia de comunicación está sustentada en la creación de contenidos, suponemos que ya dispones de un calendario editorial (si no es así, ¿a qué esperas?).

Es importante que incluyamos en ese calendario todas las comunicaciones que formen parte de nuestra estrategia móvil: anuncios móviles, notificaciones *in-app*, correos electrónicos, mensajes en redes sociales, notificaciones *push*, etc.

Mejora y repite

Por último, debemos realizar un seguimiento continuo de nuestra estrategia.

Debemos ser valientes y no tener miedo a realizar pequeños experimentos. ¿Qué mal puede hacer lanzar una campaña de *mobile adwords* con un presupuesto de 100 euros? ¿Ha tenido éxito? ¿Hemos conseguido alcanzar las métricas (KPIs) que nos planteamos? Si es así, ¿cómo lo logramos? Debemos aprender de ello. Es muy importante. Debemos pensar que, si nos equivocamos, el impacto habrá sido pequeño.

Si tuvimos éxito, podemos repetir la estrategia a una escala mayor aprovechando el conocimiento recién adquirido.

Recordemos que cualquiera puede definir una estrategia de marketing móvil, pero lo más importante es que siempre hay una persona al otro lado.

Antes de irte, recuerda

- Define una estrategia de marketing móvil lo antes posible.
- Los móviles están siempre con nosotros y suponen un canal de comunicación inmejorable.
- Define una estrategia mediante estos pasos: conoce a tus usuarios, define unos objetivos de negocio, define unos KPIs, diseña un calendario editorial y aprende, itera y repite el ciclo.

8

Planificar una estrategia SEO competitiva

Demasiada es la competencia y poco es el espacio donde destacar en motores de búsqueda. Elaborar una estrategia SEO e ir desarrollándola es solo el comienzo. Una vez que la competición ha empezado, el proceso de creación, revisión, análisis de la competencia y monitorización no acaba nunca. El posicionamiento en buscadores nos fuerza a seguir creando contenidos, descubrir nuevos nichos de palabras clave, analizar a la competencia y tratar de mejorar nuestra estrategia de enlaces interna (entre las páginas de nuestro sitio web) y externa (de otros sitios web al nuestro).

Pese a todo esto, animo a que compitamos por aquellas palabras clave, creando esos contenidos en los que somos expertos. No merece la pena invertir tiempo y esfuerzo en generar contenidos de baja calidad que nadie vaya a consumir, es muy complejo rentabilizarlos.

No sé exactamente cuál es su situación, si quiere desarrollar un nuevo sitio web estilo *ecommerce* (tienda *online*) o si dispone de un blog, sitio web de noticias, etc. Pero, en cualquier caso, una estrategia SEO competitiva le interesa, ya que lo primero que necesita es volumen de personas que aterricen en sus páginas. Una vez allí, puede ofrecerle el contenido acompañado de publicidad, anunciar los servicios o productos que ofrece, etc.

En este capítulo, trataré de exponer aquellas tareas o acciones que podemos realizar, algunas con menor periodicidad que otras, dependiendo de la competitividad en el sector de Internet en el que nos movamos, del volumen de tráfico potencial que podamos obtener y de las oportunidades de negocio que existan.

Estudio de la competencia

Se dice que es más fácil derrotar a tu "enemigo" si conoces sus puntos débiles. En el mundo del SEO, esto no es una excepción: conseguir información sobre nuestros competidores es sencillo y existen multitud de herramientas para ayudarnos a realizar esta tarea, todo se basa en nuestro interés y perseverancia.

Estos son algunas de las preguntas a las que tenemos que dar respuesta antes de comenzar nuestra estrategia SEO para competir con una web bien posicionada en nuestro mismo sector. Preguntas a las que debemos dar respuesta lo más extensa y detalladamente posible:

- **¿Qué estructura tiene el sitio web o blog competidor?:** Debemos conocer cómo se organizan las diferentes secciones o categorías, donde descansan las *landing pages* (páginas con potencial de posicionamiento y donde se encuentra el contenido final a posicionar), cuál es la estructura de enlaces internos y de los distintos menús de navegación para acceder esas *landing pages* de las que hablábamos. También es importante conocer los patrones de las URL de nuestros competidores, es decir, cómo estructuran los contenidos de sus sitios web a nivel de dirección web.

Imaginemos que nuestro competidor tiene una web de venta de coches, no es lo mismo tener una estructura de URL de este tipo: `/coches-de-ocasion/{localización}/` que una como: */{localizacion}/coches-de-ocasión*.

Estas URL nos dan pistas sobre cómo organizan el contenido y cuáles son los puntos de entrada a páginas que buscan posicionar alto. Incluso este conocimiento nos puede ayudar a organizar mejor la estructura de nuestra propia web; es más, tendremos la posibilidad de pulir incluso esos pequeños errores que la competencia pudiese haber cometido y que, una vez en producción, cuestan más corregirlos. De lo que se trata es de sacar el máximo partido a cada mínimo detalle.

- **¿Qué número de páginas indexadas de la competencia tienen los motores de búsqueda?:** Un gran número de páginas indexadas es un síntoma de que nuestra competencia probablemente sea muy proactiva a la generación de contenido y, por lo general, motores de búsqueda como Google premia que "alimentes" de contenido su índice. Conocer cuántas páginas de nuestro competidor están indexadas en los motores de búsqueda nos dará una idea sobre el volumen de contenidos que un sitio web alberga y nos proporcionará también información adicional sobre la envergadura de nuestro competidor.

  Para averiguar el número de páginas indexadas en Google, podemos usar la siguiente búsqueda en Google: "site:{dominio de nuestro competidor}" (véase la figura 8.1).

- **¿Nos enfrentamos a un competidor o son varios?:** Probablemente tengamos que competir con varios sitios web o blogs, lo interesante es que actualmente obtener información sobre nuestra competencia es sencillo. Herramientas como Ahrefs, Moz, web.dev, PageSpeed Insights, SEMrush, SEOMajestic, pueden ayudar bastante a conocer gran cantidad de información sobre nuestros competidores.

  ¿Qué informaciones básicas y sencillas de obtener pueden ser un buen punto de partida? Autoridad de dominio en Moz de una página específica, número de enlaces entrantes, errores *SEO on-page,* páginas indexadas en buscadores, adaptabilidad para móviles, número de seguidores en canales sociales, estructura de enlaces internos, etc.

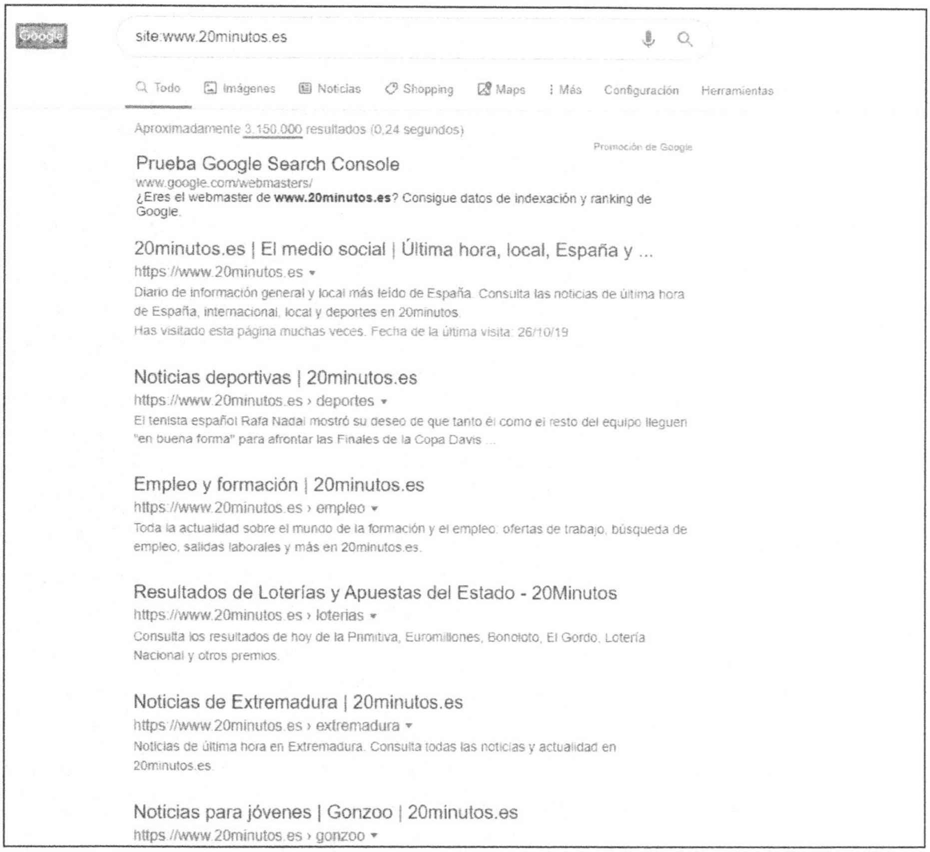

Figura 8.1. Podemos observar en la imagen cómo este tipo de búsqueda ofrece información sobre el número de páginas indexadas de un sitio web de la competencia.

- **¿Tienen en Google, Yahoo y Bing indexadas todas sus páginas internas?:** Un sitio web competidor con un pequeño número de páginas indexadas en motores de búsqueda puede ser un rival débil y, si somos capaces de generar contenido de calidad en el mismo contexto semántico que estas páginas, podremos "robarles" el trafico orgánico con cierta facilidad.
- **¿Usa nuestro competidor técnicas *black hat* SEO o poco éticas?:** Algunos ejemplos de estas técnicas son: *cloaking* (proporcionar a los *crawlers* de los motores de búsqueda un contenido y a los usuarios otro distinto), *keyword stuffing* (repetición de palabras clave de un modo excesivo para lograr un mayor posicionamiento), *hidden text*, indexado

por los motores de búsqueda pero que no se muestra en la página de modo visible, *duplicated content* (mismo contenido en distintas URL), etc.

- **¿Qué enlaces entrantes recibe el sitio web de un competidor?:** Como muchos otros aspectos, el número y la calidad de estos enlaces siguen siendo determinantes a nivel SEO e influyen en gran medida a la hora de determinar la popularidad y autoridad de un sitio web en una temática concreta.

  ¿Significa eso que no existen posibilidades de posicionamiento alto reales, ya que esos enlaces o "votos" ya están repartidos? Para *keywords* con grandes volúmenes de tráfico y muy explotadas, en las que compiten sitios web con una alta autoridad (debido a enlaces que reciben desde hace mucho tiempo), no hay mucho donde competir, ya que resulta muy complicado y costoso vencer a sitios con autoridades altísimas para esas palabras clave.

  A mi modo de ver es como buscar pepitas de oro en un río, lleva tiempo y esfuerzo, pero podemos hacer crecer el tráfico orgánico poco a poco de modo estable y sin depender de una sola *keyword*.

  Herramientas como las nombradas anteriormente y algunas más, como Webmaster Tools o Google Webmaster Tools, constituyen un gran recurso para obtener este tipo de información.

- **¿Tiene nuestro competidor URL amigables conocidas también como *SEO friendly URL*?:** ¿Qué textos usa para definir enlaces? Es mucha la cantidad de información que podemos obtener de este punto.
- **¿Cuál es la frecuencia con la que nuestra competencia crea contenidos?:** Conocer la frecuencia nos dará también pistas sobre qué periodicidad mínima podemos exigirnos. Por otro lado, también resulta importante observar cómo enlazan los distintos contenidos de temáticas similares, ya que la estrategia de generar enlaces entre contenidos similares suele dar buenos frutos.
- **¿Usa elementos tipo encabezados en HTML de tipo H1 y, en caso afirmativo, los usa correctamente?:** El buen uso de estas etiquetas es muy importante en nuestra lucha por la ascensión al primer puesto.
- **¿Es rápido el sitio web de nuestro competidor?:** Usemos herramientas de velocidad de carga de un sitio web para comprobarlo como PageSpeed Insights y web.dev de Google.

Descubrimiento de palabras clave (*keyword research*)

Como hemos comentado en anteriores capítulos, el SEO nace de la necesidad de organizar los resultados de millones de fuentes indexadas. La búsqueda de palabras clave representa un valor seguro de futuro para cualquier sitio web. Si estamos pensando crear un nuevo sitio web o blog, necesitaremos nuevos términos relacionados con la temática principal sobre la que estemos interesados en generar contenido para así conseguir tráfico hacia nuestra web.

Podemos crearnos una lista de palabras primarias lo más extensa posible, relacionada con lo que pensamos que los usuarios buscarían en Internet para llegar a nuestro sitio web, lista que posteriormente iremos depurando y filtrando.

Todo el mundo tiene que empezar por alguna parte. Para comenzar nuestro proceso de *keyword research*, podemos usar una hoja en blanco donde comenzar a escribir esas palabras clave primarias que nos ofrecerán pistas sobre la dirección en la que queramos orientar el contenido a crear. Antes de comenzar con el proceso de *keyword research*, debemos plantearnos las siguientes preguntas:

- ¿Cuál es nuestro objetivo?
- ¿Qué características tiene el usuario final al que queremos dirigirnos?
- ¿Qué presupuesto tenemos para generar contenidos?
- ¿Qué periodicidad en la creación de contenidos podemos mantener?

Una vez tengamos respuesta a estas preguntas, es hora de comenzar nuestra investigación de palabras clave.

La competencia también es una buena fuente de ideas. Para componer nuestra lista raíz de palabras, observemos qué términos usan nuestros competidores en sus URL, etiquetas *title*, elementos h1 e incluyamos estos en nuestra lista.

Por otro lado, no quiero olvidar comentar que el descubrimiento de palabras clave es una tarea a realizar de manera cíclica en el tiempo. Se trata de generar nuevas palabras clave cada vez que vayamos a crear contenido, maximizando así las posibilidades de obtener tráfico.

Actualmente, existen multitud de herramientas. Las que considero de mayor utilidad son:

- Ubbersuggest es una herramienta muy útil, ya que puede darnos multitud de ideas y lo único que se necesita es añadir varias palabras clave. Rápidamente obtendremos un gran número de palabras clave que podremos analizar en Keyword Planner, nuestra siguiente herramienta.

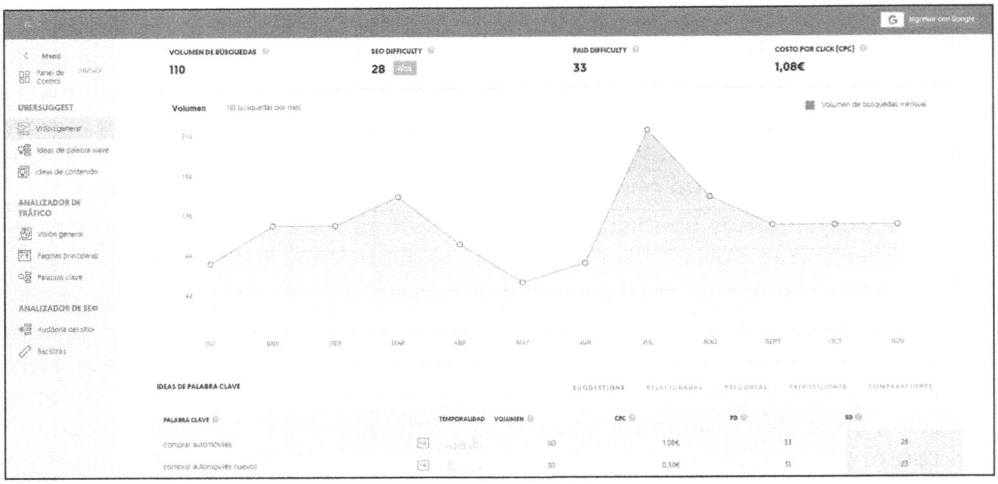

Figura 8.2. Ubbersuggest es capaz de mostrarnos información muy valiosa, partiendo de una palabra.

- Keyword Planner es la herramienta para palabras clave que facilita Google para crear anuncios de AdWords, aunque su uso es gratuito. Esta utilidad permite la introducción de palabras o grupos de estas, ofreciendo información útil sobre el volumen aproximado de búsquedas mensuales que reciben dichos términos. Debemos tratar de conseguir palabras claves cuyo volumen de búsquedas merezcan la pena para la creación de contenido. Nos fijaremos sobre todo en aquellas con una competencia baja. Tratemos también de evitar el uso de palabras demasiado ambiguas o genéricas, usemos grupos de más de 3 palabras.
- Google Trends es una potente herramienta para el análisis en tendencias de búsqueda sobre nichos de palabras claves. Esta herramienta nos ofrecerá información sobre la tendencia de subida o bajada en el tiempo de dichas palabras. También podemos usar filtros por localización para averiguar si en nuestro mercado existe una tendencia al alza en volumen de búsquedas. Por lo general, el volumen de búsquedas sobre un término o grupo de estos puede variar con el tiempo, ya que muchos términos están relacionados con modas, tendencias o costumbres. Esta herramienta ofrece información sobre el volumen de búsqueda que tiene

un término a lo largo del tiempo con todas sus variaciones. Es una de las herramientas gratuitas más completas en este aspecto, permitiendo bastantes métodos de filtrado (por región, fecha, país, etc.). Todo ello ofreciéndonos información gráfica de fácil asimilación e interpretación.

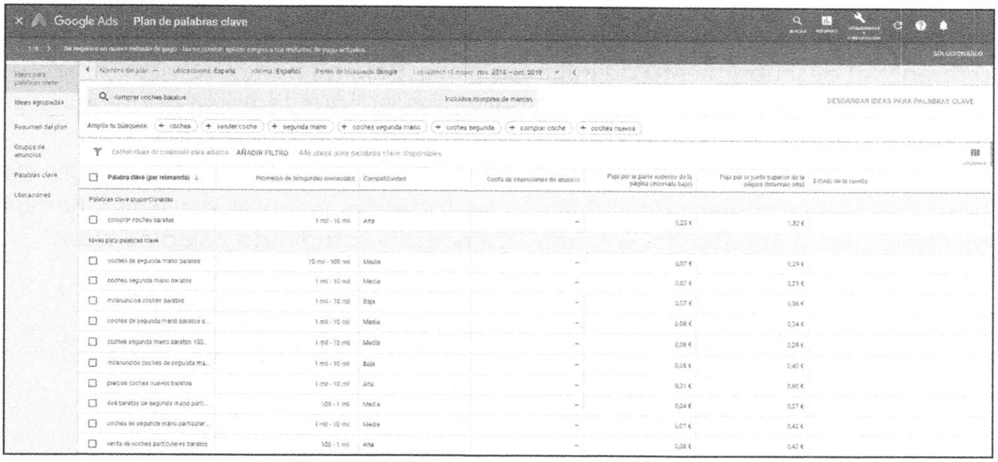

Figura 8.3. La herramienta para palabras clave de AdWords nos ofrece una buena primera aproximación sobre el interés que genera un término en Internet.

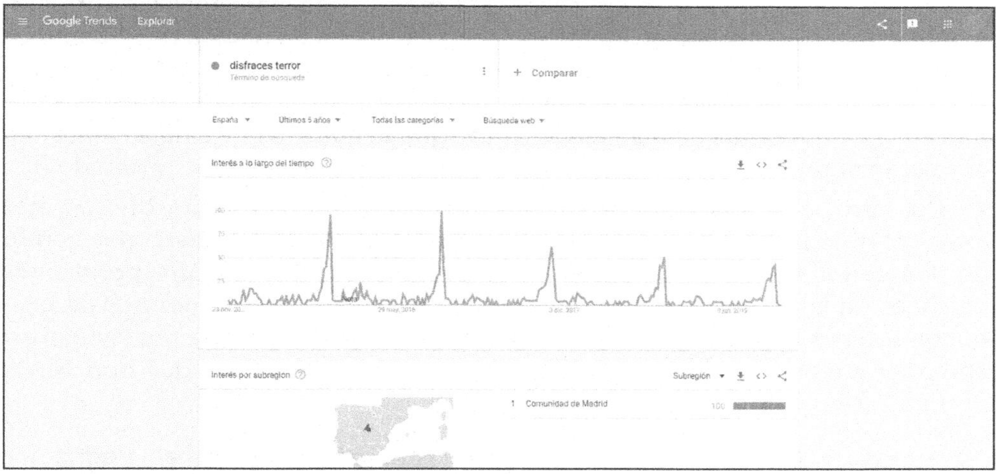

Figura 8.4. Google Trends nos ofrece datos muy interesantes. En la imagen, una comparativa que muestra el interés que ha generado a lo largo de los últimos 5 años la palabra clave "disfraces para Halloween", usando como filtro de localización España. También ofrece ideas relacionadas para palabras clave, pero, para obtenerlas, mejor usar los términos por separado y no en modo comparativa.

Una de las pocas desventajas es que no muestran el volumen real de búsquedas absoluta, sino que ofrece índices normalizados que se muestran en una escala de 1 a 100. El uso de esta herramienta en combinación con Keyword Planner nos ofrece una completa visión del interés que genera un grupo de términos a lo largo del tiempo.

Existen multitud de herramientas extra que nos pueden dar ideas en lo referente al descubrimiento de palabras clave. Bajo mi punto de vista, las anteriormente nombradas son las más importantes, aunque también podemos usar Keyword Eye, WordStream, etc.

Por otro lado, para aumentar la riqueza de nuestro estudio, se recomienda buscar el mayor número de sinónimos de todas las palabras clave que hemos recogido para aumentar así la calidad de nuestro estudio de palabras clave.

Organización de la navegación en nuestro sitio web

Debemos plantearnos una estructura de navegación organizada de tal forma que las páginas de contenido sean accesibles y no estén a un gran número de clics de la página principal. No olvidemos que estructurar nuestras URL nos favorecerá también en este proceso. Una gran ayuda para realizar correctamente esta tarea consiste en identificar todos los tipos de página que queremos servir al usuario en nuestro sitio web y construir un patrón de URL para cada tipo. Es adecuado que estos patrones no sean demasiado largos, así evitaremos que en los fragmentos de resultados de búsqueda nuestras URL no se muestren correctamente (es una cuestión estética a nivel de fragmento de resultados).

Por otro lado, debemos tratar de mantener una estructura de carpetas lógica para organizar los contenidos. Pensemos en cómo organizaríamos dentro de directorios los diferentes contenidos y hay que crear los correspondientes patrones de la misma forma. Esta tarea no solo ayudará a los motores de búsqueda a tener una idea clara sobre nuestro sitio web, sino que nos ayudará a entender mejor cómo organizar este. Un ejemplo de patrones que podríamos usar es el siguiente:

- `http://{dominio}`: Representaría nuestra página principal. Podríamos adquirir un nombre de dominio que tuviese alguna de las palabras más importantes y representativas de nuestro sitio web con las que queremos lograr una buena posición en buscadores, aunque este aspecto ha perdido fuerza con los años, ya que las palabras claves en un dominio no ejercen un peso fuerte en lo referente al posicionamiento.

- `http://{dominio}/{tematica}`: Podríamos construir una página principal temática que fuese un compendio de los contenidos de mayor importancia dentro de este tema.
- `http://{dominio}/{tematica}/{titulo contenido}`: Usar este patrón para una página de detalle de un contenido nos garantizaría una URL no demasiado larga; como consecuencia, las palabras clave de la URL se encontrarían más cerca del comienzo de la URL, lo que favorece el posicionamiento.

Como vimos anteriormente, estudiar también el modo en el que la competencia ha organizado su sitio web, identificar qué tipos de páginas usan y qué se puede hacer para no generar URL con demasiados niveles (carpetas) son tareas que no debemos olvidar realizar.

Organizar HTML y el contenido de nuestras páginas

Como hemos comentado en anteriores capítulos, el número de KB influye en lo referente a la velocidad de un sitio web. Debemos organizar nuestro HTML de tal forma que los enlaces de navegación se encuentren lo más al inicio posible del documento para, inmediatamente después, incluir el contenido que será indexado por los navegadores; de esta forma, conseguiremos una optimización en la velocidad de páginas indexadas.

Por otro lado, deberemos crear nuestros elementos `title`, `meta description` y `H1`, siguiendo los criterios de calidad anteriormente desarrollados en previos capítulos.

Debemos usar la concordancia semántica en la creación de contenidos y, como vimos en anteriores capítulos, ser generosos ofreciendo cantidad, pero, sobre todo, calidad.

Seguimiento periódico de errores

Actualmente, los principales motores de búsqueda disponen de herramientas para *webmaster* donde ofrecen información sobre el sitio indexado. Para ello, podemos darnos de alta en estas herramientas y así beneficiarnos de información adicional realmente valiosa sobre:

- Errores de rastreo.
- Palabras clave más usadas en nuestro sitio web.
- CTR que obtienen nuestros fragmentos en las búsquedas.
- Rendimiento y velocidad de carga de nuestro sitio web.
- Problemas de indexación.
- Sugerencias de HTML.
- Enlaces externos e internos.

Favorecer la indexación de nuestras páginas a los motores de búsquedas es una tarea que cualquier SEO considera obligatoria, usando un *sitemap* (fichero `xml`), que contiene aquellas páginas que componen nuestro sitio web, así como la frecuencia de actualización, etc. Con ello, facilitaremos a los motores de búsqueda toda la información sobre la estructura de nuestro sitio web, que leerá nuestro *sitemap* y realizará visitas periódicas. Puede encontrar más información sobre los *sitemaps* aquí: `http://www.sitemaps.org/protocol.html`.

Análogamente, para evitar que ciertas páginas sean indexadas (un buen ejemplo es el RSS de un sitio web), deberemos disponer de un fichero `Robots.txt`, desde donde podremos indicar a los motores de búsqueda a qué páginas denegamos el acceso a los *spiders* o *crawlers*.

Figura 8.5. La herramienta para *webmasters* de Google nos ofrece estadísticas de rastreo, de rendimiento y de indexación más o menos detalladas donde detectar anomalías fácilmente.

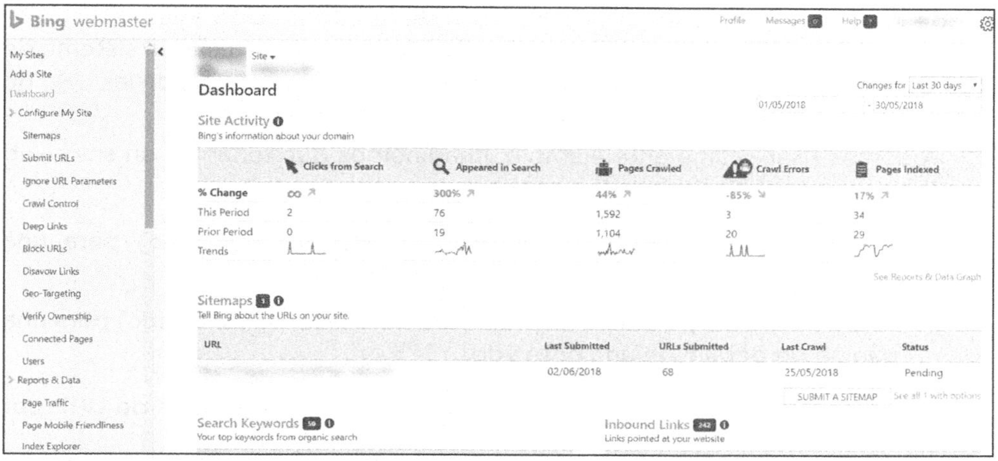

Figura 8.6. Opciones de las que dispone la herramienta para *webmasters* de Bing.

Uso de herramientas de métrica web

Qué páginas son las más visitadas, cuál es el tiempo medio de un usuario en nuestro sitio o qué tasa de rebote, tasa que indica el tanto por ciento de usuarios que abandonan nuestro sitio web tras solo haber visualizado una página durante unos pocos segundos, también nos facilitan información y nos ayudan a realizar esos múltiples y pequeños ajustes que se producen en cualquier estrategia SEO.

Bajo mi punto de vista, Google Universal Analytics es una de esas herramientas obligatorias que nos ofrecen información estadística sobre el comportamiento de nuestros usuarios y del contenido que genera mayor interés. Añadiendo un pequeño código JavaScript a cada una de nuestras páginas del sitio web, obtendremos información detallada sobre cuál es el origen de nuestras visitas, páginas vistas, datos demográficos sobre los usuarios, tasas de rebote, información sobre desde qué dispositivos se conectan, etc.

Uso de un sistema de redirección de URL

Un sistema de redirecciones 301 y reescritura de URL garantiza la flexibilidad necesaria en cualquier estrategia SEO a largo plazo. En esas estrategias, cabe replantearse una reorganización de la estructura de nuestro sitio web desde el punto de vista de la organización de la información y las URL. Si en alguna ocasión realizamos este tipo de tarea, necesitaremos usar un sistema de redireccionamiento para conservar el *page authority* de cada una de las URL de nuestro sitio web indexadas en los motores de búsqueda.

Podemos usar el siguiente ejemplo. Imaginemos que tenemos un sitio web con las siguientes URL indexadas por buscadores:

- `http://{dominio}/Tema.php?Id={identificador de contenido}` para una página temática.
- `http://{dominio}/Detalle.php?Id={identificador de contenido}` para una página de detalle de un contenido.

Por otro lado, estamos interesados en cambiar estos patrones de URL por los siguientes:

- `http://{dominio}/{tematica}` para una página temática.
- `http://{dominio}/{tematica}/{título del contenido}` para una página de contenido.

Nuestra labor consistiría en mapear cada petición antigua a su correspondiente URL nueva. Para esto, es necesario un sistema de redirección (HTTP 301 "*moved permanently*") que permitiese transferir cualquier petición al antiguo patrón de URL y dirigirlo al nuevo patrón.

Un profesional del SEO nunca cambia la forma de sus URL sin realizar redirecciones 301, ya que, sin estas, los motores de búsqueda eliminarían las antiguas URL de su índice (páginas que actualmente tienen valor de relevancia y autoridad para los motores de búsqueda) e indexarían las nuevas sin transferir la autoridad de las anteriores, lo que produciría una bajada drástica en el *ranking* de cada uno de los fragmentos de búsqueda que representan a dichas páginas.

Optimizar el rendimiento del sitio

Como ya hemos visto, el rendimiento del sitio es un factor importante en SEO. Para optimizar la velocidad, podríamos realizar las siguientes actividades:

- Minimizar el tamaño de nuestro documento HTML.
- Comprimir en la medida de lo posible cada uno de los recursos que servimos a un navegador usando la compresión GZIP.

- Usar caché (memoria del servidor) para almacenar los resultados de consultas habituales y costosas a nuestras bases de datos y así evitar ejecuciones innecesarias de SQL pesado.
- Evitar los tiempos de espera producidos por las múltiples peticiones de ficheros de recursos al mismo dominio (usemos distintos dominios para distribuir las llamadas).
- Minimizar el tamaño de nuestras hojas de estilo, archivos JavaScript y cualquier recurso externo.

Finalmente, podemos probar la velocidad de nuestro sitio web usando herramientas como la herramienta de diagnóstico en Google Webmasters Tool, PageSpeed, Pingdom Tools, etc.

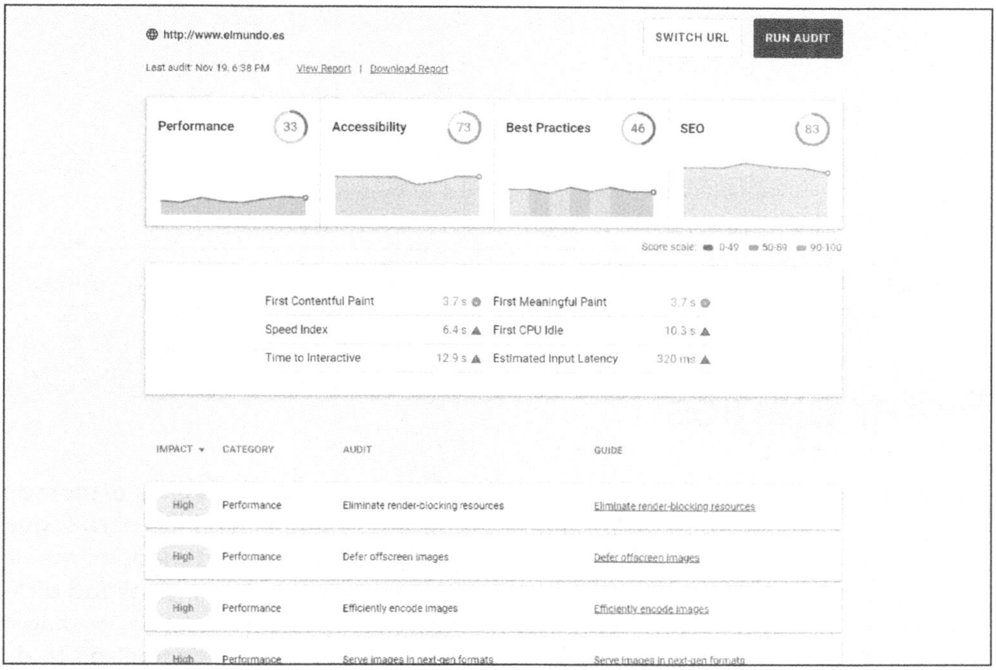

Figura 8.7. Ejemplo de test de velocidad usando Web.dev, que se centra en análisis de rendimiento para dispositivos móviles. Una vez realizado el test, nos muestra una serie de puntuaciones clasificadas en varios grupos.

Figura 8.8. Ejemplo de un test de velocidad, realizado con PageSpeed, cuyo resultado muestra un rendimiento medio-alto en equipos de sobremesa.

Evitar plagios

Como comentamos al comienzo del libro, en los últimos años ha explotado el contenido en la web. La mayoría de las empresas siguen luchando para seguir en la carrera, así como otras siguen uniéndose a ella. Desafortunadamente, la demanda creciente de contenido no coincide con la calidad y originalidad ofrecida por muchos sitios web, en cuyas estrategias poco éticas figura el plagio como principal. Existen sitios web poco éticos cuya tarea principal es la de copiar contenido.

Aunque *a priori* pueda resultar la detección de estos plagios como buscar una aguja en un pajar, resulta realmente sencillo gracias a herramientas como:

- **Búsqueda avanzada de Google:** Podemos entrecomillar fragmentos de contenido incluido en nuestras páginas y hacer clic en buscar. Si existen resultados, muy probablemente estamos siendo copiados.

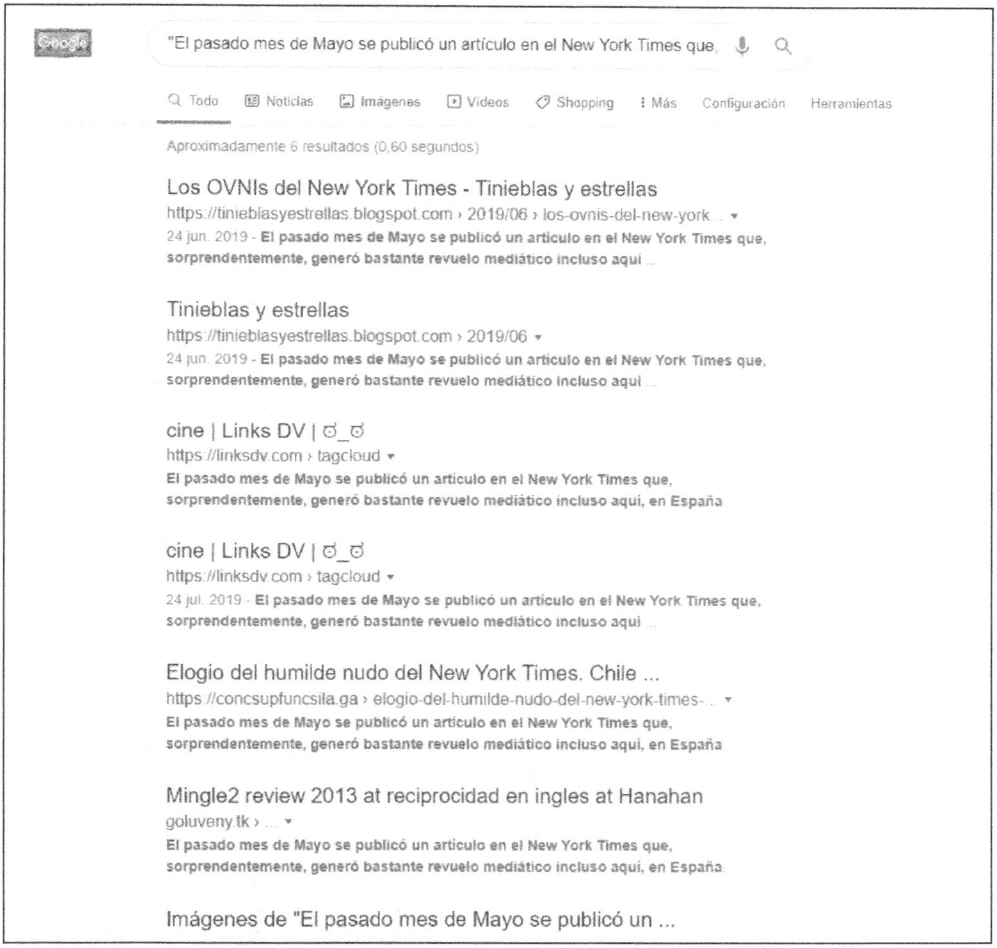

Figura 8.9. Podemos realizar una búsqueda simple en Google para ver si un contenido está siendo plagiado.

- **Copyscape:** Bajo mi punto de vista, de las mejores, tan solo hay que introducir una URL de nuestro sitio web o blog y nos mostrará un pequeño informe con páginas que usan un contenido similar o exacto al que hemos publicado (véase la figura 8.10). Esta herramienta no es gratuita, para poder obtener un informe más detallado es necesaria una cuenta *premium*.
- **Plagium:** Dado un texto de entrada, localiza qué sitios web están usando dicho texto (véase la figura 8.11). Es gratuita.

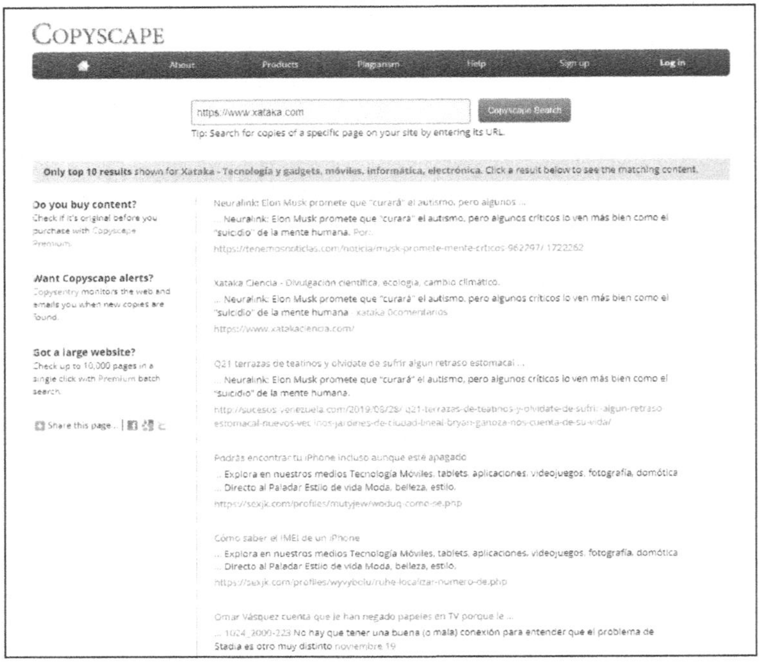

Figura 8.10. Copyscape es capaz de encontrar texto que coincide entre varias páginas.

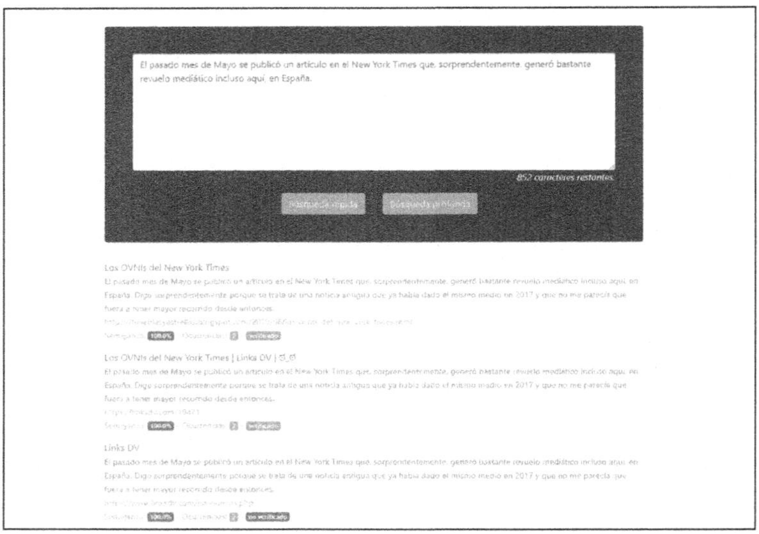

Figura 8.11. Plagium permite buscar coincidencias de un texto determinado en sitios web distintos. En la imagen, no se encontró ninguna coincidencia para el texto elegido.

9

La estrategia de medición *online*

Estrategia de negocio y estrategia de medición *online*

Tal y como comenta Maribel Morales (*Analítica web para empresas: Arte, ingenio y anticipación*), en ocasiones, cuando se habla de analítica web, a lo que se está haciendo referencia en realidad es a métricas básicas, tales como páginas vistas, visitas, usuarios únicos y algún indicador relevante como la tasa de rebote o la tasa de abandono. Sin embargo, muchas de las herramientas de analítica web actuales van más allá y nos proporcionan no solo información para saber qué está ocurriendo en nuestro sitio web, sino también información para evaluar la efectividad de las acciones *online* que estamos realizando y, en función de ello, modificar y mejorar estas acciones de modo que podamos optimizar nuestra estrategia de negocio *online*.

Sin embargo, como señala Maribel Morales, "para ello, es necesario alinear los objetivos de la analítica web con los objetivos estratégicos de la empresa, creando los KPIs necesarios (...) y analizando su evolución para comprobar si se cumplen o no los objetivos establecidos".

¿Cómo podemos alinear la estrategia de medición *online* con la estrategia de negocio? Según Juan Manuel Damia, esta alineación tiene dos flujos de actividades principales:

- **Definición estratégica (de arriba hacia abajo):** Se trata de un flujo descendente que permite alinear la estrategia de medición con la estrategia de negocio. Este proceso empieza con el análisis de la estrategia corporativa de la empresa y continúa con el diseño de la estructura del sistema de información que se va a utilizar para medir, procesar, analizar y, finalmente, reportar la información.
- **Proceso dinámico de analítica (de abajo hacia arriba):** Se trata de un flujo ascendente cuyo objetivo es proporcionar de manera inmediata a cada área de la empresa la información relevante que necesita para llevar a cabo los procesos de control y toma de decisiones eficientemente.

La pirámide de la figura 9.1 es una representación gráfica de dicho modelo.

La información de la base se caracteriza por ser más operativa (métricas). Pero, al subir niveles en la pirámide, la información se vuelve más estratégica (indicadores clave de rendimiento o KPIs e indicadores estratégicos o KSIs). Veamos más en detalle el significado de cada uno de los niveles:

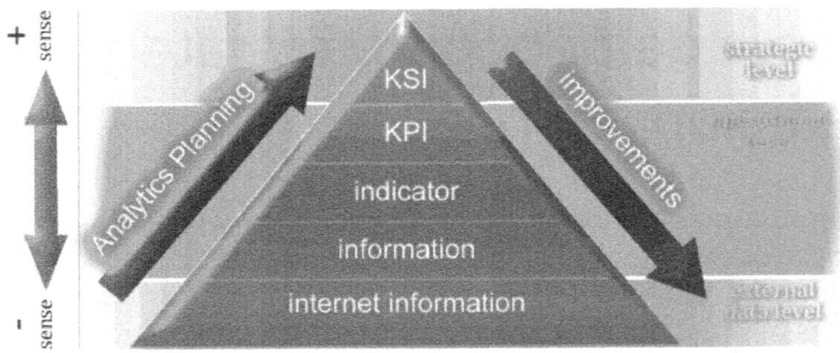

Figura 9.1. Flujos de actividades para alinear la estrategia de medición *online* con la estrategia de negocio. (Fuente: Juan Manuel Damia).

- **Información de Internet:** Se trata de aquella información que se genera por el mero hecho de lanzar un proyecto en Internet, es decir, se trata de la información que existe en Internet con independencia de que esté siendo registrada o no.
- **Información:** Es aquella información que está siendo registrada, antes de ser procesada. En este nivel se incluiría la información recogida por las métricas que nos proporcionan las herramientas de analítica web. Se trata de la información más operativa y menos estratégica.
- **Indicadores:** Son el resultado de combinar o relacionar al menos dos métricas. Normalmente, sus destinatarios son las personas que componen el núcleo operativo de la organización.
- **Indicadores clave de rendimiento (*Key Performance Indicators* o KPIs):** Se trata de indicadores que proporcionan la información de carácter más estratégico en el nivel de operaciones. Sus destinatarios son los directivos de nivel medio y alto, les ayudan a entender cómo le está yendo a la empresa y cuáles son los siguientes pasos a dar sin necesidad de entrar en detalles puramente operativos.

  Según Maribel Morales, existen cuatro KPIs que son básicos en cualquier estrategia de medición *online* y que se han analizado en detalle en el capítulo 3:

  1. Porcentaje de abandono.
  2. Porcentaje de usuarios que visitan el sitio web con un tiempo inferior a un minuto (una de las formas de medir la tasa de rebote en base al tiempo).
  3. Porcentaje de usuarios recurrentes o leales.
  4. Porcentaje de conversión.

- **Indicadores estratégicos (*Key Strategic Indicators* o KSIs):** Se trata de indicadores que proporcionan información directamente relacionada con la estrategia corporativa. Va dirigida a la alta dirección y le permite hacer seguimiento de varias unidades de negocio sin necesidad de prestar atención a los detalles de cada una de ellas.

Teniendo claro que la estrategia de medición debe estar alineada con la estrategia de negocio, vamos a centrarnos en el proceso para elaborar dicha estrategia de medición *online*.

Para Daniel Waisberg y Avinash Kaushik (*Web Analytics 2.0: Empowering Customer Centricity*), la estrategia de medición *online* (*web analytics process*) tiene como objetivo entender y mejorar la experiencia de nuestros usuarios, incrementando los ingresos procedentes de nuestro negocio *online*. No se trata de una herramienta para generar informes, sino de un proceso que nos permite implementar un procedimiento de mejora y optimización continua de nuestro sitio web.

El siguiente gráfico muestra las diferentes fases o etapas del proceso de analítica web.

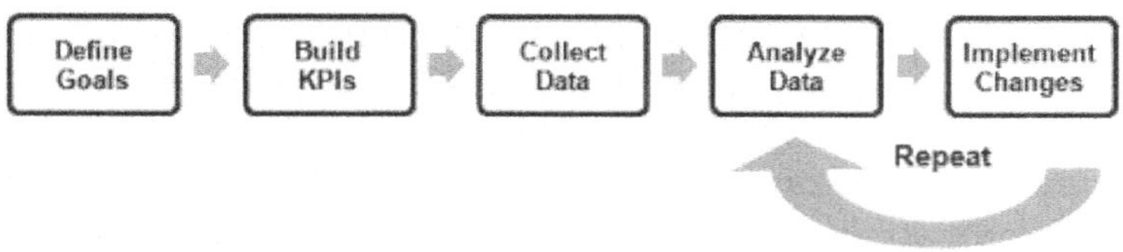

Figura 9.2. El proceso de analítica web. (Fuente: Daniel Waisberg y Avinash Kaushik, *Web Analytics 2.0: Empowering Customer Centricity*).

Este proceso permite comparar los costes de adquisición de los clientes con los beneficios generados, con el objetivo de analizar el comportamiento *online* de los clientes más rentables y optimizar el sitio web, mejorando su rendimiento y su rentabilidad. Veamos más en detalle en qué consiste cada una de las etapas:

- **Definición de objetivos:** Responder a la pregunta "¿por qué existe nuestro sitio web?" es esencial a la hora de identificar los objetivos de nuestra web. Cada sitio tiene su propia respuesta para esta pregunta, por ejemplo, el objetivo de un sitio de comercio electrónico será vender productos; el objetivo de un sitio de soporte será resolver los problemas de los clientes; y el objetivo de un sitio informativo será suministrar contenidos. Definir los objetivos de un sitio web es clave a la hora de identificar los indicadores que se van a utilizar para medir el éxito de este canal.

- **Definición de los indicadores clave de rendimiento (KPIs):** Estos indicadores nos van a permitir analizar si los objetivos del sitio web se están cumpliendo o no. Además, deberían proporcionarnos información que nos permita definir acciones para conseguir alcanzar los objetivos fijados.

  D. Waisberg y A. Kaushik hacen una clasificación de los indicadores, en función de sus destinatarios, parecida a la que hace J. M. Damia, distinguen entre:

  1. Informes relativos al cumplimiento de los objetivos globales del sitio web, van dirigidos a la alta dirección.
  2. Informes sobre el rendimiento de las campañas y el resultado de proyectos de optimización del sitio web, cuyos destinatarios son los directivos de nivel medio-alto.
  3. Información detallada y técnica sobre el rendimiento del sitio web, gestionada por los analistas web.

  Las características que debe reunir un buen indicador son las siguientes:

  - **Sencillo:** No hay que olvidar que es probable que las acciones que se vayan a definir en base a la información proporcionada por estos indicadores sean tomadas por personas con conocimientos muy diferentes y que pertenecen a distintos departamentos. Por lo tanto, si solo el analista web es capaz de entender el significado del indicador, es muy probable que, en la práctica, nadie lo utilice. A modo de ejemplo, fijémonos en la tasa de rebote. Se define como el porcentaje de visitas en las que solo se ve una página, por lo que es un indicador fácil de comprender.
  - **Relevante:** Cada sitio web es diferente y tiene sus propios objetivos. Los indicadores que se definan deben permitir analizar el grado de cumplimiento de los objetivos específicos del sitio web en cuestión. Siguiendo con el ejemplo de la tasa de rebote, se trata de un indicador relevante, ya que nos ayuda a identificar páginas con bajo rendimiento.
  - **En tiempo real:** Unos indicadores adecuados han de poder ser generados de forma ágil para que sus destinatarios puedan tomar decisiones en tiempo real. Hay que tener en cuenta qué indicadores que podrían ser calificados de excelentes pueden resultar inútiles si, por ejemplo, se necesita un mes para recopilar la información y los cambios en el sector se producen semanalmente. En el caso de la tasa de rebote, se trata de una métrica estándar incluida en la mayoría de herramientas de analítica web.

- **Evidente:** Es importante que la información que proporciona el indicador sea entendida rápidamente por sus destinatarios y estos puedan tomar decisiones de forma inmediata. Si observamos la tasa de rebote, podemos identificar de forma inmediata aquellos elementos que requieren una atención especial: páginas que presentan una tasa de rebote entre el 25 y el 30 por 100 tienen un rendimiento adecuado; si la tasa de rebote está alrededor del 50 por 100, se trata de páginas a las que hay que prestar una atención especial; tasas de rebote superiores al 70 por 100 son realmente problemáticas.

- **Recopilación de datos:** Es imprescindible que los datos se recojan de forma precisa para poder ser analizados posteriormente, ya que la manera en que se recopilan los datos tiene una influencia decisiva en los resultados del análisis. Los diferentes métodos que utilizan las herramientas de analítica web para recoger los datos serán objeto de atención especial en el capítulo 18.
- **Análisis de la información:** Este análisis va a permitir entender el comportamiento de los usuarios. Para ello, deben identificarse aquellos tipos de informes estadísticos que nos permitan definir de forma inmediata acciones destinadas a optimizar nuestro sitio web.
- **Implementar cambios:** Se podría afirmar que la información recopilada y los análisis realizados carecen de utilidad, a menos que sirvan para definir acciones de mejora que vayan a llevarse a la práctica. La optimización de un sitio web es, en realidad, un proceso continuo en el que cada etapa consiste en implementar pequeñas mejoras y, a continuación, analizar su impacto, siendo el resultado de este análisis el punto de partida para la siguiente acción de mejora.

A continuación, se va a analizar con más detalle las diferentes etapas del proceso de analítica web.

Etapas del proceso de analítica web

Dentro del proceso global de analítica web que se acaba de exponer, resulta esencial definir los objetivos de medición web. Para analizar si estos objetivos se están cumpliendo o no, es necesario seleccionar una serie de indicadores clave de rendimiento o KPIs. En base a ellos, es posible establecer un sistema de informes o cuadros de mando.

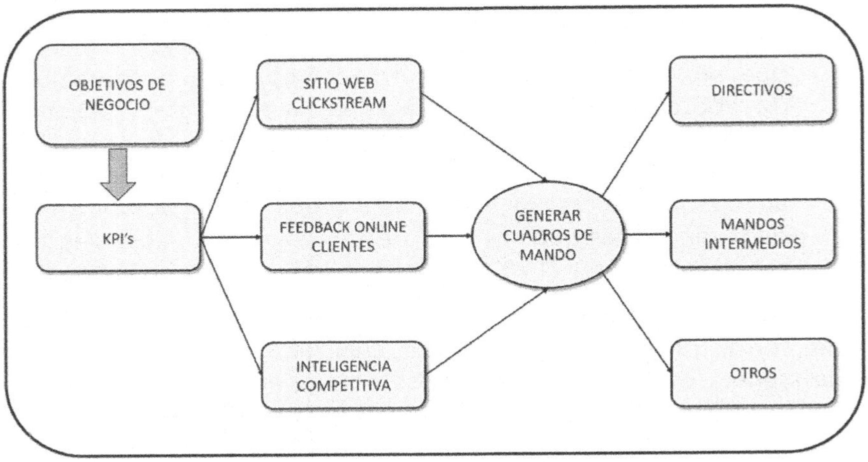

Figura 9.3. Esquema del diseño de un proceso de analítica web. (Fuente: Maribel Morales, *Analítica web para empresas: Arte, ingenio y anticipación*).

Tal y como indica Maribel Morales, a la hora de generar los cuadros de mando, no solo se tienen en cuenta los datos procedentes de la herramienta de analítica web, sino que también se pueden incorporar datos procedentes de otras herramientas que nos permiten recoger el *feedback* de nuestros clientes (por ejemplo, a través de cuestionarios *online*), así como la información recopilada a través de diferentes fuentes de inteligencia competitiva, tal y como se ha expuesto en el capítulo 10.

Siguiendo a Maribel Morales, vamos a centrarnos a continuación en los procesos de definición de objetivos, selección de KPIs y diseño de los cuadros de mando.

Definición de los objetivos de un sitio web

Como dice Avinash Kaushik, los objetivos de nuestro sitio web dan respuesta a la pregunta "¿por qué existe nuestra web?". Estos objetivos deben reunir las siguientes características:

- Deben ser específicos, no generales.
- Deben ser realistas.
- Deben tener una temporalidad definida.
- Deben estar alineados con la estrategia del negocio.

Veamos algunos ejemplos:

Objetivos del negocio	Objetivos de la web
Aumentar la notoriedad de la empresa	Generar presencia de marca en las redes sociales
Incrementar beneficios	Incrementar las ventas online
Aumentar el tráfico del sitio web	Incrementar el nivel de interés, aumentando el número de páginas vistas por visita

Figura 9.4. Ejemplos de objetivos web alineados con la estrategia del negocio.

- No deben ser muy numerosos (una lista de tres a cinco objetivos sería suficiente). También es posible definir un solo objetivo principal que se desglose en varios objetivos secundarios.
- Se deben poder medir.

Hay que tener en cuenta que los objetivos de un sitio web pueden ser muy diferentes, dependiendo del tipo de web de que se trate, pudiéndose distinguir entre:

- **Sitios web personales:** Son sitios creados por individuos, que pueden tener como finalidad, entre otras, difundir información recopilada por estos sobre temas de su interés o dar a conocer su currículum o actividad.
- **Sitios web comunitarios:** Son sitios creados por colectivos o asociaciones, que reúnen a usuarios con intereses comunes con el propósito de facilitarles información de su interés y ofrecerles canales de comunicación interpersonal.
- **Sitios web institucionales:** Son sitios creados por organizaciones para describir sus actividades y sus valores, así como para proporcionar información y servicios de interés para sus usuarios.
- **Sitios web corporativos:** Son sitios creados por las empresas, pudiéndose incluir dentro de este grupo los siguientes (`http://www.karakana.es/diseno-web/blog/tipos-de-paginas-web-corporativas`):
    - **Páginas web de presentación:** Se trata de páginas web corporativas que se usan a modo de carta de presentación de la empresa a la que representan.
    - **Páginas web catálogo:** Son páginas web corporativas en las que se dedica la mayor parte del sitio a la presentación de los productos o servicios de la empresa a la que representa.

- **Páginas web escaparate:** Se trata de sitios web de tipo catálogo en los que se presta una menor atención a las descripciones técnicas de los artículos y se presta más atención a la promoción de los productos o servicios.
- **Páginas web de comercio electrónico:** Se trata de sitios web del tipo catálogo o escaparate a los que se ha añadido la posibilidad de realizar compras *online*.
- **Páginas web de captación:** Se trata de sitios web que tienen como finalidad incrementar la red de contactos.
- **Páginas web informativas o de contenidos:** Se trata de sitios web que se dedican a suministrar contenidos de interés para sus usuarios.
- **Páginas web de soporte o de servicios:** Se trata de sitios web que tienen como finalidad ofrecer un canal de atención a los clientes.

Centrándonos en las páginas web corporativas, se pueden identificar, a modo de ejemplo, una serie de objetivos en función del tipo de web de que se trate.

Páginas web de presentación	• Suministrar información corporativa • Generar presencia de marca
Páginas web catálogo	• Generar presencia de marca • Promocionar productos y/o servicios
Páginas web escaparate	• Promocionar productos y/o servicios • Generar contactos
Páginas web de comercio electrónico	• Incrementar las ventas • Incrementar la frecuencia de compra • Incrementar el valor medio de la compra
Páginas web de captación	• Generar contactos • Incrementar la audiencia
Páginas web informativas o de contenidos	• Incrementar la audiencia • Incrementar el nivel de interés
Páginas web de soporte o de servicios	• Incrementar la satisfacción del cliente • Fidelizar a los clientes

Figura 9.5. Objetivos por tipo de sitio web.
(Fuente: adaptado de `http://mercadeo.com/89_objetivos_web.htm`).

Definición de los indicadores clave de rendimiento (KPIs)

Una vez definidos los objetivos del sitio web, es necesario decidir con qué métricas vamos a medir el cumplimiento de dichos objetivos, es decir, identificar los indicadores que nos van a permitir saber si estamos cerca o lejos de conseguirlos.

¿Cómo se pueden seleccionar las métricas más adecuadas para medir el cumplimiento de cada uno de los objetivos? Pere Rovira lo hace en función de dos preguntas básicas:

- Si sube o baja el dato, ¿es significativo?: Si la respuesta es afirmativa, nos encontramos ante un indicador cuya variabilidad es importante, por lo que seguimos adelante con la siguiente pregunta.
- Si es significativo, ¿tenemos recursos para actuar?: Si la respuesta es negativa, es decir, si no podemos actuar, el indicador en cuestión no nos sirve.

La metodología para la selección de KPIs desarrollada por BrightPoint Consulting se basa en dar respuesta a los siguientes interrogantes:

- ¿Qué pregunta nos ha hecho llegar a ese KPI?
- ¿A quién le resulta importante la información que puede ofrecer?
- ¿Por qué es importante?
- ¿Cómo llegamos a los datos?
- ¿Qué preguntas surgen con los valores que puede tomar?
- ¿Qué acciones podemos llevar a cabo si mejora? ¿Y si empeora?

La rueda de la figura 9.6 representa gráficamente dicha metodología.

Si bien determinar los indicadores que pueden representar mejor los objetivos de una web y ayudar a tomar decisiones no es fácil, según la finalidad del sitio, existen una serie de métricas e indicadores básicos que pueden ayudar a medir sus objetivos principales y que pueden servir como punto de partida. Por su claridad y utilidad práctica, vamos a reproducir en este punto la clasificación que hace Gemma Muñoz en su libro *El arte de medir: Manual de analítica web*.

Una vez que se han seleccionado los KPIs y se ha calculado su valor para un periodo de tiempo determinado, es necesario analizar los resultados obtenidos. A modo de ejemplo, vamos a ver a continuación la interpretación de algunos de los resultados que se pueden obtener para los KPIs básicos de un sitio web de comercio electrónico incluidos en la figura 9.7.

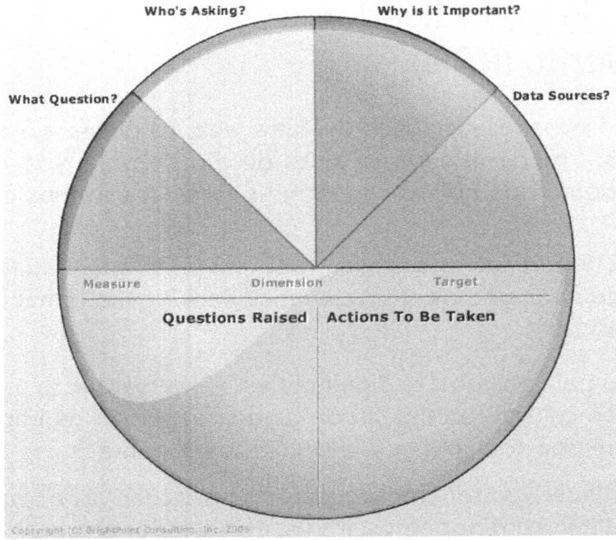

Figura 9.6. Rueda de selección de KPIs. (Fuente: BrightPoint Consulting, `http://www.brightpointinc.com/download/key-performace-indicators/`).

- **Tasa de conversión:** Si su valor disminuye a lo largo del tiempo, ello indica que el rendimiento del sitio web es menor y que es necesario realizar algún tipo de promoción con campañas u ofertas y, posiblemente, sea necesaria una optimización del sitio web, analizando los embudos de conversión, con el fin de incrementar este indicador. Acciones parecidas habría que realizar incluso si este indicador se mantiene estable o "estancado" a lo largo del tiempo.

  Por el contrario, si su valor aumenta en el tiempo, ello indica que el rendimiento del sitio web es mejor y que los embudos de conversión son correctos. En el capítulo 3 se puede encontrar más información acerca del significado de este indicador.

- **Valor medio del pedido:** Según Eric T. Peterson (*The Big Book of Key Performance Indicators*), para los sitios de comercio electrónico, este indicador es clave junto con los ingresos por visitante (o por visita) y la tasa de conversión.

  Cuando se intenta incrementar el valor medio de la venta, a menudo se trata de mejorar el *up-selling* y el *cross-selling*, intentando que los clientes incrementen el importe del carrito, por lo que es aconsejable hacer un seguimiento del indicador número medio de productos añadidos al carrito.

Sitio web de comercio electrónico ⇨ objetivo principal: vender		
KPI	**Fórmula**	**Da respuesta a...**
Tasa de conversión	Conversiones / Visitas	¿Vendemos? ¿Persuadimos?
Valor medio del pedido	Ingresos / Conversiones	¿Cuánto es de media la venta?
Valor de la visita	Ingresos / Visitas	¿El tráfico es de calidad?
Fidelidad de los clientes	Clientes que repiten / Clientes	¿Son fieles?
Interés de los visitantes	Páginas vistas / Visitantes	¿Les gustamos? ¿Les retenemos?
Porcentaje de visitas desde buscadores	Visitas desde buscadores / Visitas	¿Cómo va el SEO? ¿Y el SEM?
Sitio web de captación ⇨ objetivo principal: generar contactos (*leads*)		
KPI	**Fórmula**	**Da respuesta a...**
Tasa de conversión	Contactos (*leads*) / Visitas	¿Conseguimos contactos (*leads*)?
Coste por contacto (CPL)	Inversión en marketing / Contactos (*leads*)	¿Cuánto nos cuesta cada contacto (*lead*)?
Porcentaje de visitantes nuevos	Visitantes nuevos / Visitantes	¿Cuántos son potenciales?
Tasa de rebote	Visitas de una sola página / Visitas	¿Cuántos se van sin ir más allá?
Sitio web de soporte ⇨ objetivo principal: dar un servicio al cliente		
KPI	**Fórmula**	**Da respuesta a...**
Tasa de conversión	Conversiones / Visitas	¿Encuentran lo que buscan?
Tasa de rebote	Visitas de menos de X segundos / Visitas	¿Es esto lo que esperan?
Tiempo medio en el sitio	Tiempo total de todas las visitas / Visitas	¿Se queda demasiado tiempo?
Términos más buscados en el sitio		¿Qué buscan exactamente?
Sitio web de contenidos ⇨ objetivo principal: incrementar la fidelidad del lector		
KPI	**Fórmula**	**Da respuesta a...**
Tasa de conversión	Conversiones / Visitas	¿Se suscriben o registran?
Profundidad de la visita	Páginas vistas / Visitas	¿Les generamos interés?
Profundidad de los contenidos	Páginas vistas por contenido / Visitas por contenido	¿Qué contenido interesa más?
Porcentaje de visitantes nuevos	Visitantes nuevos / Visitantes	¿Atraemos nuevos visitantes?
Grado de compromiso de los usuarios	Visitas de más de X minutos / Visitas	¿Tenemos muchos fieles?
Sitio web corporativo ⇨ objetivo principal: generar presencia de marca		
KPI	**Fórmula**	**Da respuesta a...**
Tasa de conversión	Conversiones / Visitas	¿Cuánto convertimos?
Profundidad de la visita	Páginas vistas / Visitas	¿Les generamos interés?
Fidelidad de los visitantes	Visitantes que repiten / Visitantes	¿Son fieles?
Grado de conocimiento de los usuarios	Visitas de menos de X minutos / Visitas	¿Les da tiempo a quedarse con el concepto?
Generación de tráfico	(Visitas directas + visitas desde buscadores con palabra clave que incluya la marca) / Visitas	¿Cuántos de los que llegan ya nos conocen o han oído hablar de nosotros?

Figura 9.7. Indicadores básicos según el tipo de sitio web.
(Fuente: adaptado de Gemma Muñoz, *El arte de medir: Manual de analítica web*).

Si el valor medio de la venta disminuye, debería comprobarse si ha habido cambios en la tasa de conversión. Si el valor medio de la venta disminuye, pero la tasa de conversión aumenta, el ingreso medio por visitante probablemente se mantenga igual. Si tanto el valor medio de la venta como la tasa de conversión disminuyen, ello tendrá un impacto negativo en los ingresos por visitante. En cualquier caso, si hay cambios en el valor medio de la venta, deberían analizarse los cambios realizados en las páginas del proceso de venta y en las campañas de marketing *online*.

- **Valor de la visita:** Es un buen indicador de cómo están resultando nuestros esfuerzos de marketing y conversión. Según Peterson, si este indicador disminuye de repente, deberían identificarse de forma urgente las razones. En ocasiones, puede ocurrir que un grupo numeroso de visitas no cualificadas hayan sido atraídas al sitio o que algo funcione mal en el proceso de conversión, por ejemplo, el carrito de la compra no funciona, el sitio va muy lento o se ha reducido el número de impresiones en nuestras campañas. Es decir, al igual que en el caso anterior, si hay cambios en este indicador, deberían analizarse las modificaciones efectuadas en las páginas del proceso de venta y en las campañas de marketing *online*.
- **Fidelidad de los clientes:** Según Peterson, en los sitios web de comercio electrónico, este indicador es clave para hacer un seguimiento del comportamiento de los clientes. Si se produce un cambio brusco e inesperado en el valor de este indicador, deben buscarse las causas de dicha variación. No siempre una disminución de su valor se debe a un incremento del número de clientes nuevos. En ocasiones, las variaciones se pueden atribuir a cambios estacionales o a cambios en las preferencias de los clientes. Es decir, es posible que una caída en el porcentaje de los clientes que repiten se deba a que estos decidan comprar en sitios web de la competencia o que ya no seamos capaces de satisfacer sus expectativas.
- **Interés de los visitantes:** El uso de este indicador puede ser especialmente útil si segmentamos para comparar la actividad de los clientes con la de los que no lo son en sitios de comercio electrónico.

  Si se trata de un sitio de comercio electrónico, generalmente se quiere incrementar este indicador, ya que demuestra un mayor interés por parte del visitante. Sin embargo, en función de los objetivos específicos del sitio, un mayor número de páginas vistas puede indicar confusión por parte del usuario.

  Según Peterson, este indicador debería ser bastante estable a lo largo del tiempo, siempre que no introduzcamos cambios en el sitio o en nuestra estrategia de marketing. Por el contrario, si realizamos cambios, ya sea en el sitio o en la estrategia de marketing, el ratio de páginas por visitante debería mejorar. Si lo hace, se deberían identificar los cambios que tienen un impacto positivo para repetirlos en el futuro. Si este indicador no experimenta ningún cambio, habría que intentar identificar lo que no está funcionando.

Si este ratio empeora de forma inesperada, habría que identificar las causas, por ejemplo, la introducción de cambios en el sitio que hayan provocado la aparición de enlaces rotos, la aparición de un nuevo competidor, etc.

- **Porcentaje de visitas desde buscadores:** Si su valor disminuye a lo largo del tiempo, ello indica que la efectividad de nuestras campañas de posicionamiento orgánico o de pago en buscadores no es la adecuada, por lo que convendría analizar cómo nos encuentran los usuarios a través de los buscadores, ya que no es lo mismo que lleguen a nuestro sitio web mediante palabras o frases relacionadas con nuestros productos o servicios (en cuyo caso, la probabilidad de incrementar la tasa de conversión es mayor), que a través de palabras o frases que no tengan nada que ver con estos.

  Por el contrario, si su valor aumenta en el tiempo, ello indica que la efectividad de nuestras campañas de posicionamiento orgánico o de pago en buscadores es la adecuada.

  Si este indicador no experimenta ningún cambio, las campañas de posicionamiento realizadas hasta el momento tienen la misma efectividad a lo largo del tiempo y, probablemente, sea conveniente realizar una revisión de estas campañas.

Para seguir profundizando en la interpretación de los resultados que se pueden obtener para los diferentes KPIs, recomendamos el libro *The Big Book of Key Performance Indicators* de Eric T. Peterson, antes mencionado. Conviene tener en cuenta que una correcta interpretación de las variaciones de estos indicadores puede resultar muy útil a la hora de determinar las recomendaciones y los planes de acción que deben incluirse en los cuadros de mando.

Elaboración de informes o cuadros de mando

Stephen Few define el cuadro de mando como una pantalla que contiene los elementos de información necesarios para conseguir uno o más objetivos; consolidado y creado como una única ventana donde toda la información puede ser revisada de un vistazo. Según esta definición, las características fundamentales de un cuadro de mando son las siguientes:

- Es visual, ya que las representaciones gráficas son más efectivas para comunicar que un simple texto.
- Tiene un objetivo, es decir, siempre debe proporcionar información útil que ayude a sus destinatarios a identificar acciones que les ayuden a conseguir sus objetivos.
- Se presenta en una pantalla única, lo que significa que toda la información relevante debe quedar dentro del campo visual del destinatario.

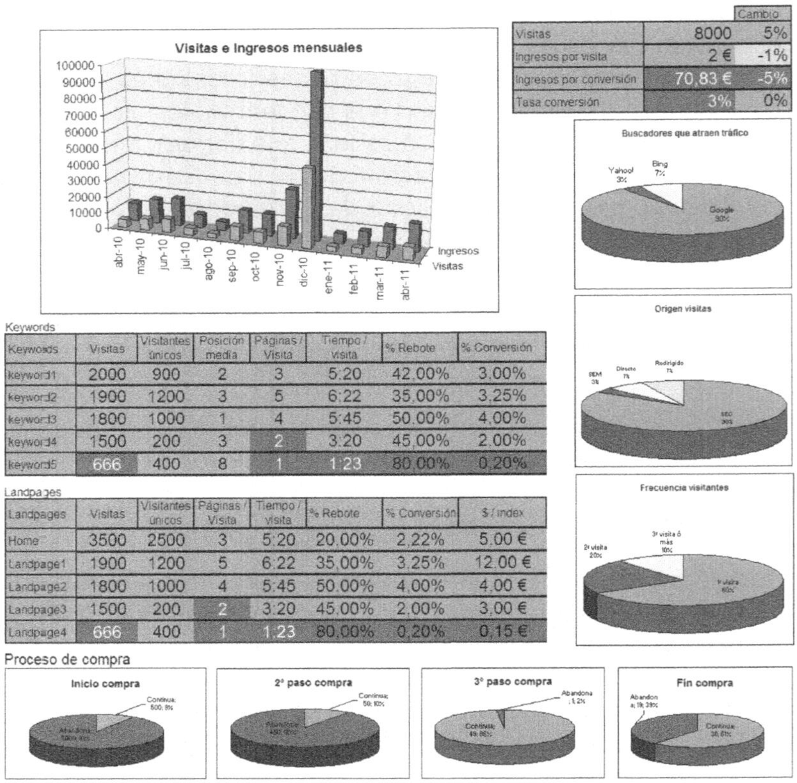

Figura 9.8. Ejemplo de cuadro de mando.
(Fuente: Andrés Jiménez, `http://posicionamientowebredescubierto3.webnode.es/news/cuadro-de-mando-posicionamiento-web/`).

Según Maribel Morales, un cuadro de mando es un documento o tabla que permite traducir el volumen de datos que proporciona la herramienta de medición web que se esté utilizando, en información relevante sobre el sitio y sus usuarios.

En opinión de Gemma Muñoz, "lo importante es saber comunicar qué está pasando, por qué puede estar pasando y cómo podemos arreglarlo. Se trata de hacerlo de una forma agradable, dando información relevante que muestre cómo está funcionando el negocio, y que además ayude al receptor a tomar decisiones de una manera eficiente, basándose siempre en los datos recopilados".

A la hora de elaborar un cuadro de mando, se deberían tener en cuenta los siguientes aspectos:

- **Número de KPIs:** El número de indicadores incluidos en un cuadro de mando debe ser limitado. Aunque se recomienda incluir entre cinco y veinte indicadores, según Gemma Muñoz, su número no debería ser superior a diez.
- **Contexto:** Hay que tener en cuenta que no basta con proporcionar los datos, sino que debería mostrarse su evolución a lo largo del tiempo. Lo importante es poner de manifiesto los cambios que han tenido lugar durante el periodo de tiempo analizado, lo cual permite identificar mejor las acciones a realizar.
- **Personalización:** Resulta conveniente elaborar un cuadro de mando diferente para cada uno de los departamentos a los que va dirigido, de modo que se puedan tener en cuenta las necesidades de información de cada uno de ellos.
- **Recomendaciones:** Un cuadro de mando debería incluir una breve definición de cada KPI, su forma de calcularlo y la fuente de datos utilizada, así como una serie de recomendaciones sobre las acciones a realizar.

Pere Rovira y Cristina Mataix (`http://www.slideshare.net/ExpertoRedesUs/analitica-websevilla2012-v2`) identifican los siguientes errores típicos a la hora de elaborar un cuadro de mando:

- Sobrepasar los límites de la pantalla única, ya que uno de los objetivos principales de un cuadro de mando es poder verlo todo de un vistazo.
- No proporcionar el contexto adecuado de los datos cuando, por ejemplo, no se compara con otros periodos de tiempo o no se destaca gráficamente si los indicadores han mejorado o empeorado (véase la figura 9.9).
- Incluir un exceso de detalles.
- Escoger métricas deficientes, es decir, métricas que requieren una interpretación.
- Escoger un medio inapropiado, por ejemplo, si hay que utilizar una tabla, no se debería forzar el uso de un gráfico.

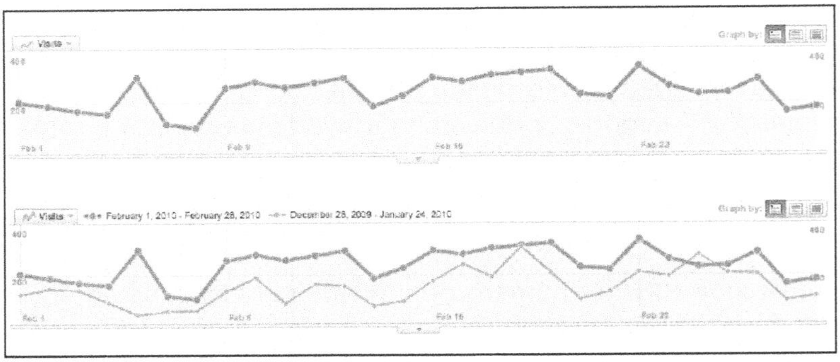

Figura 9.9. Comparación entre datos proporcionados sin un contexto adecuado o con él. (Fuente: Daniel Rodríguez y Pere Rovira, `http://www.slideshare.net/pererovira/cuadros-de-mando`).

- Aplicar un diseño deficiente, con distracciones y poco atractivo visualmente.
- Estructurar la información de forma poco clara, de manera que su uso e interpretación sean complicados para los destinatarios. Hay que tener en cuenta que los datos más importantes deben destacar sobre el resto y atraer la atención. Además, los indicadores deben ser claros y fomentar la comparación, si es posible.
- Incluir datos en vez de resumirlos. En un cuadro de mando no deben incluirse datos, sino KPIs que sirven para representar una gran cantidad de números.
- No destacar las excepciones. Una de las utilidades de los cuadros de mando es la posibilidad de identificar rápidamente los hechos críticos o inusuales, de modo que se facilite la toma de decisiones al respecto, por lo que dichas excepciones deben también destacar y atraer la atención.
- No adaptar el contenido y el lenguaje a las características y expectativas de los destinatarios del informe.

Para finalizar, podemos distinguir tres tipos de cuadros de mando:

- **Cuadro de mando informativo:** Informa de cómo está yendo el tráfico en general en la web. Sirve principalmente para hacerse una idea de lo que está pasando en el sitio web, más que para tomar decisiones. Como señala Gemma Muñoz, lo importante de un cuadro de mando informativo es que de un solo vistazo se pueda saber qué está pasando con los indicadores (KPIs) involucrados.

Un ejemplo muy interesante es el que explica Gemma Muñoz en su blog (`http://www.territoriocreativo.es`). En primer lugar, se seleccionaron las métricas que mejor definían el tráfico del sitio web y se decidieron incluir las siguientes:

¿Cuántas visitas tenemos?	• Número total de visitas
¿Cuántos usuarios únicos?	• Porcentaje de usuarios únicos
¿Son clientes o no clientes?	• Porcentaje de visitas logadas vs. porcentaje de visitas no logadas
¿De dónde vienen?	• Porcentaje de visitas desde buscadores vs. porcentaje de visitas directas
¿Son fieles?	• Porcentaje de visitas que repiten vs. porcentaje de visitas que sólo vienen una vez
¿Les gustamos?	• Porcentaje de visitas que están menos de 30 segundos vs. porcentaje de visitas que se quedan más de 30 segundos • De estas últimas, porcentaje de visitas que solamente ven un contenido vs. porcentaje de visitas que ve dos o tres contenidos vs. porcentaje de visitas que ven más de tres contenidos
¿Son rentables?	• Porcentaje de visitas que convierten • De estas últimas, porcentaje de conversiones hechas por clientes vs. porcentaje conversiones hechas por no clientes

Figura 9.10. Métricas de un cuadro de mando informativo que definen el tráfico de un sitio web. (Fuente: Gemma Muñoz, `http://www.territoriocreativo.es/etc/2009/03/un-grafico-en-un-informe-vale-mas-que-mil-palabras.html`).

El siguiente paso fue seleccionar un formato claro y entendible que permitiera transmitir transparencia y objetividad (véase la figura 9.11).

En el centro del informe aparece el número total de visitas que ha recibido el sitio web y se utiliza un código de color para diferenciar los datos positivos de los negativos.

- **Cuadro de mando numérico:** Explica variaciones de las métricas más relevantes a nivel de negocio, es decir, indica el rendimiento respecto a una serie de métricas en un periodo de tiempo determinado (véase la figura 9.12).
- **Cuadro de mando de llamada a la acción:** Además de explicar las variaciones de las métricas más relevantes a nivel de negocio, como en el caso anterior, se analizan e identifican problemas, se explican los impactos en el negocio y se sugieren acciones a tomar para seguir creciendo (véase la figura 9.13).

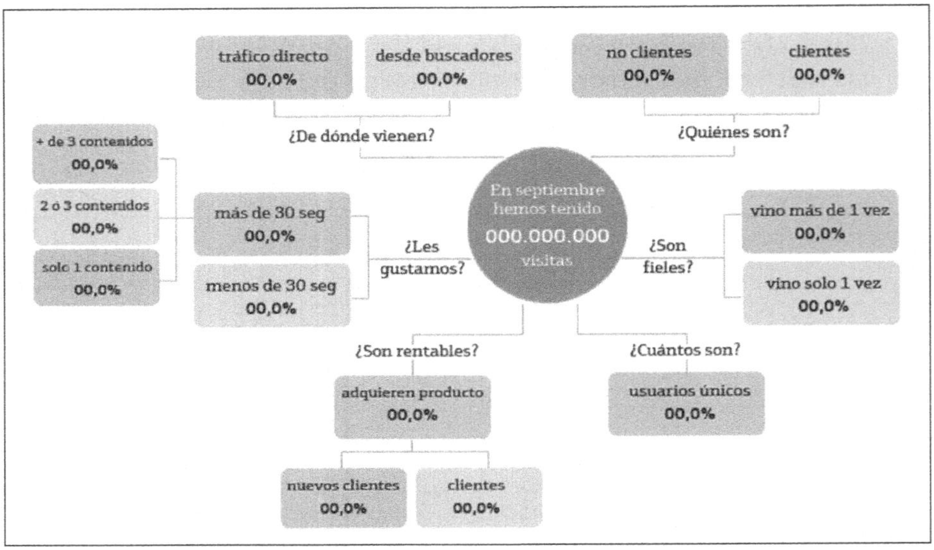

Figura 9.11. Ejemplo de cuadro de mando informativo. (Fuente: Gemma Muñoz, `http://www.territoriocreativo.es/etc/2009/03/un-grafico-en-un-informe-vale-mas-que-mil-palabras.html`).

Figura 9.12. Ejemplo de cuadro de mando numérico. (Fuente: Daniel Rodríguez y Pere Rovira, `http://www.slideshare.net/pererovira/cuadros-de-mando`).

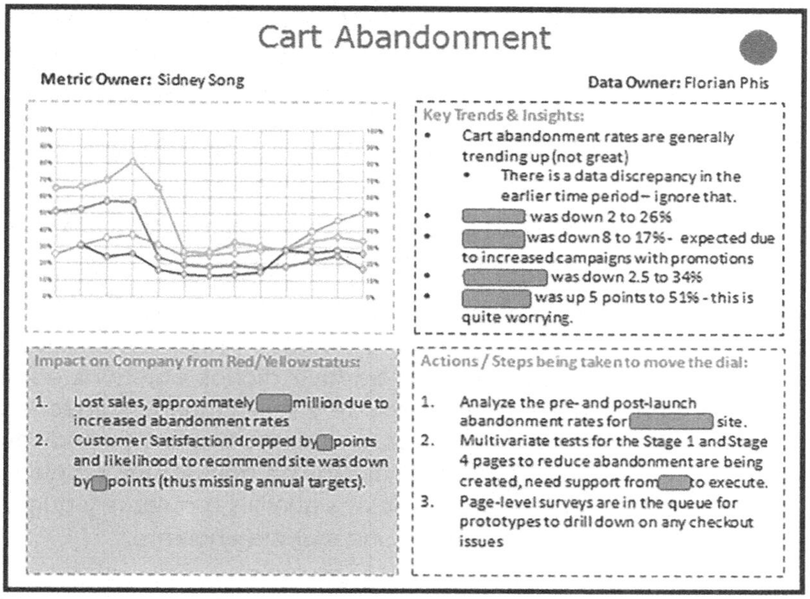

Figura 9.13. Ejemplo de cuadro de mando de llamada a la acción. (Fuente: Avinash Kaushik, `http://www.kaushik.net/avinash/the-action-dashboard-an-alternative-to-crappy-dashboards/`).

Según Avinash Kaushik, estos cuadros de mando presentan la siguiente estructura:

- En la parte superior, se identifica el indicador objeto del informe, el destinatario de este y el responsable del análisis. También se utiliza un código de color para resumir la situación de dicho indicador: rojo, si es necesario tomar medidas de forma inmediata para corregir la situación; amarillo, si las circunstancias requieren atención; y verde, si la evolución es positiva.
- En el primer cuadrante, se muestra la evolución del indicador objeto del informe, siendo recomendable que aparezca segmentado en función de alguna variable relevante, por ejemplo, en este caso, la evolución de la tasa de abandono de carritos de la compra se muestra para cuatro segmentos de clientes diferentes.
- En el segundo cuadrante se intenta profundizar en los datos cuantitativos mostrados en el cuadrante anterior, con una interpretación de las tendencias principales y un análisis del contexto, por ejemplo, las razones por las que la evolución mostrada en el cuadro anterior puede tener una tendencia ascendente o descendente.

- En el tercer cuadrante se incluyen las acciones o pasos a seguir para mejorar la situación actual. Las recomendaciones son clave en este tipo de cuadros de mando, ya que sus destinatarios necesitan saber qué tipo de decisiones pueden tomar. De ahí, la importancia de conocer a dichos destinatarios y sus necesidades, así como de personalizar al máximo este tipo de informes.
- El cuarto cuadrante es el que trata del impacto estimado que pueden tener en el negocio las acciones recomendadas.

Una vez que se han visto en detalle las etapas fundamentales del proceso de analítica web, a modo de conclusión podemos insistir en la necesidad de conocer los objetivos del negocio y de traducir dichos objetivos en objetivos de la web. Si los identificamos correctamente y seleccionamos adecuadamente los indicadores (KPIs) que van a medirlos, podremos analizar periódicamente el sitio web, así como generar informes o cuadros de mando que reflejen con claridad y de forma gráfica el resultado de estos análisis regulares y que permitan a sus destinatarios tomar decisiones de una manera eficiente.

10

Analítica web y competencia

El análisis de la competencia a través de técnicas cuantitativas

¿Qué entendemos por inteligencia competitiva?

A la hora de analizar la situación de un sitio web, es importante compararla con la de otras web de la competencia para conocer en qué posición se encuentra con respecto a ellas. Además, resulta aconsejable que la información sobre la competencia, incluso sobre el sector en el que se mueve una empresa, sea tenida en cuenta a la hora de tomar decisiones.

Según Avinash Kaushik, en su libro *Web Analytics 2.0*, la inteligencia competitiva o CI (*Competitive Intelligence*) es el análisis de los datos de los competidores, los mercados verticales o todo el ecosistema de la web. La idea es utilizar indicadores que no se basen únicamente en los resultados de la propia web, sino que tengan en cuenta también la información obtenida de sitios de la competencia, el sector y el mercado en general.

La inteligencia competitiva se basa en analizar la realidad de la empresa y su entorno, se puede considerar como un medio de apoyo para la toma de decisiones, tal y como se plasma en el siguiente gráfico de Jaume Clotet (`http://www.slideshare.net/adigitalorg/inteligencia-competitiva-conocer-la-competencia-para-vender-ms-jaume-clotet-netsuus`).

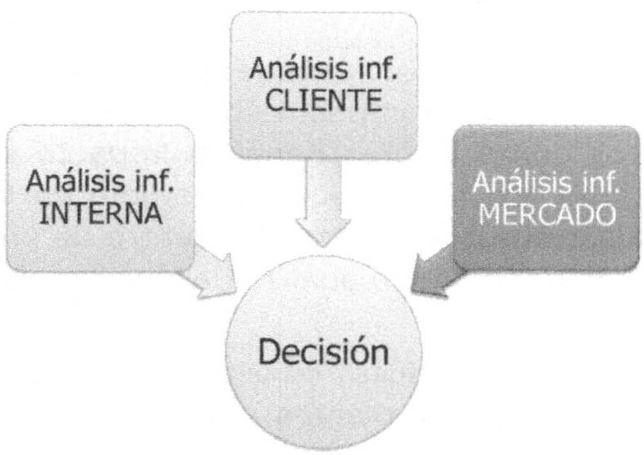

Figura 10.1. La inteligencia competitiva como medio de apoyo para la toma de decisiones.

Por una parte, si basamos nuestra estrategia de optimización solo en los datos de nuestro sitio web, es posible que el resultado de dicho proceso no esté "optimizado" para las necesidades del mercado. Por otra parte, este tipo de análisis nos permite saber con mayor precisión qué porcentaje de los resultados que estamos obteniendo se debe a nuestras acciones y cuál obedece a tendencias del mercado.

Según Jaume Clotet (http://clotet.wordpress.com/2009/04/20/benchmarking-online/), algunas de las razones por las que es importante realizar estudios sobre la competencia son las siguientes:

- **Poner contexto:** Conocer el mercado en el que nos movemos nos puede dar una visión más acertada de nuestra realidad como empresa, por ejemplo, conocer la velocidad de crecimiento del mercado en el que nos movemos nos proporciona información para juzgar si nuestra tasa de crecimiento es alta o baja.
- **Cuota de mercado:** Mantener e incrementar la cuota de mercado es una de las preocupaciones básicas de muchas empresas y resulta muy útil realizar un seguimiento de las actividades de los competidores y de su posible impacto en el mercado y en el resto de las empresas, por ejemplo, cuando una empresa nueva entra en el mercado con una estrategia completamente novedosa.
- **Eficiencia:** Resulta muy útil saber cómo se relacionan nuestros clientes con la competencia, cómo consiguen nuestros competidores captar su atención, qué palabras clave consiguen llevar más tráfico a nuestros competidores, cuándo realizan campañas de marketing, cómo nos afectan estas campañas, etc., ya que conocer de cerca a nuestra competencia y a las empresas que crecen más rápido nos da una ventaja competitiva y nos permite ser más eficientes.

A estas razones, Avinash Kaushik añade que en el entorno web cualquier acción de una empresa tiene un impacto en las demás y cualquier actividad que realicen nuestros competidores tiene un impacto en nosotros, por lo que la información que nos proporciona el estudio de la competencia nos puede ayudar a evaluar nuestro desempeño dentro de un contexto, a identificar oportunidades de negocio y a analizar las causas de los resultados que obtenemos.

En http://www.kaushik.net/avinash/competitive-intelligence-data-sources-best-practices/, Avinash Kaushik plantea, a modo de ejemplo, una serie de preguntas:

- Nuestro tráfico ha crecido un 6 por 100 durante el último año, ¿qué ocurre si la tasa de crecimiento de nuestro principal competidor es de un 15 por 100?

- ¿Cuál es el mejor momento para lanzar una campaña de posicionamiento de pago para promocionar viajes turísticos a Italia?
- ¿Cuál es nuestra cuota de búsqueda en el segmento de ordenadores portátiles en comparación con nuestro principal competidor?
- ¿Qué porcentaje de usuarios abandonan nuestro sitio para visitar la web de la competencia?
- ¿En qué páginas web debo publicar mis *banners* para que los vean hombres de 28 a 34 años?

Estas preguntas se pueden responder analizando la información que está disponible en Internet sobre los competidores, sobre el sector o, incluso, sobre el comportamiento de los usuarios en los buscadores o en otros sitios web. En el mercado existen multitud de herramientas para realizar análisis de inteligencia competitiva que recopilan dicha información. Sin embargo, para interpretarla correctamente, resulta necesario entender cómo estas herramientas la recopilan, es decir, cómo funcionan las distintas fuentes de datos que utilizan. El siguiente paso sería seleccionar la herramienta que se ajuste mejor a nuestras necesidades y obtener respuestas a preguntas parecidas a las que acabamos de plantear.

Fuentes de datos de inteligencia competitiva

Siguiendo a Avinash Kaushik, se pueden identificar las fuentes de datos, de las que hablamos a continuación.

Datos de la barra de herramientas

Las barras de herramientas son complementos (*add-ons*) que proporcionan funcionalidad adicional a los navegadores web, por ejemplo, funciones de búsqueda. Estas barras de herramientas recopilan, de forma anónima normalmente, información limitada sobre el comportamiento de navegación de los usuarios que las utilizan, por ejemplo, páginas visitadas, términos de búsqueda utilizados, tiempo empleado en cada página, etc. Dado que millones de usuarios utilizan estas barras de herramientas, especialmente las de los principales motores de búsqueda como Google, se han convertido en una de las mayores fuentes de datos de inteligencia competitiva disponible. Esta es la fuente de datos que utiliza Alexa.

Figura 10.2. Barra de herramientas de Google.

Datos de panel

En este caso, el panel está formado por un grupo de participantes, cada uno de los cuales debe instalar un software de control, así como proporcionar una serie de datos sociodemográficos. Este software recopila el comportamiento de los miembros del panel y lo envía a la empresa que lo gestiona. No obstante, en relación con la información proporcionada por esta fuente de datos, conviene tener presente que:

- Muchas empresas e instituciones prohíben la instalación de este tipo de software por razones de seguridad y privacidad, por lo que queda fuera toda la información que pudiera derivarse del tráfico generado por estas empresas e instituciones, es decir, la mayoría de la navegación registrada procede de usuarios particulares.
- Hay que tener en cuenta el perfil de las personas que participan en el panel para evaluar si presentan el tipo de comportamiento que se necesita analizar.
- El software de control se basa en páginas, por lo que la utilización del vídeo o de tecnologías como Flash y Ajax, que no generan páginas vistas, hace que dicho software recopile los datos con menos precisión.
- Teniendo en cuenta la gran cantidad de sitios web que existen, los paneles tienen dificultades para proporcionar datos representativos. Para Avinash Kaushik, un sitio web puede considerar representativos los datos basados en un panel cuando recibe más de cinco millones de visitantes únicos al mes.

Esta es la fuente de datos que utilizan ComScore y Nielsen.

Datos de los proveedores de servicios de Internet (ISP)

Estos ISP nos proporcionan acceso a Internet y, mientras navegamos por la web, nuestras peticiones pasan por los servidores de estos ISP y se almacenan en sus archivos de registro. Los servidores ISP recopilan información relativa a los sitios web que se han visitado, nombres de páginas, palabras clave, tipos de navegadores y sistemas operativos, etc.

El gran volumen de estos ISP implica que el tamaño de la muestra también es grande, por lo que se incrementa la representatividad de los datos obtenidos.

Esta es la fuente de datos que utilizan Hitwise y Compete.

Datos de los motores de búsqueda

Los buscadores (Google, Yahoo!, Bing, etc.) registran las consultas que se hacen a través de ellos junto con cierta información de conexión básica como puede ser la dirección IP o la versión del navegador. Además, proporcionan herramientas que analizan directamente estos datos que previamente han recopilado.

Los informes que proporcionan estas herramientas suelen ser la principal fuente de información para realizar análisis de datos de búsqueda. Sin embargo, hay que tener en cuenta que los datos son específicos para cada motor de búsqueda.

Esta es la fuente de datos que utiliza el Planificador de Palabras Clave de Google AdWords.

Parámetros de referencia de las herramientas de analítica web

Las herramientas de analítica web recopilan datos de sus clientes y los presentan en forma de parámetros de referencia que se pueden utilizar para evaluar la situación de un sitio web. Por ejemplo, Google Analytics ofrece a sus clientes la posibilidad de compartir, de forma anónima, sus datos, en cuyo caso reciben un informe sobre análisis de la competencia. Google Analytics especifica que, para la elaboración de dichos informes, eliminan cualquier tipo de información que permita identificar el sitio web de su cliente, combina sus datos con los de otros sitios anónimos en sectores comparables y los proporciona en forma agregada. También señala expresamente que no comparte los datos de sus clientes con terceros.

Otro ejemplo es el de Fireclick, que también proporciona de forma pública parámetros de referencia relacionados con tasas de conversión, abandono del carro de la compra, navegación, etc., respecto a diferentes sectores (ropa, deportes, software, etc.).

Business Metrics	This Week	Last Week	% Change
Conversion Rate: Global	3.00%	2.30%	30% ▲
Conversion Rate: First Time Visitors	3.80%	3.40%	12% ▲
Conversion Rate: Repeat Visitors	2.40%	1.50%	60% ▲
Cart Abandonment Rate	73.50%	74.30%	-1% ▼

Marketing Metrics	This Week	Last Week	% Change
Conversion Rate: Keywords	2.10%	1.90%	11% ▲
Conversion Rate: Emails	1.10%	1.20%	-8% ▼
Conversion Rate: Affiliates	6.30%	5.60%	13% ▲

Site Metrics	This Week	Last Week	% Change
Average Session Length (pages)	4.90	4.30	14% ▲
Average Session Duration (min)	3.10	2.70	15% ▲
Average Page Display Time (s)	3.20	3.20	0%
Average Page Read Time (s)	27.50	27.10	1% ▲
Average Connection Speed (Kbps)	N/A	N/A	N/A

Figura 10.3. Ejemplo de informe de parámetros de referencia de rendimiento en Fireclick. (Fuente: `http://index.fireclick.com/`).

Dado que las herramientas de analítica web recopilan los datos de sus propios clientes, estamos comparando nuestro rendimiento solo con el de aquellos competidores que utilicen la misma herramienta. Además, la representatividad de estos datos dependerá del número de usuarios que la usen.

Datos proporcionados públicamente por los sitios web

A muchos sitios web, que obtienen ingresos por publicidad, les puede interesar publicar sus propios datos para resultar atractivos a los anunciantes. Herramientas como el Planificador de la Red de Display de Google AdWords o Quancast permiten que los sitios web proporcionen esta información.

El Planificador de la Red de Display de Google AdWords proporciona, tanto para sitios web como para aplicaciones móviles, información relacionada con el tráfico que reciben, características demográficas (edad, género y estado parental), tipos de dispositivos utilizados por los usuarios (ordenador, móvil o *tablet*), así como tipos, formatos y tamaños de publicidad que se admiten. Para los sitios web también proporciona un listado de temas que reflejan su contenido.

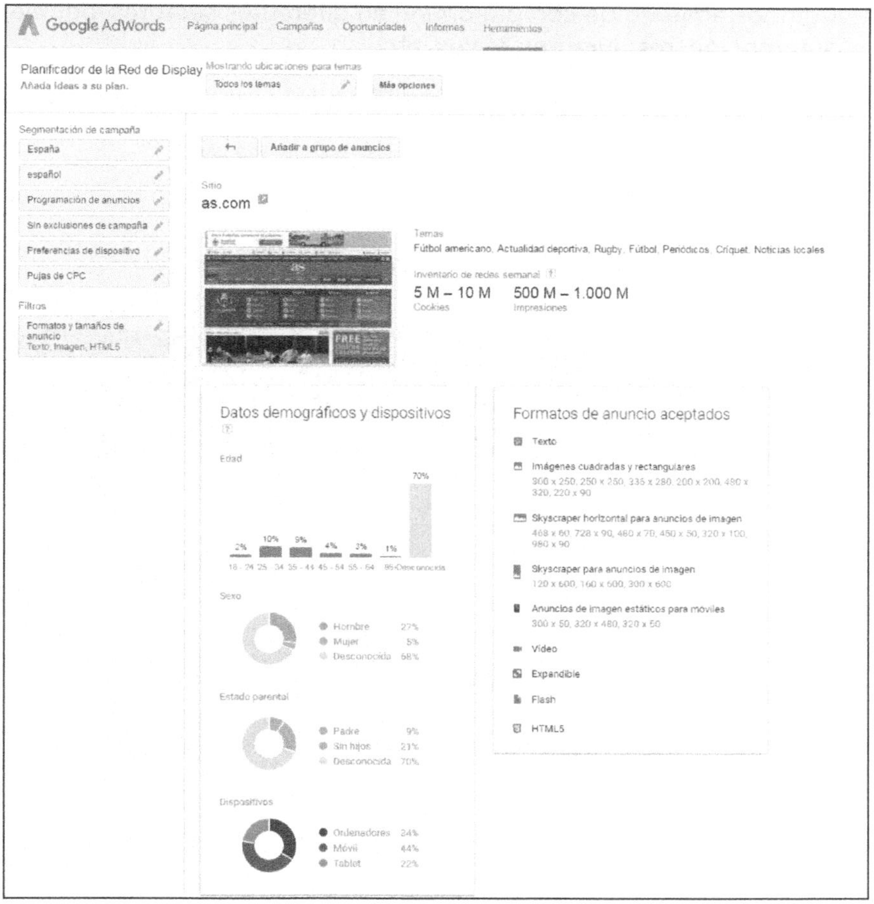

Figura 10.4. Ejemplo de informe proporcionado por el Planificador de la Red de Display de Google AdWords.

Quantcast es una herramienta interesante para analizar sitios web de Estados Unidos. Proporciona un código que se implementa en el sitio web y permite obtener información detallada sobre el perfil de los usuarios que visitan esa web. Dicha información se muestra de manera pública, incluye, además de una breve descripción del sitio web y su posición en el ranking, los siguientes informes:

- Tráfico.
- Características demográficas (género, edad, estado parental, ingresos, educación, etc.).
- Plataformas utilizadas por los usuarios.

- Comportamiento de compra *offline* en diferentes sectores, por ejemplo, automoción, restaurantes, viajes, etc.
- Consumo de medios.
- Datos de empleo.
- Sitios web que visitan.
- Localización geográfica.
- Afiliación política.

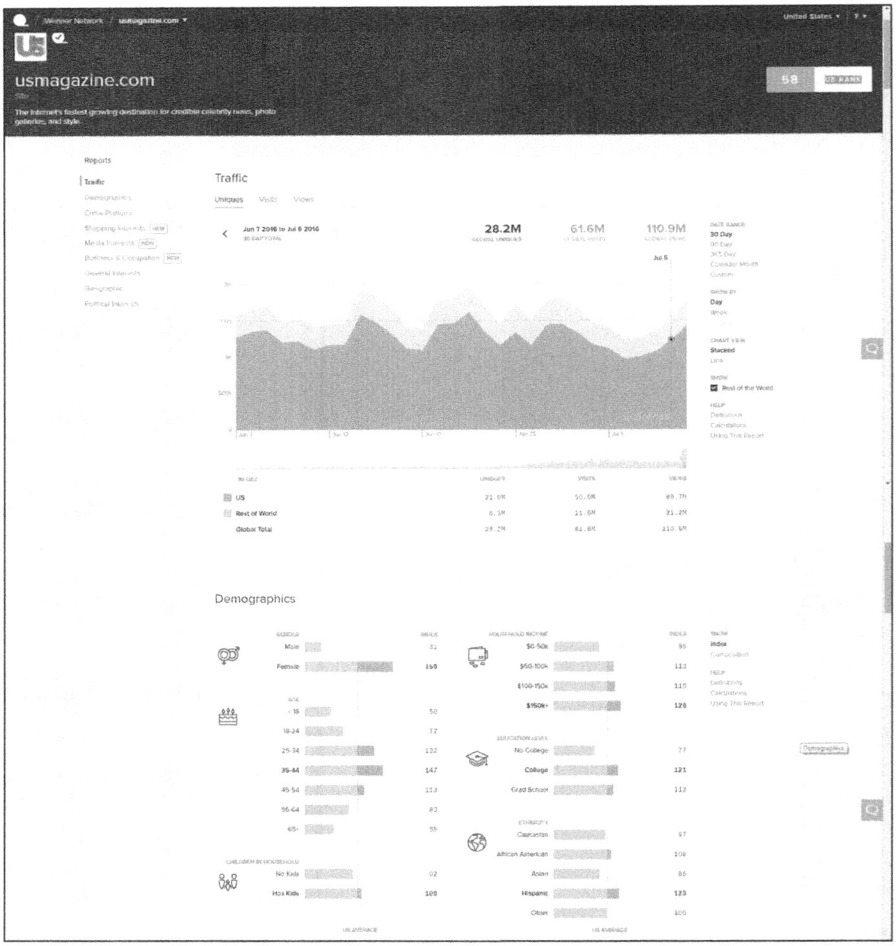

Figura 10.5. Ejemplo de informe proporcionado por Quantcast (tráfico y características demográficas).

Datos híbridos

En este caso, se utilizan múltiples fuentes de datos en vez de una sola. Esto se puede hacer de dos maneras:

- **Agregando la información:** Es el método utilizado por Quantcast y el Planificador de la Red de Display de Google AdWords, agregan los datos proporcionados directamente por los sitios web a los obtenidos de otras fuentes.
- **Combinando la información:** Es el método utilizado por Compete y Google Trends. Compete combina los datos de su propia barra de herramientas, datos de paneles y de ISP, así como información de otros proveedores de aplicaciones. Google Trends, por su parte, combina la información de un numeroso conjunto de fuentes, como los datos de búsquedas en Google, los datos agregados de Google Analytics, los datos del panel de usuarios y la información de mercado de terceros.

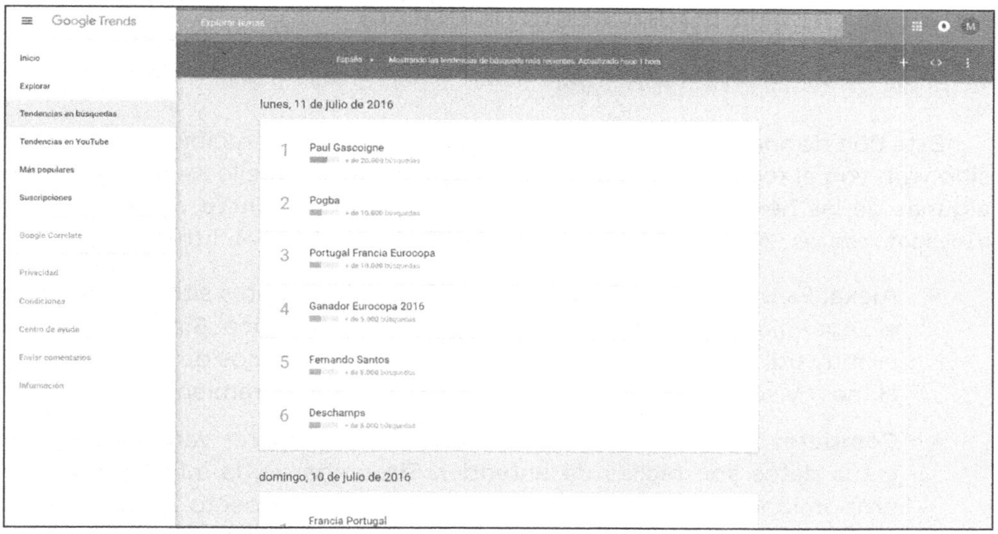

Figura 10.6. Ejemplo de Google Trends.

Avinash Kaushik, en su libro *Web Analytics 2.0*, da una orientación sobre qué fuentes de datos utilizar para el análisis, en función del número de visitantes únicos de nuestro sitio web y de los sitios web de nuestros competidores.

		Barra de herramientas	Panel	ISP	Motores de búsqueda	Híbridos
Tamaño del sitio web	Muy grande	X	X	X	X	X
	Grande	X		X	X	X
	Medio			X	X	X
	Pequeño					X

Tamaño	Muy grande: 5 millones o más de visitantes únicos Grande: 1 millón o más Medio: más de 100.000 Pequeño: 10.000 o más

Figura 10.7. Matriz de decisión para seleccionar la fuente de datos. (Fuente: adaptado de Avinash Kausik, *Web Analytics 2.0*).

Una vez analizadas las distintas fuentes de datos que se pueden utilizar, vamos a ver algunos ejemplos de análisis que se pueden realizar. Avinash Kaushik, en el libro que acabamos de citar, menciona tres tipos de análisis.

Análisis de inteligencia competitiva

Análisis de tráfico de sitios web

Este tipo de análisis nos va a permitir comparar el tráfico recibido por nuestro sitio web con el recibido por nuestros competidores. Para ello se puede utilizar algunas de las herramientas que ya hemos mencionado (`http://eduardoarea.blogspot.com.es/2014/06/7-herramientas-para-monitorear-el.html`):

- **Alexa:** Es bueno para comparar el tráfico de diferentes sitios web y para el seguimiento de las tendencias generales del tráfico. Sin embargo, no es muy útil para sitios que reciben poco tráfico (menos de 10.000 visitas al mes) y se discute el grado de fiabilidad de la herramienta.
- **Compete:** También ofrece la posibilidad de comparar varios sitios web y sus datos son fáciles de entender. Sin embargo, la información que proporciona tampoco es del todo fiable, salvo respecto a los picos de tráfico y las tendencias generales, por lo que se recomienda utilizar esta herramienta fundamentalmente para estudiar tendencias de temporada entre competidores (véase la figura 10.8).
- **Quantcast:** Proporciona cifras de tráfico, junto con una información demográfica muy interesante. Sin embargo, los datos sobre tráfico son estimados y, a menudo, poco fiables, carece de información para sitios pequeños y medianos y no permite comparar datos entre varios sitios web.

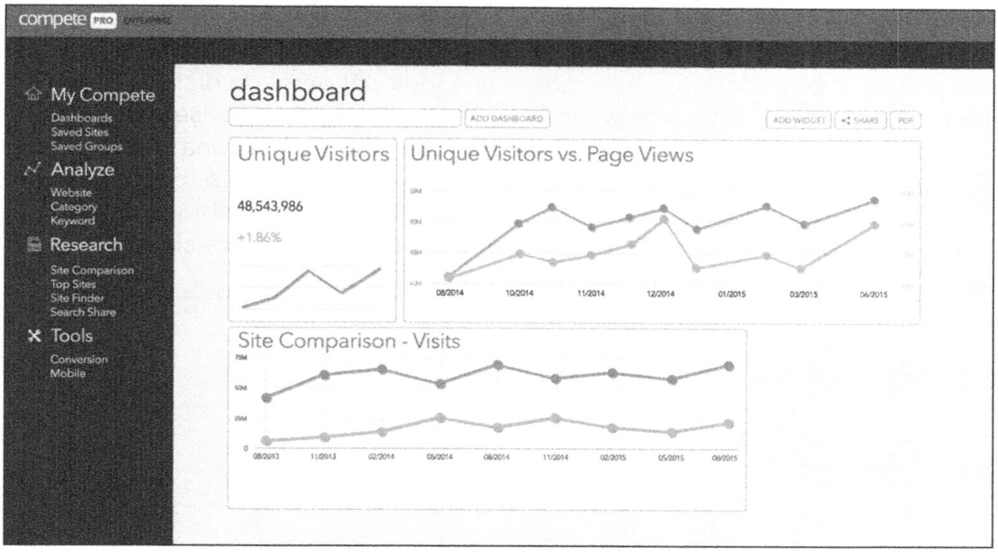

Figura 10.8. Ejemplo de comparación del tráfico de sitios web con Compete.

Conviene tener en cuenta que, si usamos diferentes herramientas, los números concretos en un momento del tiempo determinado no coincidirán, ya que cada una de ellas recopila los datos de forma diferente, aunque lo normal es que las tendencias sean las mismas.

Este tipo de gráficos resulta útil para identificar el momento en el que se ha realizado una determinada acción (por ejemplo, una campaña de marketing *online*) y analizar el impacto que ha tenido cuando comparamos el tráfico que hemos recibido respecto al de nuestros competidores.

Consultar los datos sobre búsquedas relacionadas que proporciona Google Trends también puede ser muy útil a la hora de identificar a nuestros verdaderos competidores (véase la figura 10.9).

En el ejemplo anterior, observamos que, entre los términos más buscados por los usuarios que buscan "fnac", aparecen otras tiendas como Darty, Carrefour o El Corte Inglés. Resulta también interesante consultar los términos más buscados por los usuarios que hacen búsquedas relacionadas con nuestros competidores. Además, la consulta de estos listados puede resultar útil a la hora de seleccionar los sitios web donde "colocar" nuestra publicidad.

Hay que tener en cuenta, como indica Jaume Clotet (`http://clotet.wordpress.com/2008/09/12/also-searched-for-no-son-palabras-de-referencia`), que se trata de palabras utilizadas por los usuarios de un sitio web en sus búsquedas habituales y que no pueden ser consideradas como las palabras clave de referencia de un sitio web. Este listado de palabras puede utilizarse para conocer qué buscan los usuarios que navegan por nuestro sitio web (o el de nuestros competidores) para hacernos una idea del perfil de dichos usuarios y de su afinidad con otros temas. Otras herramientas como Hitwise y Compete sí proporcionan un listado de las palabras clave de referencia de una web. Además, Compete nos permite saber, para una palabra clave concreta, qué sitios web recibieron tráfico, especificando el porcentaje de clics que recibió cada web y el porcentaje de su tráfico de búsquedas que supone esa palabra clave.

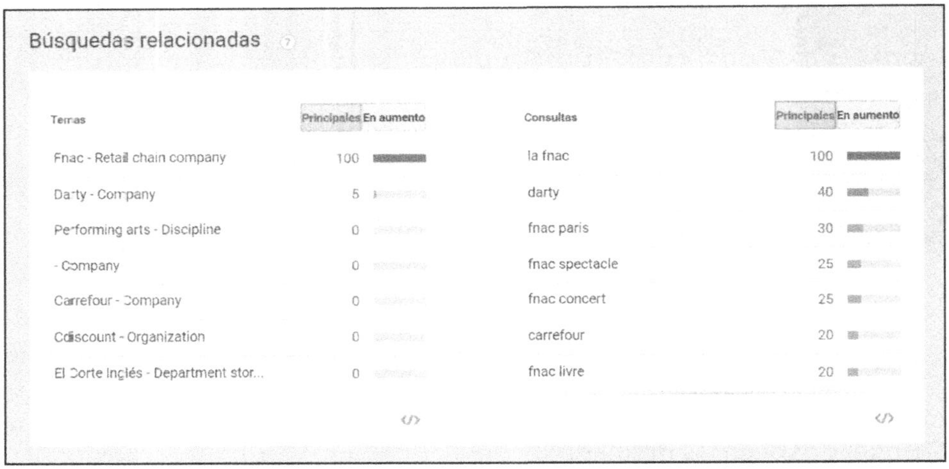

Figura 10.9. Ejemplo de búsquedas relacionadas en Google Trends.

Otra información interesante es conocer cuáles son los sitios web que están enviando tráfico a nuestros competidores, así como qué páginas visitan los usuarios después de abandonar nuestra web. Por ejemplo, si nuestro sitio web recibe un porcentaje significativo de tráfico orgánico desde Google (o cualquier otro buscador) y muchos de los usuarios vuelven de forma inmediata a Google tras abandonar nuestra web, probablemente para realizar una nueva búsqueda, esto nos está dando indicios de que es posible que no estén encontrando lo que buscan en nuestro sitio web. Herramientas como Compete proporcionan este tipo de información.

Análisis de búsquedas y palabras clave

Una de las herramientas que podemos utilizar para realizar este tipo de análisis es Google Trends. Si introducimos varios términos de búsqueda, lo primero que podemos analizar es el número de búsquedas que se han realizado de un término concreto, en comparación con el total de búsquedas realizadas en Google a lo largo del tiempo. Tal y como especifica Google (`https://support.google.com/trends/answer/4355164?hl=es&rd=1`), una tendencia descendente significa que la popularidad relativa de un término de búsqueda está disminuyendo, pero esto no significa necesariamente que el número total de búsquedas de ese término esté reduciéndose. Solo significa que su popularidad está disminuyendo en comparación con otras búsquedas.

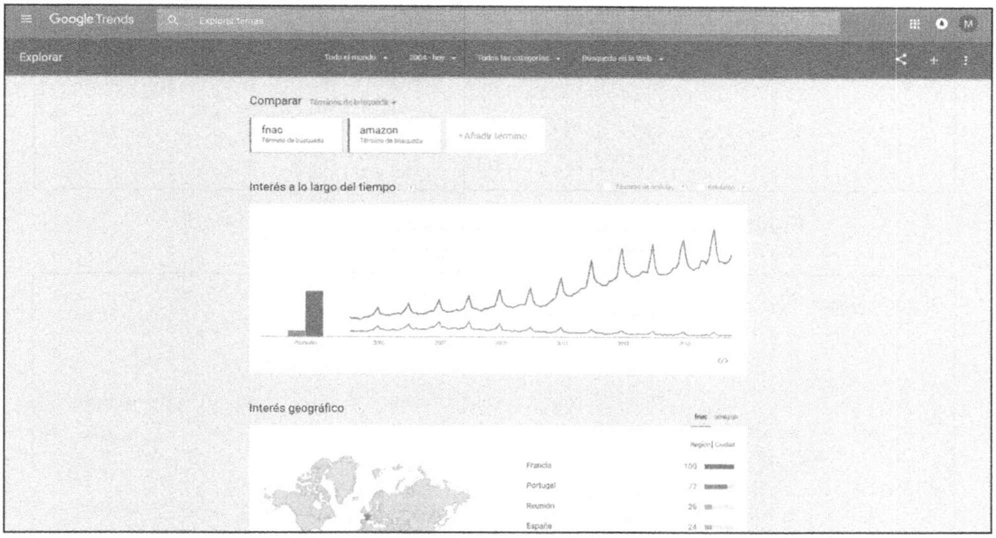

Figura 10.10. Ejemplo del gráfico de interés a lo largo del tiempo de Google Trends.

En este ejemplo, podemos apreciar cómo la Fnac ha ido disminuyendo ligeramente respecto al interés de los usuarios, mientras que el número de búsquedas de Amazon se ha ido incrementando de forma constante durante los últimos años. Avinash Kaushik aconseja hacer comparaciones entre varios términos relevantes para, de esta manera, valorar si una tendencia a la baja es realmente negativa.

Además, Google Trends nos puede ayudar también a orientar nuestra publicidad en función de la ubicación geográfica. Veamos un ejemplo en la figura 10.11.

La imagen anterior nos muestra el interés de búsqueda por región para la Fnac en Francia. Podemos observar que el mayor interés se da en la Isla de Francia y en la zona sur-este. Veamos qué ocurre con Amazon (véase la figura 10.12).

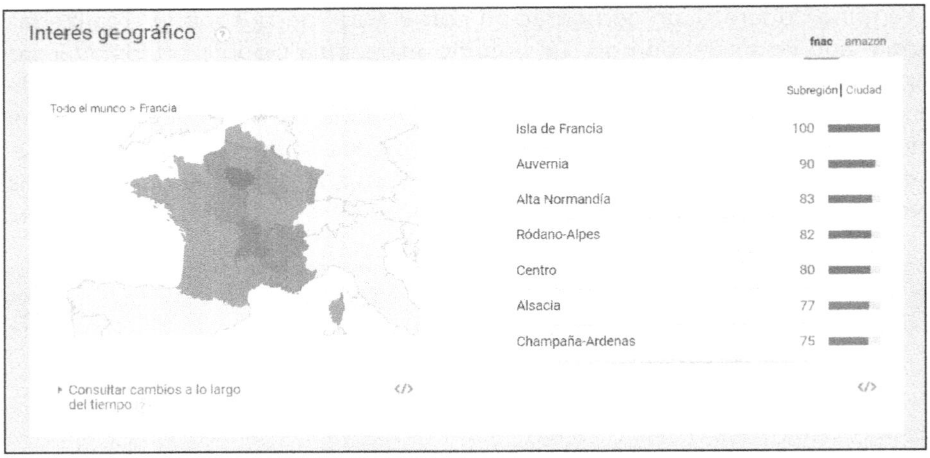

Figura 10.11. Análisis del interés geográfico para la Fnac.

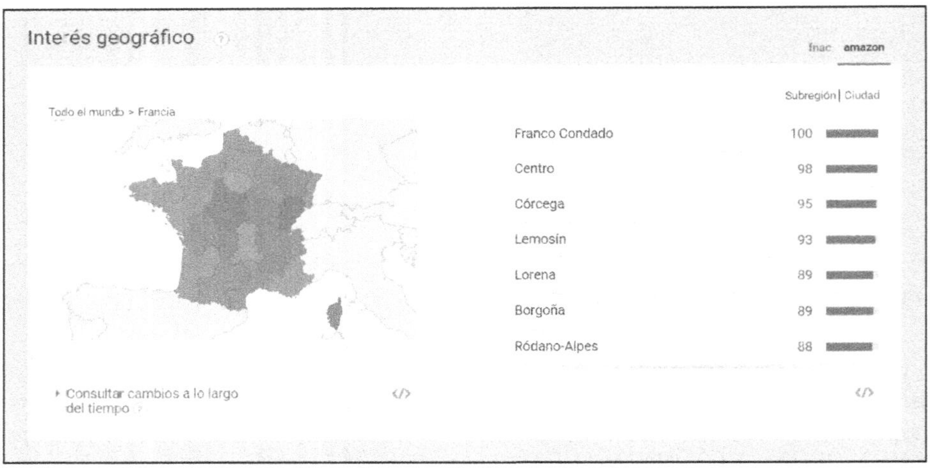

Figura 10.12. Análisis del interés geográfico para Amazon.

En el caso de Amazon, si bien existe alguna coincidencia (Ródano-Alpes), las zonas de mayor interés son diferentes. Así pues, con este tipo de información, se podrían tomar, por ejemplo, decisiones como las siguientes:

- Seguir a la competencia en las zonas en que esta es más fuerte.
- Seguir fortaleciendo nuestra marca en los lugares en los que está mejor posicionada.
- Identificar nichos de mercado y áreas de oportunidad.

Por último, Google Trends nos puede ayudar a identificar cómo evolucionan los intereses de los clientes a través de dos herramientas (`https://support.google.com/trends/answer/4355000?hl=es&rd=1`):

- **Búsquedas principales:** Son los términos más buscados con el término que estamos analizando en la misma sesión de búsqueda.

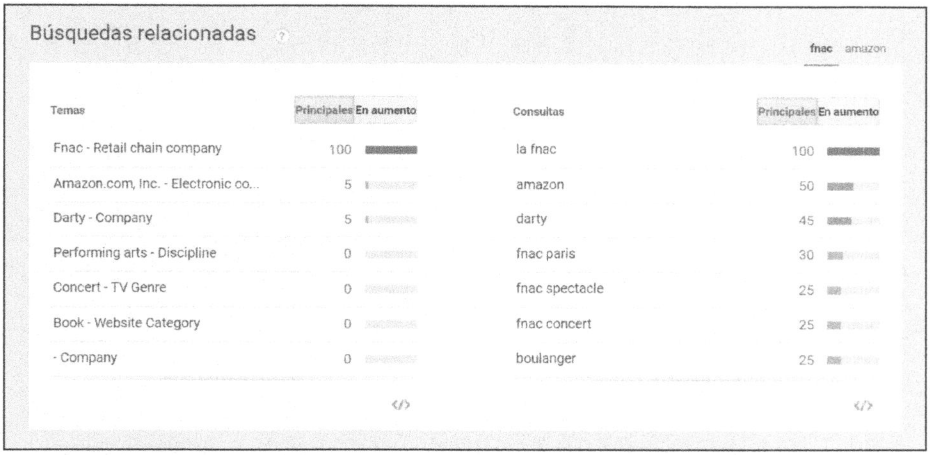

Figura 10.13. Ejemplo de búsquedas relacionadas principales de Google Trends.

- **Búsquedas en aumento:** Son los términos buscados con el término que estamos analizando y que muestran un mayor crecimiento de volumen. Aparecerá un porcentaje de aumento de la búsqueda de cada término en relación con el intervalo de tiempo anterior. Si un término de búsqueda ha experimentado un crecimiento superior al 5.000 %, aparecerá una indicación de "punto de ruptura" en lugar de un porcentaje (véase figura 10.14).

Herramientas como Hitwise proporcionan también la posibilidad de realizar estos análisis de las búsquedas.

En relación con las palabras clave, el Planificador de Palabras Clave de Google AdWords nos permite identificar las palabras clave en las que se debería estar posicionado, ya sea de forma natural (tráfico orgánico) o pagando (tráfico pagado), ya que permite conocer las palabras clave relacionadas con la información a obtener, indicando la popularidad de cada palabra clave durante un periodo determinado del año, el nivel de competencia y la puja sugerida en función de una estimación de los costes por clic (CPC) que los anunciantes pagan por dicha palabra clave (véase la figura 10.15).

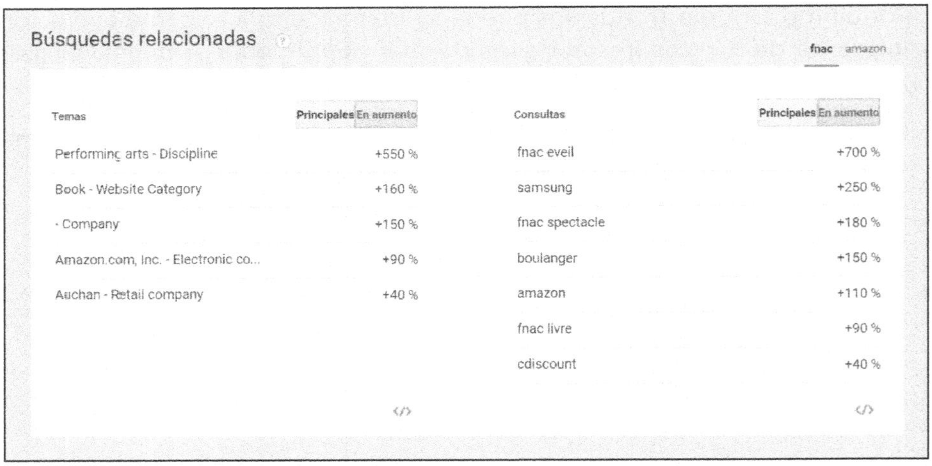

Figura 10.14. Ejemplo de búsquedas relacionadas en aumento de Google Trends.

Figura 10.15. Ejemplo del Planificador de Palabras Clave de Google AdWords.

Análisis de segmentación e identificación del público objetivo

Como señala Joseba López Hervella (`http://hervellacomunicacion.com/analizar-competencia/`), uno de los objetivos de la publicidad *online* es la relevancia, es decir, que los anuncios que se le muestran al usuario estén relacionados con sus gustos e intereses. Para conseguirlo, hay herramientas como Hitwise o el Planificador de la Red de Display de Google AdWords que permiten obtener datos para poder orientar las campañas de comunicación. El Planificador de la Red de Display genera ideas para orientar la publicidad en función de lo que interesa a los clientes o de una determinada página de destino. Estas sugerencias incluyen, entre otras, palabras clave, intereses, temas, ubicaciones o datos demográficos.

Entre las posibilidades que ofrecen estas herramientas, podemos destacar las siguientes:

- Identificar el conjunto de sitios web y aplicaciones móviles utilizados por un público objetivo que tenga unos determinados intereses, así como conocer el perfil demográfico y los dispositivos utilizados por estos usuarios.
- Segmentar por comportamiento de búsqueda e identificar los sitios web que frecuentan los usuarios que buscan determinadas palabras clave y así colocar los anuncios donde parece más probable que el público objetivo los vea.

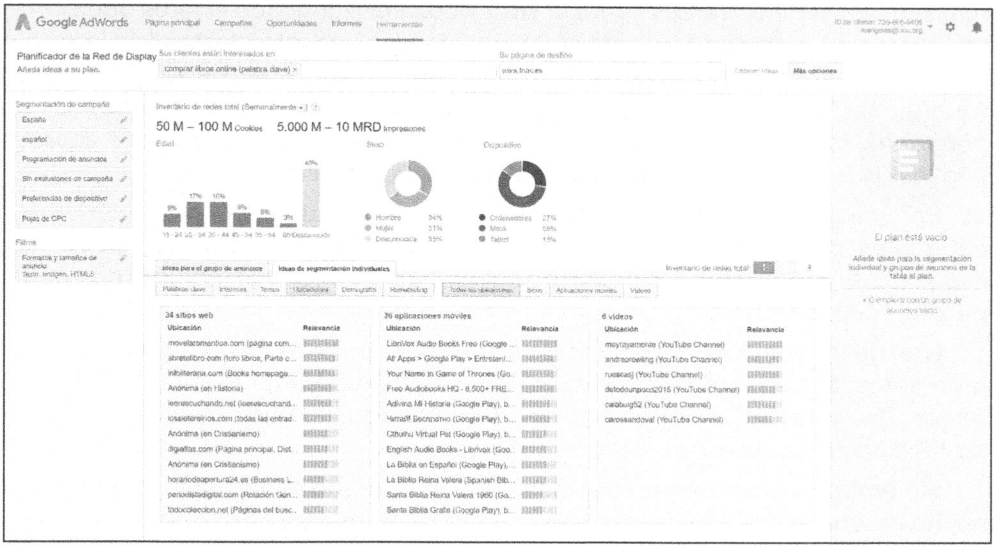

Figura 10.16. Ejemplo del Planificador de la Red de Display de Google AdWords.

El análisis de la competencia a través de técnicas cualitativas

Las técnicas cualitativas nos permiten realizar un análisis de la competencia basado en la experiencia del usuario que ofrecen los sitios web de las empresas que compiten con nosotros. Este tipo de análisis nos permite identificar las mejores prácticas existentes y los problemas más habituales en las web de un determinado sector.

Para ello se pueden utilizar dos tipos de metodologías: los test de usuarios y la evaluación heurística. Vamos a verlos más en detalle siguiendo para ello a Yusef Hassan Montero y Sergio Ortega Santamaría (Informe APEI sobre usabilidad).

Test de usuarios

El test de usuarios se basa en la observación de cómo un grupo de usuarios realizan una serie de tareas sobre el sitio web, analizando los errores que cometen, el tiempo empleado y su satisfacción final una vez terminada cada tarea. Se trata, por tanto, de una prueba destinada a medir tanto la usabilidad objetiva (qué y cómo actúa el usuario), como la usabilidad subjetiva (cómo de fácil ha percibido la tarea). Es importante que los participantes tengan perfiles acordes con los usuarios reales o potenciales del sitio web analizado.

En cuanto a las tareas encomendadas a los participantes, estas deben ser habituales, deben estar descritas en términos de objetivos finales y deben ser específicas y realizables, así como requerir un periodo de tiempo razonable para ser completadas.

Una de las ventajas de los test de usuarios es que no solo se detecta en qué momentos los usuarios se equivocan o se detienen durante la realización de las tareas, sino también el por qué, es decir, qué es aquello que no entienden o qué les ha llevado a tomar decisiones equivocadas.

Sin embargo, también presenta limitaciones, como son el elevado coste y el hecho de que, al tratarse de pruebas que se realizan en laboratorio y con tareas impuestas, la interacción del usuario se encuentra descontextualizada, lo que influye en la forma en que este resuelve los problemas.

Evaluación heurística

Consiste en el análisis del sitio web con el objetivo de identificar posibles problemas de usabilidad, comprobando para ello el cumplimiento de una serie de criterios (heurísticas) previamente establecidos. Estos problemas de usabilidad no solo deben identificarse, sino que también debe ponderarse su gravedad, tanto en términos de frecuencia y persistencia del problema, como del impacto o consecuencias que tendrá para el usuario.

La evaluación heurística es un proceso sencillo y económico. Sin embargo, resulta menos eficaz que el test de usuarios en la detección de aquellos problemas de usabilidad que tienen un mayor impacto en el usuario final.

Así pues, en el contexto actual, en el que los mercados evolucionan de forma cada vez más rápida, las herramientas y análisis, ya sean cuantitativos o cualitativos, que hemos expuesto a lo largo de este capítulo nos permiten recopilar información sobre el sector en el que nos movemos, sobre la competencia y sobre la propia organización. Dicha información nos puede ayudar a identificar los puntos fuertes y débiles de nuestros principales competidores y nos sirve de referencia para medir la posición que ocupa nuestra empresa en el mercado, siendo uno de los elementos a tener en cuenta a la hora de tomar decisiones a corto y a largo plazo.

Parte IV

Social media

Las redes sociales han pasado de ser una herramienta de comunicación entre personas a una fuente de oportunidades de negocio para las empresas. Queremos estar allá donde están nuestros usuarios. Queremos que nos conozcan y formar parte de esa comunicación. La mala noticia es que va a tener que ser según sus reglas. Entender cómo funcionan las redes sociales y qué hace a cada una de ellas especial para nuestros usuarios es algo que trataremos en los siguientes capítulos. ¿Debería apostar por Facebook o por YouTube? ¿Debo crear una cuenta de Instagram para mi empresa? ¿Cómo sé que mis campañas de tuits promocionados están teniendo éxito? ¿Qué indicadores nos pueden ayudar a saber si estamos alcanzando nuestros objetivos y a decidir si es necesario hacer ajustes en la estrategia?

Las respuestas, en las siguientes páginas.

11

Mobile social media

Antonio es usuario de Instagram desde hace más de seis años. @antonioparra1 es como se hace llamar en la red social de fotografías y vídeos. Al principio, esta red se convirtió en el medio para conectar con los amigos a los que no tenía cerca, compartiendo fotos en las que celebraban una reunión, comentando publicaciones de excompañeros de trabajo o, simplemente, marcando con un "Me gusta" la foto de un amigo. En 2016, la red lanzó las *Instagram stories*, un contenido efímero que desaparece a las 24 horas, al alcance de todos sus usuarios. Antonio encontró aquí un formato ideal para añadirle una pizca de dinamismo y atractivo a sus publicaciones. El uso que hacía de la red social aumentó. Cada mañana, lo primero que hacía Antonio al despertar era revisar su *feed*. Sus publicaciones se tornaron más sofisticadas... Hasta que, de forma gradual, el uso que hacía de Instagram cambió.

Hablemos por un momento de Patricia (Patt para los conocidos). Patricia es usuaria de Twitter desde el año 2011 (@galandecastro). Por aquella época, la red social todavía no sabía qué hacer con funcionalidades como los *hashtags*, los *retuits* o las listas. Patt, como buena *early adopter*, experimentó con estas nuevas funciones con mejor o peor suerte. A día de hoy todavía no ha encontrado la utilidad a las listas de Twitter. Pero la red le dio la oportunidad de mantenerse al día como profesional (siguiendo cuentas de expertos en experiencia de usuario) y como ciudadana (siguiendo las cuentas de periódicos digitales). En tiempo real. Comprobar, varias veces al día, su *feed* en busca de las últimas noticias y novedades en su sector se convirtió en un hábito. Pero, pronto, esto también cambió. Las opiniones de algunos usuarios de la red, ocultos tras el anonimato de un nombre de cuenta y un avatar, eran categóricas y agresivas. "Twitter es la universidad de los catedráticos de la nada". Y, de la noche a la mañana, decidió dejar de utilizar esta red social.

Antonio y Patt han cambiado con los años. Su presencia digital ha cambiado también. No son los únicos. Al igual que las redes sociales, han evolucionado para consumir y publicar el contenido que se ajusta a sus necesidades e intereses.

Veamos cómo.

Las redes sociales móviles

Las redes sociales y los dispositivos móviles son dos tecnologías unidas desde sus inicios. Gran parte de las redes sociales han nacido (y solo tienen sentido) en estos dispositivos. Se ha establecido una curiosa relación de simbiosis entre ambos: unas relacionan de mil y una formas diferentes a las personas (y las marcas) más allá de limitaciones de espacio o tiempo; los otros permiten el acceso a estas en cualquier momento y lugar. Cerca del 80 por 100 del tiempo que pasamos en redes sociales se emplea desde dispositivos móviles. No es casualidad por tanto que seamos más proclives a compartir contenido (el doble, según un estudio de Comscore) desde nuestros móviles.

El auge de las redes sociales supuso una revolución digital y económica. Los grandes inversores desesperadamente prestaban su dinero a estas *start-up* creadas y dirigidas por jóvenes con mejores ideas sobre un futuro mundialmente conectado que sobre cómo hacer un negocio sostenible. Pero todo tiene un precio. Tras algunos años de desembolsos millonarios, vuelta a la realidad: los inversores llaman a la puerta de las redes sociales pidiendo el prometido retorno de la inversión. Es por esto que uno de los objetivos que año tras año las redes sociales se imponen es experimentar con nuevas formas de monetizar sus plataformas, principalmente ofreciendo nuevas herramientas para las empresas.

Pero el camino no deja de presentar obstáculos. No deja de ser contradictorio que los contenidos que preparamos para nuestra audiencia en Twitter o Facebook (y que muy probablemente sean consumidos desde un móvil) los escribamos desde un ordenador de escritorio. Alejarse de nuestros usuarios siempre es peligroso.

También es fácil olvidar que las nuevas generaciones solo han conocido el móvil como plataforma y que las redes sociales forman parte de su modo de vida. Nuestros seguidores pueden ser muy distintos, sus necesidades muy diferentes.

Y los patrones no suelen repetirse de una red social a otra: diferentes tipos de contenidos, distintas interacciones entre usuarios, otros ritmos de publicación.

Pero nadie dijo que esto sería fácil, ¿verdad? El camino es tan complejo como apasionante.

Tipos de redes sociales móviles

Muchos de nosotros no contemplamos nuestra vida sin las redes sociales (ni los dispositivos móviles), a pesar de tratarse de un fenómeno relativamente reciente para algunos. Al suponer un medio con el que expresarnos, con el que mostrar nuestra identidad, estamos demasiado involucrados para que podamos exponer a otras personas, compañeros de trabajo o jefes los beneficios que pueden aportar al mundo de la empresa.

Demos un paso a un lado para observar con objetividad la variedad y evolución de las redes sociales móviles y cómo esta nos sugiere una clasificación para poder conocerlas mejor:

- **Redes sociales para establecer relaciones:** Mediante estas redes, las personas pueden comunicarse con otras personas a nivel personal (Facebook, Twitter) o también a nivel profesional (LinkedIn). Para nuestro negocio puede ser interesante crear vínculos con clientes habituales para mejorar la estrategia de fidelización o potenciar nuestro servicio de atención al cliente. Estas redes también permiten dirigir campañas de marketing a segmentos muy concretos, ya que disponen de gran cantidad de información de sus usuarios. Con una adecuada estrategia de contenidos, se puede mejorar la percepción de la marca, como hace Hootsuite (`https://www.facebook.com/hootsuite`), la compañía de gestión de redes sociales. Sus publicaciones son el perfecto equilibrio de contenido propio, relevante, contenido de otras fuentes y curiosidades.
- **Redes sociales para compartir contenido multimedia:** En estas redes, los contenidos multimedia son los reyes. Instagram, Pinterest, YouTube, TikTok o Snapchat tienen una base de usuarios que se cuentan por millones y no parece que esto vaya a cambiar a corto plazo. Los contenidos de vídeo son los más efectivos, los más compartidos, valorados y seguidos, pero no hay que infravalorar el potencial de redes como Instagram o Pinterest. Estas también pueden ayudarnos a mejorar la percepción de nuestra marca mostrando cómo es el trabajo entre bambalinas en nuestra empresa o compartiendo contenidos simpáticos (`https://www.instagram.com/hootsuite/`). También nos pueden ayudar a convertir la marca en un referente en cuanto a un tema (por ejemplo, con un canal de YouTube sobre consejos para utilizar Microsoft Excel, `https://www.youtube.com/user/Josematube`). Sin embargo, debemos tener en cuenta que, para ser relevante en este tipo de redes, nuestra estrategia de contenidos tiene que estar muy bien planificada (publicando con regularidad) y la calidad de esos contenidos tiene que ser la suficiente para atraer a nuevos usuarios y mantener a los existentes. Este tipo de redes son las que mayor trabajo de preparación y esfuerzo requieren, no lo olvidemos.
- **Redes sociales de mensajería:** WhatsApp, en el terreno de los mensajes personales, y Slack, en el ámbito de la empresa, dominan este tipo de redes. El resto se cuentan por decenas (Telegram, Facebook Messenger...). Si bien no es tan evidente cómo pueden encajar en una estrategia de marketing, su valor es indudable. Ofrecer como parte del servicio de atención al cliente una de estas redes como canal de comunicación, al ser una de las formas más directas y personales, supondrá una estupenda vía de retención de los clientes más importantes. Es la misma cercanía e inmediatez que los comercios locales aprovechan para no perder el *momentum* con sus clientes y mantener el interés en sus productos o servicios.

- **Redes sociales de valoraciones:** TripAdvisor, Swarm, Yelp o Google My Business establecen un canal de comunicación entre clientes y marcas que disponen de un emplazamiento físico. Nadie puede hablar mejor de tu negocio que tus clientes. Además, plataformas como El Tenedor o TripAdvisor pueden apoyar tu modelo de negocio como canal adicional de reservas.

Otro tipo de redes cuentan con menos herramientas para la explotación de objetivos comerciales, pero no por ello dejan de ser relevantes o útiles en ciertos escenarios.

Marcas como L'Oréal o Audi han apostado por campañas en foros de discusión (Reddit) para llegar a nuevos tipos de audiencias.

Medium es una red social de contenido editorializado donde Netflix y su blog de tecnología tienen una gran aceptación desde hace algunos años. ¿Cómo lo hacen? Con un ritmo de publicación constante, llegando a una audiencia mayor a través de una plataforma respetada por su exquisita experiencia de usuario e invirtiendo muy poco, pues publicar en Medium es muy sencillo.

Las redes de economía compartida (Uber, Airbnb) suponen una oportunidad de llegar a potenciales clientes a través de anuncios o colaboraciones puntuales (*partnerships*).

Como puedes ver, las posibilidades son incontables.

Estableciendo una estrategia de contenidos a compartir

El tiempo y los recursos que podemos dedicar a ciertas iniciativas son limitados. Igual que dicha falta de recursos puede impedir que publiquemos nuestra aplicación en todas las plataformas existentes en el mercado, también debemos valorar nuestra presencia y acciones en las redes sociales móviles. Por ello, definir un plan de marketing en redes sociales móviles como parte de nuestro plan de marketing móvil nos ayudará a que esta presencia sea efectiva.

Define los objetivos para redes sociales

Establecer estos objetivos cumple una doble función: medir el éxito o fracaso de nuestras campañas y ayudarnos a decidir en qué redes queremos potenciar nuestra presencia. Es fundamental hacer un seguimiento de nuestras campañas activas, comprobar si están siendo efectivas e intervenir si es necesario para realizar los ajustes que nos permitan alcanzar los objetivos de negocio que nos hayamos marcado. Un seguimiento de nuestra campaña de anuncios móviles en la red social X puede apuntar hacia un error en la segmentación: es momento de actuar.

Tener una participación activa en todas las redes sociales más relevantes es algo tan solo al alcance de pocas compañías. A pesar de todo (y de nuestros recursos), debemos centralizar nuestros esfuerzos en las redes que nos permitan alinear la estrategia de contenidos que apliquemos con los mencionados objetivos de negocio. Imaginemos que nuestra marca dispone de tiendas físicas y *online* para la venta de moda y complementos, una posible estrategia consistiría en lanzar campañas en redes sociales que atraigan a usuarios a la tienda *online* para reducir los gastos asociados a las tiendas físicas.

Nuestros objetivos deben ser claros y medibles. Por ejemplo, podemos utilizar Twitter para reducir un 10 por 100 el número de contactos con el servicio de atención al cliente. Esto lo haremos a través de una cuenta específica y aspirando a cumplir una tasa de respuesta a nuestros usuarios de menos de 10 minutos.

Si los objetivos son accionables y cuantificables (como en el ejemplo anterior), podremos hacer un seguimiento continuo y establecer el grado de éxito o fracaso de las campañas.

Cuando complementamos una correcta definición de los objetivos con un modelo de atribución para cada uno de los canales de nuestra estrategia de marketing digital, somos capaces de analizar la rentabilidad de nuestras campañas en redes sociales. Airbnb consiguió llegar a 238 millones de personas a través de Facebook e Instagram Ads y reducir el coste de adquisición de clientes un 47 % (`https://www.facebook.com/business/success/2-airbnb`).

Realizar una auditoría de la presencia en redes sociales móviles

Antes de empezar cualquier iniciativa, nos debemos plantear cuál es nuestro punto de partida real.

- ¿En qué redes sociales estamos presentes? ¿Con qué frecuencia actualizamos los contenidos?
- ¿Conocemos a nuestra audiencia en estas redes?
- ¿Qué tipos de contenidos estamos compartiendo en cada red?
- ¿Qué objetivos tenemos? ¿Se están cumpliendo?

Tras este análisis, puede que tengamos que determinar si dejamos de publicar contenidos en alguna de las redes. Es una decisión difícil, pues ya habíamos establecido un canal de comunicación con nuestros usuarios, pero debemos recordar que nuestros objetivos son la efectividad y la relevancia. Para conseguirlos necesitamos una implicación completa en cada una de las redes en las que decidamos estar.

Crea (o mejora) el perfil en las redes en las que vayamos a actuar

Una vez hemos decidido en qué redes vamos a tener presencia, crearemos un perfil atractivo, que despierte el interés en los potenciales clientes. La mayor parte de las redes hoy en día permiten utilizar una imagen de cabecera (*cover photo*) que defina en unos pocos píxeles cómo es nuestra empresa o nuestro producto.

Nuestro mensaje deber ser único y consistente para todos los canales de comunicación (aplicación, web, anuncios...). Cada empresa tiene una voz y un tono diferentes.

Las marcas más exitosas han sido capaces de encontrar su voz conectando así con seguidores de una forma honesta. La impostura se paga en las redes sociales.

Figura 11.1. *Cover photo* de Starbucks en su perfil de Twitter.

Aprende de tus seguidores (y de los que no lo son todavía)

Las redes sociales suponen una magnífica oportunidad para escuchar y entender a nuestra audiencia. ¿Qué tipo de contenidos o acciones les interesan más? ¿Qué temas comparten más? ¿Cuándo?

Podemos hacer un seguimiento de lo que dicen los usuarios de nosotros y en qué piensan o qué les preocupa. Entendiendo mejor a nuestros usuarios surgirán ideas para futuras campañas. Los competidores y los *influencers* también nos proporcionarán información sobre tendencias y sobre contenidos relevantes.

Debemos aprovechar toda esta información para mejorar nuestro plan de contenidos y pensar en él como algo vivo y cambiante, como nuestra audiencia.

Crea un calendario editorial

Este es el momento en el que decidimos qué tipo de contenidos vamos a publicar y la periodicidad con la que lo vamos a hacer. Para lo primero, conviene recordar que deben estar alineados con los objetivos que nos marcamos. Si uno de los objetivos es conseguir nuevos usuarios en nuestra aplicación, debemos incluir contenido que lleve a las tiendas de aplicaciones móviles para su descarga. Por otro lado, la periodicidad vendrá indicada por el conocimiento que vayamos adquiriendo de nuestros usuarios. ¿Cuándo son más compartidos los contenidos promocionales? ¿Son más leídos los fines de semana? ¿Y los contenidos informativos? ¿Tienen acogida entre nuestra audiencia los temas de actualidad?

No olvidemos investigar cuentas de otras marcas (en nuestro mercado o fuera de él) para descubrir enfoques diferentes y encontrar algo de inspiración. Casi todas las redes sociales exponen campañas de éxito de marcas famosas.

Medir y ajustar la estrategia

Si los objetivos que nos marcamos son específicos y medibles no tendremos problema en saber si las campañas alcanzan el éxito que esperábamos.

Pero los ajustes son importantes. Al principio podemos tener dudas sobre si esta red social nos ayudará a cumplir nuestros objetivos mejor que esa otra. En ese caso, ¡a experimentar! Podemos lanzar pequeñas acciones y aprender de ello. ¿Han tenido repercusión? ¿Por qué? A nadie le gusta equivocarse, pero, si lo hacemos, al menos obtenemos un conocimiento que será valioso en el futuro. En caso contrario, logramos la validación que necesitábamos para implementar una estrategia a mayor escala.

Una forma de iterar nuestras campañas es a través de *split-testing* (o test A/B), que consiste en dividir una campaña en dos (o más) con una pequeña variación (por ejemplo, el texto de la llamada a la acción) y lanzar cada una a la mitad de la audiencia que definimos originalmente. Tras finalizar las campañas, comprobaremos el rendimiento de cada una de ellas para averiguar qué es más efectivo y aprovechar ese aprendizaje en el futuro.

En definitiva, medir, ajustar e iterar tienen como fin ayudarnos a entender cómo las redes sociales complementan nuestra estrategia de marketing.

En capítulos posteriores de marketing digital, analizaremos estrategias y herramientas de medición de campañas.

Cómo utilizar las redes sociales en nuestro negocio

Lo primero que debemos de tener en cuenta es que hay que ponérselo fácil a nuestros usuarios a la hora de compartir contenidos. Sea en nuestra web optimizada para móvil o en nuestra aplicación, los botones para compartir en redes en las que somos activos deben ser visibles y ayudarles a que esta acción sea lo más rápida y sencilla posible (véase la figura 11.2). Si generamos contenido con frecuencia, esto es más importante si cabe.

No debemos olvidar que si nuestros contenidos no están optimizados para móvil estaremos dificultando la experiencia del usuario. Y un usuario enfadado es un futuro excliente.

No podemos pensar en nuestra web como un componente aislado de nuestra estrategia, pues supone el punto de llegada de muchos momentos distintos de nuestros usuarios: desde buscadores, redes sociales, aplicaciones, desde códigos QR, SMS... Las posibilidades son muchas. La mayor parte de las veces esto se produce desde un dispositivo móvil.

Una alternativa para mejorar dicha experiencia consiste en permitir a nuestros usuarios acceder a nuestra aplicación mediante una cuenta de redes sociales (habitualmente Facebook, Twitter o Google). Evitaremos así que tengan que realizar un registro completo en nuestra plataforma y recordar una contraseña más. Facebook realizó un estudio por el cual demostró que los usuarios que se registran en Huffington Post a través de su acceso social pasaban más tiempo en la web que el usuario medio.

Figura 11.2. El blog del servicio Buffer muestra claramente las opciones para compartir en Facebook, LinkedIn o Twitter.

Pero las redes sociales son algo más que un nexo entre canales digitales o simples generadores de contenido. Veamos qué pueden ofrecernos algunas de las redes sociales más importantes.

El día que Instagram quiso ser rentable

Una de las consecuencias de la adquisición multimillonaria de Instagram por parte de Facebook fue que, poco tiempo después, la red social de fotografía móvil abrió a todo el mundo su plataforma de anuncios. Fue una jugada inteligente, pues los anuncios en Instagram se gestionan a través de Facebook Ads y se necesita una página en la red social para poder publicarlos.

Los números también acompañan. Los anuncios en Instagram tienen un coste asequible (comparado con otras redes, desde un euro al día puedes publicar tu anuncio) y la respuesta de sus usuarios es positiva, pues la tasa de conversión es de las más altas entre los anuncios en redes sociales.

La versatilidad de estos anuncios es también algo a reseñar: la interfaz se parece a la de cualquier otro contenido de la red y los *call-to-action* (llamadas a la acción) son sutiles, pero claros y efectivos.

Para aumentar aún más las posibilidades de monetización, la red lanzó Instagram Shopping, de forma que ahora puedes etiquetar (como si fueran personas) los productos de tu tienda *online* en tus publicaciones. Un seguidor que vea la publicación podría comprar tu producto sin salir de Instagram.

Instagram ha evolucionado desde su lanzamiento hasta alcanzar el billón de usuarios activos cada mes. Su audiencia es joven (un 67 % de norteamericanos entre 18 y 29 años son usuarios de la red) y activa (un 63 % de sus usuarios acceden al menos una vez por día), según los datos recopilados por Hootsuite (`https://blog.hootsuite.com/instagram-statistics/`).

Sin duda, es una opción a tener en cuenta si buscamos realizar campañas orientadas a un público joven y basadas en imágenes o vídeos o buscamos otros canales de venta *online* para nuestros productos.

La versatilidad de los anuncios de Facebook

Facebook quiere ser un aliado para nuestra empresa. Los tiempos en los que esta red social exploraba formas de rentabilizar la plataforma quedaron lejos.

Las herramientas que ofrece para realizar campañas no solo buscan cubrir las necesidades que pueda tener cualquier negocio, sino que también nos guían en el proceso. Con los anuncios de Facebook podemos:

- Alcanzar nuestros objetivos de negocio.
- Llegar a nuestra audiencia, por muy segmentada que esta sea.
- Obtener un retorno de la inversión.

Al crear un anuncio en Facebook, lo primero que tenemos que hacer es definir el objetivo para ese anuncio. Conseguir instalaciones de nuestra aplicación, visitas a nuestra web, llegar a personas cuando estén cerca de nuestra tienda o aumentar el reconocimiento de marca son algunos de estos posibles objetivos. Como se puede comprobar, son objetivos fácilmente alineables con nuestros objetivos de negocio (véase la figura 11.3).

La segmentación es otro de los puntos fuertes de los anuncios de Facebook, pues los datos demográficos y de comportamiento de usuario de los que disponen son tantos que, por ejemplo, se podría lanzar un anuncio que se mostrara solo a los usuarios de la red social que estén interesados en un competidor del mismo mercado (véase la figura 11.4).

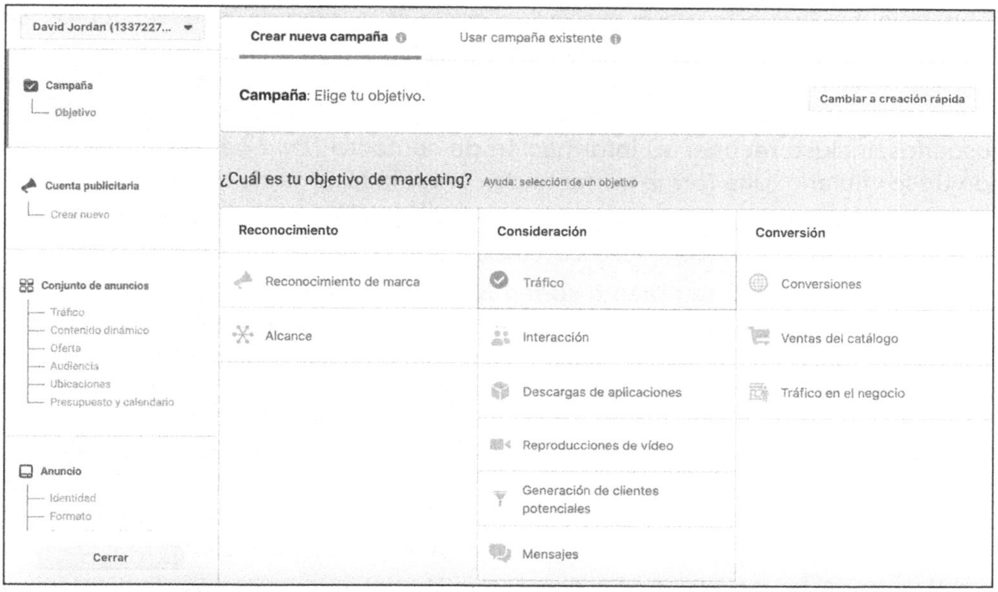

Figura 11.3. Objetivos para una campaña de anuncios en Facebook.

Figura 11.4. El gestor de anuncios de Facebook permite segmentar por numerosas variables e indica la audiencia potencial a la que alcanzaría esa segmentación.

El coste de estos anuncios se basa en un sistema de subastas, de forma que es difícil establecer *a priori* si nuestra campaña nos supondrá una inversión considerable o no, pero la ventaja de este sistema es que podremos hacer experimentos con bajo presupuesto para escalarlos después a medida que validemos su rendimiento. Uno de los formatos más interesantes de anuncio son las Instant Experiences, experiencias interactivas (casi web embebidas) con las que puedes mostrar tu producto con mayor atractivo visual, dirigir a tu web o aplicación a los usuarios, incluso recoger su información de contacto (*lead generation*) a través de un formulario. Una forma perfecta de contar la historia de tu producto.

Facebook ofrece una completa guía para la creación de anuncios en sus plataformas (`https://www.facebook.com/business/ads/`).

Pero la red social también dispone de otra herramienta que puede apoyar nuestra estrategia: Facebook Messenger. A través de esta aplicación, podemos establecer un canal de comunicación personal con nuestros clientes mediante mensajes directos o automáticos (mediante *bots*). Este canal nos permite ampliar la cobertura de nuestra atención al cliente o simplemente mejorar el servicio que ofrecemos. Happy Socks aumentó considerablemente las ventas de las campañas de Navidad y San Valentín a través de anuncios en Facebook que dirigían a un *bot* en Facebook Messenger que ayudaba a los potenciales clientes a elegir qué calcetines son los más adecuados para ellos.

Facebook ha dejado de ser la red social para universitarios de sus inicios para ser una marca que aúna algunas de las redes sociales más importantes de la red (la propia Facebook, WhatsApp e Instagram), una sofisticada plataforma de anuncios y un laboratorio de nuevos productos digitales. Todo ello sin que la red social principal deje de crecer: Facebook tiene más de dos billones y medio de usuarios activos al mes, más de dos billones de ellos acceden desde dispositivos móviles (WeAreSocial). También sigue siendo una red que atrae a un público mayoritariamente joven (el rango de 25 a 34 años es el mayoritario, según datos de Stadista.com).

Te preguntarás: ¿debería apostar por Facebook para mis campañas? Facebook es una muy buena opción para:

- Realizar experimentos con segmentos de usuario muy definidos.
- Productos cuya estrategia de marketing se apoya fuertemente en la generación continua de contenidos (Tasty).
- Campañas orientadas a segmentos muy jóvenes de población.

Promociones y anuncios: Twitter para empresas

Desde muy pronto, Twitter ha sido una red ampliamente utilizada por los profesionales de marketing dado su potencial de comunicación. Los *hashtags*, retuits, menciones y *trending topics* convertían a la red social en el perfecto canal de comunicación en el que establecer una estrategia de contenidos. Pero Twitter ha acabado abriendo también su plataforma a los anuncios y ahora se pueden promocionar tuits, cuentas oficiales o tendencias. Este tipo de promociones, aunque generalistas, pueden servirnos para nuestras campañas móviles cuando lanzamos un nuevo producto o para aumentar el reconocimiento de marca.

La configuración de los anuncios en Twitter es similar al procedimiento a seguir en Facebook. Uno de los objetivos más interesantes es el de conseguir instalaciones de nuestra aplicación (o más interacciones). Este tipo de anuncios se muestran como un tuit más y, como en el caso de Instagram, la llamada a la acción es sutil pero relevante, por lo que puede ser una buena opción para promocionar nuestra aplicación.

Twitter también ofrece una segmentación muy completa (por datos demográficos, localización, dispositivo, intereses, etc.) y la herramienta de reportes dispone de toda la información que necesitamos para valorar el éxito de la campaña.

Figura 11.5. Ejemplo de Twitter App Card para el *New York Times*.

El coste de las campañas puede ser variable, pues también está basado en un sistema de subasta, pero suele ser superior al de los anuncios de Facebook. La ventaja de las promociones de descarga en Twitter es que solo cobran por clic de descarga o interacción.

Los anuncios de Twitter pueden suponer una buena opción como complemento si ya tenemos una importante presencia y actividad en esa red social. Twitter sigue siendo una red social viva con más de 330 millones de usuarios activos al mes, joven (el 80 % de sus usuarios son *millennials*) y móvil (el 80 % de sus usuarios acceden desde este tipo de dispositivos), según la agencia Omnicore.

Mejorando el reconocimiento de marca con LinkedIn

LinkedIn no es solo una red social de contacto entre profesionales. Para muestra, solo hay que ver el perfil de empresas como Kellogg's o Starbucks. Es cierto que se ha convertido en un magnífico canal de adquisición de talento, pero puede aportar a nuestra empresa mucho más.

Para empezar, LinkedIn permite compartir contenido, como marca personal o empresa. Esta es una de las funciones que la red intenta potenciar año tras año. Estos contenidos pueden mejorar el reconocimiento de la marca en su mercado y adquirir contactos de calidad (dado el perfil profesional de sus usuarios).

También dispone de dos tipos de anuncios: los de texto (en una posición lateral o en el *InMail* de LinkedIn) y los *Sponsored content* (contenidos promocionados de pago). Estos últimos pueden ser muy útiles para complementar nuestra estrategia de contenidos a través de una segmentación adecuada.

En definitiva, LinkedIn puede ayudarnos a alcanzar objetivos como:

- Aumentar el reconocimiento de marca.
- Atraer a clientes potenciales en sectores B2B.

Para terminar

Dejamos a Antonio en un punto de inflexión. A lo largo de los años, Instagram ha pasado a ser un canal de comunicación global donde todos (personas y empresas) pueden compartir sus contenidos multimedia. Antonio, como gran amante del motor, empezó a seguir a marcas de fabricantes que demuestran una gran dedicación por el diseño de sus vehículos. Tampoco le importa ver qué hay más allá de los anuncios que son interesantes para él. Incluso ha empezado a explorar qué papel podría jugar esta red en su marca personal. Treinta minutos al día es lo que dedica actualmente Antonio a Instagram.

Volvamos ahora con Patricia. Twitter había dejado de ser una herramienta útil para ella. Hasta que necesitó dar voz a su actividad comunitaria. Su implicación política y con los derechos LGTBI encontró un canal de debate y difusión ideal en Twitter. Funcionalidades como los hilos de conversaciones o los *hashtags* son ideales como vehículo para sus ideas. Twitter también está ahí para hacer más entretenidos algunos programas de la TV ("la diversión está en los comentarios"). Patt escribe en Twitter tres veces a la semana y consume contenidos los siete días.

Como Antonio y Patricia, hemos evolucionado nuestra identidad digital y la forma en la que consumimos y generamos contenidos. Las redes sociales móviles también han evolucionado. Las que han sobrevivido todos estos años y siguen siendo importantes para nosotros han comprendido algo fundamental: que valen tanto como la ayuda que nos brindan a la hora de hacer nuestra vida mejor.

Antes de irte, recuerda

- Define en qué redes sociales móviles quieres implantar tu estrategia y optimiza así los recursos a tu alcance.
- Establece una estrategia. Define objetivos, audita tu situación actual en redes sociales, actualiza tu perfil en las redes, aprende de tus usuarios, crea un calendario editorial, mide e itera.
- Con Instagram podrás llegar a una audiencia joven a través de contenidos multimedia.
- Una estrategia de contenidos puede apoyarse en Facebook (y sus anuncios) para ser amplificada y adecuadamente segmentada.
- Explora las posibilidades de Twitter si ya dispones de presencia en la red.
- Potencia el reconocimiento de marca con LinkedIn.
- En marketing digital dedicamos un capítulo en exclusiva a la estrategia en YouTube. No te lo pierdas.

12

Marketing en YouTube

Hoy en día, el éxito del vídeo, como formato de contenido, es una realidad. Hace unos años, algunos expertos apuntaban ya este hecho y los mismos vaticinaban cifras sorprendentes, tales como que en 2018 entre el 70-80 por 100 del tráfico en Internet estaría relacionado con dicho formato. En 2019 estos datos son una realidad. Según las estadísticas de compañías importantes, el consumo de vídeo en dispositivos móviles crece cada año un 100 %. Algunas cifras son sorprendentes, hoy en día se consumen diariamente más de 1 billón de horas de vídeo al día en YouTube.

Podemos profundizar en algunas de las estadísticas que acabo de nombrar en `https://biteable.com/blog/tips/video-marketing-statistics/`.

Pero ¿cuáles son las principales razones por las que el vídeo se ha convertido en el nuevo santo grial de tantas compañías de marketing? Realmente son muchas las bendiciones de este formato. Una de las más importantes es que, para las nuevas generaciones, consumir información en vídeo es mucho más cómodo. Por otro lado, tiene ratios de *engagement* y viralidad mucho mayores que el contenido en formato texto. El vídeo mejora con creces estas estadísticas. Solo tenemos que pasarnos por algún canal de YouTube (no hace falta que sea de un *youtuber* famoso) para darse cuenta de que la proporción que existe entre visualizaciones, numero de *likes* y *shares* de un vídeo son mucho mayores que los de un *post* de un bloguero con la misma influencia que el *youtuber* del que hablábamos.

¿Debemos olvidarnos de formatos tradicionales? La respuesta es simple: no. Los formatos no están reñidos entre sí. Son complementarios y generan sinergias. No debemos olvidarnos de formatos tradicionales como el texto o la imagen.

En capítulos anteriores, hemos comentado que, a nivel SEO, un contenido que combine texto con vídeo e imagen posiciona mejor que aquel que solo contiene texto. Existen varias razones para esto, veamos algunas:

- Un usuario permanece mayor tiempo en una página de contenido si este contiene uno o más vídeos.
- Un *post* de un blog que contenga vídeo tiene una mayor viralidad. Se comparten en redes sociales muchos más contenidos que tengan al menos un vídeo que contenidos en modo texto simple.
- Es más sencillo conseguir enlaces a nuestra página de contenido si esta contiene vídeos.

  Claro que, cuando hablamos de vídeo, el usuario corriente piensa en YouTube, lo cual es realmente representativo, ya que actualmente el buscador de esta plataforma es el segundo más usado, solo por detrás del de la misma compañía, el buscador estándar de Google. YouTube ha transformado el modo en el que descubrimos y consumimos información.

Se busca información sobre cualquier tema desde recetas de cocina a mecánica, pasando por tutoriales de informática, entretenimiento, ciencia, etc. Es muchísimo más que un canal de televisión.

Por otro lado, existen datos reveladores que vaticinan un aumento en el consumo de vídeo. ¿La clave? A mi entender está en los hábitos de los más jóvenes, que han crecido con la idea de consumir contenido en cualquier momento y lugar. No tiene mucha lógica tener que esperar a ver un programa de televisión a una hora determinada.

Grandes compañías como Amazon, Netflix, HBO, han adaptado sus modelos de negocio a este nuevo modo de consumir información.

Por otro lado, personas no tan jóvenes han abrazado este nuevo modo de consumir vídeo, a mi entender mucho más inteligente y óptimo. Si, actualmente, leemos el libro que queremos cuando queremos o escuchamos la música que nos gusta en cualquier lugar y momento, ¿por qué no esperar lo mismo del vídeo?

El objetivo de este capítulo es el de introducirnos en el videomarketing a través de la plataforma de vídeo YouTube, aunque quiero aclarar que es un tema tan amplio que, para cubrirlo en su totalidad, sería necesario un libro completo. Aun así, estoy seguro de que ofrecerá los conocimientos básicos suficientes como para permitirnos seguir aprendiendo.

Antes de entrar en detalles específicos sobre marketing en YouTube, querría aprovechar para citar, bajo mi punto de vista, a dos de las grandes referencias en este sector: Derral Eves y Tim Schmoyer, cuyos canales `https://www.youtube.com/user/derraleves` y `https://www.youtube.com/user/VideoCreatorsTV`, respectivamente, constituyen una gran fuente de información obligatoria tanto para aquellos que comienzan en el mundo del videomarketing como para los más experimentados.

El fenómeno YouTube

Nuevas *celebrities* han emergido gracias a YouTube. Estos nuevos *influencers* han conseguido fama a costa de, a pesar de lo que mucha gente piensa, un duro trabajo y un contenido que se distingue del resto. Encontrarse en el lugar adecuado en el momento apropiado ayuda, pero ni mucho menos todo el éxito se basa en la suerte. No son pocos los que piensan que YouTube requiere poco esfuerzo y mi experiencia de más de 6 años con esta plataforma me enseñó hace tiempo que pocas cosas se consiguen sin esfuerzo.

Si se piensa en abrir un canal para reforzar una marca existente o comenzar a dejar nuestra huella digital, vamos a necesitar ser pacientes y no esperar los resultados rápidamente. Por lo general, hace falta tiempo para hacerse un hueco, a no ser que el contenido del que dispongamos sea realmente rompedor o exclusivo al alcance de muy pocos. Hacer crecer un canal de YouTube no es difícil si se cuenta con las herramientas, las ganas, el contenido y un conocimiento de la audiencia a quien dirigirse adecuado. El contenido que se exponga en nuestro canal no solo tiene que entretener, formar o divertir, sino que debe distinguirse del resto, tener personalidad propia.

Algo de investigación previa

Como en cualquier proyecto que afrontemos a lo largo de nuestra vida, ser constantes es otro factor que ayuda a tener éxito. Tener clara nuestra estrategia es vital, no solo para conseguir una audiencia fiel, sino para reforzar nuestra marca digital y obtener una visión a más largo plazo sobre dónde queremos llegar y no perdernos por el camino.

Antes de comenzar a crear contenidos sin ningún control en YouTube, conviene estudiar los siguientes aspectos:

1. ¿Cuáles son aquellos temas para los que podemos aportar valor añadido, que creemos que podemos aportar, con el que distinguirnos del resto?
2. ¿Cuál es nuestra competencia?, ¿qué situación tiene en YouTube?, ¿qué estrategias están usando para captar visualizaciones y suscriptores?, ¿qué palabras claves son las que están usando para generar contenido?, ¿cuál es su crecimiento diario en visualizaciones y suscriptores?, ¿cómo está posicionada su marca digital en el mercado?, ¿cuál es su situación en redes sociales?, etc.
3. ¿A qué público nos dirigimos? ¿Cuáles son sus intereses?
3. ¿Qué factores tendremos en cuenta para medir nuestro éxito? Algunos ejemplos, aunque existen muchos más, pueden ser la capacidad de retención de la audiencia que tienen nuestros vídeos, realizar seguimiento de enlaces hacia estos, cantidad de *shares* y *likes*, datos demográficos (edad, género y localización de nuestra audiencia), etc.

Comenzar a generar contenido

Una vez respondidas todas las preguntas anteriores es el momento de ponernos en marcha. Tenemos claro quién es nuestra audiencia, qué tipo de contenido crear, pero es probable que todavía no tengamos claro del todo aspectos sobre posicionamiento en YouTube, así como las palabras clave por las que competir en esta plataforma. Es en estos momentos donde tenemos que dar forma a nuestra idea, elaborando una primera lista de palabras clave que definan el contexto semántico del contenido a crear. Esta lista puede realizarse sencillamente apuntando palabras genéricas que estén relacionadas con cualquier contenido posible que realicemos en el canal.

Una vez realizada dicha lista, solo queda comenzar con la investigación de palabras clave con algo más de profundidad, tarea de la que hablamos en el capítulo acerca de cómo planificar una estrategia SEO.

Al igual que el SEO orientado a un sitio web, el proceso de investigación de palabras clave es probablemente una de las tareas más importantes de cualquier estrategia de posicionamiento.

Finalmente, considero también importante la creación de un plan detallado de contenido calendarizado; de esta forma, planificaremos qué tipos de contenido vamos a publicar a lo largo del tiempo, lo que nos ayudará a entender cuál es el principal objetivo de nuestro canal a medio y largo plazo, así como la dirección en la que queremos evolucionar nuestra marca digital.

Aspectos que influyen en el posicionamiento en YouTube

Como ya comentamos, YouTube es el segundo motor de búsqueda más usado, lo que obliga a preguntarse: "¿Cómo podemos exprimir al máximo nuestras oportunidades SEO en esa plataforma?".

YouTube también es una de las más interesantes redes sociales con gran popularidad y alcance. Varias de las claves de esta popularidad, en mi opinión, han sido la integración de YouTube en los resultados de vídeo en Google, la facilidad con la que se puede compartir cualquier contenido y el haber sido pionera en ofrecer a los usuarios la posibilidad de subir vídeos a Internet.

Integrar YouTube en nuestra estrategia SEO puede aumentar de manera significativa el alcance de nuestra marca en la red, así como el tráfico hacia un sitio web o blog. Es por esta razón por la que considero obligatorio hoy en día la integración de YouTube como apoyo a nuestra estrategia de producto digital.

En los siguientes capítulos, describiré todos aquellos que influyen en el posicionamiento de esta enorme plataforma.

Títulos de vídeo adecuados

En este momento contaremos con una buena lista de conjuntos de palabras clave refinada según el volumen de búsquedas mensuales y la competencia existente para cada una de ellas. Tendremos que decidir qué palabras clave usar en nuestros títulos, palabras clave con el mayor número de búsquedas mensuales y la menor competencia posible.

Por otro lado, conviene recordar que, normalmente, cuanto más específico y directo al grano sea nuestro título, más sencillo será lograr posiciones más altas para las palabras clave usadas. Se trata de sintetizar el contenido del vídeo en un solo grupo de palabras, así conseguiremos un mayor porcentaje de clics, en el fragmento que aparece en página de resultados de búsqueda de YouTube.

Es recomendable realizar varias búsquedas con las palabras clave de la lista refinada y así ver qué está haciendo nuestra competencia. Debemos fijarnos no solo en el título, sino en el número de visualizaciones que ha tenido desde que el vídeo fue creado.

Si el vídeo está orientado a un público cuyo idioma es distinto al del vídeo, debemos traducir los títulos a otro idioma. Desde hace no mucho tiempo es posible crear varias versiones de estos en YouTube.

Una buena descripción es de gran ayuda

En la descripción, escribiremos brevemente de qué trata el vídeo. Las primeras líneas de la descripción del vídeo son realmente importantes, ya que se corresponden con lo que el usuario va a visualizar como resumen del vídeo en la página de resultados de búsqueda de YouTube. Según compongamos estas primeras líneas, obtendremos mayor o menor CTR, con lo que es realmente importante hacer una descripción breve pero clara sobre lo que trata el vídeo.

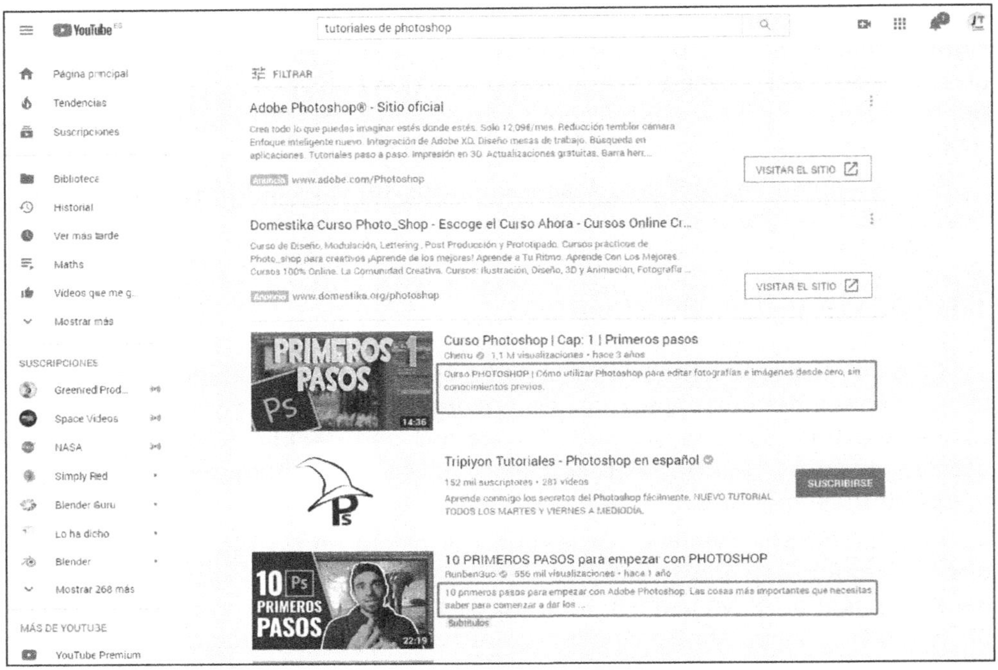

Figura 12.1. En la imagen se muestra la página de resultados de búsqueda y, dentro del recuadro, las primeras líneas de la descripción de un vídeo.

Posteriormente, recomiendo añadir un enlace de suscripción acortado hacia nuestro propio canal. Estos enlaces tienen la siguiente forma: `http://www.youtube.com/user/{nombredelcanal}?sub_confirmation=1`, de tal modo que, si el usuario hace clic en él, navegará hacia nuestro canal y YouTube mostrará una especie de *pop up* o ventana emergente preguntando al usuario si desea suscribirse a este.

Existen muchas páginas que acortan enlaces, yo uso `https://bitly.com/`, aunque también se pueden usar otros como `https://goo.gl/`, etc.

Podemos incluir enlaces a momentos del vídeo relevantes si los hubiese y también añadir párrafos que describan el vídeo algo más detalladamente usando sinónimos de las palabras clave que hemos elegido para maximizar el posicionamiento.

Debemos ser creativos para realizar una descripción útil para los usuarios, incluyendo cualquier aspecto que añada valor, como enlaces a blogs, una lista de conceptos sobre los que se hablan en el vídeo, nombrar a los colaboradores si los hubiese, herramientas que se han utilizado, etc. Las posibilidades son infinitas en cuanto a las descripciones.

Atraer audiencia usando miniaturas personalizadas

YouTube es una de las herramientas más potentes en lo referente a videomarketing, aunque el gran número de vídeos que diariamente se publican supone un reto continuo para los creadores de contenido. Nuestro principal objetivo consiste en crear una audiencia consistente, pero, para ello, necesitamos atraer a usuarios. Debemos crear imágenes que llamen la atención y ayuden a conseguir el tan ansiado clic de nuestra potencial audiencia.

Cuando subimos un contenido a YouTube, esta plataforma genera 3 imágenes o *thumbnails*, eligiendo varios *frames* o momentos del vídeo. Mi recomendación es la de crear una imagen personalizada, también conocida como *custom thumbnail* o miniatura personalizada, donde tendremos en cuenta los siguientes aspectos:

- **Añadir algún elemento a la imagen que sea fácilmente reconocible por la audiencia:** Pensemos en cómo el usuario busca o cómo lo hacemos nosotros mismos. Todos miramos en las páginas de resultados de búsqueda las imágenes asociadas a los vídeos antes de visualizar uno de ellos. En el caso del canal que gestiono, decidí añadir a las imágenes de mis vídeos sobre Excel un icono muy similar al de esta popular aplicación de Microsoft que todo el mundo conoce, he aquí el elemento fácilmente reconocible.
- **No engañar al usuario:** Nunca debemos mostrar información engañosa con la única intención de atraer clics. Esta técnica es utilizada por multitud de creadores de contenido y, si se usa sin control, lo único que atraerá son votos negativos en los vídeos. Por otro lado, lo que probablemente se consiga será perder a un potencial suscriptor que votará negativamente tu vídeo, lo que no nos ayudará a posicionar este contenido.
- **Añadir texto en las imágenes:** El texto en imágenes consolida y refuerza el mensaje del vídeo, lo que también puede aumentar el porcentaje de clics de nuestro fragmento en la página de resultados de YouTube (véase la figura 12.2).
- **Mantener el estilo de las imágenes consistente:** Potenciaremos la imagen de marca, sobre todo a medida que nuestro número de suscriptores vaya creciendo y la relevancia del canal vaya en aumento.

  Algunas técnicas para lograr esto consisten en la inclusión de un cierto sello o imagen en todas las imágenes, algún elemento de marca fácilmente reconocible en el fondo de la imagen, añadir alguna foto de nuestro rostro en el caso de que nuestro objetivo sea reforzar nuestro *branding* personal, etc.

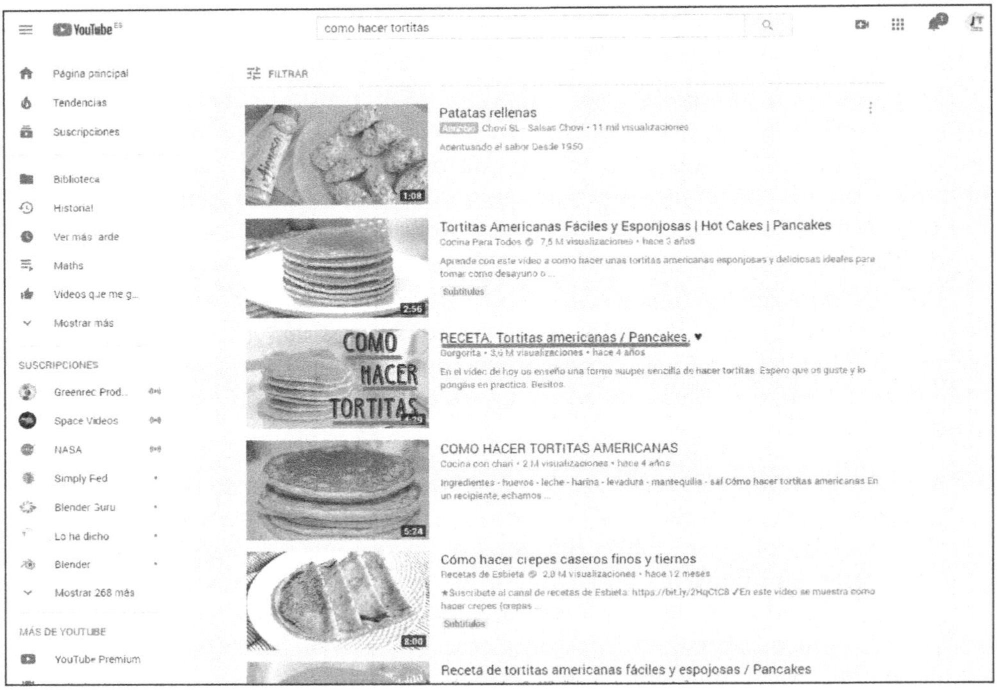

Figura 12.2. Imagen personalizada con un texto incluido, con el fin de reforzar el contenido del vídeo y conseguir así un mayor número de clics en los resultados de búsqueda.

- **Resolución de la imagen:** No sobrecarguemos las imágenes con demasiados elementos, el tamaño original de la imagen completa será de 1280 x 720 píxeles. YouTube mostrará miniaturas de estas imágenes en sus páginas de resultados de búsqueda. Es importante que se distinga claramente cada uno de los elementos de la imagen y, para ello, tendremos que jugar con el tamaño y la cantidad de elementos que incluyamos en las imágenes, verificando siempre que, aunque reduzcamos el tamaño, estas se sigan viendo correctamente.

Retención de la audiencia

Uno de los aspectos más considerados por los algoritmos que usa YouTube es el porcentaje medio visualizado del total de un vídeo. Cuanto mayor sea este porcentaje, mucho mejor; este es un aspecto que ejerce una influencia muy importante en el posicionamiento en YouTube. Se ha demostrado que, al aumentar la tasa de retención de un vídeo, este posiciona más arriba para un conjunto de palabras claves determinadas en YouTube. No olvidemos también que una retención alta influye de modo positivo en la zona de vídeos sugeridos, ofrecida a espectadores potenciales. Definir estrategias de retención del espectador es vital para cualquiera que quiera obtener alcance en YouTube.

Por el contrario, un vídeo con una retención baja es muy poco probable que esté bien posicionado, a no ser que la competencia por las palabras claves elegidas sea realmente baja o nula.

Algunas de las estrategias para mejorar la retención de la audiencia son:

- **Evitar crear vídeos demasiado largos:** De este modo tendremos más posibilidades de que se visualice el mayor porcentaje del vídeo, podemos usar trucos como finalizar el vídeo con algo interesante, invitando a la audiencia a visualizar el vídeo hasta el final, etc.

  Un ejemplo de lo anterior se puede encontrar en `http://www.youtube.com/user/josematube`, canal que administro y en el que mi estrategia ha consistido en realizar vídeos cortos directos al grano. Quizás, realizar vídeos tan cortos tampoco es una práctica recomendada, pero, en mi caso, me ha funcionado, ya que realmente resultan útiles para la comunidad. Cuando se trata de temas relacionados con la enseñanza, realizar vídeos largos sobre temas densos puede cansar a la audiencia. En estos casos, creo que merece la pena dividir los temas en vídeos más cortos, pensando siempre en el usuario y facilitando su aprendizaje.

- **Crear una introducción del vídeo apropiada:** Los primeros segundos del vídeo son críticos para hacer entender a los espectadores lo que pueden esperar de este.

- **Vídeo y audio de calidad:** Cuando realicemos un vídeo, centrémonos en hacer que se visualice y escuche correctamente. Grabar en HD permite que el vídeo se pueda visualizar en dispositivos más grandes sin pérdida de calidad. Además, el *engagement* suele ser mayor en vídeos muy cuidados en este aspecto.

Las etiquetas

Otro aspecto importante en el posicionamiento es el uso que hace YouTube de la metainformación (información que no es mostrada al usuario que ve el vídeo, pero que añade valor semántico a este). Las etiquetas del vídeo, también conocidas como *video tags*, no son visibles para un usuario, pero constituyen un aspecto que influye en el posicionamiento del vídeo en las páginas de resultados de búsqueda para una palabra determinada.

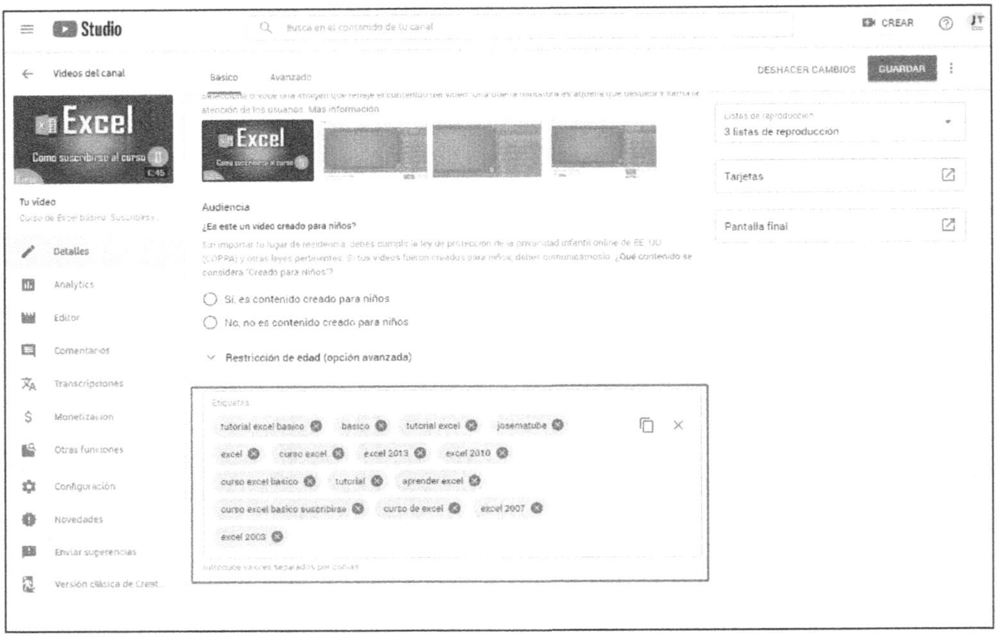

Figura 12.3. En la imagen se muestra el lugar (dentro del recuadro) donde se editan las etiquetas de un vídeo.

Para construir estas etiquetas de manera adecuada, podemos comenzar añadiendo etiquetas compuestas de una sola palabra (que describan el vídeo). Imaginemos que el título de nuestro vídeo es el siguiente: "Cómo hacer SEO en YouTube". Nuestras primeras etiquetas podrían ser: SEO, YouTube, etc.

Posteriormente, usaremos una etiqueta que componga todo el título de esta forma: "Cómo posicionarse en YouTube", "Cómo hacer SEO en YouTube", "Cómo hacer VSEO", etc. Finalmente, podremos añadir etiquetas que no aparezcan en el título, pero añadan información semántica extra como "posicionamiento", "VSEO", "videomarketing", etc.

El vídeo

Existen distintos aspectos a tener en cuenta en lo que se refiere al vídeo en sí mismo. Como comentamos, YouTube premia el contenido en alta definición sobre los que ofrecen una visualización pobre. Por otro lado, añadir una marca de agua suele ser adecuado para proteger nuestro contenido de personas que pudiesen tratar de apropiarse de este ilegítimamente. Prestemos especial atención a los derechos de autor de los diferentes recursos que mostramos en el vídeo, ya que, si incluimos contenido protegido (vídeo, audio, incluso texto), YouTube puede penalizar nuestro canal a través del uso de *copyright strikes*. Bastan tres de estos *strikes* para acabar con un canal y ahí Google no perdona.

A las reclamaciones de *copyright* de compañías que detectan cierto material en un vídeo se las conocen como *Content ID claims,* esto por lo general no es un problema para el propietario del canal, a no ser que dicho propietario esté obteniendo algún beneficio de la publicidad expuesta en él. Es en estas situaciones donde resulta fácil sufrir un *copyright strike,* lo cual empieza a ser un riesgo para un canal, como comentamos anteriormente.

Cuando se producen estas reclamaciones, las intenciones de la compañía no siempre consisten en la retirada del contenido (en este caso, el vídeo), sino que en ocasiones permite que este pueda seguir publicado en el canal de la persona que no posee los derechos; eso sí, cuando existen ingresos por visualizaciones, estos se redirigen a estas compañías.

Tarjetas o *cards*

Las anotaciones de los vídeos en YouTube han sido durante todos estos años una herramienta usada, en múltiples ocasiones, para hacer *spam* a los usuarios que visualizaban un vídeo, por no decir que su funcionamiento rompe la experiencia de visualización interrumpiendo esta de un modo brusco.

Durante años, YouTube ha ofrecido la posibilidad de añadir anotaciones a los vídeos como un modo para que los creadores de contenido pudiesen añadir pequeñas superposiciones de texto que permitiesen la interacción de un usuario, con el fin de proporcionar un extra de información o ayuda a la navegación. YouTube lanzó una nueva característica que parece que reemplazará a las anotaciones, que, además de ser menos intrusiva, está optimizada para funcionar en multitud de plataformas (móviles, tabletas, etc.), mejorando así la experiencia de usuario.

Enumeremos los tipos de tarjetas que pueden añadirse a cada vídeo:

1. **Vídeo o lista de reproducción:** Este tipo de tarjetas permite promocionar un vídeo concreto o una lista de reproducción.
2. **Canal:** Si tenemos un vídeo cuyo tráfico es muy alto y queremos aprovechar este para promocionar un canal relacionado con el contenido mostrado en el vídeo, es adecuado el uso de este tipo de tarjeta y así poder promocionar dicho canal.
3. **Encuesta:** Ideal para recoger *feedback* del usuario, permite añadir preguntas y posibles opciones para las respuestas.

4. **Enlaces:** Permiten derivar tráfico desde YouTube a un sitio web específico relacionado con el vídeo.

Figura 12.4. En la imagen se muestra cómo un vídeo con tarjetas configuradas es reconocible a través de un icono de información en la parte superior derecha.

Figura 12.5. Cuando un usuario hace clic en el icono de la tarjeta, esta desplegará la información que contiene.

Subtítulos para optimizar el alcance

Google ha desarrollado una característica automática de subtítulos que se basa en el reconocimiento de voz automático; sin embargo, estos autosubtítulos no están demasiado conseguidos. Debido a su inexactitud, no se indexan, sino que solo se rastrean los subtítulos realizados por los creadores de contenido.

Una transcripción exacta del vídeo es una gran ventaja para conseguir optimizar el posicionamiento en el difícil *ranking* de YouTube. Los motores de búsqueda solo pueden rastrear texto que le proporcionemos, no el contenido del vídeo, con lo que tener una transcripción adecuada con palabras clave resulta muy importante.

Existen varias opciones a la hora de crear subtítulos, algunos creadores prefieren partir del archivo de subtítulos creado automáticamente por YouTube e ir manualmente arreglando errores de transcripción. Otros prefieren crearlos a mano, lo que creo que supone una gran pérdida de tiempo que podríamos estar dedicando a crear más contenido. Bajo mi punto de vista, el mejor modo de crear estos subtítulos es a través de aplicaciones tales como Dragon o `https://dictation.io/`. Estas herramientas transcriben lo que hablamos a través del micrófono y, sorprendentemente, son bastante precisas, aunque tendréis que pulir alguna palabra errónea en la transcripción. Realmente, pueden ahorrarnos una gran cantidad de tiempo.

Una última opción, si disponemos de presupuesto para llevarla a cabo, consiste en la contratación de un servicio de transcripción de vídeo profesional, pero requiere de un desembolso.

Por otro lado, si es posible y el tema sobre el que trata nuestro contenido no es exclusivo para una región o idioma, recomiendo traducir siempre los subtítulos a varios idiomas para así captar visualizaciones desde otras ubicaciones, aumentando el alcance de nuestro canal; eso sí, no debemos olvidar traducir también las descripciones y los títulos de los vídeos a los mismos idiomas para optimizar las oportunidades de aumentar la audiencia de nuestro canal.

Las listas de reproducción

Las listas de reproducción, también conocidas como *playlists*, permiten organizar los vídeos agrupándolos bajo diferentes temáticas o categorías. Al existir tanto contenido en YouTube, es necesario mantener el contenido organizado para así permitir que nuestra potencial audiencia encuentre nuestro contenido con más facilidad. YouTube valora la organización en nuestro canal a través del uso de listas de reproducción. Como hemos comentado anteriormente, dos de los aspectos importantes que influyen directamente en nuestro

SEO en YouTube son el tiempo de visualización de nuestros vídeos y la duración de la sesión. Las listas de reproducción ayudan en el incremento de estos dos aspectos, ya que, cuando un usuario comienza visualizando un vídeo a través de una lista, al finalizar este continúa el siguiente, con lo que las probabilidades de que un usuario visualice más de un vídeo aumentan considerablemente, influyendo este hecho en nuestro SEO.

Crear listas de reproducción con vídeos de nuestro canal y de otros creadores también puede ser una buena estrategia, ya que, si la organización de vídeos es correcta y engancha a la audiencia, puede beneficiarnos.

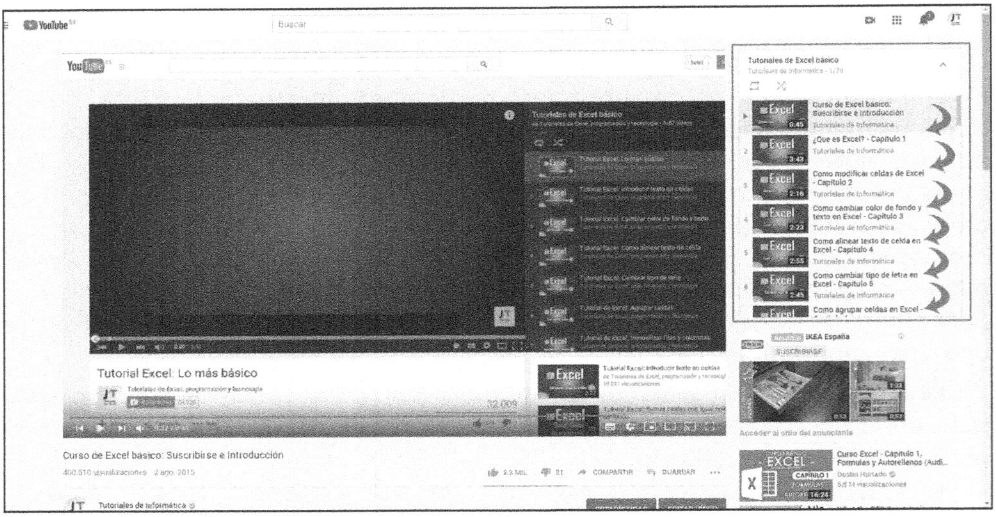

Figura 12.6. Cuando un usuario visualiza un vídeo usando la lista de reproducción, se mostrará el siguiente vídeo automáticamente al finalizar el actual.

Las primeras horas de vida de un vídeo

YouTube da mucha importancia al *engagement* del vídeo durante las primeras 12 horas. El número de visualizaciones, *likes*, *shares*, durante este tiempo debe ser el mayor posible para dar al vídeo ese empuje inicial tan necesario e importante para su posicionamiento, horas durante las que deberemos compartir el vídeo en redes sociales y comunidades, este último punto me ha sido especialmente de gran ayuda.

Podemos usar la siguiente estrategia: buscar grupos en redes sociales cuyo interés encaja con el tipo de contenido que ofrecemos. En dichos grupos, podemos publicar nuestros vídeos, acompañados siempre de varios enlaces a listas de reproducción que puedan ser de interés. Es muy importante añadir un enlace que permita la suscripción directa al canal. Siguiendo esta estrategia y dependiendo del volumen de usuarios en dichos grupos, he llegado a conseguir cientos de suscriptores en un solo día, en un momento en el que mi canal contaba con apenas varios miles de suscriptores.

No se trata de compartir el vídeo en cualquier parte, sino sobre todo en aquellos lugares donde realmente podamos aportar un valor añadido a los usuarios (cuidado aquí con usar técnicas *spam*). Considero imprescindible usar los grupos de Facebook, comunidades de Google +, Twitter, Instagram, Tumblr, etc.

Las redes sociales no son solo el único lugar, podemos crear una entrada en nuestro sitio web o blog, usar *emailings* o *newsletters* para hacer llegar nuestro contenido a suscriptores, ponernos en contactos con otros blogueros interesados en la temática y preguntarles directamente si nuestro contenido pudiese ser de su interés (táctica que personalmente me ha funcionado muy bien), etc.

Al igual que comenté sobre el *black hat SEO*, debemos tener cuidado con tratar de engañar a YouTube. Existen multitud de páginas que ofrecen *likes*, *shares*, suscriptores o visualizaciones previo pago de un importe generalmente bajo. La mayoría usan aplicaciones o *bots* para aumentar de modo artificial las reproducciones, suscripciones, etc., de un vídeo. Recomiendo encarecidamente evitarlas, corremos el riesgo de perder nuestro canal.

Descripción del canal

Una descripción de canal puede ser una estupenda carta de presentación, donde la primera impresión que ofrezcamos a suscriptores potenciales cuenta, y mucho. No solo tiene como objetivo dar a conocer nuestra marca, sino que también es una herramienta indispensable para generar la confianza y respeto necesarios hacia esta.

Para construir esta descripción, comenzaremos usando palabras clave, incluyendo estas lo más cerca posible del comienzo de la primera frase si es posible; así, cuando aparezca nuestro canal en la página de resultados de búsqueda de YouTube, el potencial espectador podrá ver esta descripción.

Debemos describir qué puede encontrar el usuario en nuestro canal con un resumen sucinto, añadiendo razones por las que recomendamos la suscripción a este. Es nuestra oportunidad para crear un pequeño texto de promoción corto y agradable para animar a los potenciales suscriptores. Hay que revisar la descripción de vez en cuando para asegurarnos de que refleja fielmente lo que nuestro canal ofrece a nivel de contenido.

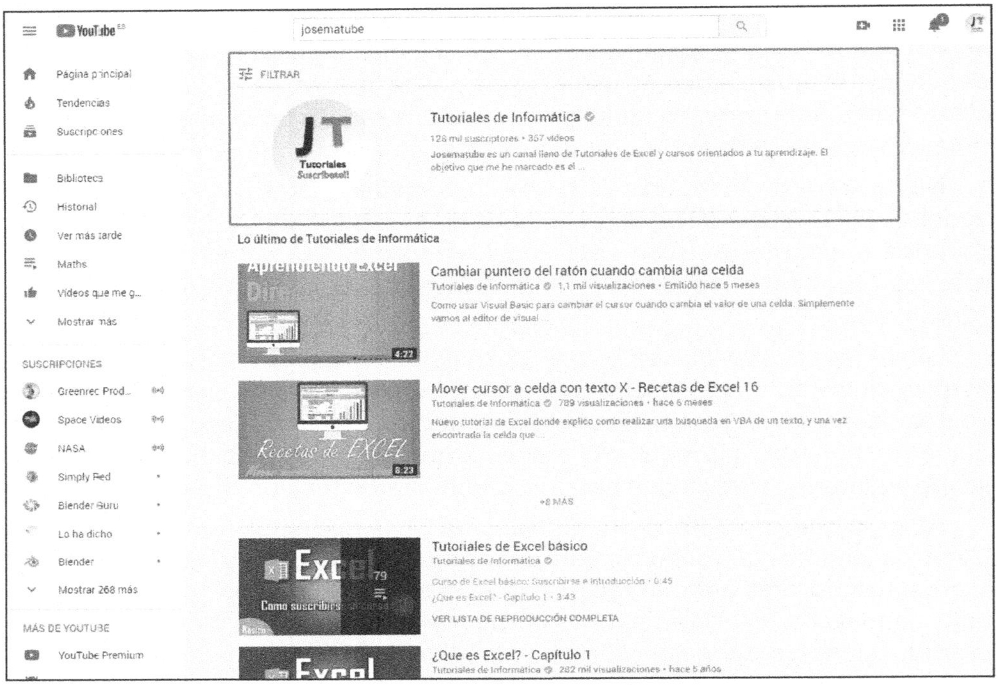

Figura 12.7. Descripción del canal y visualización de este en las páginas de resultados de búsqueda en YouTube.

El tráiler del canal

Aunque la página de inicio de un canal de YouTube pueda parecer simple, existen una serie de características que podemos ajustar para optimizar la experiencia de un suscriptor potencial.

En los primeros segundos, debemos comunicar a nuestra audiencia qué es lo que puede ofrecerles nuestro canal, con lo que nuestro mensaje debe ir directo al grano. Si captamos su atención y el canal le resulta de interés, tenemos un suscriptor casi de un modo garantizado. Uno de los errores más comunes que he visto es la de obviar información importante sobre la temática de los vídeos o datos sobre cuál es la regularidad con la que subimos nuevos contenidos, etc.

Se pueden obtener más consejos sobre la creación de canales en YouTube en el siguiente enlace: `https://youtube.com/creatoracademy/page/lesson/trailers`.

Figura 12.8. En el recuadro se muestra la ubicación de nuestro tráiler del canal.

Enlaces personalizados

Los enlaces personalizados otorgan a nuestro canal una imagen de mayor autoridad y profesionalidad, reforzando esa confianza de la que hablamos en el punto anterior.

Es recomendable añadir enlaces a nuestro sitio web o blog, así como a nuestras cuentas de *social media* (Twitter, Facebook, comunidades, etc.) en la página principal del canal de YouTube, ya que contribuyen a la imagen de marca de nuestro producto o servicio.

Por otro lado, debemos asegurarnos de que las cuentas sociales añadidas en los enlaces son las apropiadas para nuestra audiencia. No sería la primera vez que una compañía añade un enlace personalizado dirigido a una cuenta personal en redes sociales en la que no se publica contenido relevante para el usuario. No debemos mezclar los negocios con lo personal.

Si el objetivo de nuestro canal es desarrollar o potenciar nuestra marca personal y no la imagen de marca de una compañía, mi consejo es que se deben dar de alta nuevas cuentas en redes sociales y cuidar mucho el tono y las comunicaciones en esas cuentas, ya que la imagen puede verse perjudicada fácilmente.

Figura 12.9. En la imagen, se muestra el lugar donde se ubican los enlaces personalizados.

Evolucionar y usar la imaginación

Para evolucionar, necesitamos también medir y realizar un seguimiento de nuestros contenidos y del comportamiento de nuestra audiencia. YouTube Analytics es una herramienta que se encuentra disponible desde el mismo momento que se da de alta un nuevo canal.

SocialBlade o TubularLabs son otras de las dos herramientas que pueden resultar interesantes no solo para monitorizar nuestros vídeos, sino para analizar canales o vídeos de nuestra competencia. Solo a través de la monitorización podremos ajustar nuestra estrategia de promoción.

Prestemos especial atención al seguimiento de los siguientes aspectos:

- **Suscripciones al canal:** Conseguir estas suscripciones es uno de los grandes objetivos de cualquier creador en YouTube y resulta importante, especialmente si la suscripción de un usuario se produce tras ver nuestro vídeo. Cuando un espectador visualiza un contenido y posteriormente se suscribe al canal, emite una señal inequívoca de que este le resulta de interés.

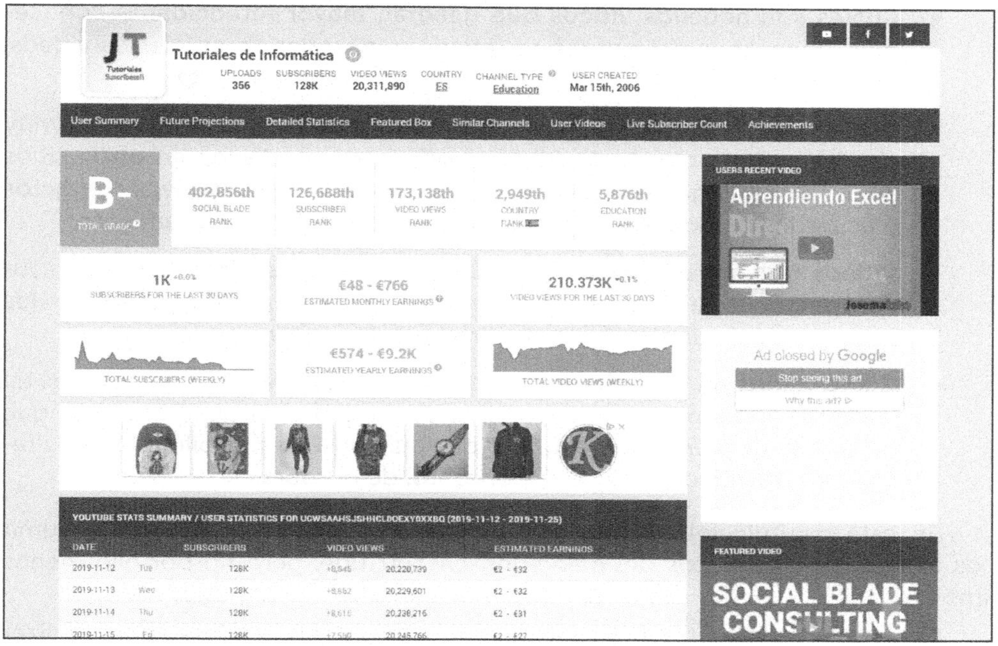

Figura 12.10. Social Blade nos ofrece información útil sobre cualquier canal de YouTube.

Figura 12.11. Tubular Labs es una herramienta que proporciona muy buena información visual sobre nuestra situación con respecto a la competencia.

- **Cuáles son aquellos vídeos que generan mayor retención:** Si conocemos las razones del porqué se retiene a la audiencia en ciertos vídeos, podremos ayudar a que otros aumenten la retención.
- **Fuentes de tráfico que generan más visualizaciones:** Con el tiempo, muy probablemente nuestros vídeos puedan ser insertados en otros sitios web o blogs, lo que resulta interesante para establecer nuevos contactos o acuerdos con otros sitios y así mejorar nuestro posicionamiento.
- **Vídeos que generan un mayor número de *likes, shares,* etc.:** Nos ayudará a conocer qué contenidos son los que generan mayor interés en los usuarios y así adaptar nuestra estrategia de contenidos.
- **Comentarios en los vídeos:** Cuando la audiencia realiza comentarios en un vídeo, lo mantiene vivo; eso interesa a la propia plataforma, ya que no solo genera *engagement*, sino que aumenta las posibilidades de viralidad de un vídeo concreto y, por tanto, de relevancia.

En este capítulo introductorio al videomarketing, he tratado de resumir los aspectos más básicos del marketing en YouTube, pero no por ello menos importantes.

Debemos usar nuestra imaginación, intuición y sentido común para realizar análisis iterativos, aprender de la experiencia y de las decisiones estratégicas que tomemos para nuestro canal, medir los resultados y no perder de vista a nuestros competidores (bendita fuente de conocimientos). Conviene tratar de mejorar aquello que no esté funcionando como esperábamos, siendo originales y distinguiéndonos del resto.

13

Métricas fundamentales en redes sociales

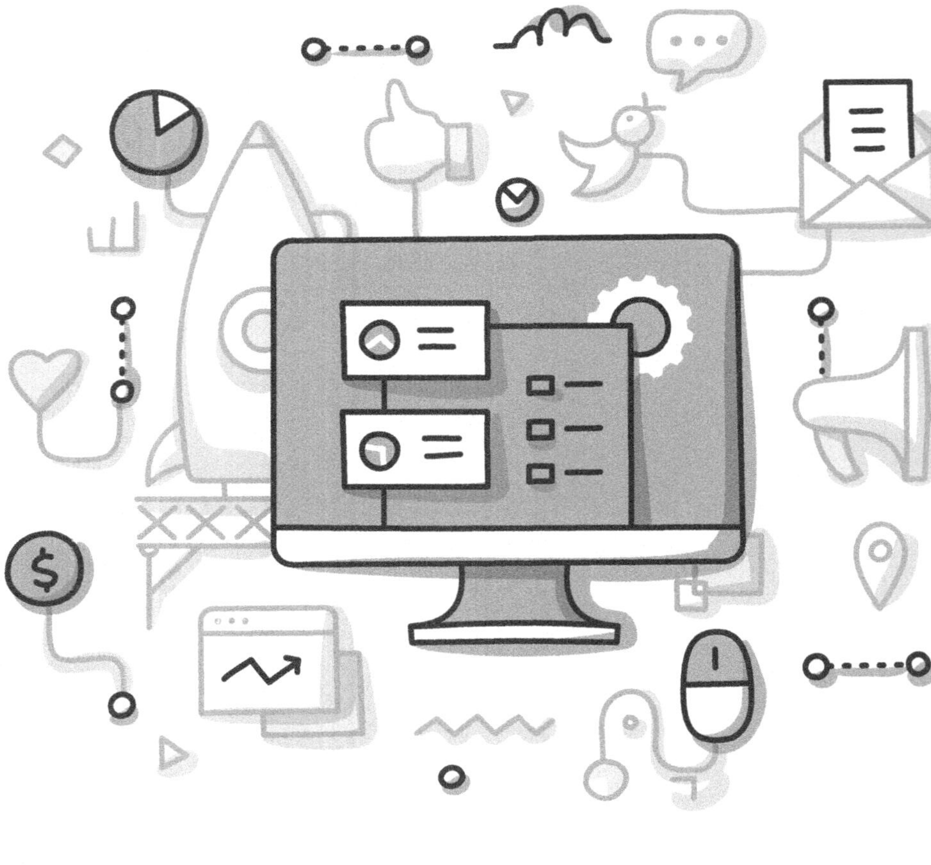

Fijación de objetivos en redes sociales

Cada vez son más las empresas que deciden tener presencia en las redes sociales no solo para promocionar y dar a conocer sus productos y servicios o para posicionar su imagen de marca, sino también para establecer una comunicación más directa y cercana con sus clientes o potenciales clientes. La importancia que tienen las redes sociales en el éxito de una empresa u organización es algo que cada vez se cuestiona menos. Sin embargo, gestionar la presencia de una empresa en las redes sociales va más allá de abrir una cuenta en Facebook o Twitter o un canal en YouTube; requiere una estrategia y un plan de acción.

Para Juan J. Velasco (`http://hipertextual.com/archivo/2011/12/como-abordar-un-plan-de-social-media`), una estrategia en redes sociales debe basarse en cinco pilares:

1. **Análisis de la situación:** Para ello, resulta muy útil:

   - Por una parte, conocer qué está haciendo nuestra competencia: qué nos gusta, cuáles son sus valores diferenciales, qué cosas hacen bien, qué cosas pensamos que podrían hacer mejor, etc.
   - Por otra parte, ver qué hacen empresas similares a la nuestra en otros países, qué canales o aplicaciones utilizan, etc.

   Toda esta información nos puede ayudar a tomar decisiones relativas a la elección de las redes sociales en las que vamos a tener presencia, los contenidos que vamos a ofrecer, el tono que vamos a utilizar para dirigirnos a nuestro público, etc.

2. **Identificación del público objetivo:** Es importante identificar a nuestro público, conocer dónde se encuentra y qué es lo que hace, así como entender cómo debemos hablarle. Esta información es muy útil para conseguir generar contenidos adaptados a nuestra audiencia, que les sean cercanos y útiles, y que estén dentro de sus expectativas, así como para identificar el tono más adecuado para comunicarnos con nuestros usuarios.

3. **Fijación de objetivos:** Además de definir qué se quiere hacer, es necesario fijar a dónde se quiere llegar, es decir, los objetivos que se deberían alcanzar. Para Juan J. Velasco, lo fundamental es "fijar unos objetivos que sean alcanzables y cuya consecución podamos medir mediante una familia de indicadores que sean medibles".

Según Tristán Elósegui (http://tristanelosegui.com/2012/02/19/el-roi-como-objetivo-de-una-estrategia-en-social-media/), ha sido tan predominante la idea de que los medios sociales son conversaciones, que se ha buscado insistentemente "la forma de asignar un valor monetario a un comentario, a una interacción en redes sociales..., asumiendo que este aumentaba en un x por 100 la posibilidad de una venta o representaba una prueba del mejor conocimiento de la marca".

Si bien es cierto que las conversaciones son la base de las redes sociales, que pasado un tiempo es probable que alcancemos cierto grado de compromiso (*engagement*) que lleve a los usuarios a comprar y que, cuanta mejor y mayor relación tengamos con nuestros fans, mejores serán nuestros resultados, también es cierto que las redes sociales deben ayudarnos a conseguir objetivos que aporten valor real a la empresa y que puedan medirse en los mismos términos que el resto de los objetivos (audiencia, notoriedad, reputación *online*, ahorro de costes en servicio al cliente, generación de contactos, ventas, etc.).

Tristán Elósegui lo resume muy acertadamente cuando señala que "es cierto que la forma de conseguir estos objetivos no tiene nada que ver con cómo se hace en otros canales, pero la realidad es que los objetivos de la empresa siguen siendo los mismos, usemos el canal que usemos". En general, los objetivos de las empresas pueden agruparse en tres principales:

- **Notoriedad de marca:** Que me conozcan más personas.
- **Fidelización:** Ofrecer un servicio especial a los clientes o un canal nuevo para acceder con más comodidad a un servicio que ya se les ofrecía.
- **Ventas:** Ya sea generando contactos (*leads*) o vendiendo directamente, si bien conviene tener claro que las redes sociales no son un canal de venta directa, como lo pueden ser la web, las campañas de SEM o de *e-mailing*, por poner algunos ejemplos.

Según José Llinares (http://www.josellinares.com/estrategia-estupido/, Congreso Web, Zaragoza, junio, 2012), entre los errores que se cometen cuando una empresa inicia su presencia en los medios sociales, se pueden citar los siguientes:

- No saber cuáles son sus objetivos. Una de sus consecuencias es que se generan acciones inconsistentes, que no tienen que ver con la imagen de marca que se quiere transmitir y que van variando de dirección. Un claro ejemplo de ello es la falta de coherencia en las estrategias de contenidos en redes sociales.

- Fijar unos objetivos que no son concretos.
- Fijar objetivos solo a corto plazo. En este caso, solo se es capaz de diseñar acciones a corto plazo y el enfoque estratégico a largo plazo se olvida.
- Fijar objetivos que no están ajustados al medio. Si los objetivos no están alineados con las motivaciones de los usuarios en el canal, será muy difícil alcanzar resultados positivos: ¿tendría sentido ofrecer diversión en un canal utilizado mayoritariamente por los usuarios para obtener información?
- No saber cómo medir nuestros objetivos. Sin embargo, es necesario poder cuantificar los objetivos a través de indicadores clave de rendimiento (*Key Performance Indicators* o KPIs), es decir, a la hora de planificar una estrategia en redes sociales es imprescindible contar con una lista adecuada de KPIs bien definidos.

Según Carmen Santo (`http://www.puromarketing.com/42/13536/objetivos-social-media-traves.html`), al igual que se dedica tiempo a la fijación de los objetivos, es necesario dedicar tiempo a la definición de los indicadores clave. Estos han de ser SMART, es decir, han de estar inteligentemente definidos y para ello deben ser:

- **Específicos (*Specific*):** Deben ser específicos y concretos, no pueden ser ambiguos ni generalistas, por ejemplo, determinar el número de menciones diarias a la marca, en lugar de hacer un seguimiento de nuestra "presencia en las redes sociales".
- **Medibles (*Measurable*):** Deben ser perfectamente medibles y evaluables en términos cuantitativos.
- **Alcanzables (*Achievable*):** Tienen que ser alcanzables, por ejemplo, si se acaba de lanzar un blog y no se cuenta con una presencia mínima en el sector, no sería un KPI válido el "número de *posts* en el blog escritos por colaboradores referentes en dicho sector".
- **Relevantes (*Relevant*):** Deben proporcionar información que realmente sea útil y determinante.
- **A tiempo (*Timely*):** Deben ser indicadores medibles en tiempo real.

4. **Selección de las redes sociales donde se quiere estar presente:** No es aconsejable abrir perfiles por el simple hecho de estar presentes en una red, ya que es posible que ahí no esté nuestro público objetivo. Por lo tanto, la elección de las redes sociales en las que se va a tener presencia debe ser una decisión basada en la información que se ha obtenido acerca del público objetivo y en los objetivos que se han fijado. No solo

se trata de elegir dónde queremos estar, hay que definir también qué queremos hacer: como hemos mencionado anteriormente, hay que decidir qué tipo de actividades se van a realizar en cada canal, con qué periodicidad, qué tipo de contenido se va a publicar, qué tono o lenguaje se va a utilizar, etc.

Para tomar todas estas decisiones, es importante tener en cuenta los recursos de que se dispone ya que, si estos son limitados, resulta más aconsejable centrarse en pocos canales pero con perfiles bien gestionados y contenidos de calidad, en vez de estar presentes en muchos canales con perfiles que apenas tengan movimiento y contenidos poco atractivos.

5. **Definir una acción de arranque con impacto:** Se trata de nuestra presentación al público y, en consecuencia, debe cuidarse y planificarse de forma adecuada, de modo que nos permita comenzar a posicionarnos y a captar usuarios alrededor de nuestra marca, producto o servicio.

Muy interesante resulta lo que apunta Velasco al final de su artículo: como toda estrategia, "esta debe estar sujeta a revisión y, en caso necesario, ajustarla o retocarla según la evolución de los indicadores que habíamos fijado para trazar la consecución de los objetivos definidos".

Para concluir este apartado, resulta muy interesante el esquema de John Lovett para representar el camino entre los objetivos, los KPIs y la táctica, traducido y rediseñado por Tristán Elósegui (`http://www.slideshare.net/jlovett/social-analytics-framework-10191825`).

Tal y como indica Tristán Elósegui, si se analiza el gráfico desde el centro hacia afuera, se puede seguir fácilmente el proceso:

1. **De los objetivos corporativos a los objetivos en redes sociales:** Normalmente, las empresas suelen tener objetivos corporativos de ingresos, fidelización e innovación y resulta necesario pensar en cómo traducirlos en objetivos de la estrategia en medios sociales. Por ejemplo, un objetivo corporativo de ingresos se puede traducir en un objetivo de ventas en redes sociales; o un objetivo corporativo de fidelización se puede traducir en un objetivo de servicio al cliente en medios sociales.
2. **De los objetivos en redes sociales a los KPIs:** El siguiente paso consiste en ver cómo medir los objetivos en medios sociales, es decir, en identificar los KPIs que permiten medir mejor la consecución de dichos objetivos. Por ejemplo, un objetivo corporativo de ingresos, traducido en un objetivo de ventas en redes sociales, se puede medir a través de la tasa de conversión; o un objetivo corporativo de fidelización, traducido en un objetivo de servicio al cliente en medios sociales, se puede medir a través de la tasa de resolución positiva de incidencias.

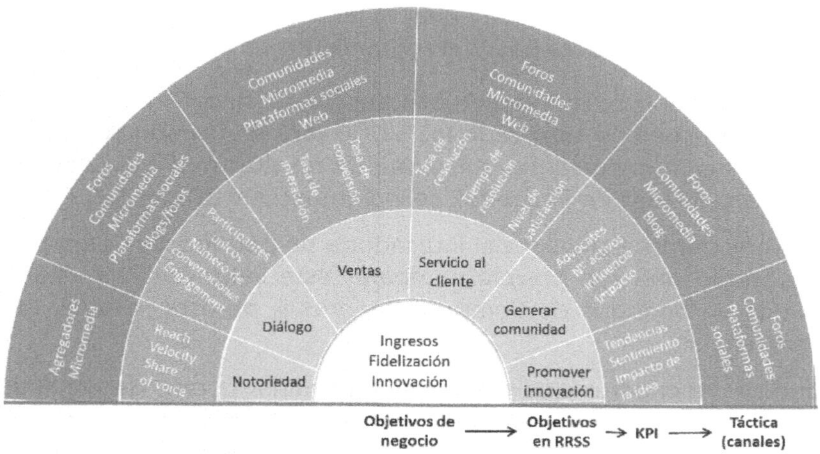

Figura 13.1. Social Analytics Framework. (Fuente: John Lovett, traducido y adaptado por Tristán Elósegui, `http://tristanelosegui.com/2012/05/13/como-medir-los-resultados-de-una-estrategia-en-social-media/`).

3. **De los KPIs a la táctica:** El último paso consiste en identificar los canales más adecuados para alcanzar los objetivos planteados. Por ejemplo, un canal adecuado para conseguir objetivos de ventas puede ser Facebook; o un canal adecuado para conseguir objetivos de servicio al cliente puede ser Twitter. Según Tristán Elósegui, es en este punto en el que debemos tener en cuenta métricas como los fans/seguidores (*followers*), retuits, etc., pero no antes, ya que la evolución de dichas métricas es una consecuencia de la estrategia para conseguir los objetivos, pero no son un objetivo en sí mismas.

Métricas fundamentales para medir el éxito en la consecución de los objetivos

¿Por qué es importante hacer un seguimiento de nuestra actividad en las redes sociales y definir una serie de indicadores que nos permitan medir la consecución de los objetivos que se hayan fijado? Según Juan J. Velasco (`http://hipertextual.com/archivo/2012/06/objetivos-indicadores-redes-sociales`), medir el impacto de lo que estamos haciendo y comparar los resultados que estamos obteniendo realmente con los esperados nos proporciona información muy útil para decidir posibles modificaciones o ajustes en el plan de acción, incluso cambios en la estrategia.

Velasco da una serie de recomendaciones a la hora de definir los indicadores que se van a utilizar para hacer el seguimiento de los objetivos fijados:

- No poner el foco en magnitudes absolutas, sino en tendencias. Si bien saber que hemos alcanzado los 5.000 fans en Facebook puede ser una información interesante, quizá, pueda resultar más útil conocer que el número de fans en Facebook se incrementa un 20 por 100 cada mes.
- Referir siempre el valor del indicador a un periodo de tiempo concreto, de modo que sea posible comparar este valor con los valores obtenidos en periodos de tiempo anteriores y, de esta manera, identificar tendencias.
- Incluir indicadores que nos permitan evaluar la tasa de crecimiento de nuestra comunidad, así como calcular el alcance de nuestro mensaje a través de la difusión que este recibe. Sin embargo, un error frecuente consiste en pensar que el éxito de una estrategia en redes sociales viene dado exclusivamente por el número de fans o seguidores. Si bien este indicador debe tenerse en cuenta, no es el más relevante y deben identificarse métricas e indicadores que vayan más allá.

En `http://www.puromarketing.com/53/11209/empresas-tratan-medir-mejor-exito-redes-sociales.html`, se puede encontrar un resumen muy interesante de la encuesta "2011 Encuesta de Marketing Social", realizada por Chief Marketer (véase la figura 13.2). Según esta encuesta, solo el 26 por 100 de los profesionales de marketing vieron el aumento de seguidores como un objetivo en medios sociales. Los objetivos más populares incluyeron dirigir el tráfico a un sitio web (66 por 100), la generación de ventas o clientes potenciales (48 por 100) e identificar y abordar a los fans de la marca (47 por 100). Es decir, se trata de objetivos relacionados con el nivel de compromiso de los consumidores con el contenido que se les ofrece y con la marca.

En 2013 (Chief Marketer´s, "2013 Annual Social Media Survey", `http://cdn.chiefmarketer.com/wp-content/uploads/2013/09/2013-Social-Survey.pdf`), los objetivos más populares fueron incrementar el conocimiento de la marca (61 por 100), dirigir tráfico al sitio web (46 por 100), generar contactos (37 por 100), identificar y hablar directamente con los fans de la marca (35 por 100), hacer un seguimiento de las conversaciones sociales acerca de la marca (29 por 100) y, nuevamente, solo con un 26 por 100, incrementar el número de amigos o seguidores.

Sin embargo, volviendo a la encuesta de 2011, las métricas y los indicadores utilizados todavía se centran en los números. Los resultados de la encuesta revelan que el 60 por 100 de los encuestados contaron el número de amigos, seguidores y clics en "Me gusta" como el principal método para medir el éxito en las redes sociales. El 39 por 100 midió el intercambio, transferencia, *retuits* y otras formas de compartir el contenido de la marca, mientras que el 35 por 100 dijo que rastreaba clientes potenciales en las redes sociales.

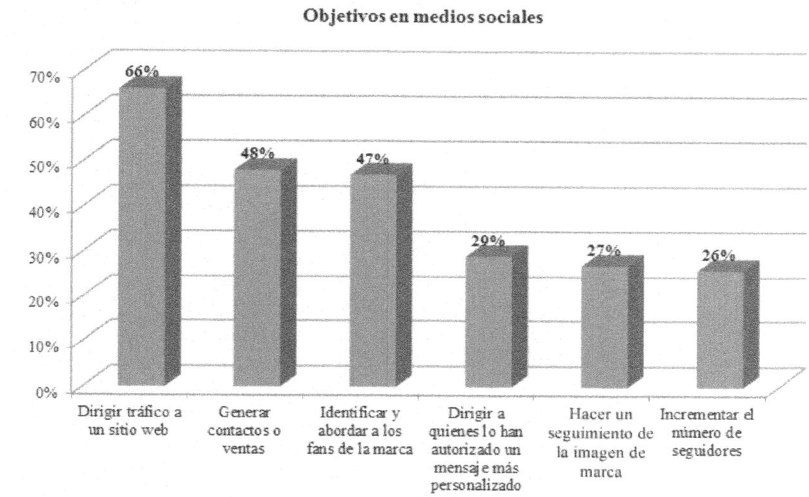

Figura 13.2. Objetivos en medios sociales (Chief Marketer, "2011 Social Marketing Survey", 1 de octubre, 2011).

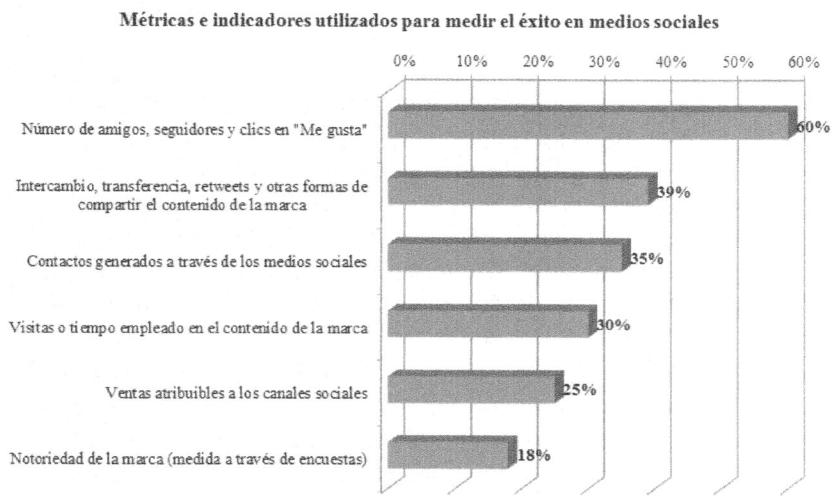

Figura 13.3. Métricas e indicadores utilizados para medir el éxito en medios sociales (Chief Marketer, "2011 Social Marketing Survey", 1 de octubre, 2011).

Según el estudio, la forma en que se mide el éxito en las redes sociales no acaba de coincidir con los objetivos previamente fijados. Los datos señalan que solo el 13 por 100 de los encuestados pensaban que eran muy eficaces a la hora de medir la consecución de los objetivos, mientras que el 47 por 100 dijo que algo efectivo, el 28 por 100 no muy eficaz y el 12 por 100 dijo que nada.

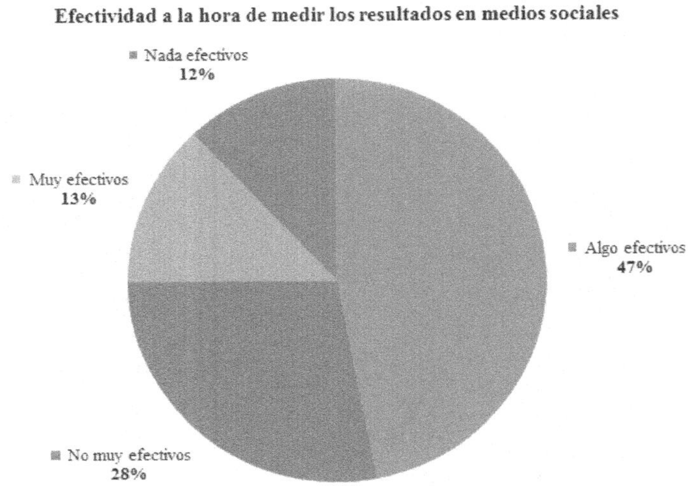

Figura 13.4. Efectividad a la hora de medir los resultados en medios sociales (Chief Marketer, "2011 Social Marketing Survey", 1 de octubre, 2011).

En la encuesta de 2013, al preguntar por la métrica más relevante a la hora de medir el impacto del marketing social en la marca, parte de los encuestados admitieron no haber podido identificarla claramente. El número de amigos, seguidores y clics en "Me gusta" sigue apareciendo en las primeras posiciones, aunque se reconoce su falta de eficacia a la hora de medir la consecución de los objetivos en las redes sociales. Otras métricas e indicadores utilizados son las ventas atribuibles a los canales sociales, la notoriedad de la marca (medida a través de encuestas) o ratios de conversión de objetivos cumplidos a través de redes sociales (por ejemplo, la suscripción a una *newsletter*).

Esta falta de métricas sociales sólidas y eficaces es una fuente de frustración. Los encuestados reconocen que en las redes sociales se genera compromiso y comunidad, por lo que deberían definirse métricas más adecuadas para determinar el valor generado por las redes sociales. Algunos encuestados echan en falta también indicadores que les permitan saber si la audiencia es realmente activa en cada una de las redes sociales. Se sugiere que podría ser interesante disponer de un "Me gusta" cualificado para indicar que el usuario está realmente comprometido con la marca, ya que, por el momento, el número de clics en "Me gusta" funciona como una métrica aislada para mostrar simplemente que los usuarios están hablando acerca de algo. También se sugiere que podría ser útil saber cómo se siente un consumidor cuando está "afiliado" a una marca (cuál es su grado de interés o afiliación), lo cual incluiría una combinación de medidas cuantitativas y cualitativas sobre compromiso, lealtad y otros indicadores de preferencia.

Volviendo de nuevo a la encuesta de 2011, las dificultades para medir correctamente la consecución de los objetivos figura en primer lugar en la lista de los principales problemas que aparecen cuando se realizan campañas en redes sociales. El 52 por 100 de los encuestados mencionaron la dificultad para calcular el retorno de la inversión (ROI) de las campañas en redes sociales como la principal causa de frustración a la hora de hacer un seguimiento de su actividad en las redes sociales. Un 42 por 100 señala la dificultad para atribuir las ventas (u otro tipo de conversión) al compromiso que el contenido ofrecido por la marca en las redes sociales haya podido generar en el consumidor. Los recursos que se necesitan para realizar este tipo de campañas aparece en tercer lugar (38 por 100), seguido de las dificultades para proporcionar un contenido adecuado que genere el compromiso por parte del consumidor (28 por 100) y para obtener un número suficiente de seguidores que justifique la inversión (20 por 100).

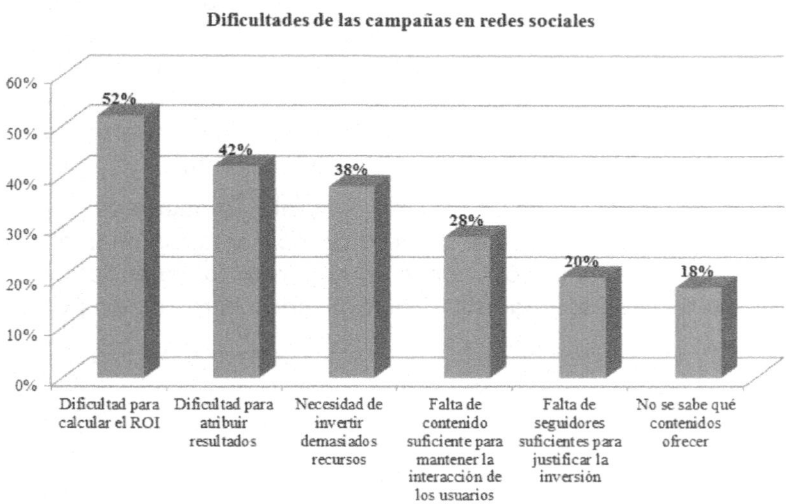

Figura 13.5. Dificultades de las campañas en redes sociales (Chief Marketer, "2011 Social Marketing Survey", 1 de octubre, 2011).

Pocos cambios hay respecto a este tema en la encuesta de 2013. La dificultad para calcular el retorno de la inversión (ROI) sigue apareciendo como la principal causa de frustración en las campañas de marketing en redes sociales con un porcentaje del 58 por 100, más alto que en la encuesta de 2011. También es más alto el porcentaje correspondiente a la dificultad para atribuir las ventas a las campañas realizadas en redes sociales (53 por 100). La falta de personal cualificado aparece en tercer lugar (42 por 100), seguido de la cantidad excesiva de tiempo que requiere la generación de contenidos (37 por 100), la falta de contenidos actualizados (29 por 100), la dificultad para gestionar múltiples redes sociales (28 por 100) y la falta de presupuesto (27 por 100).

A pesar de las dificultades para medir correctamente la consecución de los objetivos fijados en redes sociales, José Llinares (`http://www.josellinares.com/alternativas-al-me-gusta/`) afirma que conviene valorar el trabajo que se hace en este ámbito con métricas que aporten más a nivel de interacción, compromiso (*engagement*) y objetivos de la marca. Algunas de las métricas que recomienda son las siguientes:

- **La tasa de interacción de los fans con la marca en redes sociales (*Engagement Rate*):** Esta métrica va más allá del simple número de seguidores y nos muestra el grado en el que nuestros fans interaccionan con nuestro contenido o con nuestra marca.

  El *engagement rate* en Facebook se puede calcular dividiendo el número de "personas hablando de esto" entre el número total de fans, y multiplicando el resultado por 100. El número de "personas hablando de esto" indica la cantidad de interacción que ha tenido la página de Facebook en los últimos siete días (incluye personas que han comentado una publicación, hacen clic en "Me gusta" en ella, la comparten, responden a una pregunta o dicen si asistirán o no a un evento).

  El *engagement rate* de un *post* en concreto se puede calcular sumando el número de *likes*, más el número de comentarios, más el número de *shares* que ha recibido el *post* en concreto, dividiéndolo todo por el número total de seguidores, y multiplicando el resultado por 100.

Figura 13.6. Fórmula del *engagement rate* en Facebook. (Fuente: SocialBakers, `http://www.socialbakers.com/blog/467-formulas-revealed-the-facebook-and-twitter-engagement-rate/`).

El *engagement rate* de Twitter se puede calcular sumando el número de *replies*, más el número de *retuits*, dividiéndolo todo por el número total de seguidores, y multiplicando el resultado por 100. En el caso de Twitter, la misma fórmula puede aplicarse a un tuit concreto.

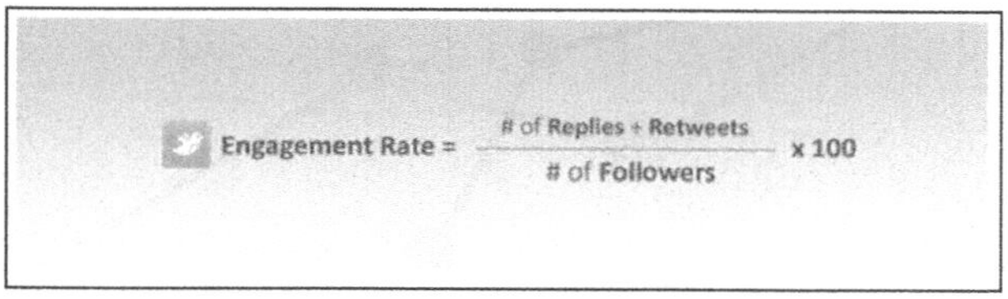

Figura 13.7. Fórmula del *engagement rate* en Twitter. (Fuente: SocialBakers, `http://www.socialbakers.com/blog/467-formulas-revealed-the-facebook-and-twitter-engagement-rate/`).

Resulta recomendable analizar qué tipo de contenido favorece más el *engagement rate* o, incluso, calcular el *engagement rate* diario para poder identificar los días en que la actividad realizada en la red social ha generado un mayor grado de interacción por parte de nuestros seguidores.

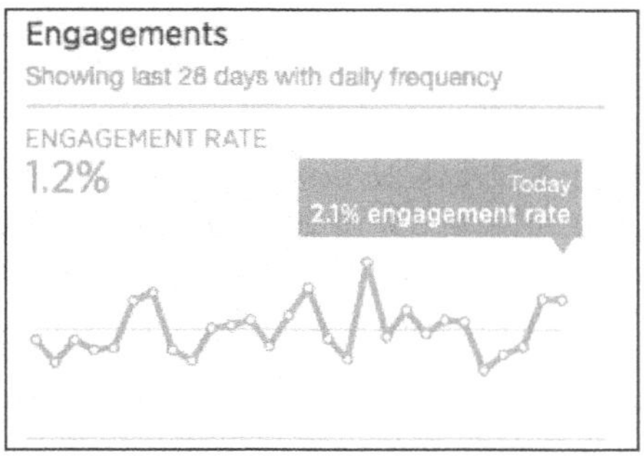

Figura 13.8. Ejemplo de *engagement rate* diario en redes sociales. (Fuente: Frederic Gonzalo, `http://fredericgonzalo.com/en/2014/09/18/kpis-for-your-social-media-dashboard/`).

- **Alcance (*Reach*):** Se trata de una métrica ofrecida por Facebook Insights, que hace referencia al número de personas que han visto cualquier contenido relacionado con la página de Facebook. Hay que tener en cuenta que el alcance es directamente proporcional al *engagement*, es decir, cuanto más se interactúa con las publicaciones, estas llegan a más gente.

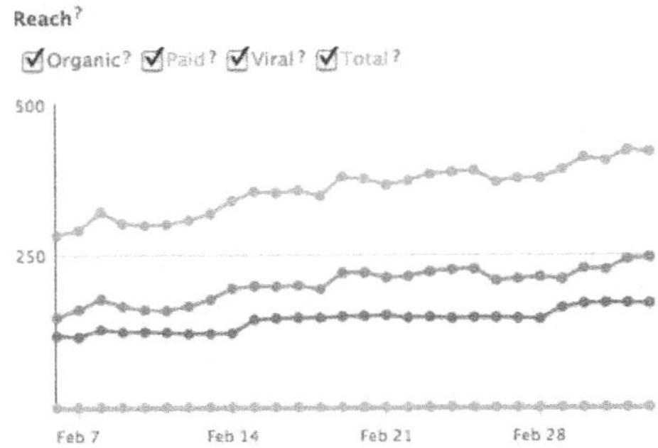

Figura 13.9. Ejemplo de la métrica Alcance en Facebook Insights.
(Fuente: David Harstein, `http://wiredimpact.com/blog/page-reach-facebook-insights/`).

Facebook Insights nos permite diferenciar entre alcance orgánico, alcance pagado y alcance viral. Si es orgánico, significa que el contenido apareció en el muro de forma natural, directamente desde nuestra página. Si es viral, significa que el contenido apareció por una interacción de alguien, es decir, algún usuario hizo referencia a nuestra página con un "Me gusta", un comentario, tras haber compartido o por haber publicado algo en nuestra página. El alcance pagado es el que logramos a través de campañas de anuncios en Facebook (`http://comunidad.hosteltur.com/post/2012-04-16-estadsticas-de-facebook-i-el-dilema-de-la-mtrica-alcance`).

- **Viralidad (*Virality*):** Se trata de una métrica incluida también en Facebook Insights, que hace referencia al porcentaje de usuarios que han creado una historia a través de nuestra publicación en relación con el número total de usuarios que la han visto.

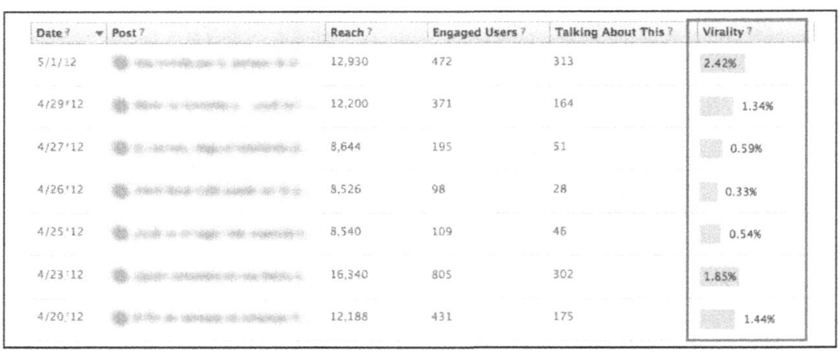

Date?	Post?	Reach?	Engaged Users?	Talking About This?	Virality?
5/1/12	[illegible]	12,930	472	313	2.42%
4/29/12	[illegible]	12,200	371	164	1.34%
4/27/12	[illegible]	8,644	195	51	0.59%
4/26/12	[illegible]	8,526	98	28	0.33%
4/25/12	[illegible]	8,540	109	46	0.54%
4/23/12	[illegible]	16,340	805	302	1.85%
4/20/12	[illegible]	12,188	431	175	1.44%

Figura 13.10. Ejemplo de la métrica Viralidad en Facebook Insights.
(Fuente: José Llinares, `http://www.josellinares.com/alternativas-al-me-gusta/`).

Por su parte, Juan Carlos Mejía Llano (`http://www.elcolombiano.com/blogs/marketingdigital/?p=1136`) enumera una serie de métricas e indicadores para monitorizar y optimizar la estrategia en medios sociales.

- **Métricas del sitio web asociadas a las redes sociales:**
  - **Visitas desde redes sociales:** Se trata de analizar el tráfico que recibe la web desde los canales sociales. Por ejemplo, en los informes de Google Analytics, en la sección Adquisición, hay un apartado específico sobre medios sociales (Social), donde, entre otros datos, se puede encontrar información sobre participación (número de páginas vistas, duración media de la sesión y páginas por sesión) en relación con el tráfico procedente de cada red social (Referencias de la red). También se puede encontrar información sobre el tráfico que se ha generado desde cada red social a cada página del sitio web (Páginas de destino), sobre el camino seguido por los visitantes que llegan a nuestra web desde las redes sociales y sobre el lugar por el cual la abandonan (Flujo de usuarios sociales).
  - **Tasas de conversión:** Se trata de analizar las conversiones que se pueden atribuir a los canales sociales. Al igual que en el caso anterior, en el apartado Social de la sección Adquisición en Google Analytics se pueden consultar dos tipos de informes: Conversiones y Análisis de conversiones asistidas frente a conversiones en última interacción.

    Conversiones es un informe que proporciona datos sobre todas las conversiones obtenidas mediante cada red social.

    Análisis de conversiones asistidas frente a conversiones en última interacción es un informe que proporciona datos sobre las conversiones en las que ha intervenido una determinada red social (conversiones de contribución = conversiones asistidas), las conversiones en las que una cierta red social fue la última interacción (conversiones por interacción de último clic o directa) y si las redes sociales son canales que convierten directamente o, más bien, ayudan a la conversión (ratio de conversiones de contribución sobre conversiones por interacción de último clic o directa).
- **Métricas relacionadas con la reputación de la empresa:**
  - Número de veces que los usuarios buscan el nombre de nuestra marca en un buscador.
  - Número de veces que nuestra marca es referenciada en medios sociales. Juan Merodio (`http://www.juanmerodio.com/tag/metricas-redes-sociales/`) aconseja medir durante un determinado periodo

de tiempo (por ejemplo, 30 días) el número de menciones de nuestra marca en los distintos medios sociales. Para ello, pueden usarse herramientas como Social Mention. A continuación, se hace lo mismo con los competidores y se mide el número de veces que su marca es mencionada en los medios sociales durante el mismo periodo de tiempo. El resultado de dividir el número de menciones de nuestra marca entre el número total de menciones (tanto las nuestras, como las de nuestros competidores) nos proporciona el porcentaje de nuestras menciones en medios sociales sobre el total de nuestro sector. Dicho porcentaje es lo que se conoce como participación de voz (*Share of Voice*, SOV).

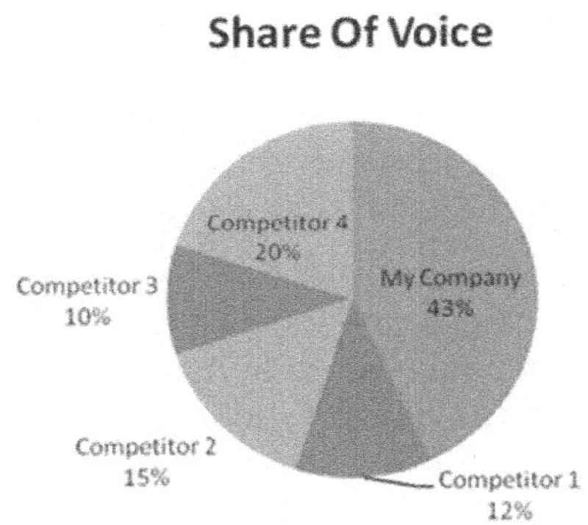

Figura 13.11. Ejemplo de participación de voz o *Share of Voice*. (Fuente: Abraham Villar, `http://abrahamvillar.es/2012/06/5-metricas-para-medir-tus-esfuerzos-en-social-media/`).

- **Métricas relacionadas con Facebook:**
  - Visitas a las páginas de Facebook y su evolución en el tiempo.
  - Número de "Me gusta" de la página en Facebook y su evolución en el tiempo.
  - Número de comentarios en el muro de Facebook y su evolución en el tiempo.
  - Porcentaje de comentarios respondidos y tiempo medio de respuesta.
  - Porcentaje de comentarios positivos, negativos y neutros en el muro de Facebook.

El seguimiento de estas métricas puede hacerse con herramientas como Facebook Insights.

- **Métricas relacionadas con Twitter:**
  - Cuántos nos siguen.
  - A cuántos seguimos.
  - Número de tuits y periodicidad de envío.
  - Número de retuits y menciones.

  Al igual que en el caso anterior, una herramienta interesante para hacer el seguimiento de estas métricas puede ser Twittercounter.
- **Métricas relacionadas con otras redes sociales:**
  - **YouTube:** Número de vídeos subidos, número de suscriptores, reproducciones de vídeos subidos, número de comentarios en el canal, etc.
  - **LinkedIn:** Número de contactos, número de participantes en los grupos que crea, número de recomendaciones, etc.
  - **Flickr:** Número de fotos subidas, número de comentarios, etc.

José Llinares (`http://www.josellinares.com/estrategia-estupido/`, Congreso Web, Zaragoza, junio, 2012) hace una clasificación de métricas e indicadores (KPIs) en función no solo del tipo de red social, sino también del objetivo que se trate de conseguir.

	Notoriedad, alcance	**Interacción (*engagement*)**	**Ventas**
Facebook	• Alcance	• *Engagement Rate* • Número de "Me gusta" • *Share of Voice* • CTR de campañas de anuncios	• Visitas a la *web* desde redes sociales • Conversiones atribuidas a los canales sociales • Porcentaje de conversiones sobre el total de contactos (*leads*) generados a través de las redes sociales
Twitter	• Número de seguidores		
YouTube	• Reproducciones de vídeos subidos	• Número de suscriptores	

Figura 13.12. Clasificación de métricas e indicadores.
(Fuente: adaptado de José Llinares, `http://www.josellinares.com/estrategia-estupido/`, Congreso Web, Zaragoza, junio, 2012).

> **Nota:** CTR (*Click Through Rate*) = (Clics / Impresiones) x 100. Muestra el porcentaje o ratio de clics por impresión.

Tristán Elósegui en su blog (`http://tristanelosegui.com/2012/02/19/el-roi-como-objetivo-de-una-estrategia-en-social-media/`) hace una enumeración de las métricas que pueden utilizarse para hacer un seguimiento de cada tipo de objetivo fijado y que, por su exhaustividad, vamos a reproducir a continuación.

Notoriedad de la marca	Comunidad	• Número de fans / seguidores
	Interacción (*engagement*)	• Número de *likes* / *retweets* / *shares* • Número de clics por *tweet* • Número de interacciones • Número de menciones
	Alcance	• Número de *retweets* / *shares* • Alcance de nuestros *tweets* (TweetReach) • Alcance de nuestro usuario (Twitalyzer, Klout)
	Reputación online	• Evolución del índice de valoración de la empresa (Meltwater Buzz, Radian6) • Evolución del número de menciones positivas / negativas por tema • Índices de reputación *on line* en redes sociales (Twitalyzer, Klout) • Número de listas de Twitter en las que se está incluido • Número de crisis atendidas • Porcentaje de incidencias solucionadas con éxito
Fidelización (servicio al cliente)		• Número de incidencias recibidas • Porcentaje de incidencias solucionadas con éxito • Costes por incidencia atendida • Costes ahorrados debido al uso de las redes sociales (en comparación con los costes del *call center*)
Ventas	Conversión	• Porcentaje de conversiones sobre el total de acciones realizadas a través de las redes sociales • Porcentaje de conversiones sobre el total de contactos (*leads*) generados a través de las redes sociales • Número de conversiones asistidas (Google Analytics)
	Ventas	• Número de contactos (*leads*) generados • Número de ventas generadas • Ingresos medios por usuario (*Average Revenue Per User*, ARPU)
	Rentabilidad	• ROI • CPL (Coste por *lead*) • CPA (Coste por venta)

Figura 13.13. Clasificación de las métricas más adecuadas para cada tipo de objetivo. (Fuente: Tristán Elósegui, `http://tristanelosegui.com/2012/02/19/el-roi-como-objetivo-de-una-estrategia-en-social-media/`).

- ROI (*Return of Investment*) = (Ingresos - Gastos) / Gastos x 100: Es un valor que mide el rendimiento de una inversión. Si por cada euro que gasto, ingreso un euro, el ROI es del 0 por 100. Sin embargo, si por cada euro que gasto, ingreso dos euros, entonces gano un euro y el ROI es del 100 por 100.
- CPL (coste por *lead*) = Costes de atracción / Número de registros: Es lo que nos cuesta conseguir un contacto o registro.
- CPA (coste por venta) = Costes de atracción / Número de conversiones: Es lo que nos cuesta conseguir una venta.

Para finalizar, vamos a hacer una referencia a la metodología VIT-A, desarrollada por Fernando y Juan Luis Polo de Territorio Creativo (`http://www.territoriocreativo.es/etc/2010/04/metricas-social-media-marketing.html`), quienes defienden también la necesidad de fijar, en primer lugar, los objetivos de las acciones y, después, establecer las métricas adecuadas para medir el éxito en la consecución de los objetivos marcados.

Figura 13.14. Metodología VIT-A de Territorio Creativo. (Fuente: Fernando y Juan Luis Polo, `http://www.territoriocreativo.es/etc/2010/04/metricas-social-media-marketing.html`).

Su metodología consiste en una estructura de medición que se basa en cuatro áreas, en cada una de las cuales se agrupan una serie de métricas que se actualizan periódicamente:

- **Actividad (tráfico):** Aparece en el centro y se trata de medir la actividad o tráfico que generan aquellas acciones que actúan como motor de nuestra estrategia en redes sociales (blog, comentarios en Facebook, Twitter, etc.). Esta medición puede hacerse a través de las métricas básicas que ofrece cualquier herramienta de analítica web (por ejemplo, Google Analytics): páginas vistas, visitantes únicos, tasa de rebote, tiempos de permanencia, etc.
- **Tamaño (fans):** Se trata de medir el tamaño de la comunidad que estamos creando y de analizar su evolución a lo largo del tiempo, lo cual nos ayuda a evaluar la repercusión de nuestras acciones. Herramientas como Facebook Insights o Twitter Counter nos van a permitir obtener métricas del tipo número de fans en Facebook, número de seguidores en Twitter, etc.

- **Influencia (referencias):** Se trata de medir cuánto se identifican los miembros de nuestra comunidad con las acciones que realizamos. Herramientas como Social Mention o Twitalyzer nos van a permitir medir las menciones en blogs y redes sociales, el número de retuits o el número de clics en los enlaces que publicamos.
- **Vitalidad (interacciones):** Se trata de medir las interacciones y el diálogo que mantenemos con los miembros de nuestra comunidad. Herramientas como Twitalyzer nos va a permitir medir comentarios y menciones en las redes sociales, número de "Me gusta", etc.

En general, se trata de definir algunas métricas clave y ponderarlas en función de los objetivos. Además, hay que analizar las cuatro áreas de forma individual, pero también de forma conjunta: no basta con medir el tamaño, por ejemplo, sino que hay que tener en cuenta también la actividad, la influencia y la vitalidad.

A modo de conclusión, podemos afirmar que tan importante como definir una estrategia adecuada en redes sociales es medir los resultados para saber si estamos alcanzando nuestros objetivos. No hay que olvidar que estos objetivos deben aportar valor a la empresa y han de poder medirse de la misma manera que el resto de los objetivos, en términos de audiencia, notoriedad, ventas, etc. Definir una serie de indicadores (KPIs) que nos permitan medir la consecución de estos objetivos nos va a permitir conocer el impacto de lo que estamos haciendo y decidir si es necesario o no hacer cambios o ajustes en la estrategia.

Parte V

Mobile UX: experiencia de usuario móvil

La historia suele transcurrir tal que así: estamos rodeados de nuestros amigos comiendo en un restaurante y preguntamos si conocen la aplicación X. A continuación, explicamos a los que ponen cara de desconcierto las bondades de dicha aplicación y cómo nos ha ayudado a realizar una tarea complicada en apenas unos minutos.

Esto es gracias a una buena experiencia de usuario.

Si queremos que nuestros clientes vuelvan a utilizar nuestra aplicación o servicio, este debe ser nuestro objetivo.

Veamos cómo podemos mejorar la primera experiencia de nuestro usuario para que, cuando tenga que tomar esa decisión, piense que somos dignos de ser mencionados a sus amigos.

Veamos también cómo entender y analizar ciertas métricas que nos ayuden a mejorar esta experiencia.

14

El ciclo de vida del cliente móvil

Imaginemos que tenemos una tienda de zapatos. Hacemos una inversión importante para poner anuncios en centros comerciales, letreros luminosos en la calle y reseñas en periódicos para atraer clientela. Por fin, alguien se decide a entrar. "Buenos días", saluda. Nosotros nos mantenemos callados y no le ofrecemos ninguna ayuda. El cliente curiosea un par de minutos más y sale de la tienda con gesto malhumorado. Eso es exactamente lo que pasa *online* cuando descuidamos la primera experiencia de nuestros usuarios.

El ser humano es un animal de costumbres y, como tal, estamos programados para basar nuestras decisiones en buenas o malas experiencias pasadas. Por otra parte, también lo queremos todo ya. Al instante. Cada vez consumimos información más rápido. Los primeros segundos del usuario en nuestra aplicación son cruciales: marcan la diferencia entre convertirse en un usuario habitual o abandonar el barco. La crudeza de los datos es reveladora: 1 de cada 4 usuarios abandona una aplicación tras el primer uso (Techcrunch).

Vale, ya he conseguido asustarte. "Pero ¿ahora qué hago?", te preguntarás. Simple: debemos entender qué esperan encontrar los clientes en nuestro producto y cómo podemos guiarles a lo largo de todo el proceso para que el servicio que damos sea el mejor que les podamos ofrecer.

La primera experiencia que cada uno de ellos va a tener en nuestra aplicación es una de las más importantes. Al fin y al cabo, con tantos productos diferentes en el mercado, nadie quiere perder su tiempo con una experiencia mediocre, ¿verdad?

El ciclo de vida del cliente móvil

El ciclo de vida de un cliente son todas las interacciones que tiene con nuestra marca desde que pasa de interesado a cliente *per se* y hasta que deja de serlo. Todas las comunicaciones que recibe de nosotros, contenidos que consume y transacciones que realiza forman parte de este ciclo de vida.

Una forma muy clara de plasmar estas interacciones es a través de un *customer journey* (viaje del cliente), donde definamos todos los pasos que recorre el usuario en nuestro producto o servicio.

Los elementos más importantes en el *customer journey* son:

- Los hitos más importantes (transacciones, primer acceso, etc.).
- Las acciones del usuario.
- Los problemas o fricciones que encuentra en el camino.

Imaginemos que a través de nuestro producto los clientes pueden reservar un viaje para sus vacaciones, los hitos más importantes que se podrían encontrar serían:

- Explorar y encontrar el destino que mejor se adecúe a sus deseos y posibilidades.
- Reservar los vuelos y hoteles necesarios.
- Previaje: el tiempo desde que realizaron la reserva hasta que empiezan sus vacaciones.
- Durante el viaje.
- Postviaje.

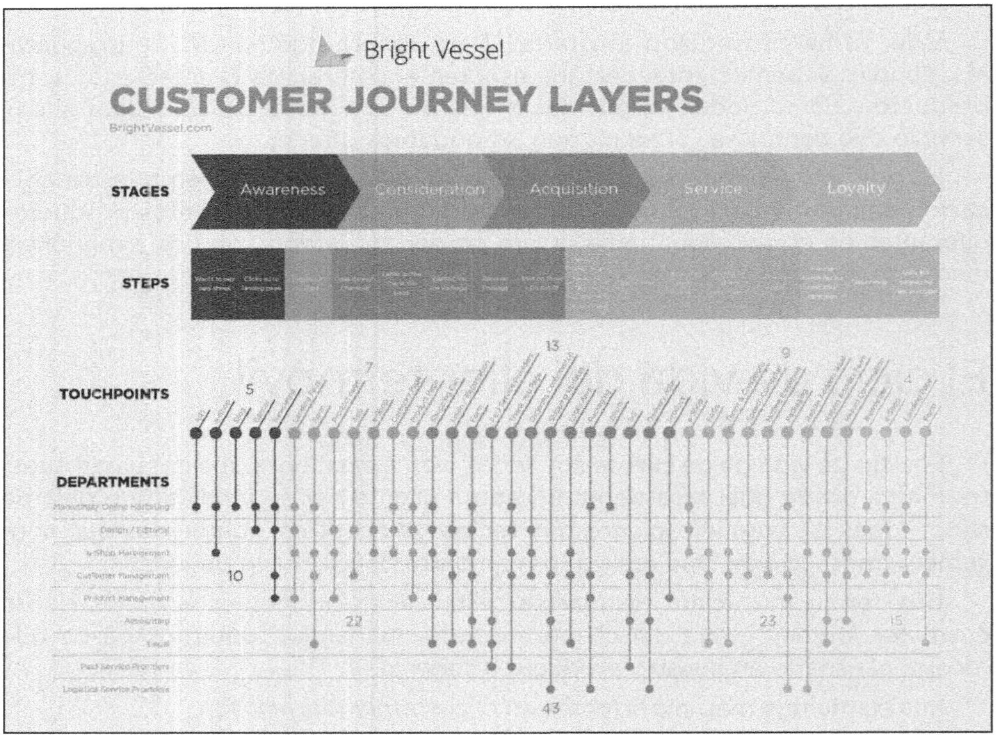

Figura 14.1. El completo *customer journey* de BrigthVessel sobre una ficticia tienda de zapatos *online* expone los pasos del *funnel* de marketing a recorrer, las acciones del usuario, los puntos de fricción y los departamentos impactados por cada uno de estos puntos de fricción.

Las acciones de los usuarios durante estos cinco momentos pueden ser tan diferentes como completar el registro por primera vez antes de realizar una reserva o conseguir sus tarjetas de embarque.

Los puntos de fricción que van a encontrar son tremendamente importantes, pues revelan dónde están encontrando problemas que les pueden llevar a considerar el servicio como deficiente. Un recordatorio, veinticuatro horas antes de partir, de los pasos que tiene que seguir para preparar su viaje adecuadamente puede ayudarle a conocer de antemano cómo conseguir su tarjeta de embarque o cuántas maletas debe preparar.

Llegados a este punto te preguntarás, como profesional de marketing, por qué es tan importante definir este ciclo de vida. Hasta ahora había sido suficiente con definir unos canales de adquisición de nuevos clientes y una estrategia para retenerles. Ya no es suficiente. Las estrategias estándar, mil veces repetidas antes, no aseguran que nuestros clientes valoren positivamente nuestro servicio. Es más, pueden ser contraproducentes.

Si conocemos dónde y cuándo están teniendo problemas nuestros usuarios, podremos guiarlos de forma que sus acciones lleguen a buen puerto.

La vieja regla de marketing que establece que es más costoso atraer nuevos clientes que mantener a los actuales se sigue cumpliendo en los mercados digitales, de modo que queremos acompañarles de la mejor forma posible en este viaje.

El ciclo de vida y los dispositivos móviles

El mercado móvil aporta al ciclo de vida de los clientes nuevos canales de comunicación y la inmediatez y experimentación de un medio joven.

Los mensajes **SMS** suponen un canal que los usuarios perciben como dotado de mayor formalidad y que podemos utilizar para contenidos o comunicaciones permanentes. Siguiendo el ejemplo anterior, podríamos ofrecer al usuario recibir la tarjeta de embarque en su móvil a través de un mensaje SMS.

Las notificaciones ***push*** que recibiría nuestro cliente si tiene la aplicación instalada es un canal perfecto para comunicaciones informativas o relativas a nuestro servicio. A través de este tipo de notificaciones, podríamos ofrecer al cliente una oferta exclusiva para reservar una maleta extra o la selección de asientos para su próximo vuelo en avión.

Los mensajes ***in-app*** pueden llegar a ser los más intrusivos, pero, bien utilizados, nos permiten comunicar mensajes relevantes a los clientes durante el uso de la aplicación. ¿Has comenzado a reservar un viaje, pero no has terminado? Te podemos recordar que solo podemos mantener tu reserva unos minutos.

Figura 14.2. Las notificaciones *push* brindan una oportunidad magnífica para mejorar la calidad de nuestro servicio. Pero recordemos que desecharlas debería ser tan rápido como recibirlas. No molestemos innecesariamente a nuestros usuarios.

Las comunicaciones en el ciclo de vida

Trabajar las comunicaciones durante cada uno de los pasos, acciones y fricciones que va a enfrentar un usuario es fundamental para que implementemos una estrategia de marketing digital exitosa. Si nos preguntamos qué pasos debes seguir para conseguirlo, aquí los tenemos:

- Definir el *customer journey* de nuestros usuarios como mencionamos anteriormente y no olvidarnos etapas tan importantes como la primera experiencia (*onboarding*) o el momento en el que dejaron de ser clientes activos.
- Identificar los diferentes tipos de usuarios que tenemos, pues las necesidades e incluso el tono de las comunicaciones serán diferentes según estos segmentos. En nuestra plataforma de viajes, al menos tendremos dos tipos de usuario: los viajeros vacacionales y los viajeros por motivos de negocio. Los servicios que requerirán de nuestro catálogo y los tipos de mensaje que esperan recibir son muy distintos.
- Diseñar campañas de contenido y comunicaciones adaptadas a los diferentes usuarios (en el tono y las llamadas a la acción), en el momento adecuado del ciclo de vida y que estén alineadas con nuestros objetivos de negocio.

- Lanzar estas campañas, midiéndolas y mejorándolas con cada iteración. Aprender cómo de relevantes son cada una de estas comunicaciones para los usuarios. ¿Perciben como molestas las notificaciones *push* que enviamos un día antes de su vuelo ofreciendo cambiar de asiento? ¿Son efectivas las comunicaciones durante el viaje?

Hacia una estrategia de comunicación sólida

Para asegurar una buena estrategia de comunicación móvil durante el ciclo de vida del cliente, debemos tener en cuenta la importancia de la primera experiencia del usuario, unas reglas básicas para utilizar los canales móviles y qué métricas pueden ser relevantes para medir la efectividad de nuestras campañas.

Bienvenida a mi casa: la primera experiencia

La primera experiencia de un usuario en nuestra aplicación lo incluye todo: desde la primera vez que supo de ella (a través de un anuncio móvil, un tuit mencionándonos, la descripción en la tienda de aplicaciones o simplemente la recomendación de un amigo sobre "la mejor red social para coleccionistas de alfileres", ¡ejem!) hasta el primer uso.

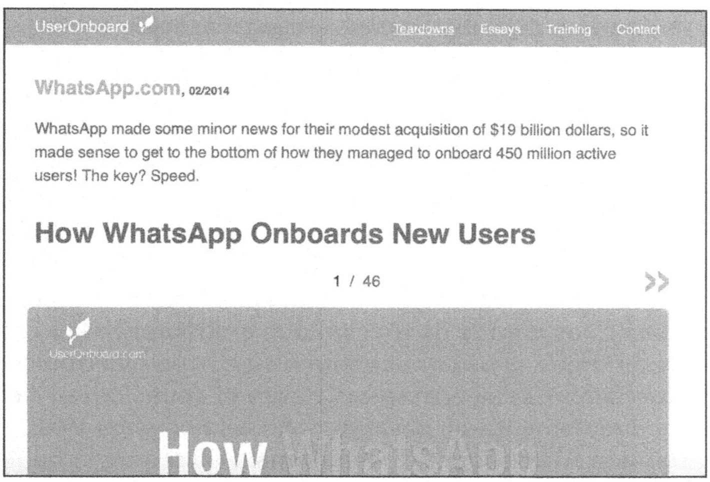

Figura 14.3. En `Useronboard.com` podemos encontrar completos análisis de las primeras experiencias en servicios tan populares como WhatsApp.

Debemos identificar cada uno de los puntos que recorre el usuario hasta cerrar la aplicación por primera vez. El formato en el que lo hagamos es lo de menos: una lista numerada, una infografía, etc. Hacerlo de una forma visual, por ejemplo, dibujando cada etapa en una pizarra, ayuda a trabajar sobre cada una de ellas. El camino de un usuario en esa hipotética red social para coleccionistas de alfileres podría ser el siguiente:

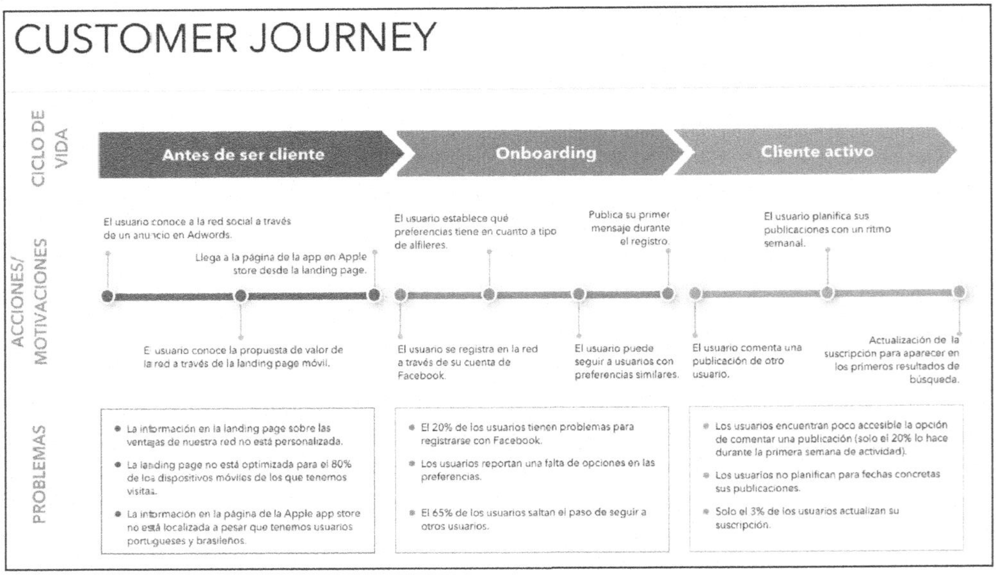

Figura 14.4. *Customer journey* de nuestra ficticia red social.

Si diferentes caminos pueden crear diferentes experiencias, debemos definirlos también. Un usuario que llegue a través de un anuncio de Google AdWords puede tener diferentes expectativas a las de otro que llegó tras navegar por la tienda de aplicaciones. En el primer caso, hay un interés activo en nuestra propuesta de valor; en el segundo caso, puede ser más difícil convencerle de ello.

Bien, ahora que ya conocemos el viaje que realiza el cliente en la aplicación, el siguiente paso es encontrar los problemas que se puede encontrar en cada uno de estos pasos, los puntos de fricción que empobrecen la experiencia. ¿Es realmente necesario que el usuario confirme su correo electrónico para poder usar nuestra aplicación? ¿Y si enlazamos desde el anuncio móvil con la tienda de aplicaciones directamente sin pasar por una *landing page Web*? Preguntarse varias veces por qué suele ser una buena forma de discernir lo que es absolutamente necesario de lo que no lo es.

¿Seguimos sin tener ninguna pista? No importa, hay una disciplina que puede hacer nuestra vida más fácil: *user research*. Podemos preguntar a nuestros usuarios por los problemas que encuentran mediante una encuesta, entrevistas personales o simplemente pasar unas horas con ellos mientras usan la aplicación. Ir al origen es la mejor forma de detectar esos problemas. Observar siempre es mejor que preguntar. Son las dos reglas de oro a seguir.

También se puede hacer todo esto con personas que no hayan usado nunca la aplicación, pero hay que ser cuidadoso con la selección: deben tener el mismo perfil y estar en alguno de los segmentos a los que pretendemos llegar para que los resultados obtenidos sean relevantes.

Una vez conocidos los problemas, optimicemos el recorrido y no permitamos que nada que no sea estrictamente necesario pueda entorpecer el proceso de *onboarding*.

Debemos repetir este proceso tantas veces como podamos. Cada vez que lo hagamos, mejorará la satisfacción de los clientes y será más fácil que cumplamos con nuestros objetivos.

Una forma de conseguir que la primera experiencia sea un éxito y que el usuario esté motivado para volver otra vez es conseguir un *quick-win* (una pequeña victoria) durante el proceso de *onboarding*.

Editar un vídeo ya creado por defecto (en una aplicación de edición de vídeo) o una nota donde se explican cómo se crean notas (en una aplicación como Evernote) son una muestra de lo que podemos llegar a hacer.

La primera experiencia también está afectada por el tono. Estamos comunicándonos con personas, trátalas como tal. Esto no quiere decir que siempre tengamos que mantener un tono informal. Mailchimp, el servicio de *email marketing*, mantiene un tono conciso y formal en los mensajes de error mientras que el resto de procesos son comunicados mediante un tono informal, cercano y desenfadado, haciendo sentir cómodo y relajado al usuario.

Hay algunos elementos de diseño que habitualmente facilitan el proceso de *onboarding*:

- ***Tooltips***: Si son creados con mesura y embarcan al usuario progresivamente en la aplicación, transmiten pequeñas acciones básicas de forma sencilla.
- ***Walkthroughs***: Este formato consiste en hacer una introducción al usuario sobre nuestra aplicación de forma secuencial a través de una serie de pantallas durante el primer acceso. Son apropiados si hay muchas posibilidades de que el usuario desconozca el valor que ofrecemos, los beneficios de nuestra aplicación. Debemos centrarnos en un concepto por pantalla, no mostrar más de 4 y dar siempre la posibilidad de

omitirlo. También es recomendable cuando el usuario tiene que tomar un reducido número de elecciones antes de poder usar plenamente nuestra aplicación.

- **Vídeo:** Es apropiado si nuestra aplicación tiene un fuerte contenido social o audiovisual. Hay que ser capaz de resumir en menos de 60 segundos el mensaje. Recordemos que la capacidad de atención del usuario móvil es reducida.
- ***Empty state*:** Este estado es el inicial, cuando todavía no se ha creado ningún contenido. Cuando el usuario llega por primera vez a nuestra aplicación de edición de notas se va a encontrar la interfaz vacía. Nuestro objetivo será encaminarle a crear su primera nota.

Algunas reglas para los canales móviles

- **Evitar la saturación:** Es fácil dejarse llevar por los buenos resultados de comunicaciones a través de un canal tan directo como el de las notificaciones *push*. Si acabamos enviando varias notificaciones al día a los usuarios, estos podrán percibirlas como una molestia y nuestra aplicación corre el riesgo de ser desinstalada.
- **No interrumpir nunca el flujo de un usuario:** Cuando un usuario esté realizando una transacción o cualquier otra acción importante, no debemos entorpecer ese proceso. El único caso en el que está justificado es cuando podemos anticipar un problema o necesidad que vaya a tener durante ese flujo.
- **El *timing* y la personalización lo es (casi) todo:** Entregar los mensajes en el momento adecuado y que se dirijan al usuario como las personas que son establece la diferencia entre una comunicación relevante y otra que no lo es.
- **Hacer un seguimiento continuo a los consentimientos de tus clientes:** ¿Ha coincidido el lanzamiento de la última campaña con un aumento de la desactivación de las comunicaciones comerciales desde la aplicación? Si los mensajes son relevantes y adecuados en el tiempo, los usuarios no tendrán problema en recibirlos desde cualquier canal.

Métricas de éxito

Hay dos métricas fundamentales para determinar el rendimiento de las campañas durante el ciclo de vida: la tasa de apertura y la conversión. La primera nos indicará cómo de interesante es la comunicación para los usuarios.

La segunda, si el mensaje ha animado al usuario a tomar una acción relevante para nuestro negocio como la publicación de un contenido o pasar a un plan *premium*. Si llegados a este momento todavía no hemos definido un modelo de atribución de tus acciones de marketing, debemos hacerlo. De lo contrario podríamos erróneamente atribuir conversiones a acciones de usuario que se producen de forma natural, por ejemplo. Un modelo de atribución para el canal de notificaciones *push* podría consistir en atribuir la compra de uno de nuestros productos cuando el usuario llegó a una página de producto tras recibir una notificación de este tipo, completó la compra y no recibió otras comunicaciones a través de este canal (u otros canales) en las últimas 24 horas.

Estas dos métricas son el punto de partida, pues a partir de ellas se debe ahondar en el análisis del impacto que tiene cada una de nuestras campañas en los objetivos de negocio.

Viajando al pasado

Con este conocimiento recién adquirido, volvamos a la escena inicial. *Rewind*. Una persona se decide por fin a entrar en nuestra tienda de zapatos. "Buenos días", saluda. "Buenos días", respondemos educados. Tras dejarle curiosear unos segundos, nos acercamos y le preguntamos cómo le podemos ayudar. No tiene las cosas muy claras, solo sabe que quiere unos zapatos nuevos y nos cuenta las condiciones en las que los va a utilizar. Le ofrecemos algunas alternativas que se adecuan a sus necesidades y, contento, elige un modelo. El ahora cliente paga su nuevo par de zapatos y se despide alegremente de nosotros. Probablemente vuelva.

Antes de irte, recuerda

- Define el *customer journey* a través de sus hitos, acciones y problemas.
- El mercado móvil aporta nuevos canales: SMS, *push* e *in-app*.
- Diseña el proceso de *onboarding*, la primera experiencia de los usuarios y los mensajes que apoyarán esta experiencia.
- Lanza campañas de comunicación móviles que sean personales, relevantes y lleguen en el momento adecuado.
- Mide la tasa de apertura y la conversión de las campañas para entender el interés y el impacto de tu estrategia.

15

Analítica digital en entornos móviles

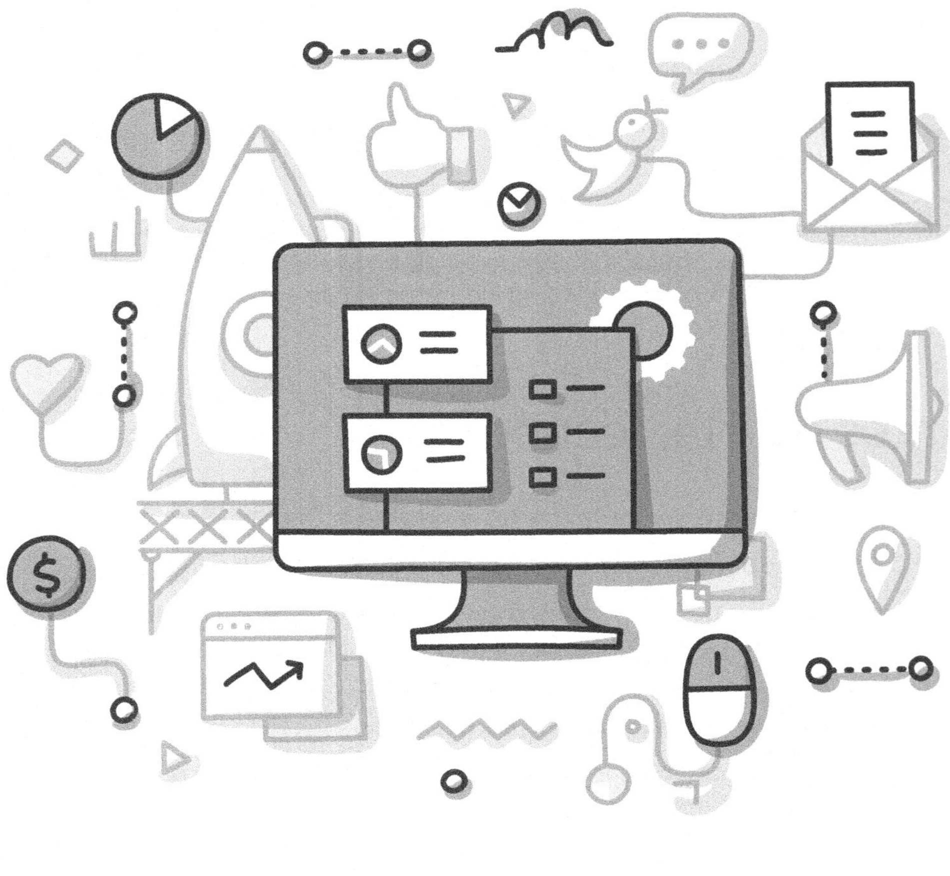

La necesidad de medir en el entorno móvil

Según datos incluidos en el informe Sociedad Digital en España 2018, de la Fundación Telefónica, Internet se ha convertido en una parte fundamental de nuestras vidas, los dispositivos a través de los que accedemos a la red han ido modificándose para que se puedan realizar más actividades con ellos. El acceso a Internet se ha hecho progresivamente más móvil y es posible hacerlo desde diferentes lugares. En consecuencia, el *smartphone* se mantiene como el dispositivo preferido para cualquier tipo de uso (un 91,9 % de la población así lo indica), seguido del ordenador (62,9 %), y a cierta distancia permanece la tableta (29,7 %).

Dispositivo usado para cualquier propósito

	Población total	Población de 14 a 19 años	Población de más de 64 años
Ordenador	62,9 %	61,9 %	59,2 %
Smartphone	91,9 %	100 %	81,9 %
Tableta	29,7 %	30 %	15,7 %

Figura 15.1. Dispositivo usado para cualquier propósito.
(Fuente: Fundación Telefónica, Informe Sociedad Digital en España 2018).

Según el informe Mobile en España y en el Mundo 2019, de Ditrendia, durante 2018, la media de tiempo que los usuarios de teléfonos móviles en el mundo pasaron en Internet desde su *smartphone* fue el equivalente a 33 días completos (véase la figura 15.2). Se estima que en 2021 esta cifra ascienda a 39 días completos. Los usuarios de Internet en el mundo utilizan en 2019 una media de 3 horas y 14 minutos diarios a navegar por Internet desde su móvil, un 4,3 % más que el año anterior, frente a las 3 horas y 28 minutos que dedican a navegar por Internet desde un portátil, ordenador de sobremesa o tableta. Esto significa que un 48 % del tiempo que dedican a Internet lo hacen a navegar desde el móvil.

Según este mismo informe, 2 de cada 3 minutos que los españoles dedican a navegar por Internet lo hacen desde dispositivos móviles y de las 230 sesiones de Internet que de media realizan al mes (7,6 al día), el 62 % de ellas se realizan desde el móvil, el 23 % desde el portátil y el 15 % desde la tableta. Respecto a los días o momento del día que más se utiliza cada dispositivo: se utiliza más el móvil y la tableta entre semana y los fines de semana las gafas de realidad virtual, la consola o la *smart TV*.

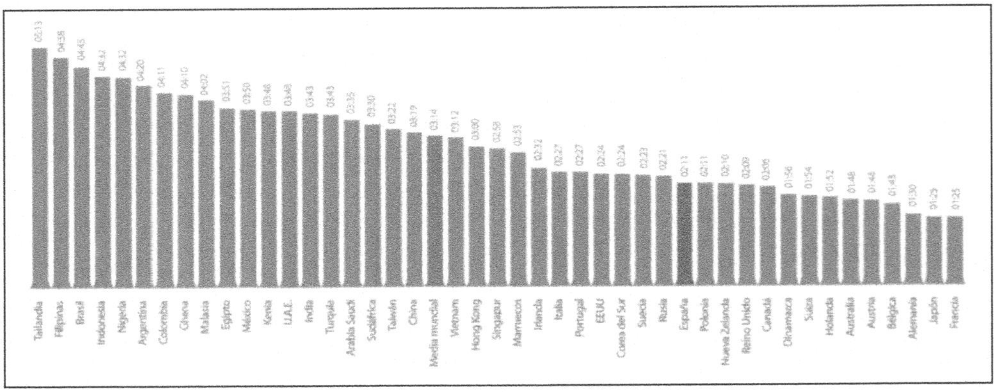

Figura 15.2. Tiempo diario de uso de Internet en el móvil.
(Fuente: Gráfico elaborado por Ditrendia, a partir de datos de *We are social*).

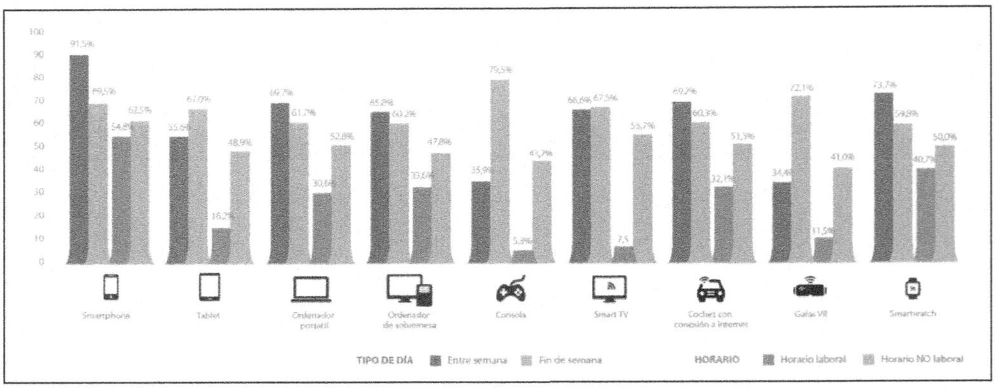

Figura 15.3. Comportamiento del consumidor por dispositivo, día y hora, en España.
(Fuente: Gráfico elaborado por Ditrendia, a partir de datos de IAB).

La mensajería móvil es la principal actividad que realizamos en el móvil: un 85 % de los usuarios móviles utiliza la mensajería, siendo la principal red social de mensajería WhatsApp. Un 97 % de los jóvenes entre 14 y 24 años utiliza habitualmente las aplicaciones de mensajería WhatsApp, Telegram o Facebook Messenger para comunicarse. Las edades más avanzadas también lo utilizan: un 87 % de los españoles mayores de 64 años utiliza WhatsApp con frecuencia.

Además, la visualización de vídeos (82 %) y la utilización de servicios de mapas móviles (75 %) son las segundas actividades más frecuentes de los españoles en el móvil.

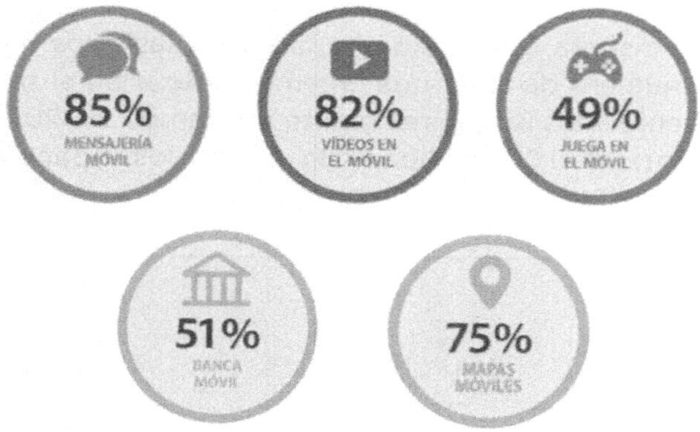

Figura 15.4. Porcentaje de usuarios de Internet que realizan cada actividad en un móvil cada mes, en España. (Fuente: Gráfico elaborado por Ditrendia, a partir de datos de *We are social*).

El uso de las *apps* está cada vez más extendido y cada vez es más frecuente que todo tipo de negocios y empresas desarrolle algún tipo de aplicación para sus clientes. En 2018, se descargaron 194.000 millones de *apps* en el mundo (un 9 % más que el año anterior). Los usuarios siguen prefiriendo las aplicaciones gratuitas (95,6 %) frente a las de pago (4,4 %). Google Play lidera el *ranking* de App Stores en número de aplicaciones disponibles, seguido de Apple Store.

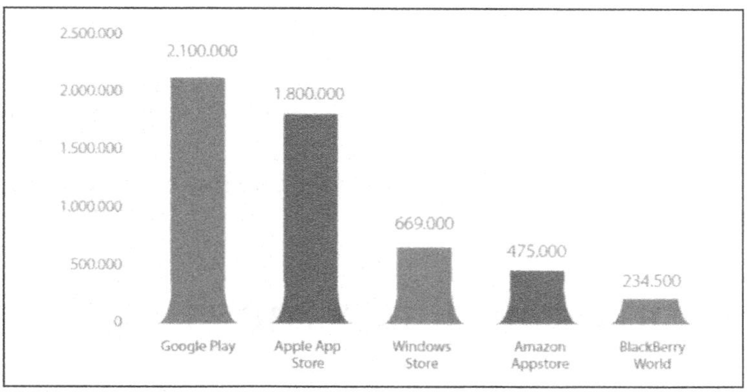

Figura 15.5. Número de aplicaciones disponibles en las App Stores en el primer trimestre de 2019. (Fuente: Gráfico elaborado por Ditrendia, a partir de datos de Statista).

Sigue aumentando el tiempo que los usuarios dedican a las aplicaciones móviles. En 2018, cada usuario pasó una media de 3 horas diarias en *apps*. Las aplicaciones favoritas de los usuarios siguen siendo los juegos, seguidas de la fotografía, redes sociales y entretenimiento. Los españoles dedicamos a las *apps* el 60 % del tiempo que pasamos en el móvil y tenemos una percepción de uso muy distinta a la realidad: utilizamos las *apps* mucho más de lo que creemos. El número de *apps* que creemos utilizar en el *smartphone* es de 11 aplicaciones frente a las 31 que realmente utilizamos. En 2018, en España, se descargaron un total de 1.200 millones de *Apps* y los españoles gastamos un total de 457,8 millones de dólares en *apps*.

¿Cuántas aplicaciones tenemos instaladas? ¿Cuántas usamos?

		DECLARADO Número de Apps que el usuario recuerda		COMPORTAMENTAL Número de Apps que el usuario realmente utiliza	
		Smartphone **11**	Tablet **9**	Smartphone **31**	Tablet **13**
GÉNERO	Hombre	11	9	33	13
	Mujer	10	8	30	13
EDAD	De 18 a 24	11	9	33	11
	De 25 a 34	10	8	32	10
	de 35 a 44	11	9	32	13
	De 45 a 54	10	9	33	14
	De 55 a 64	11	9	28	14
	65 o más	10	10	27	16

Figura 15.6. ¿Cuántas aplicaciones tenemos instaladas? ¿Cuántas usamos? (Fuente: Gráfico elaborado por Ditrendia, a partir de datos de IAB).

Con los datos que acabamos de mencionar, no hay duda de la necesidad de medir en el entorno móvil.

Definición de analítica móvil

El término analítica móvil puede tener dos acepciones. Según Asunción Vázquez, (`http://www.analiticaweb.es/analiticaweb-en-dispositivos-moviles/`), podemos referirnos a la información sobre los usuarios que acceden y navegan por nuestro sitio web a través de teléfonos móviles, los navegadores que utilizan y toda la información técnica que acompaña a estos dispositivos. Con arreglo a esta acepción, la analítica móvil estudia el comportamiento de los visitantes de sitios web móviles de una manera muy similar a la analítica web tradicional. En este análisis, se incluyen métricas habituales en la medición de sitios web, como pueden ser visitas, páginas vistas o visitantes. También se incluye información más específica referente al modelo de dispositivo, fabricante, sistema operativo, resolución de pantalla, etc.

Sin embargo, en una segunda acepción, también podemos referirnos a la medición del grado de utilización de las aplicaciones móviles. Hay que tener en cuenta que la medición de aplicaciones móviles es diferente a la medición web. Como señala Elías Nuevo (`http://aroundanalytics.com/analitica-digital-en-entornos-moviles-redefinicion-de-conceptos/`), a la hora de desarrollar un sistema de medición para aplicaciones móviles hay que tener en cuenta que algunos conceptos de analítica web deben redefinirse para poder ser aplicados a un entorno móvil. A modo de ejemplo, podemos citar los siguientes:

- **Sesión:** Los usuarios ya no visitan una web, sino que abren una aplicación. La sesión corresponde al tiempo que los usuarios interactúan con la aplicación hasta que esta pasa a un segundo plano.
- **Usuarios:** Mientras en el entorno web a cada usuario se le identifica mediante una *cookie* que la herramienta de analítica web crea la primera vez que este accede al sitio web y que permanece hasta que expire o se elimine, en los sistemas móviles los usuarios son definidos por un identificador dependiente del dispositivo con el que se ejecuta la aplicación.
- **Eventos:** Las aplicaciones móviles están diseñadas para que el usuario realice acciones con ellas, por ejemplo, consultar un documento, acceder a un contenido específico, iniciar o parar un reproductor de música o vídeo, etc.
- **Pulsaciones:** En las aplicaciones móviles los clics son sustituidos por las pulsaciones.
- **Pantallas:** En vez de páginas, las aplicaciones están formadas por múltiples pantallas a las que se puede acceder a través de pulsaciones y que pueden ser medidas igual que las páginas de un sitio web.

Pero, al igual que sucede con los sitios web, en el caso de las aplicaciones móviles, no se pueden gestionar ni saber cómo mejorarlas si no se mide lo que se está haciendo (Vanessa Estorach, `https://www.yeeply.com/blog/analitica-movil-5-razones-para-analizar-tu-app/`). Los principios fundamentales de la analítica móvil no difieren de los correspondientes a la analítica web tradicional. Antes de lanzar una aplicación móvil es necesario definir los objetivos que queremos conseguir con ella, así como las métricas e indicadores que nos van a permitir saber si estamos alcanzando o no dichos objetivos. Es decir, es importante saber qué se va a medir y para qué se va a medir. Medir y analizar nos sirve para saber si funciona o no lo que estamos haciendo, incluso qué es lo que mejor funciona. "Cuanta más información consigamos recoger sobre el usuario, mejor personalizaremos la experiencia de nuestro usuario. Si personalizamos la experiencia del usuario, conseguiremos incrementar su fidelización y volverán a usar la *app*. Optimizando esta experiencia, obtendremos mejores resultados (...)".

Analítica para aplicaciones móviles

¿Qué información se debe recopilar y analizar?

Siguiendo a Vanessa Estorach (`https://www.yeeply.com/blog/7-metricas-para-apps-moviles/`), resulta interesante obtener información sobre los siguientes aspectos:

- **Uso de la aplicación:** Cuánto tiempo se utiliza la aplicación, cuándo y de qué manera. También es importante conocer el flujo de navegación dentro de la aplicación, ya que nos permite saber qué pantallas han recorrido los usuarios y, sobre todo, en qué pantallas se pierde a la mayoría de los usuarios. Otro aspecto a tener en cuenta es la navegación dentro de cada pantalla para saber si realmente los usuarios están siguiendo el proceso que nosotros habíamos pensado (los mapas de calor o *heatmaps* (véase la figura 15.7) son herramientas que nos pueden proporcionar dicha información).
- **Usuario móvil:** Quién es el usuario, en qué país está, qué URL le ha llevado a la aplicación, desde dónde se la ha descargado. Conocer a los usuarios es importante porque permite segmentarlos y definir acciones personalizadas. Entre las métricas más interesantes relativas a los usuarios, podemos incluir usuarios activos diarios, usuarios activos mensuales y porcentaje de nuevos usuarios (esta última nos va a proporcionar información sobre nuestra capacidad para atraer a nuevos usuarios).
- **Dispositivo móvil:** Conocer el dispositivo desde el que se utiliza la aplicación es muy útil para priorizar nuevas versiones.

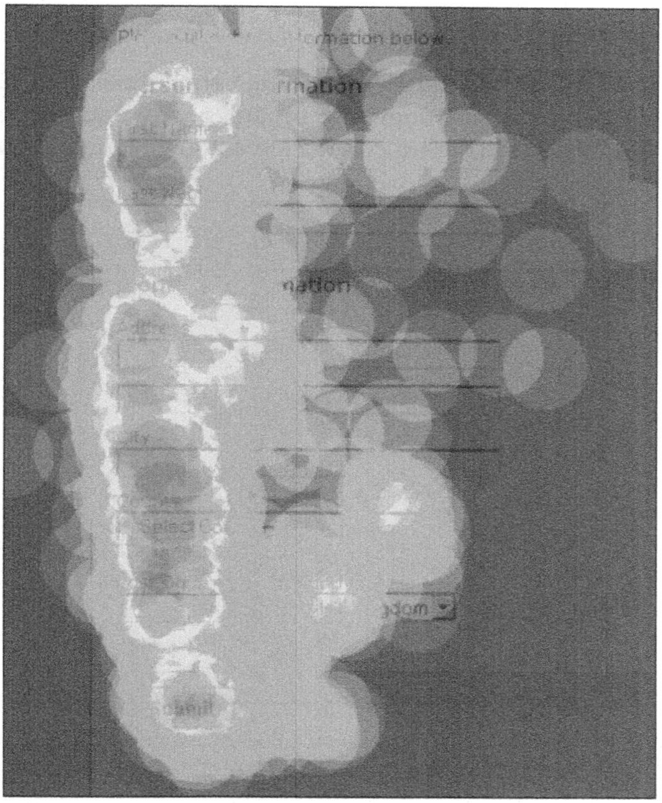

Figura 15.7. Ejemplo de mapa de calor o *heatmap*.

- **Retención:** Cuál es el porcentaje de usuarios que vuelven a la aplicación después de su primera visita. Además de la retención, también resulta interesante conocer la frecuencia con la que utilizan la aplicación, lo cual nos puede dar una orientación sobre el grado de fidelización de nuestros usuarios.

Informes básicos

Concretando aún más el contenido de la información que convendría recopilar y analizar respecto a las aplicaciones móviles, podemos mencionar una serie de informes que se pueden considerar básicos en analítica móvil. En el blog de Lance Talent (`https://www.lancetalent.com/blog/5-informes-imprescindibles-para-la-analitica-movil/`), se identifican 5 tipos de informes básicos.

Informe sobre adquisición

Este informe nos permite saber de dónde vienen nuestros usuarios y analizar si las estrategias de posicionamiento orgánico y de pago están funcionado. En este caso, la pregunta clave es: ¿de dónde están viniendo los usuarios?

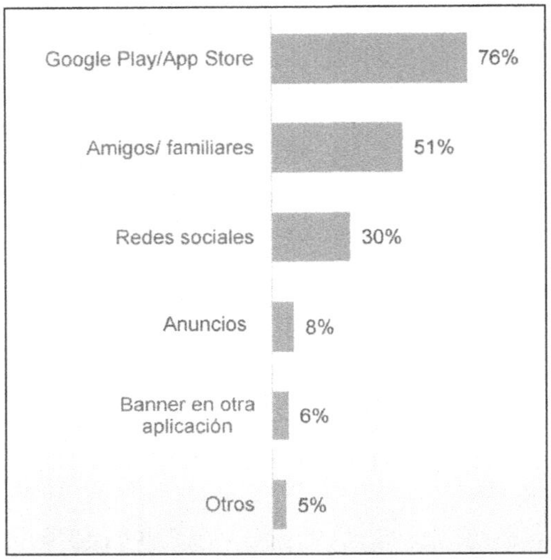

Figura 15.8. Conocimiento de las aplicaciones por parte de los usuarios. (Fuente: Estudio anual sobre Mobile Marketing 2015, IAB Spain).

La estrategia de posicionamiento orgánico (ASO, *App Store Optimization*) hace referencia al proceso de optimización de las aplicaciones móviles para que aparezcan en los primeros puestos de los resultados de búsqueda de una tienda de aplicaciones. Cuanto mejor sea el posicionamiento ASO de una aplicación, más visible será para los clientes potenciales y, por lo tanto, más descargas se producirán en la App Store. Es decir, el objetivo de una estrategia de posicionamiento orgánico es atraer más tráfico a la página de la aplicación en la App Store, para que se produzca la descarga de la aplicación.

Entre los elementos que hay que tener en cuenta a la hora de definir una estrategia de posicionamiento orgánico, podemos mencionar los siguientes para el caso de Google Play - Android (`https://www.lancetalent.com/blog/posicionamiento-aso-app-google-play/`):

- **Optimización *On-page*:**
  - **Título de la aplicación:** Debe ser descriptivo y lo más corto posible, evitando el uso repetitivo o irrelevante de *keywords* o palabras clave.

    - **Descripción de la aplicación:** Teniendo en cuenta que existe un límite de caracteres, hay que ser claros y eficaces a la hora de explicar en qué consiste la aplicación, qué hace y cuáles son sus beneficios, incluyendo las *keywords* precisas.
    - **Palabras clave o *keywords*:** Son las palabras que hacen que la aplicación aparezca en los resultados de búsqueda y constituyen la clave de todo el proceso de posicionamiento, de forma que, si encontramos las *keywords* adecuadas, conseguiremos que visiten la descripción de la aplicación y que se la descarguen.
    - **Icono de la aplicación:** Debe explicar de forma clara y creativa la aplicación, también debe ser atractivo y original, sin que se parezca a ningún otro icono de otra aplicación.
    - **Capturas de pantalla:** Al igual que en el caso del icono, deben ser llamativas y atractivas.
    - **Categoría:** Hay que tratar de elegir la más adecuada o las más adecuadas (cuando pertenezca a varias categorías).
    - **Demostración de la aplicación en YouTube:** Conviene usarlo para destacar las mejores partes de la aplicación.
- **Optimización *Off-page*:**
    - Valoraciones y votos en la aplicación.
    - Comentarios de los usuarios. Al igual que los votos de los usuarios, los comentarios son muy importantes para el posicionamiento y la conversión de la aplicación, debiendo utilizarse los comentarios negativos para mejorar y corregir posibles errores.
    - Número de descargas. Cuanta más gente instale la aplicación, más visibilidad se tendrá en la App Store.
    - *Linkbuilding*. Como en el caso anterior, cuantos más enlaces tenga la aplicación desde sitios web interesantes y populares, más visibilidad tendrá en los primeros puestos.

Para analizar si la estrategia de posicionamiento orgánico está funcionando, en el informe sobre adquisición habría que incluir información sobre:

- El número de palabras clave que estamos optimizando para la aplicación.
- El número que ocupa la aplicación en el *ranking* de las diferentes categorías en las que está incluida.
- El número de valoraciones y la calificación de la aplicación.

- El número y el tono de los comentarios.
- Las visitas a la página con la descripción de la aplicación.
- El número de descargas orgánicas.
- El número de enlaces entrantes a la página con la descripción de la aplicación.

Respecto a las estrategias de posicionamiento de pago, una de las opciones es utilizar AdWords para promocionar la aplicación e impulsar las descargas (`https://support.google.com/adwords/answer/6309967?hl=es`). El tipo concreto de campaña dependerá de los objetivos que se persigan: ¿interesa que los usuarios descarguen la aplicación?, ¿o que la abran y realicen una acción? Así pues, se pueden distinguir los siguientes tipos de campañas:

- **Campañas universales de aplicaciones:** A diferencia de lo que ocurre en la mayoría de las campañas de AdWords, en las campañas universales de aplicaciones no es necesario crear los anuncios. Solo es necesario introducir unas líneas de texto para describir la aplicación, una URL de YouTube (si tiene un vídeo), los lugares e idiomas a los que se desee orientar los anuncios, así como el presupuesto diario y el objetivo de coste por instalación (CPI).

  Con esta información, el sistema se ocupa de diseñar de forma automática los anuncios para los distintos formatos y redes, utilizando la ficha de la aplicación en Google Play (por ejemplo, su icono y las imágenes), cualquiera de las líneas de texto y, opcionalmente, el vídeo de YouTube. Los anuncios podrán aparecer en las búsquedas de Google y Google Play, en la Red de Display de Google y en el sitio web de YouTube para móviles (más información en `https://support.google.com/adwords/answer/6247380`).

- **Campañas de instalaciones de aplicaciones para móviles:** Con este tipo de campañas, se pueden crear anuncios de instalación de aplicaciones personalizados (basados en el icono y en reseñas de la aplicación) que se muestren exclusivamente en teléfonos y *tablets* con el objetivo de dirigir a los usuarios directamente a la tienda de aplicaciones para que descarguen la aplicación.

  Es importante tener en cuenta que, cuantas más personas descarguen la aplicación, mejor posicionada estará en la tienda de aplicaciones, lo que a su vez puede aumentar el número de descargas. Los anuncios podrán aparecer en las búsquedas de Google y Google Play, en la Red de Display de Google y en el sitio web de YouTube para móviles (más información en `https://support.google.com/adwords/answer/6309936?rd=1`).

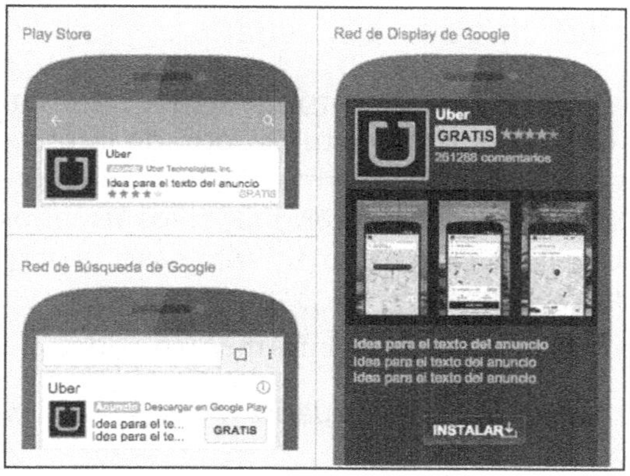

Figura 15.9. Ejemplo de campaña universal de aplicaciones con Google AdWords. (Fuente: `http://www.emarketinghoy.com/adwords-nuevas-campanas-universales-de-aplicaciones/`).

- **Campañas de interacción con la aplicación móvil:** El objetivo de este tipo de campañas es que los usuarios que ya la han descargado vuelvan a probarla o la abran y realicen una acción específica en ella. Los anuncios de estas campañas pueden:
  - Animar a los usuarios a probar la aplicación de nuevo.
  - Recordar a alguien que abra la aplicación y que realice una acción determinada.
  - Ayudar a las personas a finalizar una actividad que ya hayan iniciado.
  - Aumentar la frecuencia con la que las personas utilizan la aplicación.
  - Recomendar a un usuario que pruebe funciones o niveles concretos.

Los anuncios podrán aparecer en la Red de Búsqueda (solo para las aplicaciones Android) y en la Red de Display de Google (más información en `https://support.google.com/adwords/answer/6310653?rd=1`).

Para analizar si las estrategias de posicionamiento de pago están funcionando, en el informe sobre adquisición habría que incluir información sobre:

- Cuántas campañas se están ejecutando.
- El presupuesto para cada campaña.
- El número de nuevos usuarios que se ha obtenido en cada campaña.
- El coste de adquirir un nuevo usuario.
- Qué campañas son las que han funcionado mejor.

Informe sobre la participación del usuario

Después de que alguien se descarga la aplicación, empieza a interactuar con ella para saber de qué se trata. Este período de interacción se llama sesión y es el elemento central de este informe. Es necesario prestar atención a las características de cada sesión para averiguar si los usuarios están utilizando la aplicación, una vez que la han instalado. En este caso, la pregunta clave es: ¿cuál es el *engagement* de los usuarios?

En este informe habría que incluir información sobre:

- Número de sesiones del usuario durante un período de tiempo determinado.
- Número de nuevos usuarios en un periodo de tiempo determinado.
- Sesiones por categorías clave, como país, dispositivo o versión de la aplicación.
- Duración media de la sesión para diferentes períodos de tiempo.
- Crecimiento positivo o negativo en las métricas anteriores.

Informe sobre las acciones del usuario

Las acciones del usuario (o eventos) se refieren a lo que los usuarios hacen en la aplicación: qué ven, en qué mensajes hacen clic y, eventualmente, qué productos compran. Estos datos de comportamiento ayudan a entender qué características de la aplicación son las más valiosas y cuáles no están recibiendo la suficiente atención. En este caso, la pregunta clave es: ¿cómo interactúan los usuarios con la aplicación?

En este informe habría que incluir información sobre:

- ¿Qué acciones realizan los usuarios?
- ¿Cuáles son las características con las que más interacción hay?
- ¿Cuántas veces se completaron los eventos clave durante un período de tiempo específico?
- ¿Qué porcentaje de usuarios completaron un evento?
- ¿Qué porcentaje de usuarios no completaron un evento?
- El crecimiento de la finalización del evento en el tiempo.
- ¿Cuántos usuarios han hecho clic en un mensaje *in-app*?

Informe sobre segmentos de usuarios

A partir del seguimiento realizado a través de los informes sobre la participación y las acciones de los usuarios dentro de la aplicación, se obtiene información suficiente sobre ellos para crear segmentos de usuarios. Los segmentos son grupos de personas que comparten ciertos atributos y comportamientos. Los informes sobre segmentos de usuarios proporcionan información acerca de cómo son y cómo se comportan los usuarios, lo cual es muy útil para diseñar campañas de marketing más enfocadas. Hay que tener en cuenta que este tipo de información puede variar a lo largo del tiempo, por lo que es aconsejable revisar y actualizar los segmentos conforme vayan cambiando las características y funcionalidades de la aplicación. En este caso, la pregunta clave es: ¿qué grupos de personas están utilizando la aplicación y cómo?

En este informe habría que incluir información sobre:

- Identificación de cada segmento por un nombre.
- Atributos o características que comparten los usuarios dentro de cada grupo (por ejemplo, características demográficas, grado de utilización de la aplicación, etc.).
- Principales acciones o eventos completados por cada grupo.

Informe sobre embudos

Los embudos son una serie de eventos que conducen al usuario a una conversión (esta conversión puede consistir en un registro, en una suscripción, en una venta, etc.). La mayoría de las aplicaciones tienen muchos embudos de conversión. Si se definen explícitamente estos caminos y se analiza la progresión de los usuarios a través de ellos, se pueden detectar puntos susceptibles de mejora (es importante identificar dónde perdemos a los usuarios y analizar las causas que generan dicho abandono). En este caso, la pregunta clave es: ¿cómo navegan los usuarios a través de la aplicación?

En este informe habría que incluir información sobre:

- Identificación de cada embudo por un nombre y definición de los objetivos de cada uno de ellos.
- Definición de un listado de pasos para cada embudo.
- El número de usuarios que entran en cada embudo.
- Por embudo, las tasas de conversión para cada paso (incluyendo el número de usuarios que han abandonado).

Herramientas de analítica para aplicaciones móviles

En el apartado anterior, hemos visto el contenido de la información que convendría recopilar y analizar respecto a las aplicaciones móviles. El siguiente paso es seleccionar una herramienta de analítica de aplicaciones móviles que nos proporcione dicha información. Siguiendo a Óscar G. Peinado (`http://lametrica.com/10-herramientas-de-analitica-para-apps/`), podemos citar las siguientes herramientas:

- **Adobe Analytics:** Mobile Apps (Adobe Marketing Cloud). Mobile Apps es una herramienta de pago que permite un completo análisis a través de informes que dan una visión de la actividad en las aplicaciones y del comportamiento de los usuarios (por ejemplo, frecuencia con la que los usuarios inician la aplicación, acciones que realizan, dónde pierden interés, etc.). También permite realizar segmentaciones avanzadas (en función de las acciones de los usuarios, sus perfiles y ubicación, utilizando los datos de geolocalización de los usuarios), activar automáticamente mensajes desde la aplicación (notificaciones *push*) y realizar test A/B para averiguar lo que funciona mejor. Entre sus funcionalidades se incluye el análisis de campañas.

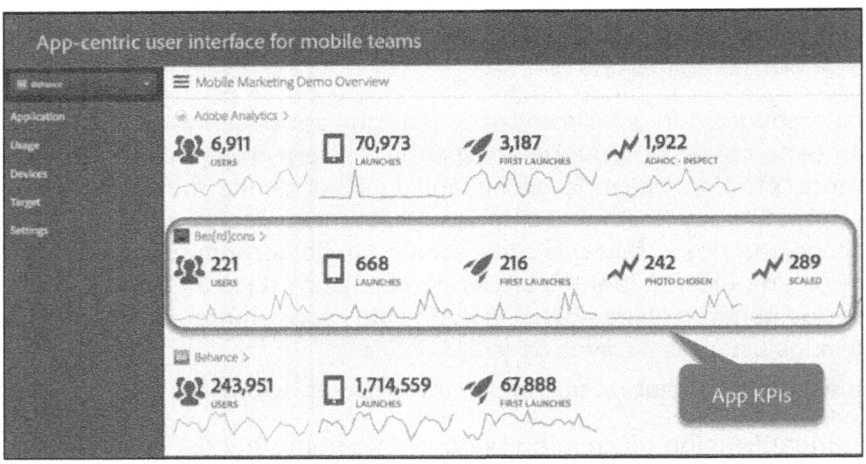

Figura 15.10. Ejemplo de Mobile Apps de Adobe Analytics. (Fuente: `https://blogs.adobe.com/digitalmarketing/analytics/adobe-expands-mobile-app-analytics/`).

- **App Annie:** Integra tres módulos. El primer módulo incluye el análisis de rendimiento de las tiendas de aplicaciones, proporcionando datos sobre número de descargas o niveles de ingresos y permitiendo un análisis en profundidad de las valoraciones y votos de la aplicación, así como de los comentarios de los usuarios. También ofrece la posibilidad de hacer un seguimiento del impacto que pueden provocar los cambios en el posicionamiento de la aplicación en la tienda, en el precio de la aplicación o los derivados de actualizaciones de la misma. Todas las funcionalidades que acabamos de mencionar se centran en el análisis de las tiendas de aplicaciones (agregando automáticamente los datos de todas ellas) y no en el análisis de la propia aplicación.

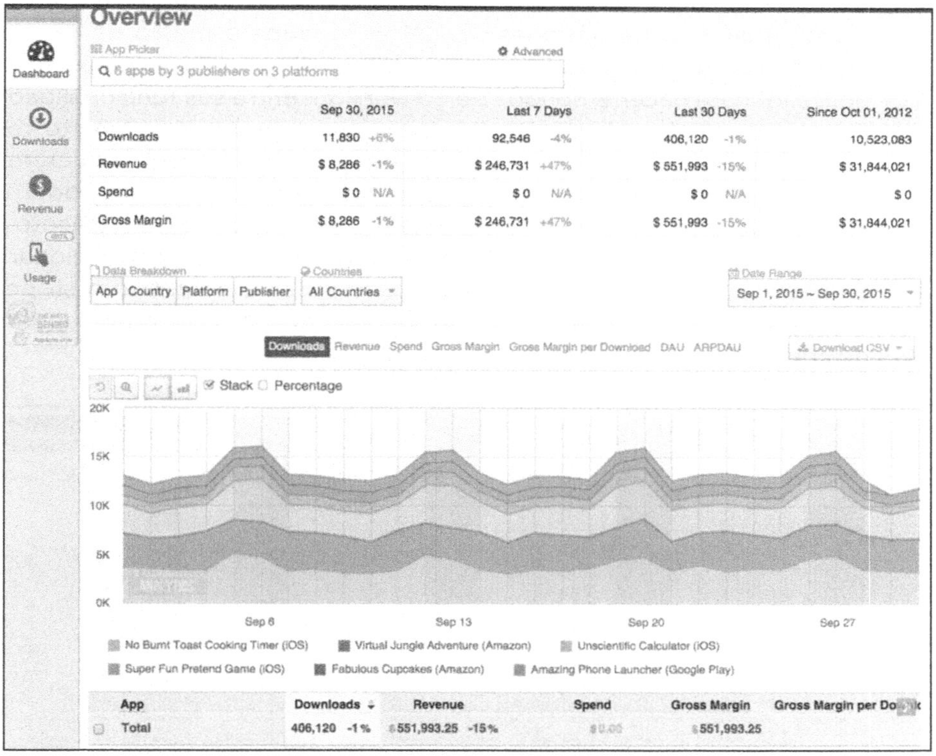

Figura 15.11. Ejemplo de App Annie.
(Fuente: `https://www.appannie.com/tours/app-analytics-platform/?_ref=header`).

El segundo módulo se centra en el análisis de los resultados de las campañas de publicidad (a nivel de descargas, *rankings*, ingresos, etc.), agregando también de forma automática la información de todas las campañas. El tercer módulo proporciona métricas relacionadas directamente con el uso de la aplicación (número de usuarios activos, duración total y duración media de la sesión, etc.), permitiendo la comparación de estas métricas entre distintas plataformas y diferentes países. Junto a estos módulos, ofrece también herramientas muy interesantes de inteligencia competitiva en el sector de las aplicaciones móviles.

- **Appsee:** Es una solución más orientada a analizar la usabilidad de la aplicación, aunque también ofrece estadísticas en tiempo real sobre el comportamiento de los usuarios y la posibilidad de realizar análisis de retención (¿cuál es la tendencia de los usuarios a volver a utilizar la aplicación?, ¿cuántos usuarios no la vuelven a utilizar?, ¿cuántos la utilizan varias veces durante un determinado periodo de tiempo?, ¿cuál es el tiempo medio entre sesiones?, ¿cuál es el número medio de sesiones durante un determinado periodo de tiempo?). Cuenta, además, con la posibilidad de hacer embudos de conversión. Entre sus funcionalidades, ofrece mapas de calor de toques y gestos y graba por defecto todo lo que hace el usuario, sin necesidad de definir qué eventos queremos. Es decir, permite grabar en vídeo sesiones de usuarios, para poder ver cómo utilizan la aplicación exactamente, sin afectar al rendimiento de la misma. Permite ajustar el ratio de usuarios grabados y seleccionarlos en base a alguna pantalla que visiten, su sistema operativo o su perfil demográfico. Incluso detecta los fallos de la aplicación y graba automáticamente esas sesiones.

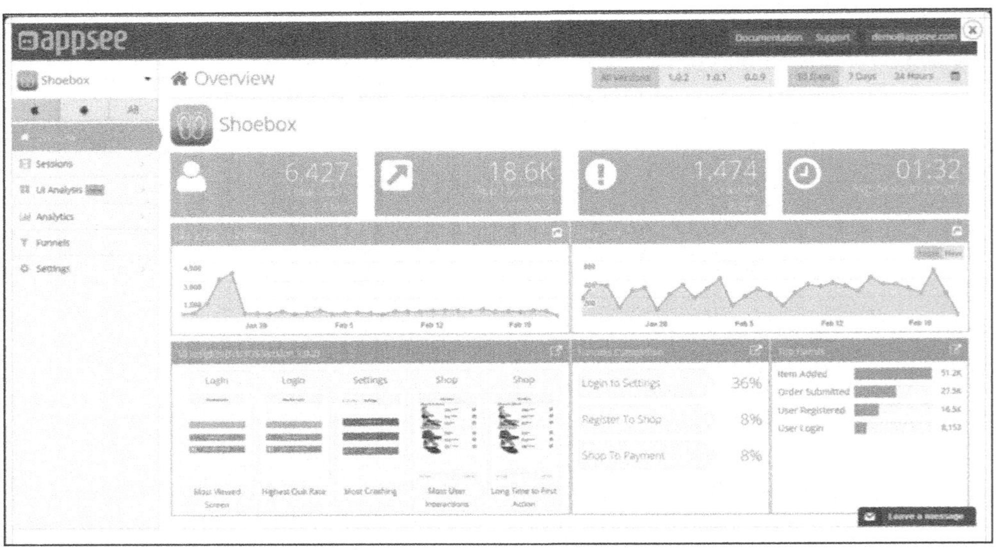

Figura 15.12. Ejemplo de Appsee.
(Fuente: `https://www.appsee.com/features/realtime-in-app-analytics`).

- **Countly:** Entre sus características, Countly incluye el análisis de las aplicaciones en tiempo real. Proporciona información sobre los usuarios (nombre, dirección de correo electrónico, localización, género...) y su comportamiento (por ejemplo, qué hacen en cada sesión), lo cual facilita la identificación de segmentos de usuarios. También permite definir embudos de conversión y analizar el comportamiento de los usuarios a través de dichos embudos. Al igual que en el caso de Appsee, permite realizar análisis de retención y fidelización, así como activar mensajes desde la aplicación (notificaciones *push*).

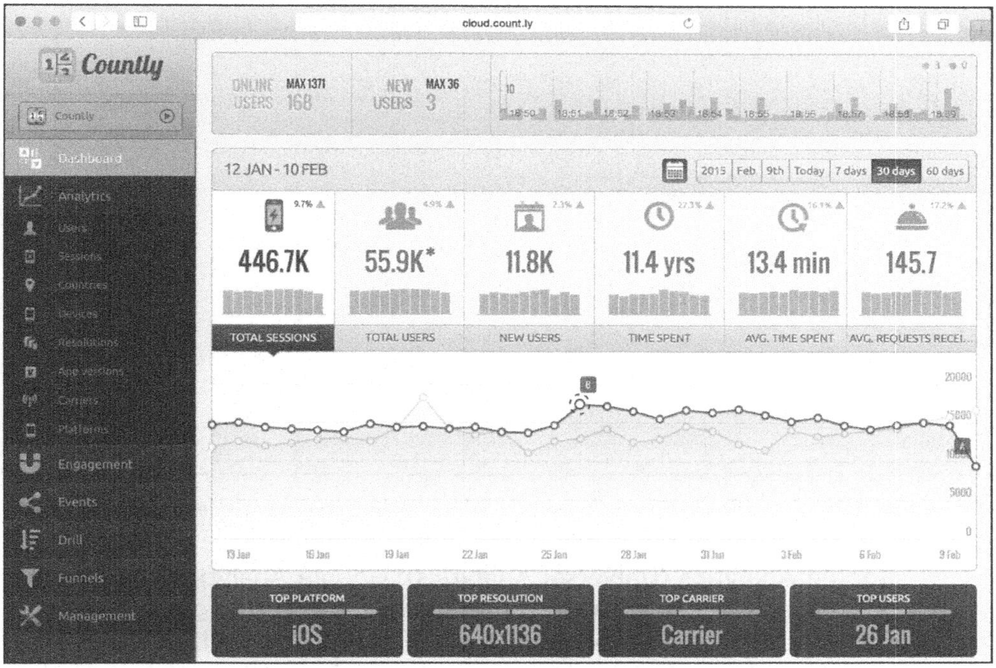

Figura 15.13. Ejemplo de Countly. (Fuente: `https://count.ly/`).

- **Flurry Analytics:** Es una solución de Yahoo y, probablemente, una de las alternativas más conocidas porque es gratuita y abarca las principales plataformas móviles (iOS, Android, BlackBerry, Windows Phone, web móvil...). Es una herramienta bastante completa para la analítica de las aplicaciones móviles, pudiendo medir la adquisición de usuarios y su comportamiento en la aplicación. Permite analizar las rutas de usuario para mejorar la conversión, segmentar, analizar errores, incluso comparar la aplicación con las de la competencia en base a parámetros como la frecuencia de uso, la retención de usuarios, etc.

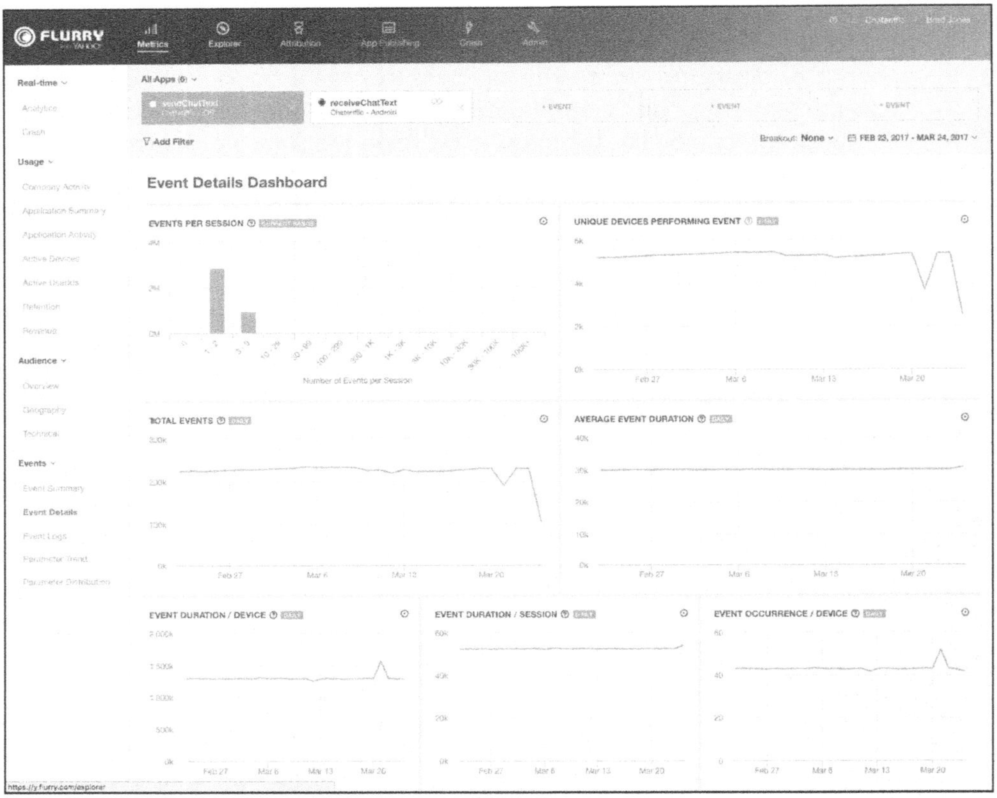

Figura 15.14. Ejemplo de Flurry Analytics. (Fuente: `https://developer.yahoo.com/`).

- **Google Analytics (Universal Analytics):** Google Analytics nos ofrece la posibilidad de utilizar Universal Analytics tanto con páginas web como con aplicaciones móviles. Esto tiene la ventaja de utilizar una interfaz ya familiar. Con Universal Analytics se puede medir el ciclo completo del usuario, desde la captación hasta la conversión y la monetización, pasando por el comportamiento y los errores. Además, se pueden identificar segmentos y hacer *remarketing* sobre esos segmentos, tanto con *banners* como con notificaciones *push* o mensajes desde la aplicación.
- **Localytics:** Es una herramienta muy completa para el análisis de las aplicaciones móviles. Proporciona información sobre los usuarios, su comportamiento en la aplicación y la posibilidad de realizar análisis de retención. Permite definir embudos de conversión y analizar tanto el valor del ciclo de vida del usuario como el *engagement* en tiempo real. Entre otras funcionalidades, dispone de opciones de segmentación

y permite realizar test A/B para saber qué contenido de la aplicación funciona mejor, así como enviar mensajes en base a la actividad de los usuarios. La parte de marketing engloba el lanzamiento de campañas personalizadas, el seguimiento del impacto de dichas campañas en los objetivos de negocio y la optimización de las mismas.

Figura 15.15. Ejemplo de Localytics. (Fuente: `http://info.localytics.com/product-news/new-localytics-feature-custom-dashboards`).

- **Mixpanel:** Es otra de las herramientas que combinan analítica web y analítica de aplicaciones móviles (véase la figura 15.16). Una de sus características destacadas es que permite identificar a los usuarios individualmente y dirigir acciones de marketing contra usuarios concretos. Por lo demás, sus funcionalidades no difieren mucho de las que ofrecen cualquiera de las herramientas que acabamos de comentar: información sobre los usuarios y su comportamiento en la aplicación, opciones de segmentación, análisis de retención, definición de embudos de conversión, test A/B y notificaciones *push*.
- Finalmente, entre las soluciones de analítica orientadas específicamente a juegos, podemos citar Game Analytics o Honeytracks.

Como hemos comprobado al inicio de este capítulo, no hay duda de la necesidad de medir en el entorno móvil. Tras una breve descripción del área de la analítica móvil que estudia el comportamiento de los visitantes de sitios web móviles, nos hemos centrado en la medición del grado de utilización de las aplicaciones móviles. Es importante señalar que, con carácter previo, algunos conceptos de la analítica web tradicional deben redefinirse para poder ser aplicados a un entorno móvil. Teniendo esto en cuenta, respecto a las aplicaciones móviles, conviene recopilar y analizar información sobre la adquisición de los usuarios, su comportamiento y su nivel de *engagement*, así como identificar segmentos y definir y analizar embudos de conversión. Finalmente, hemos hecho un repaso de las principales características de las herramientas de analítica móvil que nos pueden ayudar a obtener dicha información.

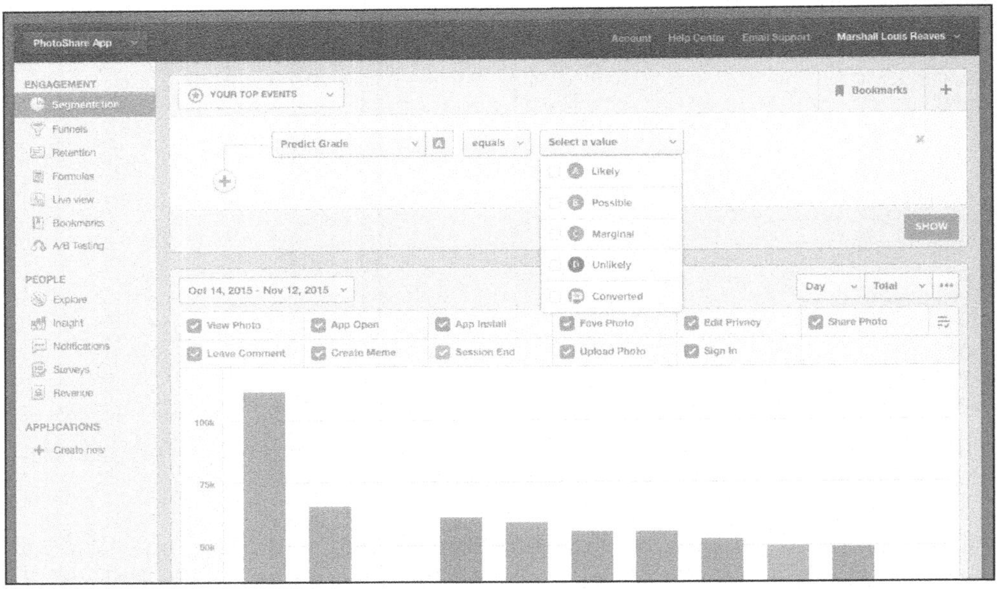

Figura 15.16. Ejemplo de Mixpanel. (Fuente: `https://mixpanel.com/learn/segmentation`).

Parte IV

Campañas

Qué sería del marketing sin las campañas... Las posibilidades son casi infinitas. Cada día aparecen nuevas formas de enfocar las campañas para aprovechar tecnologías futuristas o llegar a segmentos más específicos e interesados en nuestro producto.

En los siguientes capítulos, conoceremos algunas de las tácticas para las campañas de marketing móvil. También podremos saber cómo configurar las campañas para que las herramientas de analítica web puedan recopilar la información necesaria para medir su rentabilidad y comparar distintos tipos de acciones de marketing *online*.

Para finalizar, analizaremos y recopilaremos algunas herramientas de medición que nos pueden resultar interesantes.

3... 2... 1...

16

Tácticas de marketing para aplicaciones móviles

Como hemos podido ver hasta ahora, el mercado móvil cambia constantemente. Casi cada día se producen mejoras tecnológicas que hacen difícil mantener el paso. Sin embargo, también aparecen casi con la misma velocidad nuevas tácticas que nos pueden permitir seguir la hoja de ruta de nuestra estrategia móvil y alcanzar nuestros objetivos. Veamos algunas de ellas.

ASO, optimizando nuestra presencia en las tiendas de aplicaciones móviles

Al igual que el posicionamiento en buscadores (SEO) nos ayuda a mejorar nuestra presencia en los resultados de búsqueda web, el ASO (*App Store Optimization*) es el equivalente aplicado a las tiendas de aplicaciones móviles. Su objetivo es permitirnos posicionar mejor en los resultados, conseguir mayor número de descargas y atraer a nuevos usuarios.

Su importancia viene dada por el factor competitivo que nos encontramos en estos mercados. Las App Store de Apple y Google Play han superado los dos millones, cada una, de aplicaciones disponibles (`statista.com`).

Es difícil llegar al *top* en estas tiendas de aplicaciones. Y, por si fuera poco, los algoritmos de cada una de ellas son diferentes. Y secretos.

Afortunadamente, conocemos una serie de factores que afectan al posicionamiento de nuestra aplicación.

Factores que afectan al posicionamiento

A continuación, vamos a mostrar algunos de los factores que pueden conseguir que la aplicación esté en los primeros puestos de las *stores* móviles o que se encuentre más fácilmente.

Tradicionalmente, esta laboriosa optimización se realizaba por los equipos de marketing de las empresas que disponían de recursos suficientes para contratar a profesionales especializados. Pero, en los últimos años, han surgido cientos de servicios (AppAnnie, GummiCube, AppFollow...) que ponen al alcance de cualquier equipo las necesidades de optimización que vamos a describir.

Keywords

Las palabras clave siguen siendo uno de los factores más importantes para que nuestros potenciales usuarios encuentren nuestra aplicación. Según un estudio de AppFollow, el 60 % de los usuarios llegan a la página de una aplicación en las tiendas móviles tras utilizar el buscador.

Estas palabras clave deben ser utilizadas en varios apartados de las *stores*. Para hacer las cosas más complicadas, además impactan de forma diferente según estemos tratando con Apple o Google.

- **Título:** Es posible (y recomendable) incluir palabras clave en el título de nuestra aplicación. No deberíamos de utilizar más de 2. Debemos encontrar el balance perfecto entre la imagen de nuestra marca y el posicionamiento que perseguimos. Contamos con la limitación de caracteres que nos imponen Apple (30) y Google (50), por lo que tampoco podremos experimentar con títulos más largos. Algunas empresas consiguen potenciar su marca a través de las palabras clave en el título, como eBay (*eBay: Compra y vende artículos*) o Booking (*Booking.com: ofertas de viaje*). Apple recientemente habilitó la opción de incluir un subtítulo corto (30 caracteres) como alternativa para incluir palabras claves que describan nuestra aplicación (*Tasty: vídeos de comida y recetas*).

Figura 16.1. Pinterest utiliza un mensaje aspiracional en el subtítulo de su aplicación en la Apple App Store.

- **Descripción:** 4.000 caracteres es el espacio que tenemos para comunicar la propuesta de valor de nuestra aplicación. ¿Qué funcionalidades la hacen única? ¿Qué puede ofrecernos que cubra nuestras necesidades como usuarios? ¿Qué nos aporta? Son preguntas que debería de responder este contenido. Debemos tratar de ser lo más naturales posible, pues, además, será indexado por el motor de búsqueda web de Google.

Desgraciadamente, solo la Play Store tomará en cuenta las palabras clave incluidas en la descripción para posicionar nuestra aplicación. Esto no es óbice para crear un texto atractivo enriquecido de *keywords* que anime a los usuarios a descargar nuestra aplicación. Solo las primeras líneas serán visibles al llegar a la página (entre el 2 y el 5 % no leen más, según StoreMaven), por lo que el primer mensaje que comuniquemos es muy importante.

- **Texto de promoción (solo Apple):** Aunque no ayude al posicionamiento, puede tener un efecto similar al contenido que ofrecemos en la descripción atrayendo a usuarios indecisos.
- **Palabras clave (solo Apple):** Al subir la aplicación a la App Store dispondremos de 100 caracteres para las palabras claves que mejor definan el producto.
- **Compras *in-app*:** Los nombres de los productos integrados con las tiendas de aplicaciones para su compra *in-app* también suman al posicionamiento, por lo que podemos plantearnos (con mesura) incluir palabras claves siempre que no dificulten el entendimiento del cliente sobre lo que está comprando.

Figura 16.2. Elementos de la página de la aplicación de DAZN en la Apple App Store (1).

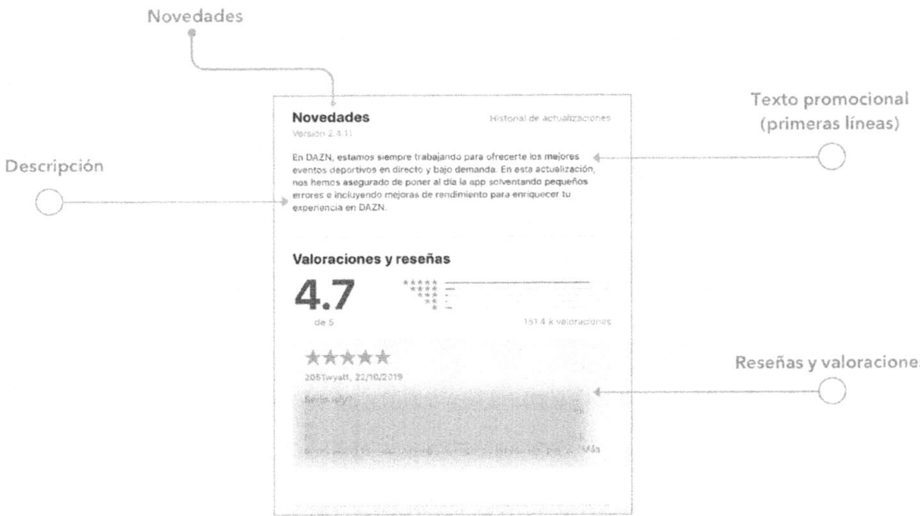

Figura 16.3. Elementos de la página de la aplicación de DAZN en la Apple App Store (2).

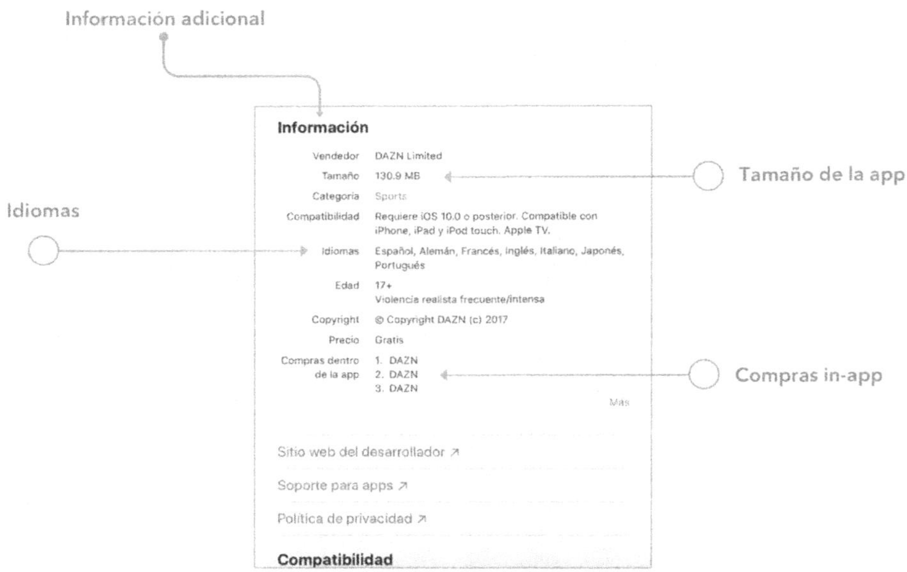

Figura 16.4. Elementos de la página de la aplicación de DAZN en la Apple App Store (3).

Ahora bien, ¿por dónde empezar? ¿Cómo puedo saber qué palabras clave son las más efectivas? Herramientas como Meatti o AppRadar nos facilitarán este proceso. Pero hay un método aún mejor: analizar las reseñas de nuestra aplicación. Las reseñas son una fuente de deseos, frustraciones y expectativas de los usuarios que en muchos casos se traducen en términos que se repiten continuamente. No debemos perderlos de vista y conseguiremos el doble de valor: palabras clave relevantes y entender qué necesitan nuestros clientes.

Optimizar la página de nuestra aplicación

Muy bien. Hemos mejorado el posicionamiento de nuestra aplicación a través de palabras claves relevantes para los usuarios. Con esto ha aumentado el número de visitantes a la página de nuestra aplicación. ¡Ya hemos hecho la mitad del trabajo! Ahora queda la no menos importante tarea de convencer a dicho visitante para que descargue nuestra aplicación. Le ayudaremos a tomar esa decisión a través de algunas herramientas que las *stores* ponen a nuestro alcance:

- **Logo:** Si está diseñado con la sencillez y claridad como objetivo, representa a nuestra marca perfectamente y es consistente con la línea de diseño del sistema operativo, tendrá un impacto positivo en la percepción de nuestros usuarios. Hasta un 20 % puede incrementar las descargas un logo atractivo, según un estudio de UX Planet.
- **Capturas:** Deberían representar las funcionalidades básicas de la aplicación o los puntos más importantes del viaje del usuario para llegar a realizar la tarea por la que descargarán la aplicación. No se suelen visualizar más allá de las 2 o 3 primeras capturas por norma general, por lo que es crítico que nuestra propuesta esté perfectamente definida en esas primeras imágenes (véase la figura 16.5).

  Si utilizamos vídeo, debemos tener en cuenta que Apple permite una duración de 15 a 30 segundos mientras que Google de 30 segundos a 2 minutos, pero es recomendable que no superen los 12 segundos si queremos asegurar su impacto (AppFollow). Los vídeos pueden aumentar un 23 % las descargas de nuestra aplicación (StoreMaven).
- **Localización:** Si vamos a lanzar internacionalmente nuestra aplicación, deberíamos de tener una versión traducida y optimizada del título, descripción y palabras clave. Esto puede incrementar un 128 % el número de descargas (App Annie).

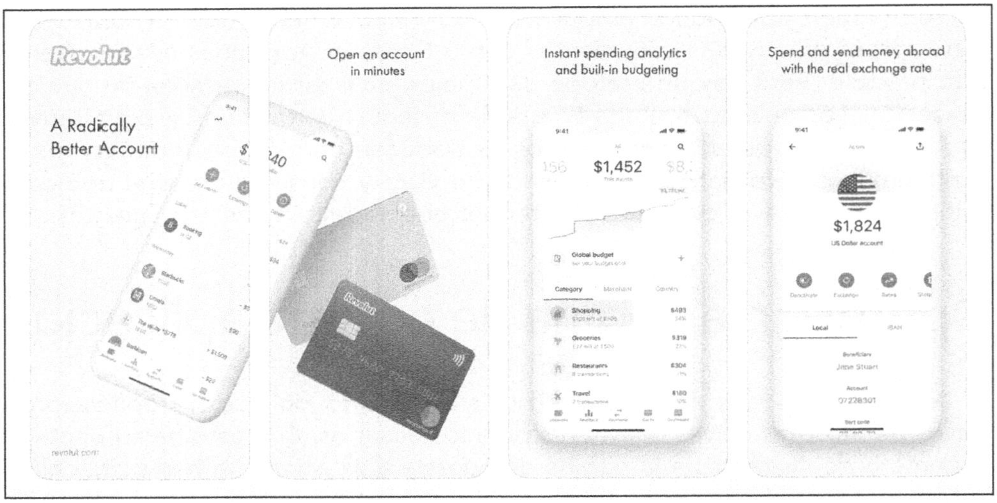

Figura 16.5. Revolut refuerza un mensaje enfocado a la adquisición de nuevos clientes y a lo sencillo que resulta crear una cuenta.

- **Valoración y reseñas:** La valoración y las reseñas juegan un papel fundamental en la toma de decisión de nuestros futuros clientes. Muy pocas personas querrán descargar nuestra aplicación si tiene una valoración de 2 estrellas o menos (un 25 %, según AppFollow). Las reseñas representan un escenario complejo, pues, de forma natural, suelen escribirlas nuestros mayores promotores o las personas que tienen problemas con nuestro servicio, sobre todo estas últimas. En una economía basada en la recomendación, juegan un papel fundamental en los compradores más dubitativos. Es por esto que deberíamos tener en cuenta dos buenas prácticas. Primero, debemos contestar todas las reseñas negativas recientes que podamos para intentar ayudar a resolver los problemas o inquietudes de nuestros clientes, sobre todo, después del lanzamiento de una nueva versión. Con esto recuperaremos la confianza de estos clientes (incluso puede que evitemos que dejen de ser clientes) y mejoraremos la imagen de nuestra marca. Créame, queremos ser el tipo de marca que escucha a sus usuarios. Segundo, debemos solicitar activamente a nuestros usuarios que valoren la experiencia de nuestra aplicación en las *stores*. Pero no hay que hacerlo en cualquier momento o al acceder, interrumpiendo su camino. Debe hacerse tras terminar alguna tarea que haya completado en nuestra aplicación, como subir a la red una nueva publicación o la compra de un billete. Al final de ese tipo de procesos, si hemos ayudado a los usuarios a completarlos, se sentirán satisfechos y agradecidos.

- **Reducir el peso de la aplicación:** Para las aplicaciones que pesen entre 100 Mb (Apple) o 200 Mb (Google), los sistemas operativos pedirán al usuario que confirme que quieren descargarla cuando no están conectados a una red WiFi. El impacto en el número de descargas si llegamos a esta situación es evidente. El 98 % de las aplicaciones gratuitas en la Apple App Store están por debajo de los 100 Mb.
- **Realizar actualizaciones frecuentes:** Si bien el ritmo de actualización depende de nuestros ciclos de desarrollo, lanzar una nueva versión al menos cada mes mejora los ratios de descarga.
- ***Deeplinks*:** Esta técnica consiste en permitir a los usuarios acceder desde una web u otra aplicación al contenido específico de nuestra aplicación en el que están interesados, sin tener que pasar por la pantalla inicial. Esto lleva a una mejor experiencia para el usuario (pues tendrá acceso fácil y rápidamente a lo que busca) y un mejor alineamiento con nuestros objetivos de negocio. Esto supone un beneficio adicional para los nuevos usuarios, ya que, si están interesados en uno de nuestros productos o contenidos, podrían llegar a la pantalla correspondiente tras descargarse nuestra aplicación de la tienda.

Por último, como siempre: medir y mejorar. Debemos comparar cuántos visitantes estamos recibiendo respecto al número de descargas de nuestra aplicación y averiguar por qué y cómo podemos mejorar esa relación.

Como ya habrá adivinado, la mejora continua es el verdadero mantra del marketing digital.

Antes de irte, recuerda

- Una buena selección de palabras clave incrementará el número de nuevos usuarios que descubren la aplicación.
- Optimizar la página de la aplicación en las tiendas de Apple y Google para convertir a visitantes en usuarios o clientes.
- Hacer seguimiento y mejora continuamente este proceso.

17

Medición de campañas

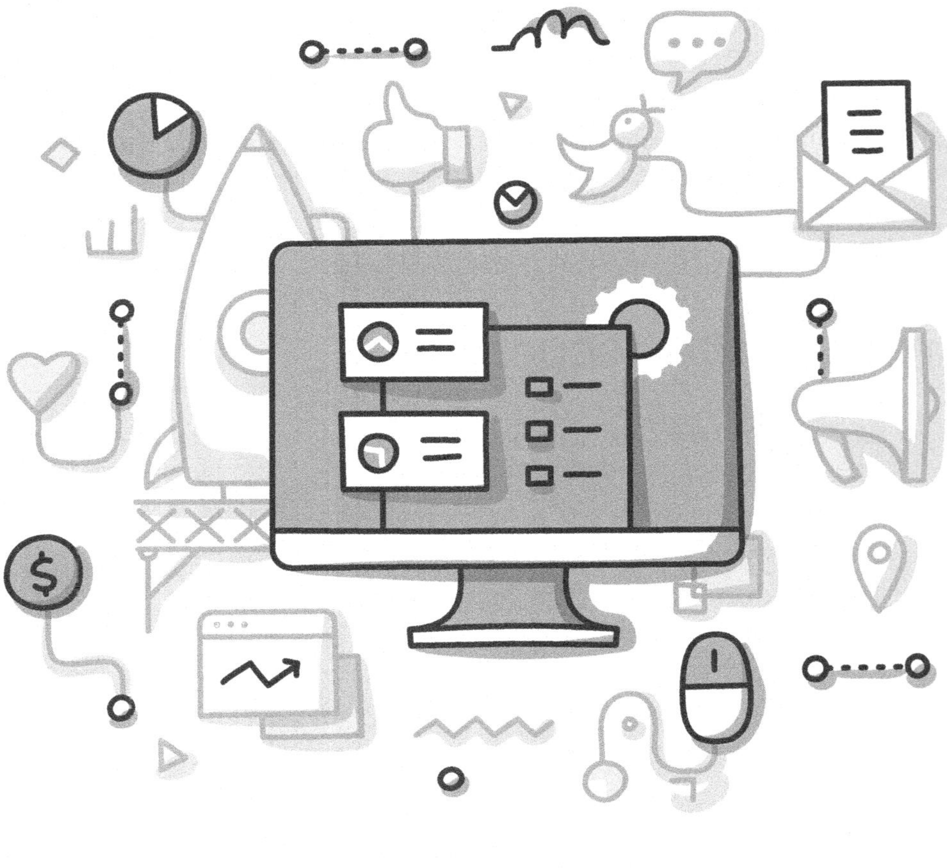

El uso cada vez más habitual de Internet en los hogares o la importancia creciente de las redes sociales son fenómenos que están teniendo un impacto directo en los hábitos de consumo y de ocio de los individuos. Como consecuencia de ello, las empresas están intentando adaptarse a estos cambios, incrementando el uso de las herramientas *online* para llegar a sus clientes y destinando presupuestos cada vez mayores a acciones de marketing *online*.

Según Miguel Ángel Gago (`http://www.puromarketing.com/30/6392/para-establecer-campa-efectiva-marketing-online.html`), los elementos esenciales que se deben tener en cuenta a la hora de diseñar una campaña de marketing *online* son los siguientes:

- **Identificar a quién queremos llegar:** Según el grupo de edad o las características socioeconómicas, por ejemplo, hay medios y herramientas *online* que se deben utilizar con preferencia sobre otras.
- **Establecer la imagen que se quiere dar de la compañía:** A partir de ahí se puede elegir el contenido de la campaña y adaptar el mensaje al medio *online*.
- **Elaborar contenidos atractivos:** Una de las claves para que una campaña de marketing *online* sea efectiva es que entretenga. Si una campaña es divertida, no solo atraerá la atención de los usuarios, sino que, gracias a los propios usuarios, podrá llegar a mucha más gente.
- **Utilizar los nuevos formatos:** Los nuevos medios y contenidos de entretenimiento *online* (vídeos en canales como YouTube o cadenas de televisión que ofrecen su programación también en Internet) ofrecen posibilidades interesantes para llegar al público. Resulta aconsejable investigar y evaluar los nuevos formatos que ofrecen, ya que la innovación es básica en los medios *online*.
- **Tener en cuenta las redes sociales:** El marketing *online* debe contemplar las redes sociales como un soporte nuevo de conversación con los clientes y con los posibles clientes. Las redes sociales ofrecen dos grandes ventajas: por un lado, permiten a las empresas mantener un canal abierto de comunicación directa con sus clientes, algo fundamental para llegar a conocer sus necesidades reales y responder de forma adecuada; por otro lado, dan la posibilidad de segmentar los mensajes siguiendo las preferencias de los diferentes grupos de usuarios en los distintos canales sociales.
- **Utilizar las herramientas adecuadas:** Las empresas deben considerar el mundo *online* como un ámbito clave en su política de marketing, pero utilizando herramientas que les permitan, por ejemplo, redirigir tráfico a las áreas más rentables.

- **Dar importancia a los datos:** Los datos son necesarios tanto para la segmentación, como para comprobar la eficacia de cada campaña.
- **Utilizar sistemas de medición efectivos:** Estos sistemas permitirán evaluar el éxito de la campaña *online* y aprender de la misma de cara al futuro.

Para que estos sistemas de medición puedan recopilar de forma correcta la información necesaria para medir el rendimiento de las acciones de marketing *online*, es necesario realizar un proceso denominado "etiquetado de enlaces", que consiste en añadir cierta información extra (etiquetas o *tags*) a los enlaces de destino (URL) utilizados en nuestras campañas de marketing *online* (`http://www.overalia.com/blog/05/2008/seguimiento-de-campanas-de-marketing-con-google-analytics/`).

Etiquetado de campañas

Hay que tener en cuenta que. en la mayoría de las herramientas de analítica web. estas etiquetas no se generan ni se agregan automáticamente, por lo que es necesario establecer un sistema que permita definir de forma coherente y consistente a lo largo del tiempo estas etiquetas, respetando los parámetros requeridos por la herramienta de medición que se está utilizando.

Existe una excepción: si la campaña de marketing se realiza a través de Google AdWords, no es necesario etiquetar los enlaces, ya que el propio AdWords incluye la posibilidad de activar la opción de etiquetado automático. Por lo tanto, el etiquetado de enlaces será necesario para los siguientes tipos de campañas:

- Campañas de *banners*.
- Campañas de *e-mailing*.
- Campañas de enlaces distintas de AdWords.

A modo de ejemplo, vamos a ver cómo etiquetar campañas en Google Analytics. Si bien cada herramienta de analítica web utiliza sus propios parámetros, los principios generales son comunes a todas ellas. Los parámetros que interpreta Google Analytics y que se deben incluir en los enlaces de destino son los siguientes:

Dimensión	Etiqueta o parámetro en el enlace	Descripción	Ejemplos de posibles valores de las etiquetas	Obligatoriedad
Campaign (nombre de la campaña)	utm_campaign	Es el nombre general de la campaña de marketing.	rebajas_2012 temporada_primavera_2012 lanzamiento_producto_x	Parámetro obligatorio
Medium (medio de la campaña)	utm_medium	Especifica el mecanismo utilizado para enviar el mensaje a los usuarios.	cpc (en campañas de búsquedas de pago) banner (en campañas de banners) email (en campañas de e-mailing) social (en campañas en redes sociales)	Parámetro obligatorio
Source (origen de la campaña)	utm_source	Es la fuente a través de la que hemos hecho la campaña.	Google, Yahoo! (en campañas de búsquedas de pago) el sitio web donde se muestra el banner (en campañas de banners) newsletter_enero (en campañas de e-mailing) Facebook, Twitter (en campañas de redes sociales)	Parámetro obligatorio
Term (término de la campaña o palabra clave)	utm_term	Se utiliza sólo para campañas en motores de búsqueda y especifica el término de búsqueda o la palabra clave que se ha comprado y que, cuando el usuario la introduce en un buscador, hace que aparezca el anuncio.	{keyword} en el caso de Google y Bing {YSKEY} en el caso de Yahoo! Es una variable dinámica que se rellena automáticamente con la palabra clave que activa el anuncio.	Parámetro no obligatorio
Content (contenido de la campaña)	utm_content	Nos permite identificar la versión del anuncio en la que el usuario ha hecho clic, cuando hay varios que tienen el mismo enlace.	banner_oferta_grande banner_oferta_mini banner_producto_grande banner_producto_mini newsletter_con_imagenes newsletter_sin_imagenes	Parámetro no obligatorio

Figura 17.1. Parámetros utilizados por Google Analytics para etiquetar campañas de marketing *online*.

Un ejemplo de los valores que podrían tener estos parámetros o etiquetas para una campaña en concreto podría ser el siguiente:

Campaign	Medium	Source	Term	Content
rebajas_2012	cpc	google	{keyword}	banner_rebajas
rebajas_2012	cpc	yahoo	{YSKEY)	banner_rebajas
rebajas_2012	banner	abc	---	banner_rebajas
rebajas_2012	banner	elpais	---	banner_rebajas
rebajas_2012	email	newsletter_julio	---	version_texto
rebajas_2012	email	newsletter_julio	---	version_imagenes

Figura 17.2. Ejemplo de valores para etiquetar una campaña con Google Analytics. (Fuente: Adaptado de Juan Cruz Aliaga, `http://www.demarketingonline.com/blog/analitica_web/como-etiquetar-campanas-de-trafico-en-google-analytics/`).

Un ejemplo concreto de enlace etiquetado para una campaña de búsqueda de pago en Yahoo! podría ser el siguiente:

```
http://www.misitioweb.com/landingpage1?utm_campaign=rebajas_2012&utm_
medium=cpc&utm_source=yahoo&utm_term={YSKEY}&utm_content=banner_descuento_version1
```

A la hora de etiquetar campañas, Multiplica (Optimizando campañas con Google Analytics) hace las siguientes recomendaciones:

- Las etiquetas están separadas de la URL de destino por un signo de interrogación (?). También puede utilizarse el signo #, por ejemplo, cuando la versión con el signo de interrogación no funciona correctamente. Hay que tener en cuenta que esta marca de separación (? o #) no debe añadirse si la URL de destino ya tiene una de ellas.
- Las etiquetas están separadas entre sí por el signo &.
- No es recomendable usar espacios en los valores de las etiquetas. Es más aconsejable usar guiones o guiones bajos para separar palabras.
- Es recomendable estandarizar los valores de las etiquetas y ser consistentes para facilitar el análisis posterior de las campañas.
- Hay que usar siempre minúsculas.
- Siempre hay que probar los enlaces etiquetados para comprobar que funcionan correctamente.

También es posible etiquetar campañas utilizando la herramienta Creador de URL de Google Analytics (`https://support.google.com/analytics/answer/1033867?hl=es`). En este caso, debe introducirse, además de la URL de destino, el nombre de la campaña, los datos referentes al origen y al medio de la campaña y, opcionalmente, las palabras clave de pago y el contenido de la campaña en el caso de que se hayan creado distintos tipos de anuncios. Tras hacer clic en el botón **Generar URL**, se crea la URL con la que se deben etiquetar los enlaces de la campaña. Como se ha indicado anteriormente, etiquetar las campañas de AdWords es mucho más sencillo, pues, aunque se pueden etiquetar manualmente, tal y como acabamos de exponer, lo más recomendable es activar el etiquetado automático y vincular las cuentas de AdWords y de Google Analytics. De esta manera, no solo se obtienen los datos de campaña, medio, fuente, *keyword* y contenido, sino que también se exportan los costes de AdWords, haciendo posible que Google Analytics pueda calcular el ROI de las campañas, lo que no es posible con el etiquetado manual.

Etiquetar correctamente las campañas de marketing *online* es importante, ya que, en caso de no hacerlo, las visitas procedentes de estas campañas serán consideradas simplemente como visitas procedentes de sitios web de referencia (*Referrals*), no como campañas, y, en consecuencia, no será posible medir ni comparar el rendimiento de las distintas acciones de marketing *online*. Sin embargo, el etiquetado de las campañas no es suficiente para poder medir el rendimiento de las mismas. Aunque se verán en detalle más adelante, métricas como el ROI o el Beneficio Neto son claves a la hora de analizar la rentabilidad de una campaña. Para calcularlas, es imprescindible saber cuánto se ha ingresado gracias a la campaña y, para ello, es necesario definir el objetivo de la campaña y asignarle un valor.

Asignación de valor a los objetivos

Definir el objetivo de una campaña puede no ser complicado, pero asignar un valor a dicho objetivo no es una tarea fácil, especialmente en el caso de algunas campañas como, por ejemplo, las de creación de marca o *branding*. De ahí que nos parezcan muy interesantes las técnicas de asignación de valor a los objetivos que explica Felipe Maggi en su blog (`http://felipemaggi.com/2011/02/27/como-usar-la-analitica-web-para-crear-campanas-eficientes-en-adwords/`).

Felipe Maggi, basándose en el artículo "Avoiding Unprofitable PPC Campaigns" de Brian Alt, Aaron Risenthal y Jeremy Brookings, parte de la distinción entre tres tipos básicos de campañas:

- **Las campañas de beneficio:** Son aquellas que tienen como objetivo obtener un ingreso inmediato, por ejemplo, a través de la venta de un producto. En este caso, asignar un valor al objetivo resulta sencillo.
- **Las campañas de generación de contactos (*leads*):** Son aquellas que no persiguen un ingreso inmediato, sino la captación de posibles clientes. La asignación de un valor a este tipo de objetivos resulta más difícil que en el caso anterior, ya que no hay una venta directa.
- **Las campañas de creación de marca (*branding*):** Son aquellas cuyo objetivo es grabar la imagen de la compañía y de sus productos en la mente de los clientes. Asignar un valor al objetivo en estos casos resulta realmente complejo.

Analicemos esta problemática desde un punto de vista práctico, a través de unos ejemplos muy parecidos a los que incluye Felipe Maggi en su artículo.

Campañas de beneficio

Imaginemos que tenemos un sitio web que vende camisetas. Si lanzamos una campaña de *banners* con el objetivo de vender camisetas, se puede calcular fácilmente el beneficio que se obtiene cada vez que un usuario que hace clic sobre alguno de nuestros anuncios compra una camiseta.

En este caso, podemos afirmar que, por cada usuario que compra una camiseta (objetivo), se gana el precio de venta de la camiseta, menos los costes de producción de la misma, menos el coste del clic (ese sería el valor del objetivo).

Campañas de generación de contactos (*leads*)

Continuamos con el ejemplo del sitio web que vende camisetas. Imaginemos que, esta vez, el objetivo de la campaña de *banners* no es vender camisetas, sino que los usuarios se registren en la web, convirtiéndose en clientes potenciales a los que, posteriormente, se les puede enviar algún tipo de oferta por correo electrónico. ¿Cómo se puede calcular en este caso el beneficio que se obtiene cada vez que un usuario se registra en la web? Para dar respuesta a esta pregunta es necesario basarse en estimaciones. En este ejemplo, se podría estimar que:

- De cada 100 personas que se registran, cinco acaban comprando.
- El valor medio de las ventas *online* es de 20 euros.
- El margen de beneficio es del 20 por 100, es decir, que el beneficio de una venta de 20 euros es de cuatro euros.

Así pues, si se registraran 100 personas, se realizarían cinco ventas, que generarían un beneficio de 20 euros (cinco ventas x cuatro euros de beneficio cada una de ellas). Por lo tanto, si se registra una persona (objetivo), el beneficio obtenido (valor del objetivo) es de 0,2 euros (20 euros / 100). En este tipo de campañas empezamos ya a utilizar estimaciones y es necesario que estas estimaciones se basen en cálculos y en un análisis previo de los datos.

Campañas de creación de marca (*branding*)

En este tipo de campañas, el objetivo no es conseguir una venta ni obtener un registro, sino que puede ser, por ejemplo, la consulta de un cierto número de páginas de la sección corporativa, el tiempo de duración de la visita o la descarga de un vídeo o de algún documento. En este caso, es necesario utilizar *cookies* para saber si los usuarios que vieron la información corporativa, estuvieron una cierta cantidad de minutos navegando por la web o se descargaron el documento o el vídeo, finalmente, acabaron comprando. Ello nos permite, como en el caso anterior, hacer estimaciones del tipo: de cada 1.000 usuarios que ven la información corporativa, cinco acaban comprando, lo cual nos ayuda a asignar un valor al objetivo de forma análoga a la que hemos visto en el apartado anterior.

Como indica Felipe Maggi, la utilización de este tipo de estimaciones es un recurso que nos permite asignar un valor a los objetivos. Sin embargo, hace que la exactitud de los datos vaya disminuyendo según nos desplazamos desde las campañas de beneficio hacia las campañas de *branding*.

A modo de ejemplo, vamos a ver cómo se definen y valoran los objetivos en una herramienta de analítica web como Google Analytics.

Si se trata de un sitio de comercio electrónico, Google Analytics ofrece la posibilidad de realizar un seguimiento específico de las compras *online*: qué productos se compran, cuántos, qué ingresos generan, cuál es el volumen medio por transacción, cuántas visitas se realizan antes de efectuar una compra, etc. Para ello, es necesario:

- Habilitar los informes de comercio electrónico. Tenemos que hacer clic en la pestaña **Administrador**, en la parte superior izquierda de la pantalla. Después, seleccionamos la vista deseada a través del menú **Ver** y hacemos clic en la subpestaña **Configuración de comercio electrónico**. Dentro de esta sección, podemos habilitar el seguimiento del comercio electrónico. También tenemos la posibilidad de habilitar los productos relacionados, de manera que Google Analytics pueda generar automáticamente una lista de productos relacionados con cada producto (hay que tener en cuenta que, para inferir relaciones significativas entre productos, se requiere de una cantidad mínima de datos de transacciones y de número de productos, necesitándose 30 días de datos para generar las listas de productos relacionados). Estos datos pueden ser muy útiles para mejorar el empaquetado de productos, la comercialización, el remarketing o las campañas de *e-mailing*. Después hacemos clic en **Paso siguiente** y en **Enviar**.

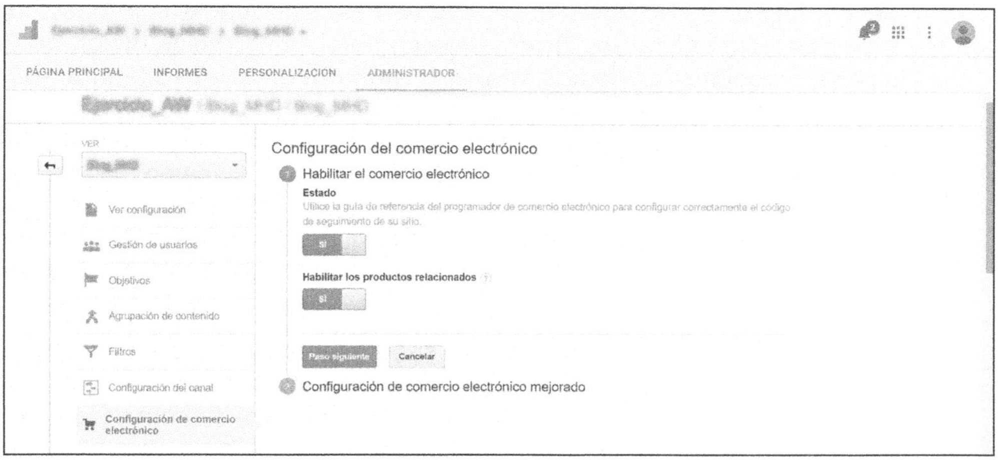

Figura 17.3. Configuración de comercio electrónico en Google Analytics.

- Añadir el código de seguimiento de comercio electrónico (`ecommerce.js`) en la página de agradecimiento, es decir, aquella página que se carga cuando se ha efectuado el pago y la venta se ha realizado de forma correcta.

Google Analytics ha introducido una nueva funcionalidad de comercio electrónico denominada "comercio electrónico mejorado", que permite evaluar las interacciones de los usuarios con los productos de las tiendas *online* durante toda la experiencia de compra: impresiones, clics, vista de detalles, productos añadidos al carrito, comportamiento durante el proceso de pago, transacciones y devoluciones (Kunle Campbel, `https://www.prestashop.com/blog/es/guia-intermedia-para-el-comercio-electronico-mejorado/`).

Para activar el comercio electrónico mejorado, es necesario:

- **Implementar Universal Analytics en el sitio web:** Hay que tener en cuenta que el comercio electrónico mejorado solo funciona con sitios web que tengan implementado el código de Universal Analytics (`analytics.js`), en lugar del código tradicional de seguimiento de Google Analytics (`ga.js`).
- **Configurar el comercio electrónico mejorado:** Nuevamente, tenemos que hacer clic en la pestaña Administrador, en la parte superior izquierda de la pantalla. Después, seleccionamos la vista deseada a través del menú Ver y hacemos clic en la subpestaña Configuración de comercio electrónico. Dentro de esta sección, tenemos que habilitar el seguimiento del comercio electrónico y hacer clic en Paso siguiente. A continuación, tenemos que habilitar los informes de comercio electrónico mejorado y, de forma opcional, podemos asignar un nombre descriptivo (etiqueta) a cada paso del proceso de pago. Estas etiquetas solo tienen una finalidad de representación, para que Analytics pueda crear el gráfico del embudo de conversión correspondiente al proceso de pago. Hacemos clic en un paso del embudo de conversión, introducimos un nombre de etiqueta y, a continuación, hacemos clic en Finalizado. Repetimos el proceso para cada paso que hayamos definido en el etiquetado. Finalmente, hacemos clic en Enviar.
- **Añadir en el sitio web el código de seguimiento de comercio electrónico mejorado (ec.js):** Es importante tener en cuenta que este código no debe usarse junto con el código de seguimiento de comercio electrónico (`ecommerce.js`) en un mismo sitio web. También hay que tener en cuenta que las mismas etiquetas que hemos asignado a cada paso del proceso de pago al configurar el comercio electrónico mejorado (tal y

como se describe en el punto anterior) deberán utilizarse en el código de seguimiento de comercio electrónico mejorado cuando se configure la medición del proceso de pedido.

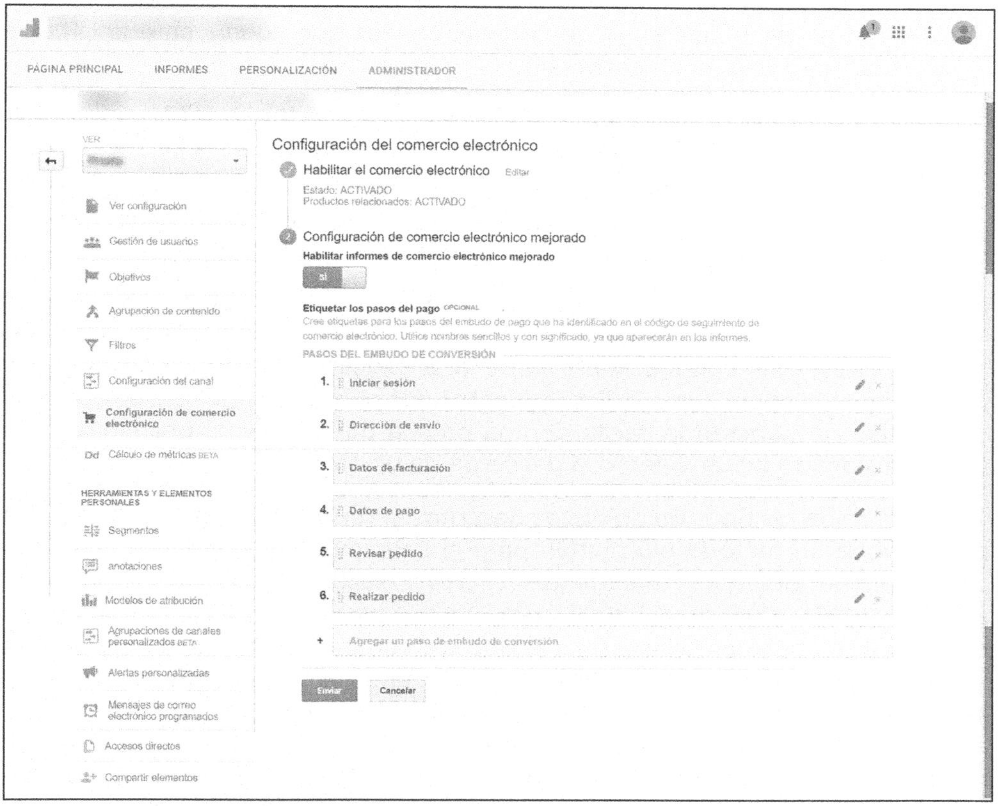

Figura 17.4. Configuración de comercio electrónico mejorado en Google Analytics.

Cuando se trata de conversiones distintas a las ventas *online*, es necesario definir los objetivos y asignarles un valor. Google Analytics permite definir cuatro tipos de objetivos:

- **Destino:** La conversión se produce porque el visitante consulta una página determinada. En este grupo se pueden incluir también los objetivos de venta, configurando la página de agradecimiento como URL de destino. En este caso, es importante tener en cuenta que, si está activado el módulo de seguimiento de comercio electrónico, no debe asignarse un valor al objetivo porque, tal y como explica Felipe Maggi, si lo hiciéramos, estaríamos contando doble: por una parte, los ingresos derivados del objetivo; por otra, los ingresos reales generados por la venta.

Los objetivos del tipo destino permiten configurar embudos de conversión, es decir, una serie de páginas previas que conducen a la URL de destino o página de conversión.

- **Duración:** La conversión se produce cuando la visita dura un determinado periodo de tiempo.
- **Páginas/pantallas por sesión:** La conversión se produce cuando se ha consultado un número definido de páginas durante la visita. Se trata de un objetivo relacionado directamente con la profundidad de la visita.
- **Evento:** La conversión tiene lugar cuando se produce un evento que se ha definido previamente. Por lo tanto, para definir este tipo de objetivos es necesario configurar previamente el seguimiento de una categoría de eventos como mínimo. Estos eventos nos permiten monitorizar acciones que no generan la carga de una página del sitio web, por ejemplo, el visionado de un vídeo o la descarga de un archivo.

Además de los tipos de objetivos descritos anteriormente, Google Analytics proporciona un método alternativo para el seguimiento de conversiones que se denomina objetivos inteligentes (`https://support.google.com/analytics/answer/6153083`). Cuando se habilitan los objetivos inteligentes, Google Analytics evalúa automáticamente las visitas al sitio web en base a una serie de variables sobre el comportamiento que los usuarios tienen en el sitio (duración de la sesión, porcentaje de rebote, páginas por sesión, ubicación, dispositivo, etc.), asigna una puntuación a cada una de ellas y las "mejores" visitas (aquellas que más probabilidades tienen de realizar una conversión) se convierten en objetivos inteligentes.

Para configurar los objetivos inteligentes es necesario cumplir con los siguientes requisitos:

- Tener enlazadas las cuentas de Google Analytics y Google AdWords.
- Contar con, al menos, 500 clics enviados por AdWords a la cuenta de Analytics en los últimos 30 días.
- Recibir menos de diez millones de sesiones en 30 días.
- En la configuración de uso compartido de datos, la opción **Productos y servicios de Google** debe estar activada para la cuenta de Analytics.

Los objetivos inteligentes tienen las siguientes limitaciones:

- No se pueden configurar ni personalizar.
- Solo puede haber uno por vista.
- Ocupan uno de los 20 espacios disponibles para los objetivos (como cualquier objetivo).
- Solo están disponibles actualmente para las vistas de sitio web y no se pueden usar en vistas de aplicaciones móviles.
- No están disponibles para las vistas que reciben más de un millón de *hits* al día.
- No admiten las conversiones postimpresión ni las conversiones multidispositivo de AdWords.

Para definir un objetivo, tenemos que hacer clic en la pestaña **Administrador**, en la parte superior izquierda de la pantalla. Después, seleccionamos la vista deseada a través del menú **Ver** y hacemos clic en la subpestaña **Objetivos**. A cada objetivo creado se le asigna un ID numérico, del 1 al 20 y los objetivos se pueden agrupar en conjuntos de hasta cinco elementos individuales. Para añadir un objetivo, hacemos clic en **+ NUEVO OBJETIVO** y seguimos tres pasos:

- El primer paso es la configuración del objetivo (véase la figura 17.5). Junto a la posibilidad de crear objetivos inteligentes, existen otras dos opciones básicas para crear objetivos: usar plantillas de objetivo o crear objetivos personalizados. Las plantillas de objetivos se han creado para ayudar a configurar objetivos. Cualquier campo de la plantilla se puede modificar antes de guardar el objetivo. Las plantillas están inhabilitadas si no se ha seleccionado ningún sector en la cuenta de Google Analytics. Para obtener plantillas, hay que modificar la propiedad, seleccionar una categoría de sector y guardar los cambios.
- El segundo paso es la descripción del objetivo, especificando un nombre para el objetivo que nos resulte reconocible cuando examinemos los informes, asignándole un ID en el grupo de objetivos en el que queramos crearlo y eligiendo un tipo de objetivo (véase la figura 17.6).
- El tercer paso es la información del objetivo, introduciendo los parámetros de configuración correspondientes al tipo de objetivo seleccionado (véase la figura 17.7). Al configurar cada objetivo, se da la posibilidad de asignar un valor a cada uno de ellos en el campo **Valor**. Si bien es un campo opcional, es recomendable asignar dicho valor, ya que nos va a permitir calcular métricas esenciales como el ROI y realizar un análisis

más completo de los resultados. Es aconsejable calcular el valor del objetivo lo más correctamente posible, ya que, si se infravalora, puede ocurrir que aparezcan como ineficientes campañas que están funcionando correctamente. Por el contrario, si se sobrevalora, campañas ineficientes pueden llegar a parecer rentables.

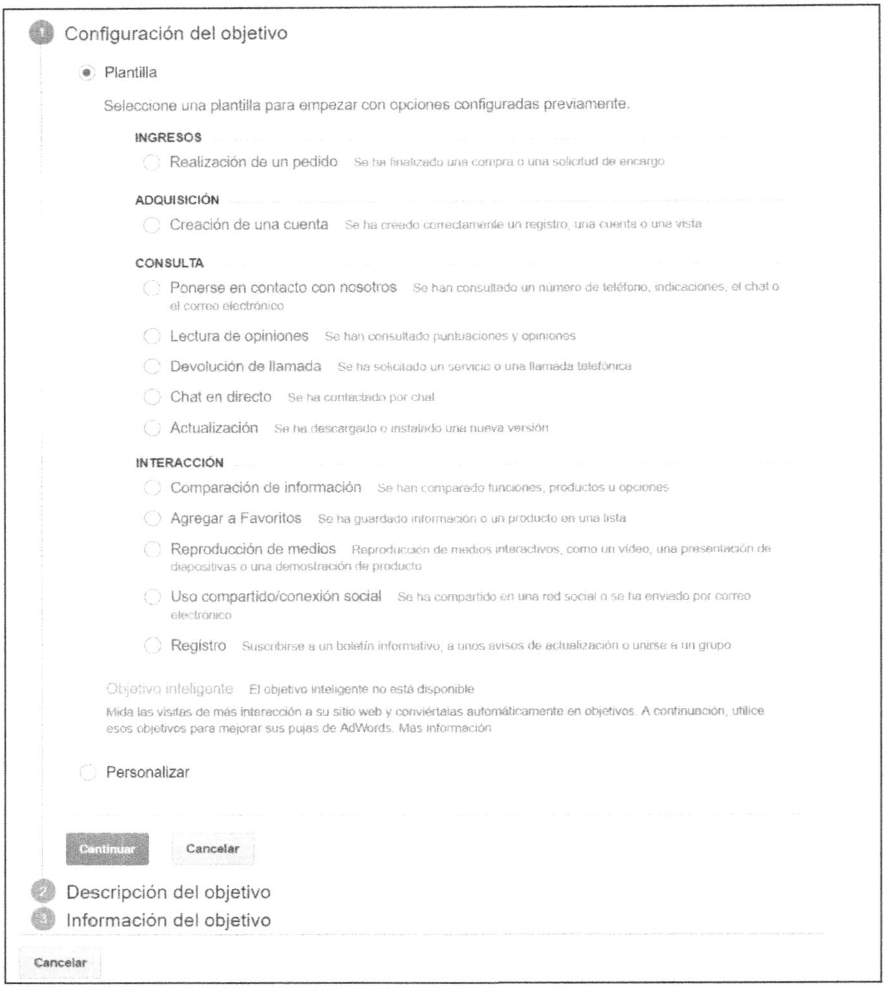

Figura 17.5. Ejemplo de plantillas de objetivos.

Figura 17.6. Ejemplo de descripción del objetivo.

Figura 17.7. Ejemplo de información del objetivo.

Al crear un objetivo, se empiezan a registrar datos. Puede detener un objetivo si cambia el estado de registro a desactivado. Si un objetivo está desactivado, no se registran datos (de esta manera, podemos dejar inactivo un objetivo, manteniendo su configuración y sin que Google Analytics haga un seguimiento del mismo). Como las conversiones de objetivos se calculan y se aplican a medida que se procesan los datos, no es posible suprimir un objetivo. Si uno de los objetivos está obsoleto o es irrelevante, hay que desactivar el registro.

Una vez que las campañas están correctamente etiquetadas y hemos definido sus objetivos, asignándoles un valor, es posible medir su rentabilidad a través de una serie de métricas.

Métricas para el seguimiento de campañas

Vamos a comenzar con tres métricas clave que, además de medir la rentabilidad de las campañas, permiten comparar diferentes tipos de acciones de marketing *online*.

- **CPA o coste por adquisición (o por venta):** Representa el coste final de adquisición de un cliente. Su fórmula de cálculo es: Costes de atracción / Número de conversiones. Según Enric Quintero y Felipe Maggi, este indicador nos permite comparar campañas en diferentes canales, si todas ellas tienen el mismo objetivo y este consiste en obtener una respuesta directa, por ejemplo, una venta o un registro (si bien, en este último caso, más que de CPA, se habla de CPL o coste por *lead*). Sin embargo, el CPA no resultaría adecuado para comparar este tipo de campañas de ventas o registros con campañas de creación de marca o *branding*.
- **ROI o retorno de la inversión (*Return of Investment*):** Es un valor que representa el rendimiento de una inversión. Su fórmula de cálculo es: (Ingresos - Gastos) / Gastos x 100. Como ya se comentó en el capítulo 13, si por cada euro que gasto, ingreso un euro, el ROI es del 0 por 100, ya que no he obtenido ningún beneficio. Sin embargo, si por cada euro que gasto, ingreso dos euros, entonces gano un euro y el ROI es del 100 por 100. El ROI nos permite medir la rentabilidad de una campaña, así como comparar distintos tipos de campañas entre sí.
- **Beneficio Neto:** Esta cifra nos indica el dinero que se está ganando con la campaña. Su fórmula de cálculo es: (Ingresos totales - Costes de producción) - Costes de la campaña.

La información fundamental que proporcionan estas métricas básicas se puede resumir de la siguiente manera:

CPA	Muestra los límites de la inversión: el tope de lo que podemos gastar.
ROI	Indica en qué medida estamos recuperando lo que estamos invirtiendo.
Beneficio Neto	Muestra los márgenes de ganancia que estamos obteniendo.

Figura 17.8. Resumen de las métricas básicas para medir la rentabilidad de las campañas *online*. (Fuente: Multiplica, Optimizando campañas con Google Analytics).

Una de las características de los indicadores que acabamos de ver es que permiten comparar entre sí campañas de distinta naturaleza. La siguiente tabla incluye las métricas que se pueden utilizar para medir la rentabilidad de las campañas, según el tipo de campaña y según el tipo de sitio de que se trate.

TABLA 1

	TIPO DE CAMPAÑA			TIPO DE SITE	
MÉTRICA	Beneficio	Adquisición	Branding	Site de comercio online	Site no dedicado a la venta
Impresiones	■	■	■	■	■
Clicks	■	■	■	■	■
Visitas	■	■	■	■	■
CTR	■	■	■	■	■
CPC medio	■	■	■	■	■
Coste total de la campaña	■	■	■	■	■
Nº Transacciones (ventas)	■			■	
Nº Objetivos (no ventas)		■	■	■	■
Porcentaje de conversiones	■	■	■	■	■
Valor medio de la ventas	■			■	
Ingresos (ventas)	■			■	
Valor total del objetivo (no ventas)		■	■	■	■
Beneficio neto antes del coste de la campaña	■	■	■	■	■
Beneficio neto después del coste de la campaña	■	■	■	■	■
Retorno de la inversión (ROI)	■	■	■	■	■

Figura 17.9. Métricas para medir la rentabilidad de las campañas, en función del tipo de campaña y de sitio web. (Fuente: Felipe Maggi, `http://felipemaggi.com/2011/02/27/como-usar-la-analitica-web-para-crear-campanas-eficientes-en-adwords/`).

El color verde indica obligatoriedad, mientras el naranja representa que la métrica es opcional (se utiliza cuando en sitios de comercio electrónico se definen objetivos distintos a las ventas).

El Beneficio Neto después del coste de la campaña y el ROI se utilizan para decidir si una campaña debe seguir en marcha o no. En cambio, las demás métricas nos indican dónde debemos actuar para mejorar la rentabilidad de la campaña. En la siguiente imagen se incluyen las fórmulas para calcular cada una de ellas.

TABLA 2

	TIPO DE CAMPAÑA			TIPO DE SITE	
MÉTRICA	Beneficio	Adquisición	Branding	Site de comercio online	Site no dedicado a la venta
CTR	Impresiones / Clicks	Impresiones / Clicks	Impresiones / Clicks	Impresiones / Clicks	Impresiones / Clicks
Porcentaje de conversiones	Nº Transacciones / Visitas	Nº Objetivos / Visitas	Nº Objetivos / Visitas	Nº Transacciones / Visitas	Nº Objetivos / Visitas
Beneficio neto antes del coste de la campaña	Ingresos – Costes producto	Valor total del objetivo – Costes desarrollo	Valor total del objetivo – Costes desarrollo	Ingresos – Costes producto	Valor total del objetivo – Costes desarrollo
Beneficio neto después del coste de la campaña	Ingresos – Costes producto – Costes de la campaña	Valor total del objetivo – Costes desarrollo – Costes de la campaña	Valor total del objetivo – Costes desarrollo – Costes de la campaña	Ingresos – Costes producto – Costes de la campaña	Valor total del objetivo – Costes desarrollo – Costes de la campaña
ROI	Ingresos – Costes de la campaña / Costes de la campaña	Valor total del objetivo – Costes de la campaña / Costes de la campaña	Valor total del objetivo – Costes de la campaña / Costes de la campaña	Ingresos – Costes de la campaña / Costes de la campaña	Valor total del objetivo – Costes de la campaña / Costes de la campaña

Figura 17.10. Fórmulas de cálculo de las métricas para medir la rentabilidad de las campañas. (Fuente: Felipe Maggi, `http://felipemaggi.com/2011/02/27/como-usar-la-analitica-web-para-crear-campanas-eficientes-en-adwords/`).

Para interpretar correctamente la tabla anterior, hay que tener en cuenta lo siguiente:

- El CTR (*Click Through Rate*), el porcentaje de conversiones y el ROI son porcentajes, por lo que el resultado de la división se multiplica por 100.
- La flecha indica que en los sitios de comercio electrónico se pueden definir objetivos diferentes a las ventas.

De todas las métricas e indicadores que acabamos de ver, ¿cuáles podemos encontrar en Google Analytics? Si hemos etiquetado correctamente las campañas (o hemos activado el etiquetado automático en el caso de las campañas de AdWords) y, además, hemos configurado nuestros objetivos, asignándoles un valor (y/o hemos activado el módulo de seguimiento de comercio electrónico), Google Analytics nos va a proporcionar una serie de informes que nos van a permitir analizar los resultados de nuestras campañas *online*.

En Google Analytics podemos encontrar dos tipos de informes sobre campañas:

- En el apartado **Adquisición**, podemos encontrar el subapartado **AdWords**. Si en dicho subapartado, hacemos clic sobre **Campañas**, accedemos a los informes relativos solo a las campañas de AdWords. No obstante, hay que tener en cuenta que solo se puede acceder a dicha información si las cuentas de Google AdWords y Google Analytics están vinculadas.
- En el apartado **Adquisición**, también encontramos el subapartado **Campañas**. Si en dicho subapartado, hacemos clic sobre **Todas las campañas**, accedemos a los informes correspondientes a todas las campañas, incluidas también las de AdWords.

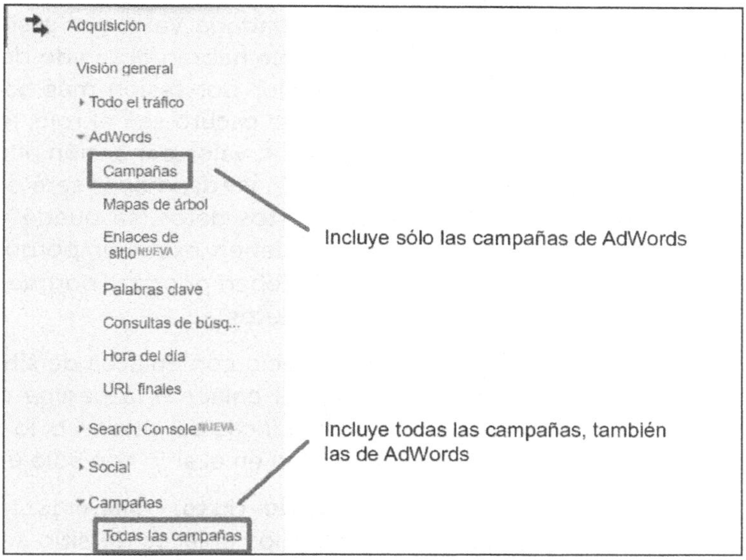

Figura 17.11. Acceso a los informes sobre campañas en Google Analytics.

Siguiendo en este punto a Gabriel de Donato (`http://www.esgalla.com/blog/adwords-en-google-analytics/`), los informes sobre las campañas de AdWords proporcionan la siguiente información:

- **Campañas:** En este apartado, se puede ver el detalle de cada campaña que tengamos abierta en el periodo de tiempo seleccionado. El análisis de esta información nos puede ayudar a identificar cuál es la campaña con mejor rendimiento y cuál con el peor, a fin de hacer las modificaciones que se consideren necesarias.

- **Mapas de árbol:** Básicamente, consisten en una representación gráfica de los datos del apartado anterior, de modo que nos permite comparar visualmente una campaña con otra. Cada rectángulo del informe representa una sola campaña. Todas las métricas de este informe están organizadas en dos grupos: métricas principales y métricas secundarias. Las métricas principales son métricas de volumen, como Sesiones o Coste, y se representan mediante un tamaño del rectángulo. Las métricas secundarias son métricas relativas, como CPC o Porcentaje de rebote, y se representan mediante color y saturación. El color verde es positivo y el rojo es negativo. Cuanto más oscuro es el verde, mejor es la métrica secundaria, y cuanto más oscuro es el rojo, peor es la métrica secundaria.

  Por ejemplo, si examinamos campañas y seleccionamos como métrica principal Ingresos y como métrica secundaria Valor por sesión, cuanto mayor sea el rectángulo, más ingresos se habrán obtenido de esa campaña. Las campañas que tienen un valor por sesión más bajo estarán en la escala de color rojo, y cuanto más oscuro sea el rojo, menor será el valor por sesión. Las campañas con un valor por sesión alto serán de color verde, y cuanto más oscuro sea el verde, mayor será el valor por sesión de esa campaña. A partir de estos datos, se puede empezar a elaborar hipótesis: qué campañas se deben expandir porque su valor por sesión es alto o qué campañas se deben priorizar porque ofrecen el máximo de ingresos (en términos absolutos).

- **Enlaces de sitio:** La extensión del anuncio con enlaces de sitio muestra junto al texto del anuncio, además del enlace a la página de destino principal, otros enlaces a páginas específicas del sitio web, lo que ayuda a los usuarios a encontrar lo que buscan en el sitio con solo un clic.

  Tal y como comenta Cristian Delgado (`http://www.cristiandelgado.com/enlaces-sitio-google-analytics/`), los enlaces de sitio son un gran apoyo/ayuda para el anuncio que los incluye, ya que lo expone más al ocupar más espacio en los resultados (puede mostrar de 2 a 6 enlaces) y, por lo tanto, tiene más probabilidades potenciales de clic (mejor CTR), además de ser un acceso directo a ciertas partes del sitio en las que el usuario puede estar interesado.

  Este apartado nos proporciona datos sobre lo que cada una de estas extensiones ha aportado al cumplimiento de los objetivos de la web y cuáles han sido las más efectivas, de manera que esta información podría utilizarse para decidir qué enlaces podrían completar al anuncio principal para hacerlo más eficaz.

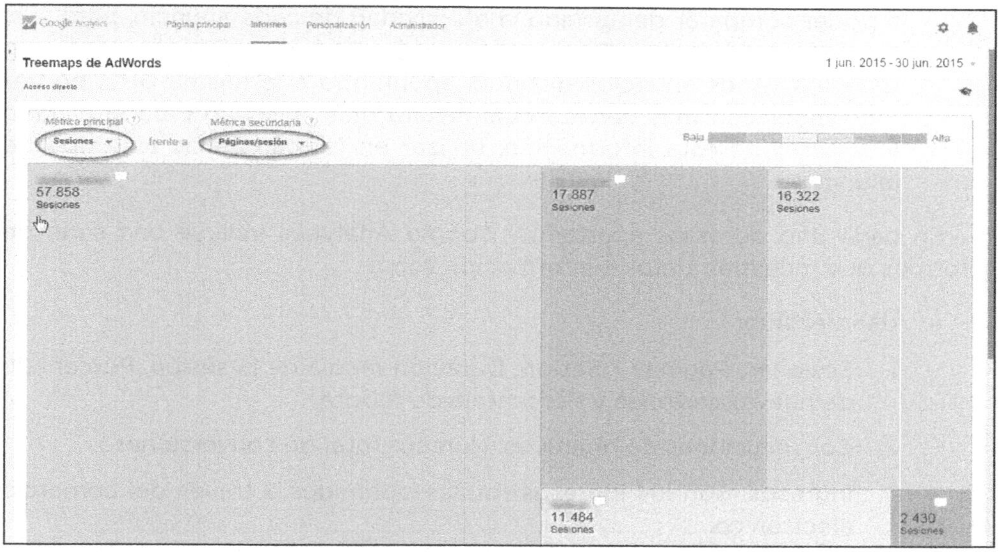

Figura 17.12. Ejemplo de mapa de árbol de AdWords en Google Analytics (`http://www.solucionesecommerce.com/2016/01/como-usar-google-analytics-para-una-tienda-online.html`).

- **Palabras clave:** Este apartado resulta útil para saber cuáles son las palabras clave con mejor rendimiento, mejor tasa de rebote o CPC, entre otras cosas. Teniendo en cuenta estos datos, estaremos en condiciones de ir seleccionando aquellas palabras clave que mejor rendimiento nos generen, eliminando las que tengan menos clics, mayor tasa de rebote, etc.
- **Consultas de búsqueda:** Este apartado es similar al punto anterior, pero diferente. Mientras que las palabras clave del punto anterior las elegimos nosotros, los términos de búsqueda son las palabras con las que los usuarios encontraron y seleccionaron uno de nuestros anuncios. Combinando los datos de este apartado con los del anterior, estaremos en condiciones de crear una lista de palabras clave lo más efectiva posible.
- **Horas del día:** Mide el rendimiento de los anuncios en función de datos como la hora del día (o el día de la semana) en la que recibe mayor cantidad de clics, lo cual puede resultar muy útil para sacarle el máximo rendimiento al dinero invertido en AdWords.
- **URL finales:** La utilidad de este apartado dependerá de la forma en la que estén diseñadas las diferentes campañas. Si cada campaña consiste en anuncios diferentes que van a distintas URL, probablemente no se va

a poder comparar demasiado la efectividad de cada anuncio, pero sí el rendimiento de cada URL de destino o *landing page*. Por el contrario, si tenemos varios anuncios distintos apuntando a la misma URL, podremos saber con más certeza cuál resulta más atractivo para el usuario y, a partir de esta información, utilizar en las campañas este tipo de anuncios.

En cada uno de estos apartados, Google Analytics incluye una serie de informes que muestran datos e información sobre:

- **Uso del sitio:**
  1. Sesiones, Páginas / Sesión, Duración media de la sesión, Porcentaje de nuevas sesiones y Porcentaje de rebote.
  2. Consecuciones de objetivos: Número total de conversiones.
  3. Ingresos: Son los ingresos totales obtenidos a través del comercio electrónico.

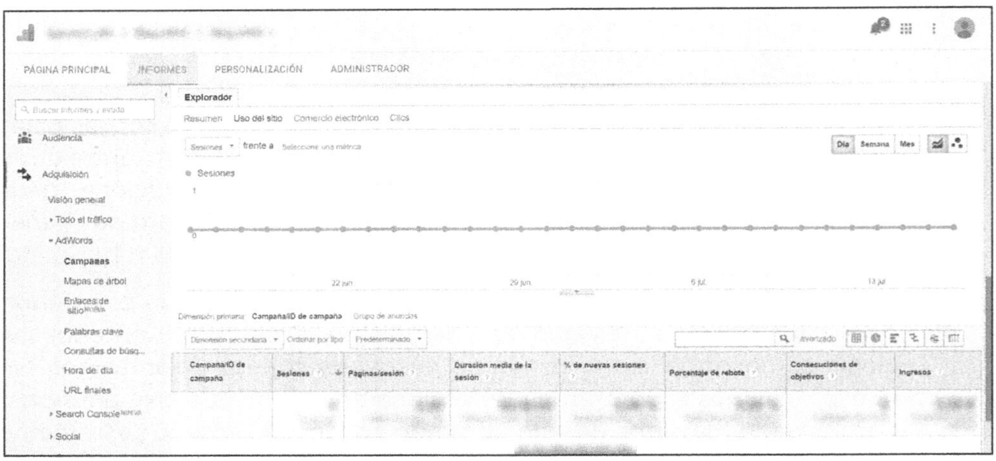

Figura 17.13. Ejemplo de la pestaña **Uso del sitio** en Google Analytics.

- **Comercio electrónico:**
  1. Sesiones.
  2. Ingresos.
  3. Transacciones: Número total de ventas realizadas en el sitio web.
  4. Valor medio de pedido: Valor medio de las transacciones de comercio electrónico.

5. Porcentaje de conversiones de comercio electrónico: Porcentaje de visitas que se han traducido en una transacción de comercio electrónico.
6. Valor por sesión: Es la media de ingresos por sesión (se calcula dividiendo los ingresos entre las sesiones).

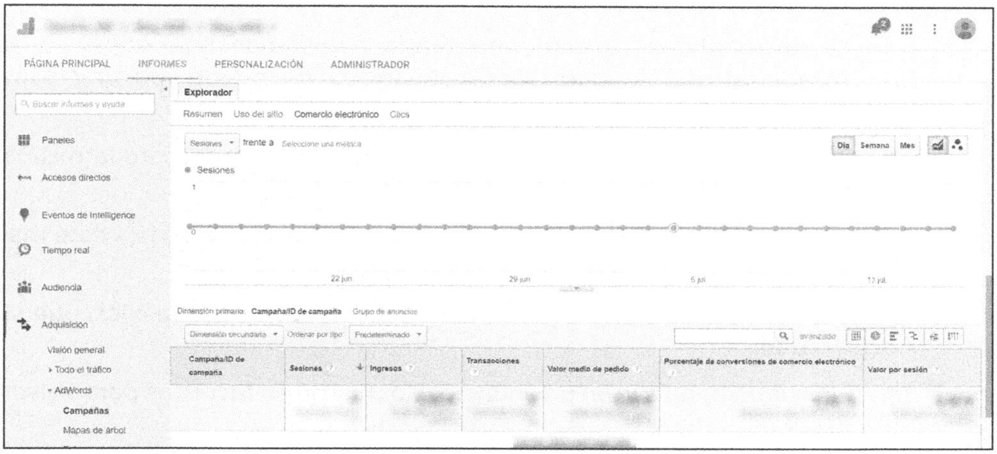

Figura 17.14. Ejemplo de la pestaña **Comercio electrónico** en Google Analytics.

- **Clics:**
  1. Sesiones.
  2. Impresiones (número de veces que se han publicado los anuncios).
  3. Clics: La cantidad de veces que los usuarios hacen clic en el anuncio.
  4. Coste: Total que se ha pagado por los clics que han recibido los anuncios.
  5. CTR: Porcentaje de impresiones de anuncio que han generado clics.
  6. CPC: Coste medio que se paga por cada clic que reciben los anuncios.
  7. RPC o ingresos por clic: Ingresos medios (obtenidos de las ventas de comercio electrónico o del valor del objetivo) que recibe por cada clic en uno de los anuncios.
  8. Retorno de la inversión en publicidad (ROAS): Se calcula dividiendo el valor de conversión (basado en los ingresos del comercio electrónico o en el valor del objetivo) entre el gasto en publicidad.

Es posible que exista diferencia entre el número de visitas y el número de clics. Veamos las posibles causas de esta discrepancia.

En los casos en los que podemos encontrar más clics que visitas, puede ocurrir que:

- El usuario haga clic en un anuncio y luego no espere a que cargue la página.
- El navegador del usuario no tenga habilitadas las *cookies* o el JavaScript, por lo que Google Analytics no puede registrar esas visitas.
- El usuario haga clic muchas veces en un anuncio durante la misma sesión.
- Se usen *i-frames* en la web y el código de Google Analytics esté mal ubicado.

En los casos en los que podemos encontrar más visitas que clics, puede ocurrir que:

- El usuario haga clic en un anuncio y lo guarde en favoritos para volver después.
- El usuario no haga clic en el anuncio, sino que copie la URL y la pegue en el navegador.
- Hay que tener en cuenta también que AdWords elimina clics fraudulentos y Google Analytics no.

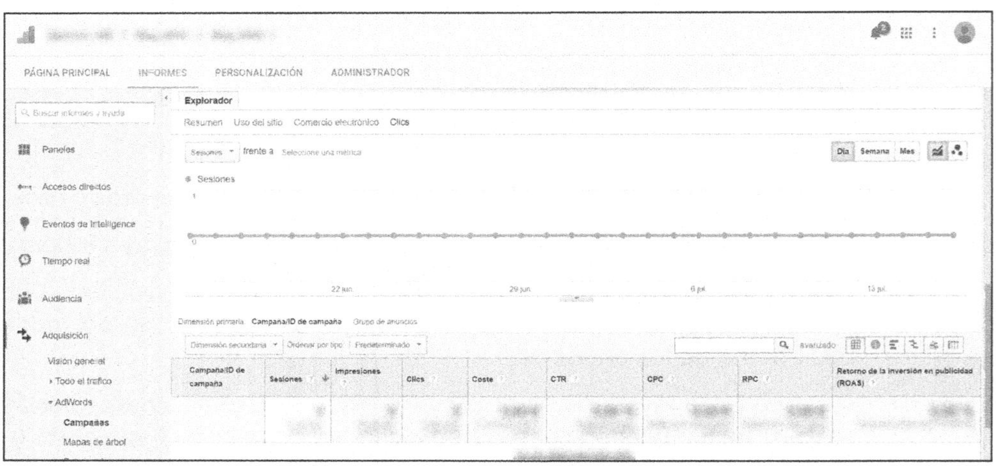

Figura 17.15. Ejemplo de la pestaña **Clics** en Google Analytics.

En cualquier caso, discrepancias entre un 15 y un 20 por 100 se pueden considerar normales. Si hablamos de porcentajes cercanos al 80 o 90 por 100, habría que hacer un análisis en profundidad para ver qué está pasando y aplicar medidas correctoras.

- **Resumen**: Es una combinación de métricas procedentes de los tres informes que acabamos de mencionar.

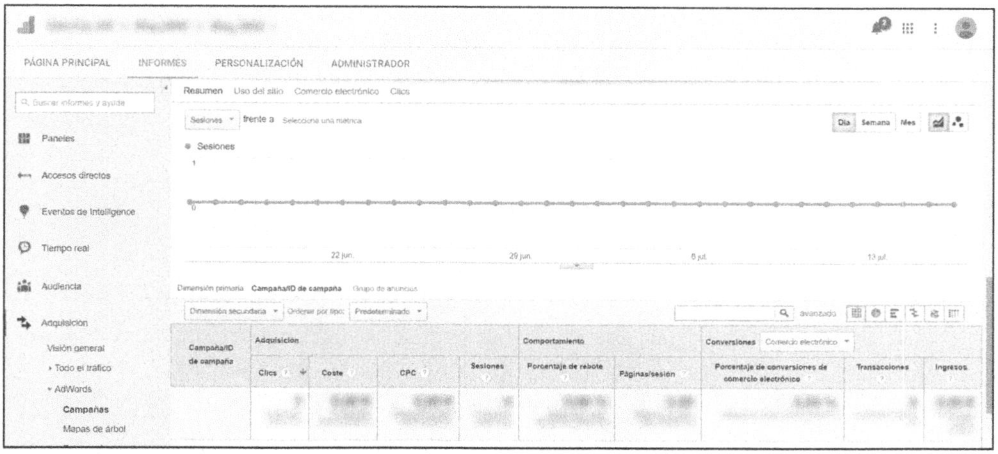

Figura 17.16. Ejemplo de la pestaña **Resumen** en Google Analytics.

En la siguiente imagen, se incluye un resumen del contenido de cada apartado sobre las campañas de AdWords de Google Analytics, así como el listado de informes que se puede encontrar en cada uno de ellos.

Informes	Contenido	Infomes
Campañas	Muestra datos que nos permiten analizar la rentabilidad de las campañas, tanto a nivel general, como por campaña.	• Resumen • Uso del sitio • Comercio electrónico • Clics
Mapas de árbol	Muestra de forma gráfica los datos de las diferentes campañas, permitiendo una comparación visual entre ellas.	
Enlaces de sitio	Muestra la efectividad de los enlaces al sitio que se incluyen en los anuncios.	• Resumen • Uso del sitio • Comercio electrónico • Clics
Palabras clave	Muestra datos que nos permiten analizar el rendimiento de las palabras clave, tanto a nivel general, como por palabra clave.	
Consultas de búsqueda	Permite analizar las búsquedas en las que aparecen nuestros anuncios.	• Resumen • Uso del sitio • Comercio electrónico
Hora del día	Muestra el rendimiento de las campañas según la hora del día, con la posibilidad de desglosar los datos por día de la semana.	
URL finales	Muestra cómo se comportan las diferentes páginas de entrada (*landing pages*) de las campañas.	• Resumen • Uso del sitio • Comercio electrónico • Clics

Figura 17.17. Informes sobre campañas de AdWords.

Como ya hemos señalado, dentro de **Todas las campañas**, en el subapartado **Campañas**, dentro de **Adquisición**, podemos encontrar datos de todas las campañas, incluidas también las de AdWords. Al igual que en el caso anterior, los datos se agrupan en los informes Resumen, Uso del sitio, y Comercio electrónico.

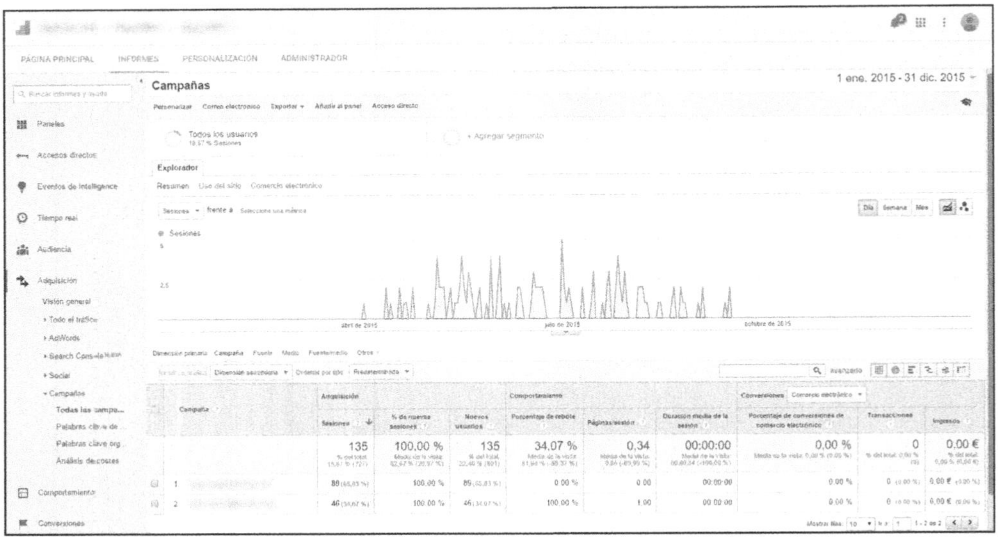

Figura 17.18. Ejemplo del informe sobre **Todas las campañas** en Google Analytics.

Cada uno de los informes se puede ver por campañas (*utm_campaign*), por fuentes (*utm_source*), por medios (*utm_medium*) y por combinaciones de fuentes y medios. Las opciones para verlo por palabra clave (*utm_term*) y contenido del anuncio (*utm_content*) se encuentran en el desplegable **Otros**, dentro del apartado **Adquisición** (véase la figura 17.19).

Si tenemos configurados objetivos, se pueden analizar los porcentajes de consecución de objetivos o los porcentajes de conversiones en los informes sobre **Objetivos**, dentro del apartado **Conversiones**. De forma análoga, si hemos habilitado el comercio electrónico (o el comercio electrónico mejorado), podemos analizar la actividad de compra del sitio web en los informes de **Comercio electrónico**, dentro también del apartado **Conversiones**.

Si solo hemos habilitado el comercio electrónico, los informes estándar disponibles en Google Analytics son los siguientes (`https://support.google.com/analytics/answer/1037249?hl=es`):

- **Visión general:** Resumen de Ingresos, Porcentaje de conversiones de comercio electrónico, Transacciones, Valor medio de pedido y otras métricas.

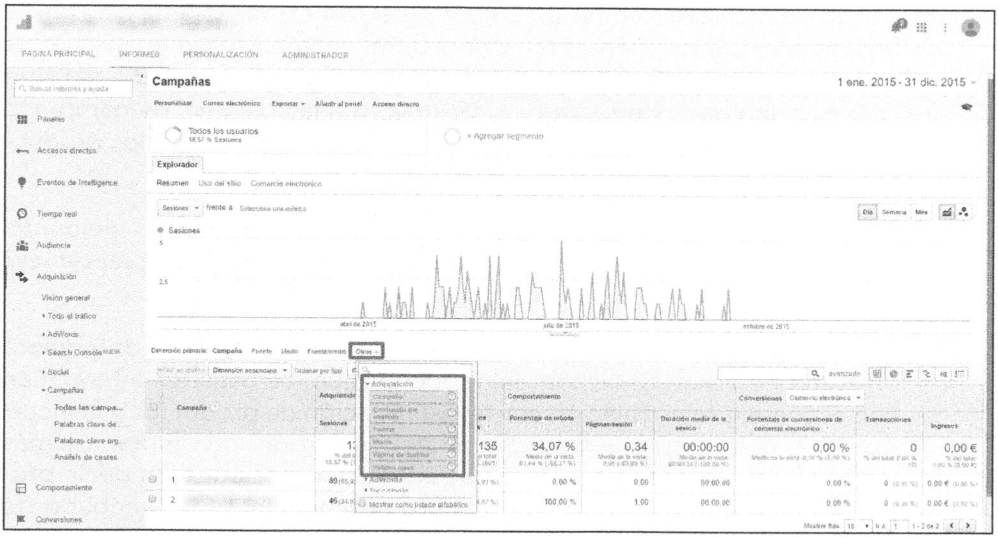

Figura 17.19. Opciones de filtrado por palabra clave y contenido del anuncio en Google Analytics.

- Rendimiento del producto: Ingresos, Compras, Cantidad, Precio medio, Cantidad media y Categoría.
- Rendimiento de las ventas: Ingresos por fecha.
- Transacciones: Ingresos, Impuestos, Gastos de envío y Cantidad por transacción.
- Tiempo hasta la compra: Días hasta realizar la transacción y Sesiones para la transacción.

A partir de estos datos, es posible realizar los siguientes análisis sobre las compras del sitio web:

- Qué productos son los que mejor se venden y, por lo tanto, cuáles son los que mejor se adaptan a la cartera de clientes y deberían recibir un mayor esfuerzo de marketing.
- Qué ingresos se obtienen por transacción y cuántos productos se venden por transacción. Por ejemplo, si el número de productos por transacción es inferior al esperado, quizás pueda tener un impacto positivo el hecho de ofrecer descuentos superiores o de eliminar los gastos de envío si el cliente realiza una compra por valor de una cantidad mínima.

- Cuánto tardan (en tiempo y número de sesiones) los clientes en tomar una decisión. Si los clientes realizan sistemáticamente numerosas visitas antes de comprar, quizás resulte interesante sustituir el diseño del sitio web por uno que conduzca más fácilmente a las páginas de compra, o bien incluir una opción que permita a los usuarios comparar los productos y precios con los de la competencia.

En el caso de que hayamos habilitado el comercio electrónico mejorado, hay informes adicionales disponibles (`https://support.google.com/analytics/answer/6014841`):

- **Comportamiento de compra:** Los informes sobre Análisis de compra ofrecen una visión detallada del modo en que los usuarios interactúan con el contenido en relación con la visualización de productos y la incorporación o eliminación de artículos del carrito de la compra, además del inicio, el abandono y la finalización de transacciones. Es decir, proporcionan información completa sobre el rendimiento del embudo de compra.
- **Rendimiento económico:** Los informes sobre Visión general y Rendimiento de producto incluyen datos de los porcentajes de ingresos y de conversiones que generan los productos, la cantidad de productos que incluye una transacción media, el valor medio de pedido, las devoluciones que se han tenido que emitir y la relación de productos agregados al carrito y compras realizadas después de que los usuarios hayan visto las páginas de detalles de producto. El comercio electrónico mejorado permite, además, crear listas de productos, que agrupan productos de manera lógica para que sea más fácil organizarlos y ordenarlos. El informe de Rendimiento de la lista de productos permite medir el impacto en ventas de productos agrupados, usando aspectos como la posición en la lista de productos y el nombre de la lista de productos.
- **Rendimiento de la comercialización:** Además de medir el rendimiento de los productos, con el comercio electrónico mejorado también se pueden medir las acciones de marketing internas (por ejemplo, *banners* internos que promocionan las ventas en otra parte del sitio web u otras promociones internas) y externas (por ejemplo, cupones a nivel de pedido, cupones a nivel de producto o páginas web afiliadas) para respaldar estos productos.

Para finalizar, vamos a hacer una referencia a la información que proporcionan los embudos multicanal. Esta funcionalidad se encuentra también en el apartado **Conversiones** y nos da información sobre la ruta que han seguido los usuarios, esto es, los canales con los que han interactuado durante los 30 días previos a la conversión. Esta información permite identificar los canales que inician, asisten o completan la conversión y adecuar los mensajes en cada caso. Los canales que están disponibles en Google Analytics son, entre otros, los siguientes:

- Búsquedas orgánicas.
- Búsquedas de pago.
- Sitios web de referencia.
- Afiliados.
- Redes sociales.
- Boletines informativos por correo electrónico.
- Campañas personalizadas.
- *Banners*.

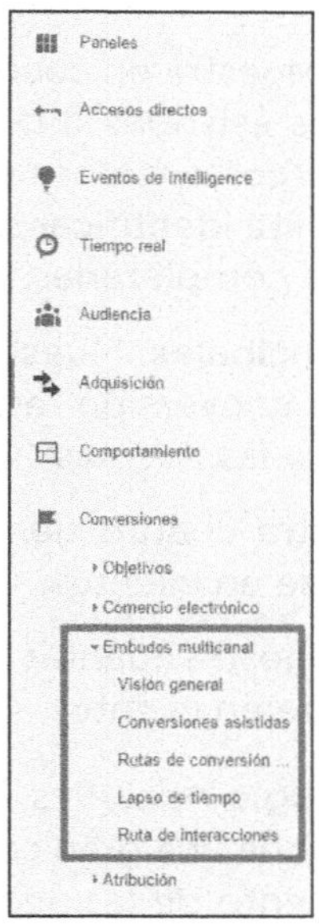

Figura 17.20. Acceso a los informes sobre embudos multicanal en Google Analytics.

Dentro de esta sección, nos encontramos con los siguientes informes:

- **Visión general:** Nos muestra un resumen de las conversiones totales, asistidas, etc., completado con un gráfico que nos indica el peso que tiene cada canal en las conversiones totales, representando las zonas de intersección aquellas conversiones en las que han intervenido varios canales.

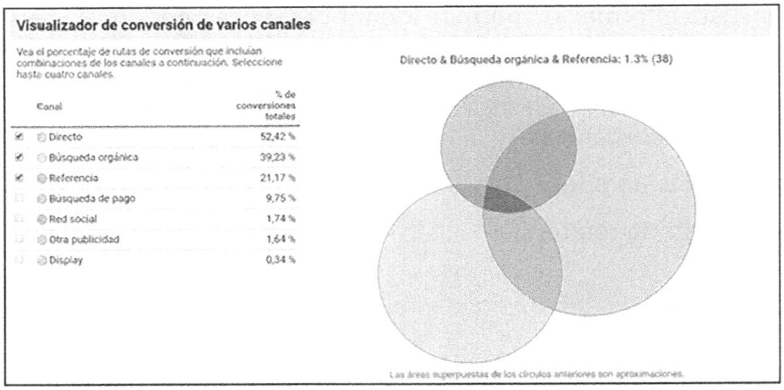

Figura 17.21. Ejemplo del gráfico Visualizador de conversión de varios canales dentro del informe Visión general de los embudos multicanal de Google Analytics. (Fuente: Manu Duque: `https://www.manuduque.com/guia-google-analytics-funciones-metricas-objetivos/`).

- **Conversiones asistidas:** Muestra en cuántas conversiones ha intervenido cada canal (conversiones asistidas o conversiones con contribución) y cuántas ha completado (conversiones por interacción de último clic o directa), lo cual nos permite identificar si los canales son más propensos a asistir conversiones o a completarlas (véase la figura 7.22).
- **Rutas de conversión principales:** Muestra las rutas que los clientes han seguido para llegar a la conversión, especificando el número total de conversiones y el valor de las mismas (véase la figura 7.23).
- **Lapso de tiempo:** Muestra cuánto tiempo en días han necesitado los visitantes para convertirse en clientes.
- **Ruta de interacciones:** Muestra cuántas interacciones han necesitado los visitantes para convertirse en clientes.

Como acabamos de ver, Google Analytics, o cualquier otra herramienta de analítica web parecida, proporciona una gran cantidad de datos que pueden ser utilizados para medir el rendimiento de las acciones de marketing *online*. Para ello es necesario, por una parte, etiquetar correctamente las diferentes campañas y, por otra, definir sus objetivos y asignarles un valor. Esto nos va a permitir calcular métricas como el ROI o el Beneficio Neto, que son fundamentales para medir la rentabilidad de las campañas y comparar distintos tipos de acciones. En cualquier caso, antes de proceder al análisis de los datos, es imprescindible entender el significado de las diferentes métricas e indicadores que podemos encontrar en los distintos informes proporcionados por la herramienta de analítica web que estemos utilizando.

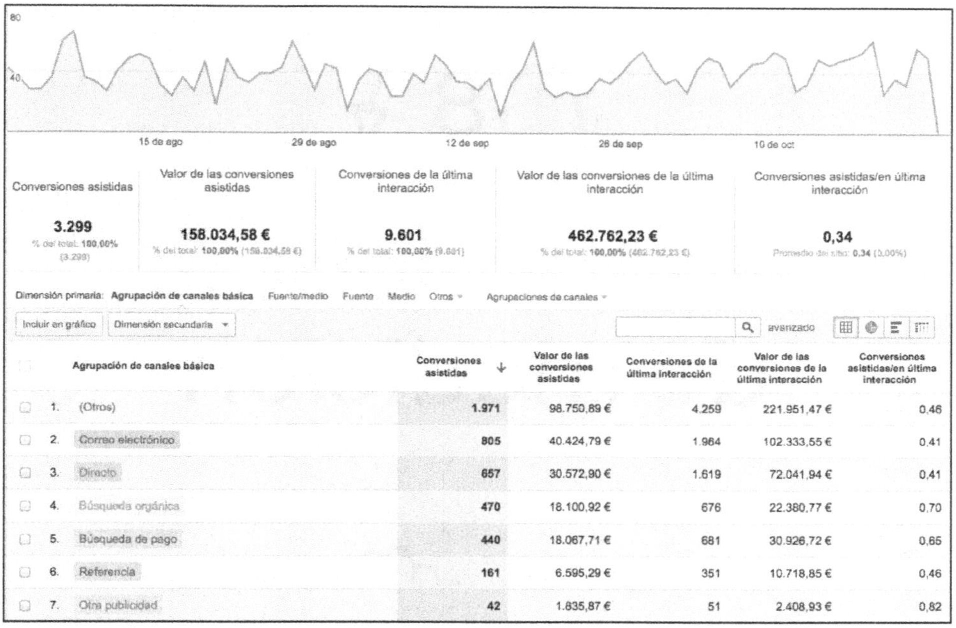

Figura 17.22. Ejemplo del informe Conversiones asistidas dentro de los embudos multicanal de Google Analytics (`http://leiretax.com/la-analitica-web-es-como-un-partido-de-futbol/`).

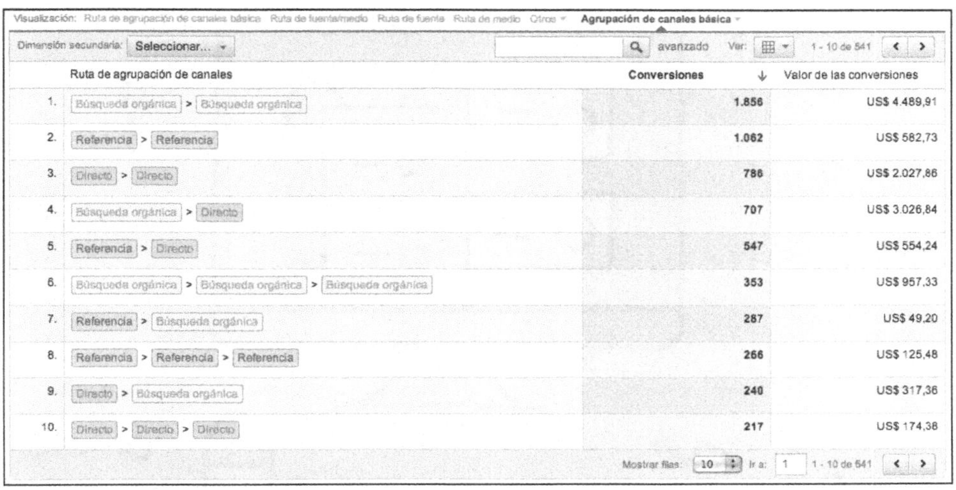

Figura 17.23. Ejemplo del informe Rutas de conversión principales dentro de los embudos multicanal de Google Analytics (`https://analytics-es.googleblog.com/2011/08/presentando-embudos-multicanal-descubre.html`).

18

Herramientas de medición

Herramientas de analítica web

Existen varias metodologías para analizar los datos de navegación de los usuarios. Cada una de ellas evalúa el tráfico del sitio web de una manera diferente y los resultados que proporcionan son distintos. Los principales sistemas de medición, según Maribel Morales, son los siguientes:

- **La medición *site centric* (orientada al sitio):** En estos sistemas, la medición del tráfico del sitio web se realiza a partir del propio sitio. Permiten obtener información sobre las tendencias del tráfico (por ejemplo, el día o la hora en los que la web recibe más o menos visitas), sobre la tecnología que usan los usuarios (por ejemplo, tipos de navegadores o de sistemas operativos) y sobre el perfil de los visitantes (por ejemplo, la región geográfica de donde vienen). Dentro de estos sistemas, existen dos tecnologías diferentes que veremos en detalle más adelante: los sistemas de análisis de *logs* y los sistemas de medición mediante marcadores de páginas o etiquetas (*tags*).
- **La medición *user centric* (orientada al usuario):** Este sistema se basa en paneles de usuarios (dicho grupo de usuarios debe ser representativo de la población de internautas observados). Consiste en instalar un software en los ordenadores de los usuarios que forman parte del panel y que permite grabar toda la actividad de dichos usuarios en Internet. Posteriormente, este software envía la información recopilada a los servidores de la empresa de investigación para ser procesada y analizada. Con este sistema se pueden obtener estadísticas finales sobre los usuarios que permiten analizar su comportamiento y definir perfiles sociodemográficos mucho más específicos que con los sistemas de medición *site centric*. A modo de ejemplo, podemos citar el panel de Nielsen y el panel de comScore.

  Las diferencias fundamentales entre los sistemas de medición *site centric* y los sistemas de medición *user centric* se muestran en la figura 18.1.
- **La medición *ad centric* (orientada a la publicidad):** Este sistema se basa en medir el tráfico de los *banners* u otro tipo de publicidad *online*. Generalmente, utilizan sistemas de tipo *ad-server* (servidor de publicidad). Estos sistemas funcionan incluyendo en la página web donde se va a mostrar el anuncio o *banner* una etiqueta o *tag* de publicidad. Cuando se carga la página web, este *tag* hace una llamada al servidor que tiene almacenados todos los anuncios (*ad-server*) y le envía la información necesaria para que dicho *ad-server* pueda elegir el anuncio concreto que

debe mostrar (a veces, le envía también una *cookie* con datos demográficos del usuario y, de esta manera, poder seleccionar la publicidad en función de dicha información). Una vez elegido el anuncio, el *ad-server* lo envía para que se pueda cargar en la página web junto con una *cookie* que permite controlar el número de veces que se muestra un anuncio a un usuario determinado.

Sistemas de medición *site centric* (orientados al sitio)	**Sistemas de medición *user centric* (orientados al usuario)**
• Se basa en el análisis de los ficheros *logs* del servidor o en la medición mediante marcadores o *tags*. • Requiere implementar el marcador en cada página que se desee medir. • Se obtiene información sobre el comportamiento de los usuarios en el sitio *web*. • No permiten obtener información sobre el perfil del usuario. • Permiten obtener datos de cualquier sitio *web*, no sólo de aquellos con volumen representativo. • Aunque existe un posible margen de error, se recogen los datos de todas las visitas recibidas en el sitio, pero no datos de la competencia.	• Se basa en paneles de usuarios que constituyen una muestra representativa de la población de internautas. • No es necesaria ninguna implementación en el sitio *web*. • No ofrecen datos de navegación y comportamiento de usuarios (sólo métricas básicas como visitas, usuarios únicos, tiempo…). • Permiten obtener información sobre el perfil sociodemográfico de la audiencia. • No hay datos sobre todos los sitios *web*, sólo sobre aquellos con volumen representativo. • Permite obtener datos propios y de la competencia.

Figura 18.1. Diferencias entre los sistemas de medición *site centric* y los sistemas de medición *user centric*.

Además, en la URL de destino del *banner*, se incluye un código de seguimiento que permite medir impresiones (número de veces que se muestra un anuncio), clics (número de veces que se hace clic en el anuncio) y el CTR o *Click Through Rate* (ratio clics / impresiones).

- **La medición *network centric* (orientada a la red):** Este sistema se basa en recopilar los datos de tráfico web en los propios proveedores de servicios de Internet (ISP) y sirve para medir y analizar datos de conectividad.

Como hemos señalado anteriormente, vamos a centrarnos en las herramientas de medición incluidas dentro de los sistemas *site centric*: el análisis de *logs* y la medición mediante marcadores o *tags*.

Herramientas de análisis de *logs*

Este sistema se basa en analizar los archivos de registro del servidor (*logs*). Estos archivos de registro o *logs* recopilan información sobre cualquier problema que haya podido ocurrir durante las operaciones realizadas por el servidor (registro de errores o *Error Log*), así como sobre todas las peticiones que este procesa (registro de accesos o *Access Log*).

Por tanto, estos archivos de registro o *logs* recogen información sobre todas las acciones que los usuarios realizan en la web y sobre todo lo que hacen en cada una de las páginas del sitio, por lo que su análisis proporciona datos estadísticos útiles sobre los contenidos que solicitan los usuarios, las páginas que les resultan más interesantes, el momento en que se consultan, etc.

Siguiendo a Maribel Morales, podemos distinguir dos tipos de herramientas de análisis de *logs*:

- **Las herramientas que están incorporadas al servidor:** Se trata de aplicaciones que se instalan en el servidor y procesan en tiempo real los datos almacenados en los ficheros *logs*. El acceso a los informes sobre estadísticas de tráfico se hace a través de una interfaz web.
- **Las herramientas que se instalan en ordenadores diferentes al servidor:** En este caso, es necesario tener acceso a los ficheros *logs* del servidor y poder descargarlos en el ordenador en el que está instalada la herramienta. Posteriormente, se procesan los datos almacenados en los ficheros *logs*, pero, en este caso, el análisis no se realiza en tiempo real y tampoco se requiere acceso a Internet para consultar los informes sobre estadísticas de tráfico.

Según Guillermo Vilarroig (`www.overalia.com/blog/08/2008/diferencias-entre-la-medicion-por-logs-y-tags/`), la medición a través de *logs* tiene las siguientes ventajas:

- Se puede implementar sin necesidad de modificar el código de las páginas.
- La herramienta procesa los datos almacenados en los ficheros *logs* de forma automática.
- Ofrece informes de errores en la ejecución de las páginas, lo cual constituye información muy útil para detectar problemas en el sitio web.
- Registra las descargas de todo tipo de archivos con detalles del nivel de descarga (total o parcial) y la actividad de formularios enviados a través de la web.

- Los ficheros *logs* están en el servidor y se pueden reprocesar cuando sea necesario sin que se pierdan datos.
- No tiene problemas con los sistemas de seguridad, por lo que se puede aplicar con mayor flexibilidad a la medición de redes internas o intranet.

Sin embargo, también presenta inconvenientes:

- No contabiliza la información almacenada en la caché (memoria) de los navegadores y de los servidores *proxies*.
- Imprecisión a la hora de contabilizar el número de visitantes únicos, debido a que el cálculo se realiza en base a las direcciones IP de donde vienen las visitas. Por ejemplo, en muchas empresas, todos los empleados tienen la misma salida a Internet y comparten la misma dirección IP, por lo que todas las visitas serán consideradas como visitas del mismo usuario. Por el contrario, algunos proveedores de acceso a Internet asignan direcciones IP dinámicas a sus usuarios, de manera que un mismo usuario puede entrar dos veces a un mismo sitio web utilizando dos direcciones IP distintas, por lo que se considerará que las dos visitas proceden de usuarios diferentes.
- Requiere intervención por parte del departamento de IT para realizar el mantenimiento del servidor y almacenar periódicamente la información recopilada en los ficheros *logs*, ya que la cantidad de datos que se recogen en estos ficheros crece constantemente y puede alcanzar volúmenes muy grandes.
- No filtra los accesos de los robots de los buscadores, lo cual puede "inflar" las estadísticas.

Algunas de las herramientas gratuitas de análisis de *logs* son:

- **AWStats:** Es una herramienta que analiza la información contenida en los ficheros *logs* y genera estadísticas avanzadas del sitio web que se pueden consultar a través de una interfaz gráfica (véase la figura 18.2). Puede analizar archivos *log* procedentes tanto de servidores Apache como de servidores IIS.
- **Analog:** Esta herramienta de análisis de *logs* funciona también para servidores Apache y servidores IIS. Funciona con cualquier sistema operativo, es muy rápida, escalable y configurable. Proporciona informes en 32 idiomas, incluido el español. Se puede combinar con la herramienta Report Magic para generar informes con gráficos más claros y visuales (véase la figura 18.3).

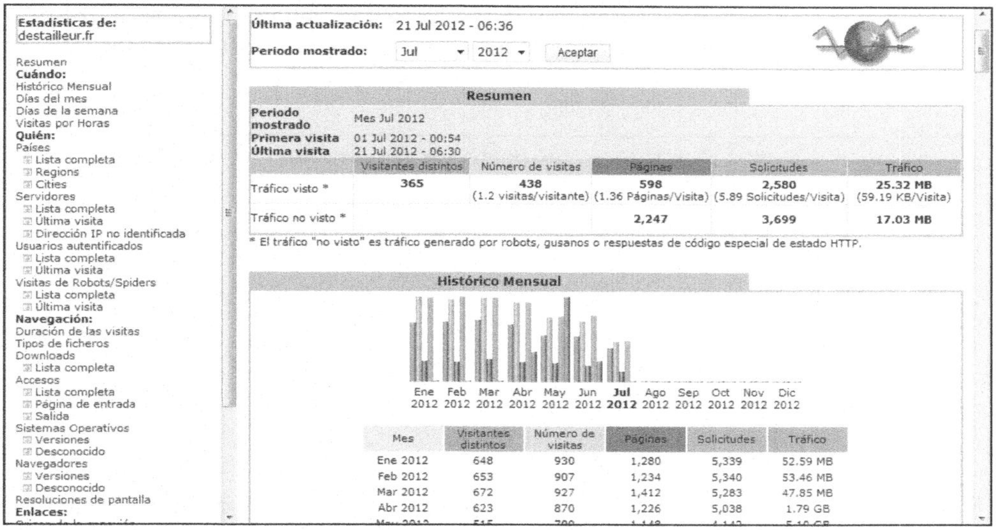

Figura 18.2. Ejemplo de AWStats.

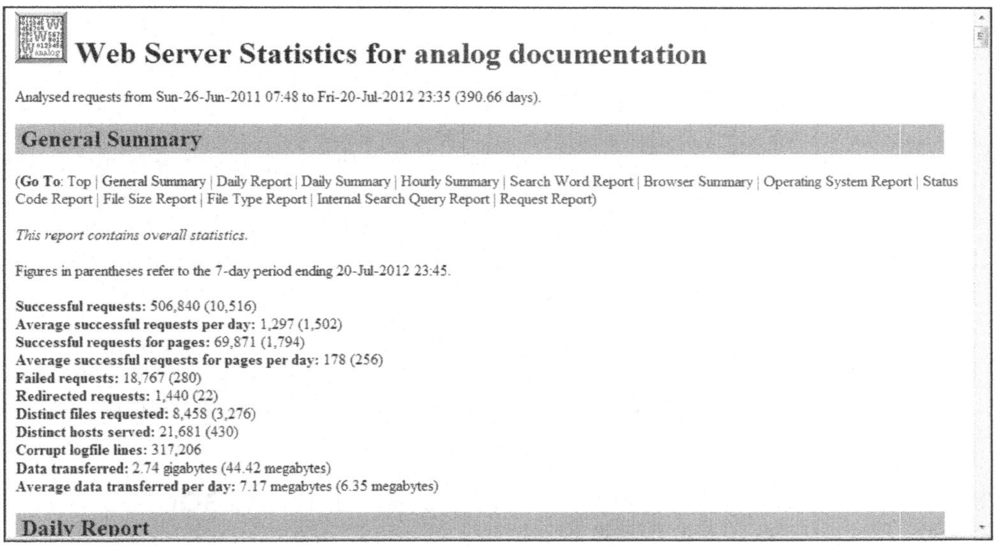

Figura 18.3. Ejemplo de Analog.

- **WebLog Expert:** Al igual que las herramientas anteriores, acepta *logs* de servidores Apache y de servidores IIS. Proporciona informes en HTML que muestran la información a través de tablas de texto y gráficos. Esta aplicación está disponible en varias versiones: la versión Lite es gratuita, mientras que las versiones Standard, Professional y Enterprise son de pago.

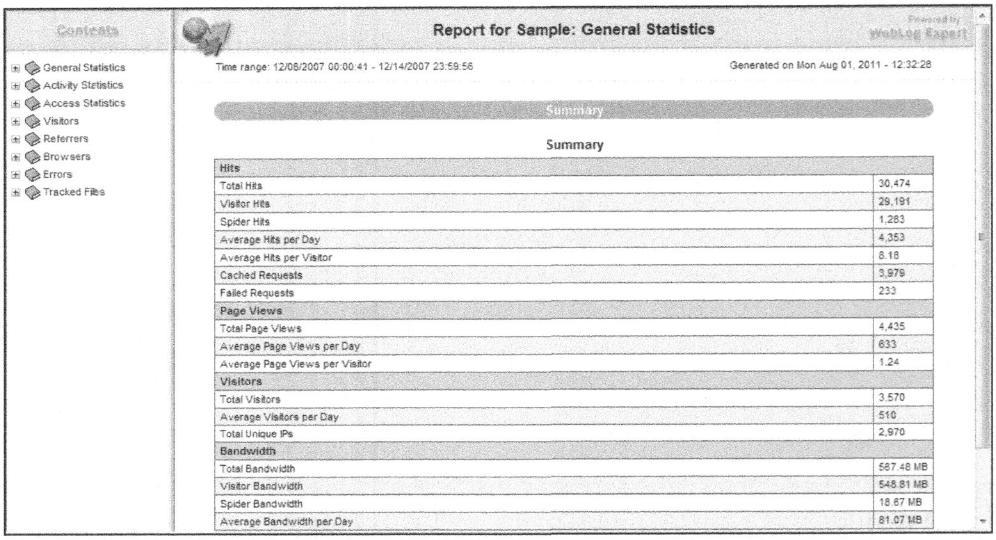

Figura 18.4. Ejemplo de WebLog Expert.

- **Sawmill:** A diferencia de las anteriores, se trata de una herramienta de pago. Puede procesar prácticamente cualquier tipo de *log* (más de 900 formatos), accediéndose a los informes a través de una interfaz gráfica de usuario web que se puede utilizar no solo para ver las estadísticas de páginas, sino también para configurar la herramienta (véase la figura 18.5).
- **Webalizer:** Se trata de una herramienta gratuita. Proporciona informes en HTML en varios idiomas, incluido el español (véase la figura 18.6).

Herramientas de medición mediante marcadores o etiquetas (*tags*)

Este sistema se basa en incluir en todas las páginas del sitio web a medir un código (normalmente JavaScript), que se denomina marcador, código de seguimiento o *tag*. Este código lo proporciona la empresa que gestiona la herramienta de medición web y funciona de la siguiente manera:

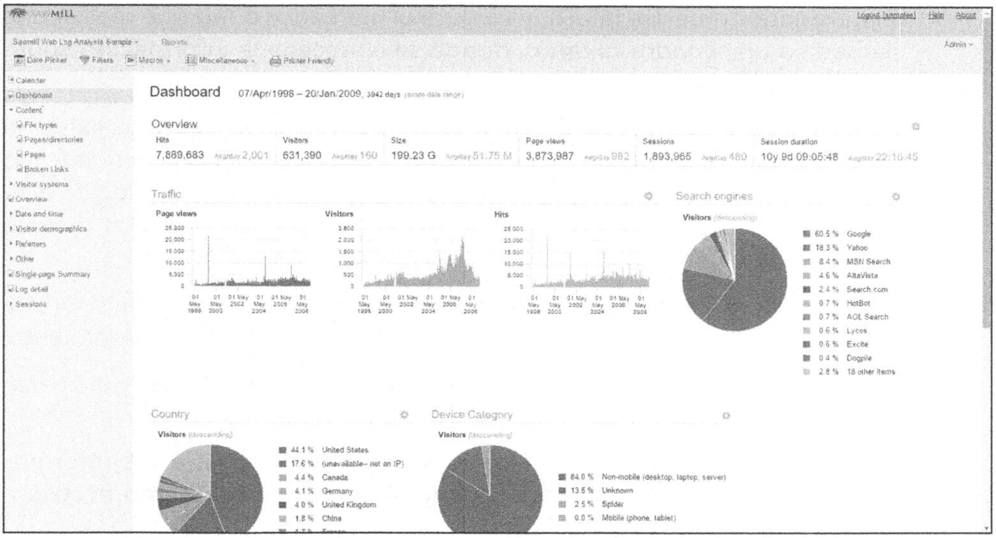

Figura 18.5. Ejemplo de Sawmill.

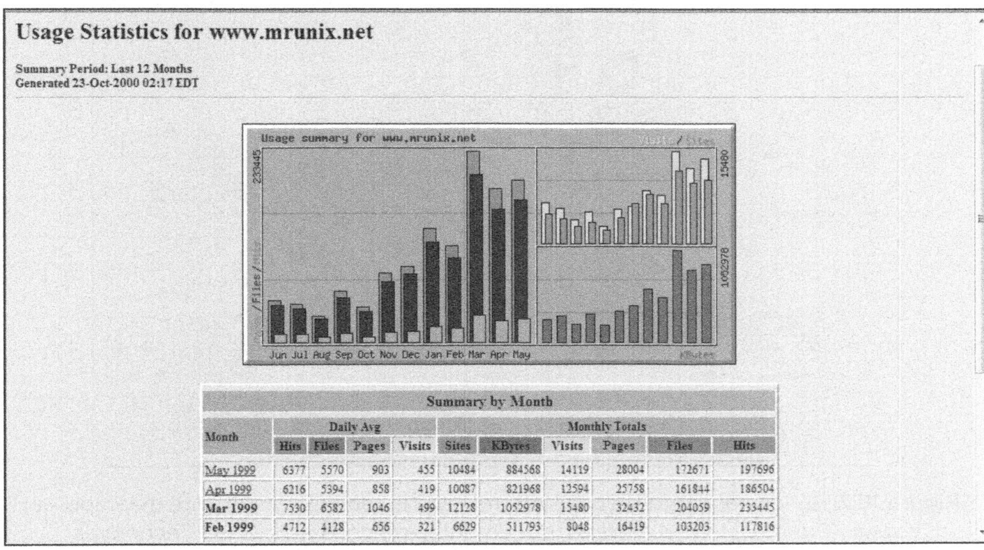

Figura 18.6. Ejemplo de Webalizer.

- Cuando un usuario solicita una URL a través de su navegador web, el servidor web recibe dicha petición y devuelve la URL solicitada junto con el marcador o *tag*.

- El navegador muestra la URL y ejecuta el marcador o *tag* que realiza una llamada a un servidor externo, donde se almacena la información sobre la visita realizada a esa página.
- El servidor externo comprueba si en el ordenador del usuario existe la correspondiente *cookie* de seguimiento. Si no existe, el servidor externo envía una *cookie* que se almacena en el disco duro del usuario. De esta manera, si el usuario entra por segunda vez en el mismo sitio, el sistema identifica la *cookie* y reconoce que es el mismo usuario.
- Los servidores recolectores almacenan toda la información sobre la visita realizada a la página y la envían a los servidores de procesamiento.
- Los servidores de procesamiento procesan dicha información y la envían a un servidor web.
- El servidor web de la herramienta de medición muestra los informes generados para que cualquier usuario de la herramienta con acceso a dichos informes pueda consultarlos.

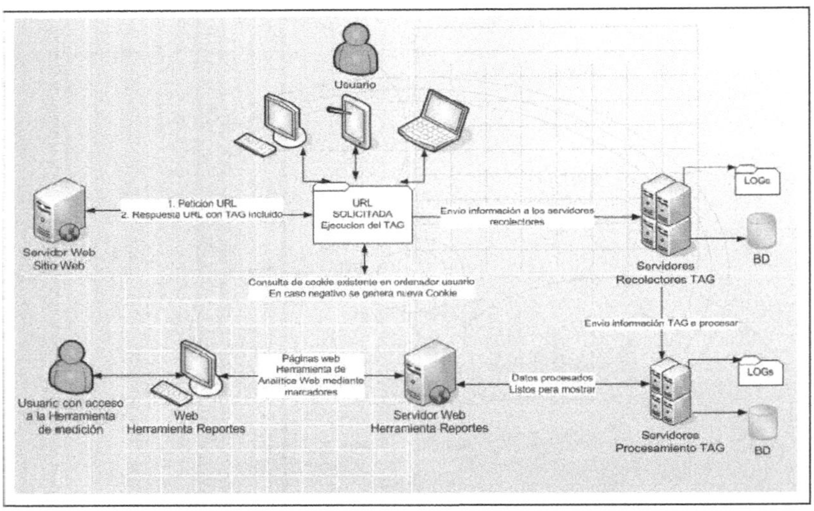

Figura 18.7. Funcionamiento de una herramienta de medición mediante marcadores o *tags*. (Fuente: Maribel Morales, documentación de la asignatura Tecnología y auditación, del Posgrado en Analítica Web de OBS, EAE Business School y la Universidad de Barcelona).

Según Guillermo Vilarroig (`www.overalia.com/blog/08/2008/diferencias-entre-la-medicion-por-logs-y-tags/`), la medición a través de marcadores o *tags* tiene las siguientes ventajas:

- Es fácil de implementar, ya que, si bien hay que incluir el código de seguimiento en cada una de las páginas, la mayoría de los gestores de contenidos tienen sistemas y procesos automatizados que permiten implantarlo de forma rápida y eficaz. Si no se utiliza un gestor de contenidos, se puede automatizar el proceso mediante programación.
- A diferencia de lo que ocurre con las herramientas de análisis de *logs*, se evitan los costes derivados del mantenimiento del servidor y del almacenamiento de los datos, existiendo una mayor independencia respecto del departamento de IT.
- Es posible personalizar los resultados de los informes mediante la configuración del código JavaScript de cada una de las páginas y secciones.
- El desembolso inicial puede ser menor en función de la herramienta seleccionada (gratuita o de pago). Sin embargo, la personalización del código JavaScript puede llevar costes asociados en función de quien lo realice (la empresa consultora, internamente en la empresa, etc.).
- Permite consultar la información de forma rápida y fácil a través de una interfaz web.
- Al utilizar *cookies* que se almacenan en el navegador del usuario, resuelven los problemas que tienen las herramientas de análisis de *logs* con la información almacenada en la caché de navegadores y *proxies*. Ello hace que se calcule con mayor precisión el número de usuarios, usuarios recurrentes y visitas.
- Elimina los accesos de los robots de los buscadores al sitio web a través de un listado de direcciones IP identificadas como robots.
- La mayoría de las aplicaciones tienen módulos especiales para medir e integrar la información procedente de campañas y transacciones.
- La mayoría de las aplicaciones permiten también el seguimiento de eventos que no generan páginas vistas (por ejemplo, vídeo, flash...), gracias al desarrollo de las nuevas versiones del código JavaScript.
- Progresiva estandarización y evolución de la tecnología.

Sin embargo, también presenta inconvenientes:

- La eliminación de *cookies* por parte del usuario, lo que se produce cuando:
    - El usuario elimina manualmente las *cookies* de sus archivos.
    - El usuario elimina las *cookies* de su navegador a través de las opciones del propio navegador.

- El usuario ejecuta programas de seguridad que borran sistemáticamente las *cookies*.
- El usuario configura su navegador para rechazar *cookies*.

Figura 18.8. Impacto de la eliminación de *cookies* en los sistemas de medición mediante marcadores o *tags*. (Fuente: adaptado de comScore, "The Impact of Cookie Deletion on Site-Server and Ad-Server Metrics in Australia: An Empirical comScore Study", enero, 2011).

Según el estudio de comScore, entre un 20 y un 40 por 100 de los usuarios eliminan las *cookies*. Además, hay empresas e instituciones cuyos sistemas de seguridad incluyen como restricción la no aceptación de *cookies*.

- Dado que la herramienta de medición contabiliza *cookies* y las *cookies* se envían al navegador, si varios usuarios utilizan el mismo navegador desde el mismo ordenador, todos estos usuarios serán contabilizados como uno solo. Por el contrario, si el mismo usuario utiliza navegadores diferentes que tienen *cookies* distintas, la herramienta de medición contabilizará por separado cada una de ellas y las visitas de ese usuario se considerarán visitas realizadas por usuarios diferentes.
- La existencia de páginas no marcadas o de errores en el código JavaScript de la marcación hace que no se envíen datos a los servidores de la herramienta de medición. En estos casos, la información que no se haya almacenado no se puede recuperar y no se pueden reprocesar los datos.
- Si el servidor de la herramienta de medición que almacena la información falla, los datos se pierden y no se pueden recuperar.

- No permiten obtener información sobre el perfil del usuario.
- No ofrece informes técnicos, por lo que no se puede cuantificar el consumo de ancho de banda ni registrar los códigos de errores del acceso a las páginas.

Para comparar entre diferentes herramientas de analítica web, Avinash Kaushik, en su libro *Analítica Web 2.0*, propone la estrategia de los tres grupos (*three-bucket strategy*). Cada grupo contiene un conjunto de herramientas bien diferenciadas de las herramientas incluidas en los otros dos grupos. Por lo tanto, hacer una selección previa de una herramienta de cada grupo garantiza una comparación final entre herramientas diversas y bien diferenciadas.

Grupo 1	Omniture SiteCatalyst Coremetrics	Omniture SiteCatalyst es una herramienta de pago que ofrece gran cantidad de funcionalidades y herramientas adicionales. Es muy flexible. Como contrapartida, su implementación y mantenimiento implican cierta complejidad. Coremetrics es también una herramienta de pago muy orientada hacia el comercio electrónico.
Grupo 2	Digital Analytix (comScore) XiTi ClickTracks Affinium NetInsights (Unica)	Digital Analytix (comScore) es una herramienta de pago que ofrece la posibilidad de integrar la analítica web con la medición de audiencias, así como la medición multiplataforma (medios sociales, móvil...). XiTi incorpora herramientas para optimizar la experiencia de usuario, como ClickZone (análisis de usabilidad y medida de las zonas en las que se ha hecho clic) y MVTesting (realización de test). Tiene dos versiones, una de ellas gratuita. ClickTracks, también de pago, forma parte de un conjunto integrado de herramientas web. Affinium NetInsights (Unica) ofrece la posibilidad de integrar datos de los clientes online y offline. Es también una herramienta de pago.
Grupo 3	Google Analytics Yahoo! Web Analytics	Ambas herramientas son gratuitas. Incluyen la presentación de informes personalizados y la segmentación integrada. Se integran perfectamente con sus respectivos negocios de buscadores y publicidad patrocinada (Google Adwords y Yahoo! Search).

Figura 18.9. Esquema de la estrategia de los tres grupos (*three-bucket strategy*) de Avinash Kaushik. (Fuente: adaptado de Avinash Kaushik, *Web Analytics 2.0*).

Otras herramientas

Herramientas para medir el rendimiento del sitio web

Entre las herramientas para comprobar la velocidad y el rendimiento de un sitio web, se pueden destacar YSlow de Yahoo! y PageSpeed Insights de Google.

YSlow es un complemento que se integra en el Firebug de Firefox y que analiza el rendimiento de las páginas web mediante el examen de todos los componentes de la página, por ejemplo, programación HTML, Ajax, *scripts* utilizados, hojas de estilo CSS, *cookies*, errores 404, etc. El análisis que YSlow hace de la página web se basa en 23 reglas, de manera que descuenta puntos por cada infracción de una de ellas. La calificación global de la página web se calcula sumando los valores de la puntuación para cada regla ponderada por la importancia de la regla. Esta puntuación global está entre 0 y 100, siendo 100 la mejor puntuación que nos puede dar.

Con las nuevas versiones de YSlow, los usuarios pueden crear sus propios conjuntos de reglas personalizadas, además de los siguientes conjuntos de reglas predefinidas:

- YSlow (V2): Este conjunto contiene las 23 reglas mencionadas anteriormente.
- Clásico (V1): Este conjunto contiene solo 13 reglas.
- Sitio pequeño o blog: Este conjunto de reglas contiene 14 normas que son aplicables a otros sitios web o blogs pequeños.

  Además de comparar la información obtenida del sitio web con las reglas de rendimiento web, ofrece consejos prácticos y sugerencias de mejora.

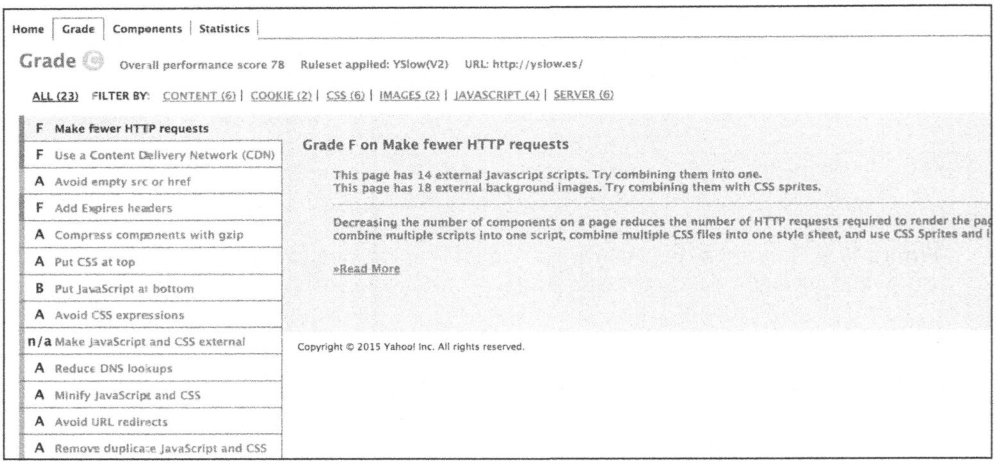

Figura 18.10. Ejemplo de los resultados de YSlow.
(Fuente: `https://www.arsys.es/blog/programacion/optimizar-codigo-paginaweb/`).

PageSpeed Insights de Google permite evaluar el desempeño de un sitio web tanto en un ordenador, como en un dispositivo móvil. Al igual que YSlow, proporciona una calificación global entre 0 y 100. El resultado de la evaluación de cada uno de los factores analizados se muestra gráficamente de la siguiente manera:

- Tilde verde: Significa que todo funciona correctamente y no es necesario hacer nada.
- Alerta amarilla: Hace referencia a factores que, si bien funcionan, podrían mejorarse.
- Alerta roja: Son factores a los que se debe prestar una atención especial para obtener una mejora sustancial.

También proporciona una serie de recomendaciones o sugerencias para mejorar cada uno de los factores analizados.

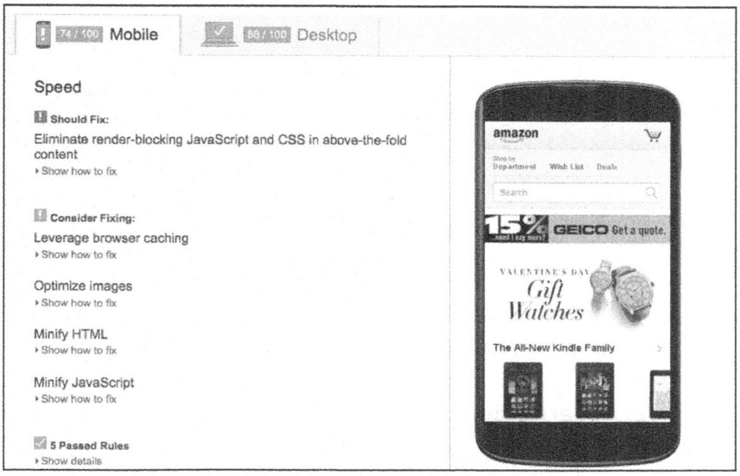

Figura 18.11. Ejemplo de los resultados de PageSpeed Insights. (Fuente: `http://www.yottaa.com/company/blog/application-optimization/get-the-best-from-google-pagespeed-insights-without-losing-your-mind/`).

Otras herramientas para medir el rendimiento de un sitio web son GTmetrix, Web Page Analyzer, Speed Tracer, etc.

Herramientas para recoger información de diseño y/o usabilidad y hacer test

En el ámbito de la usabilidad destacan dos herramientas: Crazy Egg y Click Tale.

Crazy Egg es una herramienta de analítica web orientada a la usabilidad (de pago) que sirve para realizar análisis de clics: identificación de zonas calientes que reciben más cantidad de clics, proporción de clics por elemento, uso del *scroll* y zonas que no llegan a ser vistas por el usuario, etc.

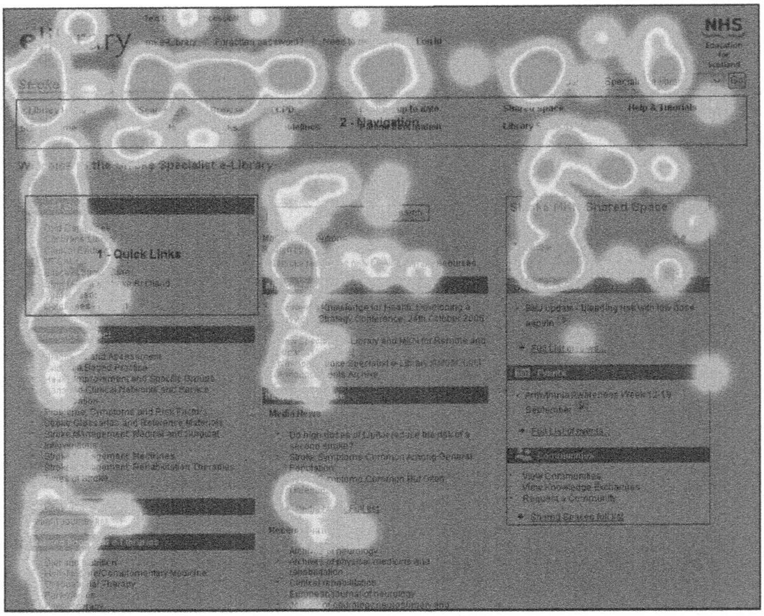

Figura 18.12. Ejemplo de mapa de calor de Crazy Egg. (Fuente: `https://www.getuwired.us/Small-Business-Web-Marketing/2013/03/data-visualization/`).

Click Tale es una herramienta de analítica web orientada a la experiencia de usuario (también de pago) que permite grabar el comportamiento de los usuarios al navegar, crear mapas visuales de calor y estadísticas de comportamiento. Especialmente útiles son los informes relativos al análisis de formularios, que proporcionan información sobre los campos que son demasiado largos, se dejan en blanco o provocan el abandono. Además, permite segmentar las visitas según su comportamiento, por ejemplo, quienes abandonan el carro de la compra, experimentan errores en las páginas o simplemente no pueden encontrar lo que buscan (véase la figura 18.13).

Para la realización de test, existe una gran variedad de herramientas, tanto gratuitas como de pago.

Hasta hace unos años, una de las más utilizadas era Google Website Optimizer. Sin embargo, esta herramienta de *testing* gratuita fue sustituida por una nueva funcionalidad integrada en Google Analytics, denominada Experimentos, dentro de la sección **Comportamiento**. En el capítulo 6, hemos tratado las diferencias entre ambas herramientas, si bien cabe destacar que, mientras Google Website Optimizer permitía realizar tanto test A/B como multivariante, la nueva funcionalidad Experimentos de Google Analytics solo permite hacer test A/B.

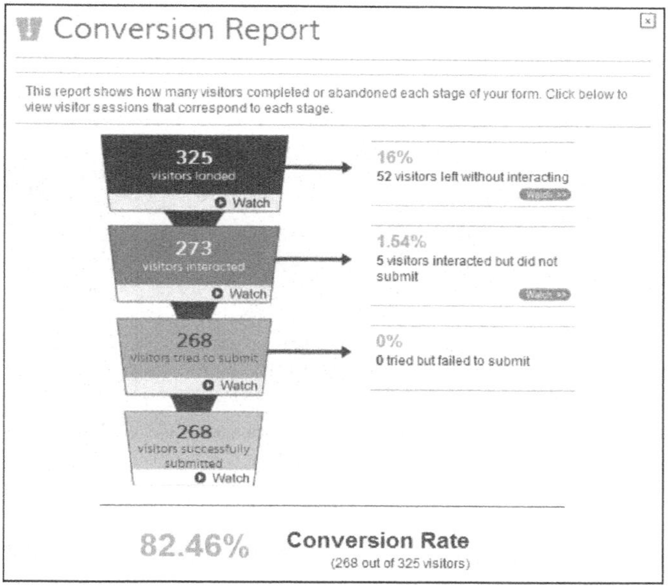

Figura 18.13. Ejemplo de embudo de conversión de un formulario web de Click Tale.

Visual Website Optimizer es una herramienta de *testing* de pago que permite realizar test A/B y multivariante y proporciona funcionalidades como creación de campañas, segmentación, informes estadísticos, mapas de calor y de clics, entre otros (véase la figura 18.14).

Otras herramientas para hacer test son: SiteSpect, Unbounce, Vanity, Vertster, Optimizely, etc.

Herramientas para analizar la actividad en redes sociales

Si se trata de medir la reputación *online*, se pueden utilizar herramientas gratuitas como SocialMention o Klout.

SocialMention permite monitorizar la influencia de nuestra marca en los medios sociales. Proporciona datos como la probabilidad de que la marca se esté discutiendo en las redes sociales, el promedio de menciones positivas y negativas, la probabilidad de que las personas que hablan de la marca lo hagan otra vez, el rango de influencia, las palabras clave que tienen más impacto en la búsqueda de la marca, las principales fuentes de menciones de la marca, etc. Puede utilizarse también para monitorizar la influencia de la competencia.

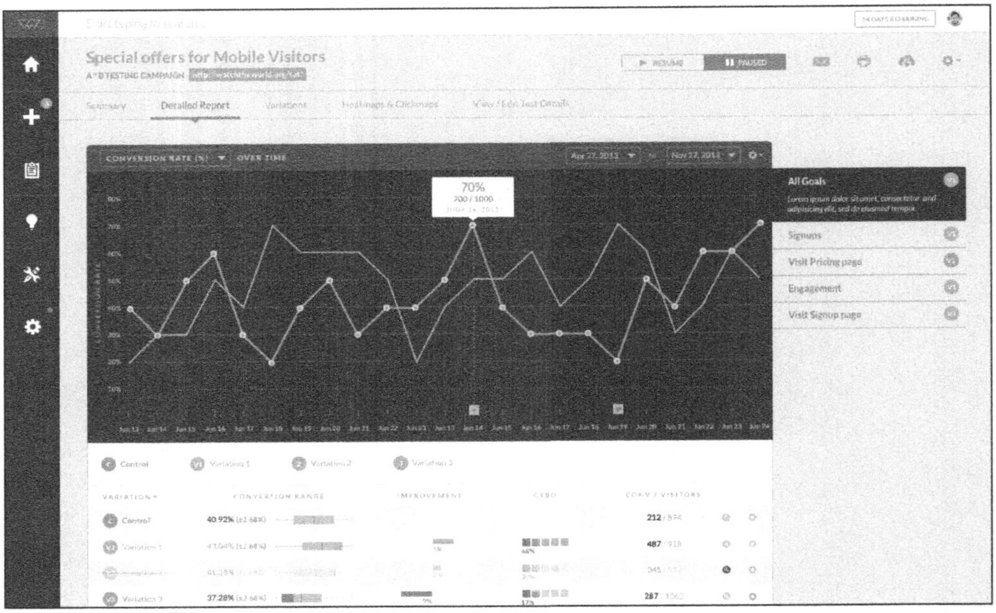

Figura 18.14. Ejemplo de informe de resultados con Visual Website Optimizer. (Fuente: `https://vwo.com/features/`).

Figura 18.15. Ejemplo de informe de SocialMention.

Klout es una herramienta que tiene en cuenta nuestra actividad en las redes sociales para construir el índice de influencia de nuestra marca, representado por un número de 0 a 100, que se puede comparar con el índice de influencia de nuestros competidores.

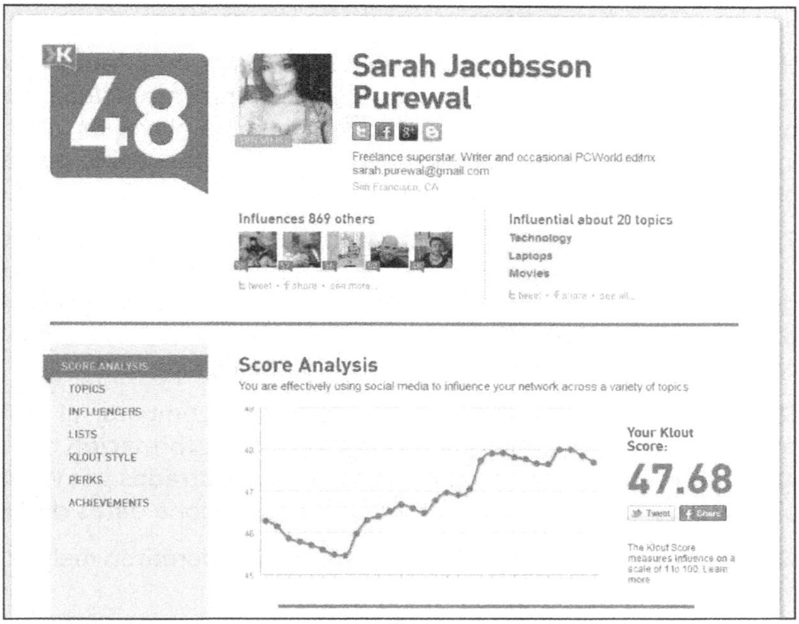

Figura 18.16. Ejemplo del índice de influencia de Klout. (Fuente: `http://www.pcworld.com/article/254778/how_to_increase_your_klout_score.html`).

Para hacer un seguimiento de la actividad en Facebook y en Twitter se pueden utilizar herramientas gratuitas como Facebook Insights y TwitterCounter, respectivamente. Ambas ofrecen multitud de métricas e indicadores. TwitterCounter, incluso, hace una predicción de la evolución futura de la cantidad de seguidores de una cuenta en función de su índice de crecimiento. Entre las herramientas de pago que nos permiten recopilar y analizar los datos de nuestra actividad en medios sociales podemos citar Alterian, Radian6, Insights de Hootsuit, etc.

Herramientas de inteligencia competitiva

Como se ha señalado en el capítulo 10, en el mercado existen multitud de herramientas para realizar análisis de inteligencia competitiva. Entre todas ellas, podemos mencionar las siguientes:

- **Alexa:** Construye un *ranking* de sitios web en base al número de usuarios únicos y de páginas vistas. Esta clasificación se puede utilizar para comparar el tráfico de diferentes sitios web y para el seguimiento de las tendencias generales del tráfico. Sin embargo, la información que proporciona es muy cuestionada, ya que se basa en el uso voluntario de una barra de herramientas por parte de los usuarios.
- **Hitwise y Compete:** Son herramientas de pago orientadas a comparar el tráfico entre distintos sitios web y que ofrecen funcionalidades que permiten realizar investigación sobre palabras clave. Sin embargo, la información que proporcionan no se considera muy fiable para web que no están situadas en EE. UU., UK, Australia, Nueva Zelanda, etc.
- **Fireclick:** Proporciona de forma pública una serie de parámetros de referencia (relacionados con tasas de conversión, abandono del carro de la compra, navegación, etc.) respecto a diferentes sectores de actividad (ropa, deportes, software, etc.). Estos parámetros pueden utilizarse como referencia para evaluar la situación de un sitio web.
- **Quantcast:** Es una herramienta de pago para comparar el tráfico recibido por diferentes web, que proporciona una información demográfica muy interesante y que recopila los datos suministrados por los sitios que participan en su programa, si bien solo proporciona datos de EE. UU.
- **Google:** Ofrece una serie de herramientas que permiten realizar diferentes tipos de análisis:
  - Google Trends permite analizar el número de búsquedas que se han realizado de un término concreto, en comparación con el total de búsquedas realizadas en Google a lo largo del tiempo, así como consultar los datos sobre búsquedas relacionadas. Además, nos puede ayudar a identificar cómo evolucionan los intereses de los clientes a través de dos herramientas: búsquedas principales (son los términos más buscados con el término que estamos analizando en la misma sesión de búsqueda) y búsquedas en aumento (son los términos buscados con el término que estamos analizando y que muestran un mayor crecimiento de volumen).
  - En relación con las palabras clave, el Planificador de Palabras Clave de Google AdWords nos permite identificar las palabras clave en las que se debería estar posicionado, ya sea de forma natural (tráfico orgánico) o pagando (tráfico pagado), ya que permite conocer las palabras clave relacionadas con la información a obtener, indicando la popularidad de cada palabra clave durante un periodo determinado

del año, el nivel de competencia y la puja sugerida en función de una estimación de los costes por clic (CPC) que los anunciantes pagan por dicha palabra clave.

- El Planificador de la Red de Display de Google AdWords proporciona, tanto para sitios web como para aplicaciones móviles, información relacionada con el tráfico que reciben, características demográficas (edad, género y estado parental), tipos de dispositivos utilizados por los usuarios, así como tipos, formatos y tamaños de publicidad que se admiten. Para los sitios web proporciona un listado de temas que reflejan su contenido. Esta herramienta también genera ideas para orientar la publicidad en función de lo que interesa a los clientes o de una determinada página de destino. Estas sugerencias incluyen, entre otras, palabras clave, intereses, temas, ubicaciones o datos demográficos.

A lo largo de este capítulo, hemos ido haciendo referencia a los diferentes tipos de herramientas que se pueden utilizar en el ámbito de la analítica web. Sin embargo, no basta con conocer la existencia de dichas herramientas, es necesario entender cómo funciona cada una de ellas, qué fuentes de datos utiliza y cómo recopila y procesa la información. Todo ello constituye el punto de partida para poder seleccionar la herramienta o el conjunto de herramientas que mejor se ajuste a nuestras necesidades y que nos permita obtener las respuestas a las preguntas que se plantea la organización.

19

Storytelling y marketing digital

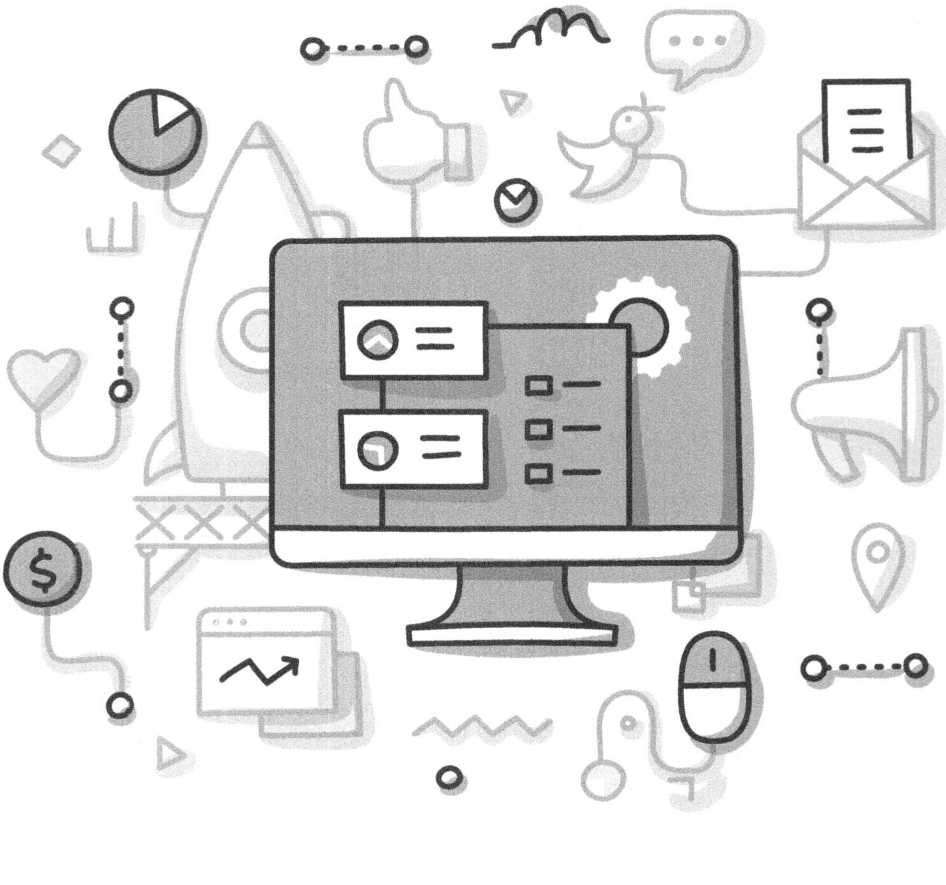

El viaje de Daniel

Daniel trabaja en la agencia de publicidad Bye Bye Birdie. Es la primera vez que se le presenta la oportunidad de desarrollar su carrera en el marketing digital. La agencia se especializó en anuncios para televisión y *street marketing* y algunas campañas memorables le han hecho ganar reconocimiento. Pero hasta ahora no habían apostado por el mercado digital. Por eso, está Daniel aquí.

Daniel está desesperado. Le han pedido que diseñe una campaña para mejorar el reconocimiento de una famosa marca de bombones. Y tiene que entregar el concepto mañana. No encuentra el enfoque y los canales adecuados para comunicar el mensaje. En su *inbox* recibe un email de su jefe. Viene a decir que se olvide de hacer nada demasiado complicado, que escriba un maldito *copy* para unos anuncios de AdWords y que se lo presente mañana a primera hora.

Daniel lee el email con la cabeza entre las manos.

Tiene otro email sin leer.

Rodrigo, su compañero diseñador, le comparte un artículo que establece la relación entre las campañas de marketing digital y el arte de contar historias. Inmediatamente lo lee de cabo a rabo. Y, como no ve avance en su bloqueo, se acerca al diseñador para agradecerle el enlace y desahogarse en su desesperación por no saber qué hacer con la campaña.

Rodrigo le propone hacer una campaña basada en contar una historia, como cualquiera de los ejemplos del artículo. Daniel se niega, cree que el tiempo está en su contra, no tiene experiencia y seguro que a su jefe no le parece bien. Puede ver claramente las ventajas del *storytelling*, pero no cree que sea el momento adecuado. Ni la persona indicada.

Rodrigo, que ya conoce desde hace unos meses a Daniel, le reta. ¿Por qué no? Y le recuerda que siempre habla de la importancia de las historias y que todavía guarda borradores de campañas "empáticas", como él las llama, que nunca se atrevió a proponer.

Daniel niega con la cabeza. Pero sin convicción.

Historias

Apuesto a que no te contaron esto en la escuela: estamos hechos de historias. Las historias nos definen como especie, nos hacen únicos y nos han permitido sobrevivir en nuestros tiempos más oscuros. Esas noches alrededor de un fuego compartiendo terroríficos relatos sobre depredadores eran algo más que meros pasatiempos.

Las historias siguen siendo importantes para nosotros. Nos ayudan a entender mejor el mundo que nos rodea y a nosotros mismos. El auge de las redes sociales multimedia y de las plataformas de contenidos como Netflix o HBO muestran la necesidad de consumir (buenas) historias. De hecho, estamos biológicamente entrenados para ello. Las historias que resuenan en nosotros nos hacen liberar una hormona llamada oxitocina, generando una sensación placentera.

Pero ¿qué tiene que ver esto con el marketing digital? Buena pregunta.

Marketing digital y *storytelling*

El arte de contar historias aplicado al marketing, *marketing storytelling*, trata de utilizar técnicas narrativas para comunicar a nuestros clientes un mensaje sobre nuestro producto o servicio. Cuando cuentas cómo nació tu *start-up* en la sección "¿Quiénes somos?" de tu sitio web, estás contando una historia. Cuando muestras testimonios de la experiencia de tus clientes con tu producto, estás contando una historia. Como hemos visto anteriormente en este libro, las redes sociales multimedia pueden facilitar una narrativa a través de contenidos con un lenguaje fuertemente apoyado en lo visual.

Medios tradicionales como los *banners* o los anuncios en televisión han sido explotados hasta la saciedad, provocando la saturación y el rechazo en los usuarios, por no hablar de la unidireccionalidad de sus mensajes. Necesitamos nuevas herramientas que se adapten al contexto actual. Nuestros clientes no se comportan hoy como el año pasado. Sus expectativas cambian con el tiempo.

El *storytelling* es una alternativa a los métodos tradicionales de comunicación en marketing. Quizás algo más difícil de hacer bien, de ahí que sea un arte. Pero la recompensa puede ser mayor.

Beneficios del *storytelling*

Hay una serie de razones por las que queremos comunicar a nuestros usuarios a través de una historia:

- Es más fácil la identificación con la marca. Las historias en las que participa hacen a la marca más "humana" y confiable.
- Las historias inspiran e incitan a la acción. Esta llamada a la acción se produce por la liberación de oxitocina.
- Hacen más fácil también que nuestro mensaje sea memorable.

- Son adecuadas para una estrategia multicanal, donde el hilo conductor es la historia.
- Permiten llegar a una mayor audiencia. ¿A quién no le gusta una buena historia?
- Ayudan a transmitir, de forma sencilla, mensajes complejos. Las historias son el mejor medio para explicar y exponer.

El viaje de Daniel (2)

Daniel sigue dándole vueltas al *copy* con la página de Google AdWords frente a él. Está cansado de hacer el mismo tipo de campañas una y otra vez. Y el hastío se traduce en falta de inspiración.

Distraídamente, cambia de pestaña en el navegador. Ahí está el artículo que Rodrigo le ha pasado: "*Storytelling* y marketing digital".

"¿Por qué no? Total, no tengo nada que perder".

La siguiente hora Daniel la pasa buscando decenas de ejemplos de campañas basadas en *storytelling*. Encuentra muchas campañas mal realizadas que acaban penalizando a la marca. Otras que funcionaron bien... realizadas por grandes compañías con todos los recursos a su alcance. Algunos expertos reniegan de esta técnica, no consideran que compense tal esfuerzo por un incierto beneficio.

Pero, entonces, una de las campañas que descubre Daniel enciende la chispa...

Campañas que valen la pena: Google Search Reunion

Detengámonos por un momento en una campaña que realizó Google para promocionar su buscador en 2013. El vídeo en YouTube de la campaña Google Search: Reunion (`https://youtu.be/gHGDN9-oFJE`) acumula más de quince millones de reproducciones y se convirtió en viral en menos de veinticuatro horas, mucho antes de que se emitiera en televisión.

La campaña cuenta la historia de cómo dos ancianos, muy buenos amigos de niños, son separados durante la división de la India en 1947, pero son capaces de encontrarse de nuevo gracias a sus nietos... Y a Google.

¿Qué hace tan especial a esta campaña?

Para empezar, se trata de una historia muy bien narrada. Puedes anticipar el desenlace, pero, aun así, quieres continuar y llegar al final. La identificación con la marca es omnipresente: el buscador de Google aparece en cada momento para ayudar a los nietos a alcanzar su objetivo. La campaña expone muy bien qué se puede hacer con el buscador en casos de uso reales. No menos importante es la humanidad que irradia. Casi por sí sola te puede hacer recuperar la fe en la humanidad.

Google no es la única compañía que ha utilizado *storytelling* de forma satisfactoria. AirBnB con sus *Community stories* y The North Face con su carta de amor al invierno (en forma de vídeo en YouTube) nos recuerdan que solo las buenas historias tienen a los clientes como protagonistas.

Sin embargo, otras campañas como la de Granini (Cultivando talentos) cuentan la historia únicamente de su marca y, en el camino, se convierten en irrelevantes.

Nunca olvides quién es el verdadero protagonista de tu historia.

El viaje de Daniel (3)

Daniel ya tiene el concepto que necesitaba: una campaña multicanal que aprovechará las *Instant Experiences* de Facebook, una página de aterrizaje específica y un email a suscriptores para contar esta historia: "No necesitas un acontecimiento especial o un premio por haber terminado una tarea, toma un bombón siempre que quieras. Es tu derecho".

Ahora solo tiene que convencer a su jefe.

Cómo contar una historia

Algunos elementos son fundamentales para asegurar que nuestra historia está bien narrada:

- **Definir a la audiencia:** ¿A quién queremos contar la historia? Si los conocemos, será más fácil que nuestra historia les interese.
- **Definir qué mensaje queremos transmitir sobre nuestro producto o servicio:** Pensemos qué queremos que el usuario piense y sienta al final.

- **Seleccionar qué tipo de historia vamos a contar:** Hay múltiples estructuras: los tres actos (inicio, nudo y desenlace), derrotar al monstruo (donde el susodicho hace referencia a un problema común que nuestro producto ayuda a superar) o la búsqueda (Google Search Reunion cuenta este tipo de historia).
- **Determinar los canales a través de los cuales vamos a narrar la historia:** ¿Necesitaremos un mayor apoyo audiovisual para contarla? ¿Será una historia contada a través de un solo canal o de varios?

El viaje de Daniel (4)

Daniel solo cuenta con el concepto de la campaña, su visión. Pero eso es suficiente para superar las reticencias de su jefe. Finalmente accede a que Daniel pruebe este tipo de campañas.

Afortunadamente, la campaña es todo un éxito y acaba atrayendo a nuevos segmentos de clientes. Los bombones de su cliente ya no son percibidos como un lujo reservado a situaciones excepcionales.

Daniel analiza qué elementos de la campaña han funcionado especialmente bien y qué partes pueden ser mejoradas en el futuro.

Su jefe está entusiasmado, quiere que vuelvan a utilizar *storytelling* para la siguiente campaña con otro cliente. Pero Daniel le explica paciente que el *storytelling* es una técnica más de marketing, que solo será la más apropiada según el contexto.

Daniel vuelve a casa después de cuarenta y ocho horas que le han parecido una montaña rusa.

Se sienta en su despacho sonriendo, satisfecho por el trabajo realizado. Finalmente, abre uno de los cajones muy despacio y saca el borrador de su novela.

Antes de irte, recuerda

- Canalizar las campañas a través de *storytelling* supone una alternativa a los métodos tradicionales.
- Servirnos del *storytelling* para conseguir una mayor identificación con nuestra marca e incentivar la acción del usuario.
- El protagonista de las historias que contemos es el cliente.
- Definir la audiencia, el mensaje a transmitir, qué tipo de historia contar y los canales.

20

Tendencias de marketing para los próximos años

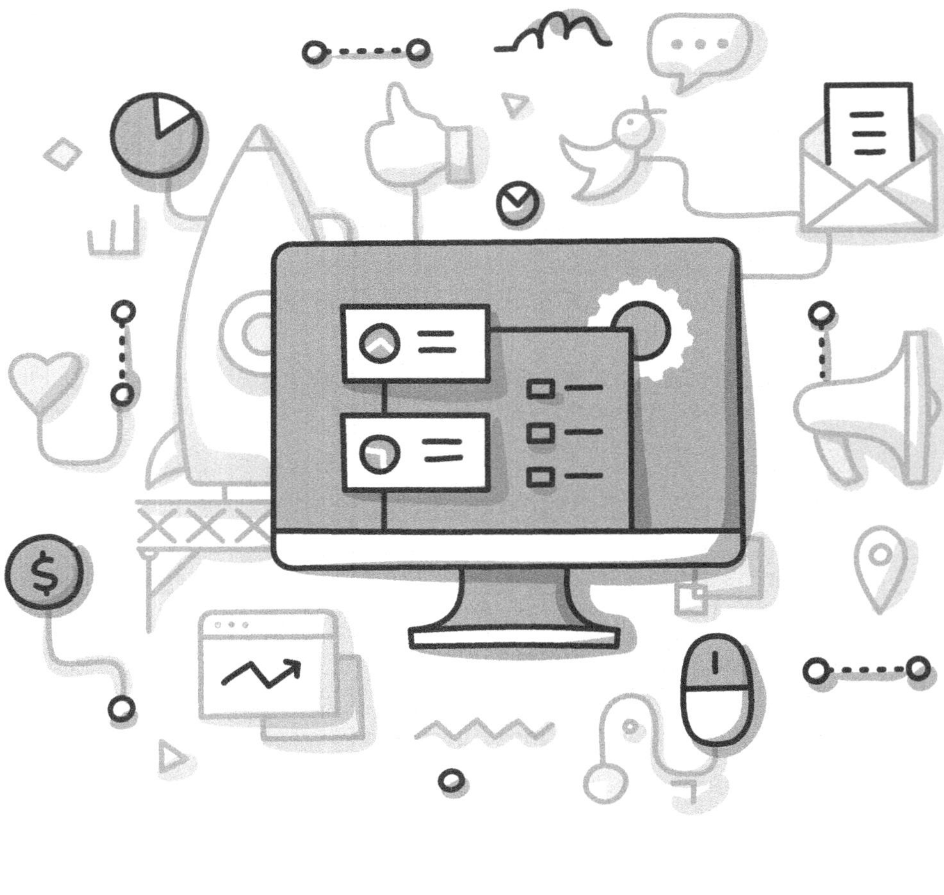

La tecnología avanza mucho más rápido que hace 20 años, es más, cuanto más evoluciona, más rápido surgen nuevas tecnologías basadas en las anteriores. Nuevos lenguajes, plataformas, servicios *online* y herramientas surgen a diario tratando de hacerse un hueco en su nicho de mercado.

Cada vez existe una mayor democratización de la tecnología. No hace falta ser programador para tener un sitio web, no es necesario estudiar electrónica digital para programar el movimiento de un pequeño robot. Las limitaciones técnicas hombre-tecnología se están diluyendo y eso abre grandes posibilidades.

No es sorprendente que todo lo que se apoya en la tecnología se mueva a un ritmo tan vertiginoso y el marketing digital no es una excepción; a través de nuevas herramientas, técnicas y cambios en Internet, los especialistas en marketing digital están obligados a mantenerse al día.

Ser consciente de las tendencias emergentes es una gran ventaja para mantenerse en el terreno de juego y poder competir. Si tenemos en mente emprender un negocio donde el aspecto digital juega un papel importante, debemos tener en cuenta que el mercado exige que seamos muy ágiles en el desarrollo, comercialización y evolución de un producto o servicio con una base importante tecnológica.

Por otro lado, a la hora de emprender un negocio digital necesitamos ser mucho más certeros en el tiro. Antiguamente, un nuevo negocio podía permitirse desarrollar múltiples productos o servicios abarcando un nicho de mercado amplio, eran negocios más "generalistas". En el mundo de hoy, conviene comenzar por conquistar nichos mucho más estrechos ampliando a medida que consolidamos nichos anteriores.

Debido a la velocidad vertiginosa del mundo de hoy existen algunas tecnologías y aspectos que van a gobernar, a mi entender, el marketing digital en los próximos años.

Posts comercializables

Es muy poco probable que conozcamos a alguien que no use alguna red social, se han convertido comprensiblemente en una parte integral del marketing digital. Lo que puede no ser tan obvio es cuántos usuarios compran en las redes sociales.

Esto representa una gran oportunidad para las empresas. Según Hootsuite, más de 1 billón de personas usa Instagram cada mes y es la plataforma social dominante entre los jóvenes, ya que predomina el contenido visual y de vídeo frente al textual. Por otro lado, su facilidad, practicidad de uso y la necesidad de destacar en los jóvenes han favorecido esta red.

Podemos encontrar datos muy interesantes en la siguiente URL: `https://www.pewinternet.org/2018/05/31/teens-social-media-technology-2018/`.

Afortunadamente para los comerciantes, estas plataformas les han facilitado acceso a *influencers* con cientos de miles de seguidores, que son una muy buena palestra para comercializar productos y así usar el poder de las redes sociales para llegar a sus clientes.

Desde hace varios años hay formas para que los sitios web tipo *ecommerce* (tiendas *online*) inviertan en *influencers* para que estos publiquen enlaces que conduzcan a usuarios a productos o servicios llegando a un público masivo.

Contenido interactivo

Los compradores de hoy buscan nuevas experiencias cuando se conectan; para muchos, eso significa una mayor interactividad.

Hay varias razones para esto:

- El contenido interactivo es diferente, nuevo, y como tal, se viraliza más fácilmente.
- Este tipo de contenido sirve para mantener a los visitantes en su página por más tiempo.
- El contenido interactivo es inmensamente compartible y, cuando los usuarios comparten este contenido, ayuda a aumentar el conocimiento de su marca.
- En pocas palabras, el contenido interactivo es más atractivo. Los usuarios lo disfrutan más que otro contenido.

Realidad virtual y aumentada

En los últimos años, tanto la realidad aumentada (AR) como la realidad virtual (VR) se han vuelto enormemente populares y están emergiendo como las principales tendencias en marketing. En 2020, se espera que AR supere la popularidad de la realidad virtual, a pesar del liderazgo inicial de la realidad virtual. Uno de los elementos que ha propiciado este liderazgo se debe a que todos tenemos un dispositivo de realidad aumentada en nuestros *smartphones*; sin embargo, adquirir un dispositivo de realidad virtual no solo requiere un mayor coste, sino que necesita de un espacio específico.

Muchas empresas importantes ya están utilizando AR. Como ejemplo, IKEA, que permite descargar una aplicación que permite a los usuarios ver cómo quedaría un mueble en tu propia casa antes de realizar una compra. Algunas empresas interesantes se pueden encontrar en `https://thinkmobiles.com/blog/augmented-reality-companies/`.

Para que estas tecnologías se conviertan en tendencias todavía tienen un camino que recorrer, ya que, además de no estar del todo desarrolladas, se necesita un uso masivo de estas. Actualmente su precio no es tan accesible para los jóvenes (público potencial que usará esta tecnología).

Mucha más personalización

2020 será el año del marketing personalizado. Los consumidores son muy expertos en desconectar anuncios genéricos que no tienen una conexión real con ellos. En consecuencia, los medios tradicionales de publicidad son cada vez menos efectivos.

Las listas de correo electrónico son un viejo recurso de los vendedores y se prestan bien a la personalización. Se ha demostrado que las listas segmentadas con mensajes de correo electrónico personalizados funcionan mejor que los correos electrónicos genéricos enviados a una lista completa. No debemos perder esta oportunidad de conectarnos con nuestra audiencia de manera significativa.

Marketing de contenidos

Durante años, "el contenido ha sido el rey" y nunca dejará de serlo en mi opinión, este ha sido el axioma del marketing digital. A medida que avanzamos hacia 2020, sigue siendo cierto.

El contenido de alta calidad le permite mostrar su experiencia y comunicarse con sus clientes desde un lugar de autoridad. Su contenido también es lo que los motores de búsqueda proporcionan a los buscadores en línea, por lo que continuar produciendo contenido de alta calidad es imprescindible.

Contenido en formato vídeo

Los clientes responden bien al contenido visual, convirtiendo el vídeo en una importante herramienta de marketing digital en 2019. Continuará siendo importante en 2020 y probablemente más allá de eso.

No pase por alto el vídeo en vivo. En promedio, los vídeos en vivo en Facebook Live e Instagram Live mantienen a su audiencia viendo tres veces más tiempo que los grabados. El tiempo de visualización diario de los vídeos de Facebook Live se ha cuadruplicado en un solo año y producen seis veces más interacciones que los vídeos tradicionales.

Posición cero

Ser el número 1 ya no es el objetivo.

El primer lugar en SERP ahora es la posición cero, un fragmento destacado de texto que aparece encima de los resultados de búsqueda. Esta ubicación principal a menudo proporciona información relacionada con la consulta de búsqueda, al tiempo que proporciona un enlace a la página de la que se extrae la información.

La posición cero es el primer resultado, y en ocasiones único, que verán algunos usuarios. Como tal, es muy codiciado y debería ser el foco de sus esfuerzos.

Si bien muchos propietarios de negocios aprecian el hecho de que el marketing continúa cambiando a un ritmo acelerado, aquellos que están dispuestos a adaptarse y evolucionar continuarán atrayendo clientes de alta calidad en un mundo digital.

CTR y tiempo de permanencia

Las conexiones a Internet son cada vez más rápidas y esto influye en el uso que se hace de ellas. Los usuarios tienen cada vez más cantidad de información disponible en menos tiempo; esto, a mi entender, derivará en una mejor valoración a aquellos sitios web con fragmentos que tengan una mayor tasa de clics (CTR).

Por otro lado, el tiempo de permanencia (también conocido como la cantidad de tiempo que una persona pasa una página web antes de marcharse de un sitio web) medible por los motores de búsqueda creo que será aún más importante.

Ambas métricas son importantes, ya que muestran una gran comprensión de la satisfacción de un usuario para con un sitio web. Cuanto mayor sea el tiempo de permanencia, mayor será la satisfacción de un usuario y, cuanto mayor sea el número de clics en un resultado de búsqueda para una *keyword* determinada, mayor interés tendrá dicho fragmento.

Como resumen, en SEO el tiempo de permanencia es diferente al CTR, ya que CTR rastrea la cantidad de personas que hicieron clic en un enlace dentro de los resultados de búsqueda, mientras que el tiempo de permanencia representa en lo que hacen los usuarios en el sitio web de destino de dicho enlace.

Voice search

Antes de la existencia de teléfonos inteligentes innovadores, las personas solo usaban palabras en la caja de texto de un buscador, es de aquí donde nacieron lo que conocemos en SEO como palabras clave.

Hoy en día, saber cómo optimizar el sitio web para búsqueda por voz puede ayudarnos a generar más tráfico orgánico si implementamos búsquedas conversacionales en nuestra estrategia de SEO.

Con el uso creciente de dispositivos móviles, las búsquedas por voz se están convirtiendo en una tendencia popular entre los usuarios de Internet. Estas búsquedas no solo se realizan en teléfonos, sino que también se pueden realizar en asistentes de voz en el hogar, como Amazon Echo, Google Home, Voice Pod, etc.

Las búsquedas por voz afectan el SEO en gran medida, ya que se trata de hacer preguntas por voz en lugar de ingresar consultas de búsqueda. Posteriormente, los términos se han vuelto más conversacionales y específicos.

Sin embargo, al usar búsquedas por voz, el motor de búsqueda debe hacer mucho más trabajo para obtener la información relevante que el usuario está buscando en ese momento, haciendo que las palabras clave cortas y entrecortadas ya no sean tan importantes.

Pero este cambio es inminente teniendo en cuenta que para el año 2020 se espera que más del 50 % de todas las búsquedas en Internet se inicien a través de la voz. Por lo tanto, su contenido debe adaptarse a esta nueva tendencia para destacarse en los motores de búsqueda actuales.

Vídeos como fuente de información

Así como las búsquedas por voz se están volviendo mucho más populares, los vídeos en Internet también están aumentando exponencialmente.

Para demostrar aún más este punto, los estudios de Google y otras organizaciones muestran que 6 de cada 10 personas prefieren ver vídeos en línea que televisión. YouTube se ha convertido en el nuevo televisor, especialmente en jóvenes.

Los usuarios actuales de Internet, especialmente los *millennials* y los más jóvenes, prefieren obtener información a través de vídeos en línea, ya sea con fines académicos o solo por entretenimiento. Es por eso que la implementación de vídeo en línea debería estar en el radar para la mayoría de las empresas.

Índice alfabético

C

H

I

J

K

Q

R

S

T

U

V

W

Y